실학사상의 철학적 체계와 종교적 신념을 엿볼 수 있다

실학사상 한국 연구

실학사상의 철학적 체계와 종교적 신념을 엿볼 수 있다

한국 실학사상 연구

금 장 태 지음

KSI 한국학술정보(주)

머리말

한국 근세 사상의 여러 갈래 가운데서 실학사상의 문제는 지난 반세기 동안 꾸준히 관심을 모아왔고, 아직도 비교적 넓은 층으로부터 우호적 이해를 받고 있는 것이 사실이다. 가장 두드러진 이유는 실학에서 현실적이고 실용적인 문제를 적극적으로 탐구하고 개발해 왔다는 점에 있다. 한마디로 실학에는 이른바 근대지향성 및 민족지향성이 내포되어 있기 때문이리라.

우리가 살아가고 있는 근대 내지 현대는 물질적 가치의 추구에 기울어져 물질과 정신 사이의 가치론적 형평을 잃고 있는 것 같다. 우리는 지금 더욱 많은 물량의 소유와 더욱 강한 욕망의 충족을 추구하는 도도한 흐름에 떠내려가고 있는 도중이라 하여도 무리가 아니다. 이제는 아무리 꿋꿋한 선비, 청정한 수도자도 이 대량 생산에서 대량 소비로 흘러 다니는 물질의 홍수를 벗어나 초연하게 설 수 있는 자리를 찾기가 쉽지 않다. 그러다보니 한편으로 격심한 빈곤과 궁핍 속에서도 욕망의 유혹을 외면하고 정신의 불빛만을 돋우며 지켜 가려고 애쓰던 도학자가 사회적 빈곤과 낙후에 아무런 기여를 못하였던 점이 원망스러웠지만, 다른 한편으로 이렇게 물질의 범람과 욕망의 개방이 일으킨 혼탁한 바람을 맞아 정신의 불빛이 꺼질듯 가물거리는 것을 보면서 그때의 도학자들이 그리워지는 것이 지금의 솔직한 심경이다.

나는 조선 후기의 실학이 지닌 사상적 가치는 물질적 내지 기술적 문제에 집중된 측면이 아니라 물질적 가치와 정신적 가치의 균형을 도모하고자 하였던 사실에 있다고 확신한다. 조선 후기 실학이 경제적 부강과 기술의 계발 및 제도의 합리화 등을 추구하여 국민 대중을 절대적 빈곤과 규범의 굴레로부터 해방시키고자 한 것은 오늘에서도 매우 의미 있는 일이다. 그러나 실학사상은 경제·사회·기술의 문제에 관한 이론의 기초로서 자연의 근본 구조와 우주의 궁극 존재 또는 인간의 도덕 근거 등 근원적 문제에 관한 독자적인 깊은 통찰과 독창적 인식을 간직하고 있다. 바로 여기에서 실학사상의 철학적 체계와 종교적 신념의 세계를 엿볼 수 있는 가능성과 그 필요성이 깃들어 있는 것이다.

이 책은 조선 후기 실학사상에서 그 현실적·실용적 문제의 근거가 되는 철학적 및 종교적 근본 문제에 대한 이해를 밝히고자 노력하였다. 이 책의 제1부는 실학사상의 사상사적 전개와 이념적 특징을 개관하였다. 그러나 실학사상은 17세기에서 19세기까지 긴 시간에 걸쳐 많은 인물 및 학맥들을 통하여 다양하게 발현되었다. 따라서 실학의 철학적 근거를 가장 선명하게 제시한 대표적 인물로 다산 정약용과 혜강 최한기가 제시한 구체적 사상 체계를 파악할 필요가 있다. 이에 따라 제2부에서 다산 정약용의 실학사상과 제3부에서 혜강 최한기의 실학사상을 논의하였다. 또한 실학사상은 도학 전통의 정통주의와 폐쇄성을 벗어나 개방적이고 객관적인 태도와 실용적인 관심을 기초로 한다. 이 개방성에 따라 당시의 새로운 문화충격인 서학 곧 서양 종교와 서양 과학기술에 대한 실학의 수용 자세를 정약용과 최한기의 실학사상에서 주목하며, 여기에 실학의 사상적 창조성도 발견할 수 있다.

이 책에 수록된 주제들은 여러 기회에 발표된 논문들이었던 만큼,

체제의 일관성이 부족함을 면할 수 없다. 여러 가지 불완전함은 앞으로 기회가 허락될 때 보완해 가고자 한다. 여러분의 아낌없는 가르침을 고대한다. 부족하나마 이 작은 책이 한국 실학사상이라는 큰 산의 정점에 오르는 등산로에서 어느 가닥 한 부분이라도 이어주는 역할을 할 수 있다면 더 없이 큰 보람이 될 것이다.

이 책은 1987년 초판이 나오고 오랫동안 절판되었는데 이번에 다시 한국학술정보에서 재간행의 기회를 얻어 교정을 다시 하였다. 재간행을 허락해주신 한국학술정보 사장님께 깊이 감사드리며, 교정을 맡아준 서울대 대학원 종교학과의 박병훈 군에게 고마운 마음을 밝혀둔다.

2008년 1월 21일
관악산 그늘에서
琴章泰 적음

목 차

제1부 조선후기 실학사상의 전개

홍대용의 초상
(청나라 학자가 그린 것)

한국실학사상의 유파와 전개

1. 실학사상의 발생 배경

(1) 실학사상 발생의 사회적 배경

16세기 말엽(1592~98)에 조선왕조가 겪었던 임진·정유의 왜란은 조선시대를 전기와 후기로 나누는 분기점을 이루는 계기가 되었다. 이 시기는 국내에서 오랜 사화기를 거쳐 사림이 정치의 주축을 이루었지만, 잇달아 사림들 자신이 분열되어 붕당이 일어나 정치적 혼미를 거듭하였고, 이에 따라 사회 기강도 해이해져 갔다. 또한 민중의 생활도 수탈로 인해 궁핍화의 한계에서 헤매었음을 볼 수 있다. 이처럼 사회 내적인 모순이 심각해졌을 때, 이 시기를 경장기(更張期)로 파악하고 폐단을 개혁하려는 주장을 강력하게 제기하였던 대표적 인물로서 이율곡(李栗谷)을 들 수 있을 것이다.[1] 다른 한편 국외적으로도 남쪽에서 일본은 오랜 분열을 수습하여 도요토미 히데요시(豊臣

---

1) 李東俊, 『十六世紀 韓國性理學派의 歷史意識에 關한 硏究』, 1975, pp.162~6, 및 尹絲淳, 「栗谷思想의 實學的 性格」, 『韓國儒學論究』, 1980, pp.126~165 참조.

秀吉)에 의해 무력통일을 성취하였고, 북쪽에서 누르하치가 만주의 여러 부족을 통합하여 팽창을 계속하였다. 이처럼 주변 국가의 정세가 급격히 변해 가는데도 조선왕조는 이에 대한 적극적 대책을 마련할 아무런 준비도 없을 뿐 아니라, 사태 파악조차 철저하지 못했다. 국내의 사회적 모순과 국외의 압력이 급증하는 데 대한 해결책이 마련되지 않아 토붕와해(土崩瓦解)의 붕괴를 겪지 않을 수 없게 되었던 것이다. 임진왜란의 상처가 그렇게 깊었던 것은 조선 사회 안의 허약성이 그만큼 심각했었던 사실을 말해 준다.

　그 당시 조선 사회의 사상적 영역에서는 도학(주자학)2)이 발전과 심화 과정을 통하여 상당히 세련된 수준을 성취하고 있었다. 도학이 정통 이념으로 정립되면서, 그 철학적 근거를 추구하는 노력은 성리학의 융성을 가져왔고, 퇴계와 율곡으로 대표되는 성리학의 심오한 논변(論辨)은 그 시대의 철학적 사고의 수준을 극치에 이르도록 높여 주었다. 그러나 도학의 본래적 속성에 기인하는 것이기도 하지만, 성리학의 융성과 더불어 도학은 더욱 정통성의 권위를 강화하게 되었으며, 이에 따라 주자를 신봉하여 신성시하는 사상적 교조주의가 확립되었던 것이다. 여기에 주자학을 기반으로 하는 도학사상은 성리학의 정밀한 분석과 더불어 의리론의 준엄한 제기와 예설(禮說)의 엄격한 규정을 추구하여 갔지만, 그 그늘에는 사상적 규범화, 교조화에 따라 사고의 자율성이 제약을 받고, 형식화 내지 관념화의 경향을 뚜렷하게 드러내었다. 이러한 사상적 분위기는 이 시기의 사회적 격동을 충분히 흡수하고 해결하기 위한 능동적 자세를 보여주지 못한 기능적 한계를 노출하게 된 것이다.

---

2) 道學의 범위와 儒學 안에서의 위치에 대해서는 琴章泰 『儒敎와 韓國思想』, 1980, p.195 참조.

그러나 한 시대에 사회적 사상적 모순이 심각하게 나타나면, 그만큼 이를 해결하려는 노력도 절실하게 제기되지 않을 수 없다. 관료 유학자가 현실의 문제를 해결하기 위한 정책을 건의하는 데에서도 나타나지만, 재야 유학자가 그 시대의 현실적 문제점을 규명하고 이에 대한 대책의 구상과 이론적 주장에서 더욱 진지한 자세를 보여주고 있는 것이 사실이다. 이러한 현실적 문제의 해결을 위한 노력이 일차적으로 정치·사회적인 문제의 성격을 띠고 있는 것이라 할지라도, 현실을 인식하는 입장과 해결의 방향을 내다보는 태도에 있어서 철학적 기반의 개입이 필연적으로 일어나게 된다. 더구나 도학적 정통 이념에 뒷받침을 받는 기존의 경세론이 전제되어 있는 조건 속에서 문제 해결의 새로운 대답은 항상 도학의 체계와 어떤 관계가 있는지 자기 규명을 하지 않을 수 없을 것이다.

도학의 철학적 입장이 지닌 기본 전제에서 『대학』의 선본종말론(先本從末論)을 지적할 수 있다. 덕(德)의 인격성을 본(本)으로 파악하고, 재(財)의 물질적·경제적 대상을 말(末)로 보아, 본(本)으로서의 덕(德)을 선행시키고 이에 주력함으로써 말(末)로서의 재(財)가 부수적으로 성취될 수 있다는 태도이다. 오히려 도학의 의리론에서는 의리지변(義利之辨)을 통해서 의(義)와 이(利)가 모순을 일으킬 수 있는 것으로 파악하는 성향이 강하여, 이(利)를 배격하고 의(義)를 실현하려는 의지를 높이고 있다. 여기에 덕의 근거를 추구하는 성리학의 탐구가 관심의 초점으로 활발하게 추구되고, 그 경세론에서도 항상 '임금의 한 마음이 온갖 변화의 근원이라'는 전제를 지키게 되는 것이다. 따라서 도학의 이념에서는 16세기 말엽과 17세기 초엽의 왜란(倭亂)과 호란(胡亂)을 통해 국가의 존망이 걸린 전쟁을 치루면서 그 현실을 파악하는 시각은 의리론에 두고 있으며, 외적이 어떻게 불의하고 우리의 어떠한 태도가 의리에 맞는가를 논의하는 데 관심의 비중이 놓여졌다. 일본과 만주족이 불시에 침략을 하여 온 것은 사실이다. 그러나 어떠한 방법으로 이 침략을 막고 적을 물리칠 수 있는가의 문제는, 적의 무기가 무엇이고 어떤 전술을 가졌는가를 파악하여, 우리의 무기와 전술을 정비하는 관심으로 대응되기보다는, 불의에 대해 의(義)의 신념과 용기로 저항한다고 대답하는 주장이 번성하였던 것이다. 이러한 도학의 의리론적인 이념이 현실의 위기를 해결하는 데 실패했을 때, 사회적인 혼란이나 경제적인 피해는 국가나 민중이 그대로 떠맡아야 했었다.

임진왜란을 전후한 시기에 조선 사회는 변화를 막아 정착과 유지에 관심을 갖는 데 머물러 있었지만, 이 시기의 일본이나 중국에서는 서양의 근대문명과 접촉이 이루어졌고, 특히 일본과 만주는 정치질서에 통합된 세력이 나타나는 중대한 변화를 이루어 한반도를 압박하였던 것이다. 뒤따라 거듭된 전란은 국토를 유린하여 농경지를 황폐화시키며, 인구의 격감과 민생의 참혹한 궁핍화로 인하여 의리론을 현실적인 문제로부터 더욱 유리시키는 결과로 이끌어 갔다. 여기서 현실의 긴박성은 곧 보편적 이념에 앞서 자기의 현실상황에로 눈을 돌리게 하고, 정통의 이념과 변화하는 현실 사이의 괴리를 자각하게 하였으며, 이 현실의 문제를 해결하기 위한 방법을 정통 이념 밖에서까지 찾으려는 욕구를 불러일으키게 하였다. 이러한 요청에서 조선후기의 실학이 발생하게 되었던 것이며, 또한 실학으로서 명명될 수 있었던 원인도 그 시대의 현실적 요구에 더욱 충실하려는 태도에서 찾아볼 수 있다. 실학이 조선 후기에 발생하면서 가지는 바탕을 역사적·사회적 현실성에서 찾는다면, 거기에는 처음부터 실학파의 철학이 제기되는 것이 아니라, 문제 이해를 위한 관심의 이동에서 출발하여 하나의 경향성으로 나타나는 것이고, 사상사의 변천 과정과 더불어 서서히 하나의 학파로서 철학적 입장을 수립해 가고 있음을 엿볼 수 있게 된다. 이에 따라 실학파의 성장 과정을 인식할 수 있으며, 또한 조선 후기 실학파의 한국적 특성도 발견할 수 있는 것이다.

(2) 실학사상의 학문적 배경

조선 후기 실학파의 형성에는 그 시대사회의 현실적 변화라는 요인과 더불어 그 시대사상의 다양화라는 요인이 작용하였다는 사실에 주목할 필요가 있다. 실학을 도학(주자학)과 구별하여 파악하려는 기본전제에서 실학은 도학의 정통성을 계승하는 입장이 아님을 밝히기 위해서는 실학사상 속으로 흘러 들어가는 사상적 유형을 분석하고, 그 사상적 다양성과 실학과의 관계를 해명하여야 할 것이다.3) 조선 후기에 실학파가 발생한 배경으로 조선 전기에 비교하여 정통의 도학과는 구별되는 양명학·서학·고증학 등의 새로운 학풍이 17세기를 전후하여 한반도에 전래되었다. 그리고 이들 학풍에 대해 도학파의 기본 입장은 정통주의에 입각하여 거부적 태도를 갖는 것이지만, 실학파는 이들을 긍정적으로 수용하는 데서 이미 도학과 실학의 기본적인 태도의 차이가 나타난 것이라 하겠다.

첫째로 정통의 도학파에 대한 실학파의 입장과 자세를 검토해 보면, 실학사상의 발생 초기에는 그 뿌리를 도학 속에 두고 있다는 사

---

3) 실학의 개념이 주자학에서 쓰이는 경우와 조선 후기 실학파를 가리키는 경우와의 관계에 대해 역사학에서 1958년 이래 실학 논쟁이 활발하게 일어났으며, 그 관련 문헌은 千寬宇『近世朝鮮史硏究』(1979 刊, pp.382~3)에 수록되어 있다. 필자는 실학을 주자학(道學)과 구별하는 千寬宇·李佑成 등의 주장을 받아들인다.

실을 시인하지 않을 수 없다. 도학이 정통 이념으로 확립되면서 모든 경전 교육은 주자의 『소학』(小學)과 『사서집주』(四書集註)를 비롯한 주자학파의 경전 주석에 근거하여 이루어졌다. 따라서 조선 사회의 모든 유학자가 주자학의 경학적 철학 체계에 훈련되지 않은 사람은 없었다고 할 수 있을 것이다. 따라서 실학파의 인물들은 도학을 부정하면서 출발하는 것이 아니라, 도학의 정통성을 긍정하는 바탕에서 도학파와는 다른 학문적 관심을 가지거나, 나아가서 도학을 긍정하면서도 도학파의 태도에 현실적 한계가 있음을 자각하는 데에서 실학적 문제의식을 제기하였다. 더욱이 조선 후기로 내려올수록 도학파의 정통 이념으로서 권위가 강화되고 사회의 통치이념으로서 배타적 압력이 높아졌을 때, 도학에 도전하거나 대립한다는 것은 그렇게 쉬운 일이 아니었다. 그러나 실학파는 도학파가 개발해 나가는 예학이나 의리론(義理論)의 규범적 성격으로부터 벗어나서 현실의 경제·제도·산업 문제에 관심을 돌리기 시작하였고, 의리론의 비판 대상이나 예학의 행동 양식에 대해 직접적으로 문제 삼기보다, 그 판단의 동기를 반성하고 현실적 효용성을 검토하는 태도를 보여주고 있다. 나아가 판단의 근거를 성리학의 논리적 형식에 의존하기보다는, 경험적이고 실용적인 합리성을 도입하기 시작하면서 점차 실학파의 철학적 기반이 도학파의 성리학적 체계 곧 이기심성론으로부터 이탈되는 과정을 밟아가게 되었다. 여기서 뚜렷한 현상은 초기의 실학파에는 성리학적 이기론이 논의되기도 하지만, 이 이기론이 그의 경세론적 현실 문제와 긴밀한 연결을 이루지 못하는 어긋남을 드러내게 되는 것이요, 또한 도학파의 입장에 대한 반성적 검토를 위해 경전 자체에로 돌아가려는 태도를 보여주는 것이다. 따라서 실학파는 도학파 속에서 발생하였지만, 시간이 흐름에 따라 더욱 도학파로부터 멀어지는 경향성을 처음부터 잉태하고 있었던 것이라 할 수 있다.

두 번째로 실학파와 양명학과의 관계를 살펴보면, 한국 실학파의 성격과 위치를 여기서 엿볼 수 있다. 도학파에서 이미 퇴계 이래로 양명학을 비판하는 입장을 확립하였다.4) 조선시대의 양명학이 남언경(南彦經)·이요(李瑤) 이후 지식인들 사이에 소개되었지만, 양명학파가 형성된 것은 후기의 정제두 이후라 할 수 있다. 그러나 양명학이 일부의 지식인들에 의해 공감적인 이해를 불러일으켰을 때, 도학의 일방적 지배 아래서 벗어나려는 노력을 가능케 하였고, 특히 양명학이 주자학의 규범적 형식성을 비판하는 태도를 취하고 있는 것은 실학파들에게도 자극을 줄 수 있었던 것으로 생각된다. 따라서 도학파들이 양명학에 대한 기본적인 배척 입장에서 관심조차 갖지 않은 반면에, 실학파에서는 긍정적이든 부정적이든 비교적 풍부한 관심을 양명학에 대해 보여주고 있다. 여기서 조선 후기 실학파가 양명학의 영향에서 발전하였다는 가정은 성립될 수 없지만, 양명학을 보다 개방적으로 이해하고 있는 것이 하나의 특징을 이룬다. 실제로 청나라의 실학파가 명말(明末)의 양명학파를 비판하고, 나아가 주자학파까지 비판하면서 대두하고 있는 사실에 비하면,5) 조선 후기에서 실학파의 양명학에 대한 태도는 상당히 호의적인 특성을 보여준다. 적어도 조선 사회에서는 양명학이 미숙하였기 때문에 사상사에 유폐를 남기지 않았으므로 비판을 받을 여지가 없었다. 오히려 도학의 정통주의로 획일화된 사상계를 다원화시키는 데 기여할 수 있는 긍정적 역할이 양명학에 주어졌다고 볼 수 있을 것이다. 더구나 지식과 행동의 거리에서 오는 주자학파적 모순을 극복하려는 양명학의 지행합일론은 실학

---

4) 退溪의 陽明學 비판은 그의 「傳習錄論辯」(『退溪文集』, 권 41) 등에 보인다.
5) 梁啓超, 『淸代學術槪論』, 1968 復刊, pp.8~11 참조.

파의 실천정신을 격려할 수 있는 것이기도 하였다. 그러나 실학파는 양명학에서 철학적 근거를 발견하기보다는, 도학파의 절대적 권위를 상대화시키는 수단적 역할에 접근하였던 것으로 이해할 수 있다.

셋째로 실학파와 서학의 연관성을 검토해 보면 실학파의 기본적 성격이 드러나게 된다. 17세기 초부터 중국을 통해 서양의 과학 기술과 천주교 신앙에 관한 지식이 연속적으로 수입되었고, 이에 대해 가장 민감한 반응을 보인 사상적 유파가 바로 실학파라 할 수 있다. 도학파가 정통주의적 입장에 사로잡혀 이질적인 사상이나 문화 형태에 대해 극히 보수적이고 배타적인 태도를 견지하고 있는 데 비하여, 실학파는 새로운 질서와 가능성을 탐색하여 서학에 대해 적극적인 수용적 자세를 보여주었다. 또한 서학은 실학파의 발전 과정에서 중요한 계기를 마련해 주었을 뿐 아니라, 실학파의 철학적 근본 입장을 확립하는 데 있어서도 중요한 영향을 끼쳤다 할 수 있다. 도학파의 성리학적 세계관이나 자연관 내지 인간관이나 윤리관에 서학이 하나의 근본적인 이질성을 제시하고 있을 때, 실학파는 이 양자의 조정을 중요 과제로 안게 되었던 것이다. 서학에 대한 실학파의 자세는 초기에 제한된 지식의 수용으로부터 점차 서학의 근본 입장에 대한 인식과 수용에로 급속한 진전을 계속하였다. 여기서 실학파는 자신의 철학적 근거를 재정립하고, 나아가 전통 기반과 현실에 대한 비판적 평가를 통해 새로운 입장을 드러낼 수 있었던 것이다. 실학파의 서학에 대한 관계의 양상과 깊이는 다양하지만, 서학을 통해 근대적 문화 양식이 제시되는 역사적 조류를 실학파에서 일찍부터 각성하였던 점은 실학파가 근대사조로서의 역할을 담당하고 있는 이유라 볼 수 있다.

넷째로 실학파와 고증학의 관계도 중요한 측면을 이룬다. 특히 청나라의 실학이 경학과 사학의 고증적 연구에로 발전하였던 사실을

염두에 두면, 청나라 고증학이 조선 후기 실학파에 미친 영향을 주
목할 필요가 있는 것이다. 고증학의 객관적 내지 실증적 연구 태도
는 실학파에서 경전에 대한 의리론적 내지 성리학적 해석을 벗어난
새로운 이해의 길을 열어 주는 것이라 할 수 있다. 그러나 고증학이
경학에 미친 영향은 비교적 제한되는 것이 사실이다. 그것은 고증학
을 위한 방대한 문헌을 구하기 어려운 데서 오는 현실적 난점도 있
었겠지만, 경학에 대한 관심보다 현실 문제에 대한 관심이 절박한
사회적 여건이 큰 이유이었을 것이다. 다만 고증학적 방법은 실학파
에 있어서 우리 자신의 역사와 지리나 문헌에 보다 객관적으로 접근
하려는 관심을 자극할 수 있었고, 따라서 국학 연구의 업적을 가능
하게 하는 데 기여하였던 것으로 볼 수 있다.

　실학파에 있어서 다양한 학문적 배경은 결국 실학의 복잡한 형태
를 노출하게 하는 것으로 보이기도 한다. 그러나 실학파의 다양한
학문적 태도는 학문 방법이나 입장의 혼란한 집합에 빠지는 것이 아
니라, 어떤 통일된 학문적 성격을 형성하고 있는 것이라면, 거기에
실학파의 철학적 입장이 있을 수 있는 것이다.6) 여기서 실학파의 철
학적 기본 입장은 끊임없이 그 시대사상의 다양한 입장을 흡수하면
서도 그 사회의 현실 문제를 해결하기 위한 지속적 관심과 개방적
섭취 태도에서 형성되고 전개되는 것이라 하겠다. 다시 말하면 실학
파의 철학적 입장은 형이상학적 전재의 연역이 아니라, 현실 의식과
실용적 요구에 따라 끊임없이 반성하고 실험하여 경험적이고 구체적

---

6) 千寬宇는 그의 『磻溪柳馨遠研究』(近世朝鮮史硏究 所收) p.332에서 실학
　파의 공통적 기반으로 ① 분방한 지식욕을 구사하여 비판하고 독창하고
　권위를 부정하는 自由性. ② 경험적이요 실증적이요 귀납적인 태도 즉
　科學性. ③ 실지와 유리된 모든 空疎한 관념의 유희를 경멸하고 현실생
　활에서 우러나오는 불만과 정열을 토대로 하는 현실성을 들고 있다.

인 현실을 파악하려고 하는 것이다.

(3) 실학사상의 전개와 실학파의 계보

실학사상은 조선 후기에서 사회적 변동과 더불어 발생하며, 도학파의 정통으로부터 분리되어 나오는 과정에서 그 면모를 드러내는 것임을 가정하였을 때, 그 전개 과정에서 나타나는 실학파의 철학적 성격과 인물의 계보를 파악할 필요가 있다.

임진왜란을 거쳐 병자호란을 치르는 17세기 초기에 정통적 도학파의 일반적 관심이 예학과 의리론에 집중되고 있는 반면, 일부의 유학자들은 성리학의 지식을 가지고 있으면서 현실의 경제적 내지 사회제도적 문제에 관심을 돌리고 있는 태도를 보여주고 있다. 한백겸(韓百謙)(1552～1615)은 「사단칠정설」(四端七情說)을 지어 사칠론(四七論)과 인심도심설(人心道心說)에 깊은 조예를 보여주고 「회재론태극도후」(晦齋論太極圖後)에서 자신이 퇴계를 사숙(私淑)하고 있음을 밝혔지만, 「기전유제설」(箕田遺制說)에서 은대의 토지 제도가 전자형(田字形)임을 평양의 기전유제(箕田遺制)에서 밝힘으로써, 맹자도 주대의 정자(井字) 토지 제도만 알았고, 주자의 조법(助法)에 관한 논의가 추측과 억요(臆料)에서 나온 것으로 고증이 없었음을 지적하여 토지 제도에 대한 고증적 확인을 하였다. 또한 그는 「동사찬요후서」(東史纂要後叙)에서 삼한의 위치와 연혁에 대해 최치원(崔致遠)과 권근(權近)의 설을 고증적으로 비판하였고, 『동국지리지』(東國地理志)를 지어 우리의 역사와 지리에 관한 객관적 인식을 새로이 개척하였다. 이러한 한백겸의 학풍은 도학파의 일반적 관심을 넘어서 실증적이고 비판적인 학문 방법으로써 조선 사회의 자기 인식을 추구하였던 사실을 통하여 실학파의 초기적 면모를 찾아볼 수 있다. 그리고 한백겸의 「인심도심설(人心道心說)에 대해 유형원(柳馨遠)이 적극적으로 긍정하고 있는 점이나, 「기전유제설」(箕田遺制說)이 박세당·이익·이가환·박지원 등에게 받아들여진 점에서 실학파에 학문적 영향력을 끼쳤음을 확인하게 된다.7) 지봉 이수광은 임진왜란을 전후하여 세 차례나 명나라에 사신으로 다녀왔던 경험과 당시에 접촉한 문물에 근거하여, 『지봉유설』(芝峯類說)을 통해 서양을 포함한 세계 지리를 비롯하여 『천주실의』(天主實義)를 소개함으로써 17세기 초기에 서학의 지식을 가장 일찍 폭넓게 제시하였다. 그의 학문적 영향이 강하다고는 하기 어렵지만, 유형원, 이익 등에 전해지고 『지봉유설』의 백과전서적인 다양한 지식의 문헌적 집성은 이익·순암 안정복·오주 이규경 등에서 나타나고 있음을 보게 된다.8) 또한 교산 허균(1568~1618)도 연경에 다녀왔고, 그때 천주교의 기도문인 「게십이장」(偈十二章)을 구해 왔으며, 그가 천주교에 입교하였던 것으로 추측되기도 한다.9) 허균은 성인의 가르침인 분별의 윤리보다 천부의 본성인 남녀의 정욕이 더 근원적인 것이라 보아, 감성에 대한 적극적 긍정 위에서 기존의 도덕규범으로부터의 이탈을 선언한 것으로 지적된다.10) 또한 『홍길동전』(洪吉童傳) 등 소설을 통해 당시의 사회적

---

7) 南相樂, 「久庵遺稿解題」 1972, 悅話堂, 및 丁鍾伏, 「久庵 韓百謙」, 『實學論叢』 1975, p.316 참조.

8) 百科全書類의 저술로 權文海의 『大東韻府群玉』, 李睟光의 『芝峯類說』, 金埔의 『類苑叢寶』, 李瀷의 『星湖僿說』, 安鼎福의 『雜同散異』, 李圭景의 『五洲衍文長箋散稿』 등을 들고 있지만, 이들 저술의 실학적 성격은 지식 체계와 문헌의 다양한 집합을 통해 개방적 사유 활동을 촉진하는 데서 찾아야 할 것이다.

9) 李相伯 『韓國史』 「近世後期篇」, 震檀學會, p.500 참조.

10) 『順庵集』, 권 17, 「天學問答」 "倡言曰 男女情慾天也, 分別倫紀聖人之

신분 질서를 비판하였으며, 「호민론」(豪民論)·「유재론」(遺才論) 등에
서 민중의 실질적인 힘을 확인하였고, 인간에게 주어진 천부의 재능
을 문벌이나 과거로 제한하는 것을 역천(逆天)이라 비판하여, 신분관
과 인간관의 개혁을 주장하였던 것이다.11) 허균은 그 당시 도학의
학풍에 비춰 보면 이질적 성격을 지녔고, 또 그만큼 실학사상적 성
격을 띠고 있었지만, 그의 학풍이 직접적으로 영향을 끼친 자취는
찾기 어렵다. 다만 그의 실학적 정신은 후기의 실학파에서 재현되고
있음을 볼 수 있다. 이러한 17세기 초기의 실학파적 학풍의 발생은
산발적으로 나타나지만, 다음 세대에서 더욱 구체화될 문제의식을 간
직하고 있다는 점에서 실학파의 준비기라 할 수 있을 것이다.12)

　17세기 후기에 와서 실학파의 성격이 좀 더 구체적으로 드러났을
때의 인물로 유형원과 박세당을 들 수 있다. 유형원은 성리학의 기
반을 지녔고 『이학총론』(理學總論) 등 저술이 있다고 전해지며, 정
동유·배상유 등과의 서한에서 이기(理氣) 및 인심도심(人心道心)
문제에 관해 토론을 하고 있지만, 그의 주저인 『번계수록』(磻溪隨
錄)은 정치·사회·경제의 조직적인 제도 개혁론에 관심을 집중하고
있는 것이다. 그는 율곡과 중봉 조헌의 시무론(時務論)에 영향을 많
이 받고 있으며, 『주례』(周禮) 『춘추』(春秋) 『맹자』(孟子) 등 경전에
사상적 근거를 두고 있다.13) 물론 그가 이수광에 대한 인식이 있은

　　敎也, 天尊於聖人, 則寧違於聖人, 而不敢違天稟之本性."

11) 『惺所覆瓿藁』, 권 11, 「豪民論」. "天下之所可畏者, 唯民而已, 民可畏 有
　　甚於水火虎豹, 在上者方且狎馴 而虐使之, 抑獨何哉."
　　같은 책, 「遺才論」. "天之賦才爾均也, 而以世胄科目限之宜乎, 常病其才
　　也, ……天之生也, 而人棄之, 是逆天也."
12) 千寬宇는 16세기 중엽부터 17세기 중엽에 이르는 동안을 新思潮의 <準
　　備期>라 하고, 17세기 중엽부터 18세기 중엽에 이르는 동안을 <萌芽
　　期>, 18세기 중엽에서 19세기 중엽에 걸치는 동안을 <全盛期>로 나누
　　었다(千寬宇, 『近世朝鮮史硏究』, p.330).

것도 사실이지만, 학문적 맥락이 미약하다는 사실에서 독자적인 초기 실학파라 할 수 있다. 박세당은 당시 배청의리론에 대해 현실적 사대론을 제기하는 데에서 도학파의 정통적 입장으로부터 분리되었고, 또한 『사변록』(思辨錄)을 통해 주자의 주석 체계를 벗어난 경전 해석에서나 『노자』(老子)와 『장자』(莊子)를 긍정적으로 해석하려는 태도에서 철학적 입장의 분리가 더욱 명확하게 드러났다. 따라서 17세기 후반에서 박세당에 있어서의 현실적 사회제도에 관한 체계적 관심이나, 주자학으로부터 경학상의 이탈 현상은 실학파의 입장을 좀더 선명하게 드러낼 수 있는 계기를 이룬다. 이러한 사실에서, 이 시기를 실학파의 맹아기(萌芽期)라 볼 수 있을 것이다. 그러나 17세기는 전후반을 통하여 실학파적 성격의 사상이 서로 다른 학문적 관심과 배경에서 개별적으로 발생하고 있다는 점에서, 실학파의 학파적 정립은 18세기를 기다려야 뚜렷해진다고 하겠다.

18세기에는 17세기에서 제기된 실학사상의 발생 배경이 되는 제반 사상적 요소들과 새로운 현실적 문제의식들이 정리되어 실학파의 학파적인 확립을 이루게 되었다. 18세기에 나타난 실학파의 두 조류는 전반기에 출현한 성호학파와 후반기에 출현한 북학파로 구분될 수 있다. 이익은 퇴계를 사숙하고 사칠론을 비롯한 이기론에 대해 정밀한 지식을 가졌으며, 예학에도 상당한 조예를 지녔지만, 그의 학문적 관심은 사회제도의 개선에 있었다. 여기서 그는 유형원의 영향을 크게 받고 있음을 볼 수 있다.[14] 특히 이익은 당시 한역된 서학 문헌에 해박한 지식을 가져 천문·역법 등 서양 과학지식에 적극적인 긍정 태

---

13) 千寬宇, 같은 책, p.324 참조.
14) 李瀷은 「磻溪柳先生遺集序」·「磻溪隨錄序」·「磻溪柳先生傳」을 지어 柳馨遠에 대한 존경과 관심을 보여주었다.

도를 밝혔고, 천주교 교리에 대해서도 신앙적 내용에 대한 부분적 비판을 보여주면서도 윤리적 내용에 긍정적 태도를 가졌다. 이러한 서학에 대한 이익의 지식과 관심은 그의 제자들에게 계승되어 이른바 성호학파에 있어서는 신후담·안정복 등 공서적(功西的) 입장이나 권철신·이가환 등 신서적(信西的) 입장으로 분열되었지만, 서학이 이들에게 중요한 문제로 제기되었던 것은 사실이다. 18세기 후반의 신서파 중에서 다산 정약용은 이익을 사숙하여 그 실학사상을 계승하며 19세기 초에 실학파의 철학적 입장을 정립하기에 이르렀던 것이다. 성호학파가 기호 남인을 중심으로 형성되었다면, 다른 한편 노론의 일부 지식인들 사이에 청나라를 왕래하면서 그 문물의 영향을 받아 실학사상을 발전시킨 북학파가 형성되었다. 담헌 홍대용(1731~1791)은 김원행의 문하에서 도학파의 학풍을 계승하였지만, 연행을 계기로 청나라의 서양 과학지식과 문물을 적극적으로 수용하여 북학파의 선두가 되었고, 도학파의 배청의리론을 자주의식으로 극복하며 전통적 질서의 근원적 개혁을 추구하였다. 홍대용이 지구자전설을 내세울 만큼 자연과학적 사유를 심화시켰다면, 그의 뒤를 이어 박지원은 청나라 문물을 수용함으로써 생산기술과 유통에 관한 개선을 추구하면서 특히 소설을 통해 전통적 질서의 모순을 폭로하고 비판하여 실학사상을 문학적 형식으로 발현하였다. 초정 박제가(1750~?)는 서얼 출신이지만, 정조 때 규장각 검서관으로 활동하였다. 그는 이에 앞서 박지원의 영향을 받고 연행(燕行)의 현문을 토대로 『북학의』(北學義)를 저술하여 북학파의 실학사상을 정리하였다. 성호학파가 유형원을 계승하면서 토지 및 행정기구 등 사회제도의 개선에 치중한다는 경향에서 경세치용학파라 지칭하고, 북학파가 상공업의 유통과 일반 기술의 발전을 추구한다는 점에서 이용후생학파라 지칭하기도 한다.[15] 그러나

18세기는 실학파가 학파적 면모를 확립하였다는 점에서 특징을 갖지만, 그 철학의 입장은 아직도 형성되는 과정이라 할 수 있고, 전통의 기존 제도에 대한 비판적 개혁론에 관심이 집중되어 있는 단계라 할 수 있다.

19세기 전반에 정약용과 추사 김정희(1786~1856)의 활동에서 실학파의 철학적 기반이 확립되고, 19세기 중엽의 최한기(1803~1879)에 있어서 또 하나의 중요한 실학파적 철학이 정립되어 제시되기에 이르렀다. 정약용은 성호학파에서 나와 서학의 영향을 광범하게 수용하면서, 고증학적 지식까지 받아들여 경학에 대한 새로운 체계적 해석을 시도하였고, 자신의 경학적 입장과의 연관 속에서 사회제도를 전면적으로 재검토하였으며, 김정희는 박제가의 영향을 받아 북학파를 계승하면서 청조의 고증학을 수용하여 고증학적 실학사상을 전개하였다. 이에 비해 최한기는 기존 전통으로부터의 영향이 극소화되고 서학의 영향도 자연과학을 벗어나서는 거의 용해되어 독자적인 철학 체계를 구성하는 중대한 진전을 이루었다. 이처럼 19세기는 실학파의 철학사상이 확립되는 중대한 시기이지만, 이미 시대적 조류는 서양의 무력 위협 앞에서 전통의 자기 발전적 계승을 허용하지 않았다. 19세기 말엽에 개화사상의 출현으로 서양의 과학 기술과 제도를 수용하여 자강을 추구하였지만, 마침내 일본의 침략으로 식민지화하면서 실학파의 자기 발전도 민족 역사의 전통과 함께 단절되고, 학문적 대상으로서만 실학파 내지 실학사상을 문제 삼는 것으로 명맥이 이어졌던 것이다.

---

15) 李佑成, 「實學研究序說」, 『實學研究入門』, 1973, p.6 참조.

2. 17세기 실학파의 사상

(1) 이수광

가. 수양론(修養論)과 심활론(心活論)

지봉 이수광(1563~1628)의 사상적 성격은 기본적으로 주자학을 존중하는 입장에 있으면서도 성리학의 기본 문제인 태극·이기·사단칠정 등 성리학의 이론에 뛰어들지 않고, 심성의 존양에 치중하는 수양론적 문제에 관심을 집중하고 있는 사실에서 특징을 드러낸다. 그것은 곧 그가 정통적 성리학의 관념철학적 성격으로부터 벗어나, 수양론의 실천철학적 방향으로의 전환을 탐색하고 있는 것임을 말해준다. 그의 저술인 『지봉유설』에서는 유도부 속에 그것을 학문·심학·과욕·초학·격언의 5항목으로 분류하고 있는 사실도 도체 내지 성리의 문제를 제쳐두고 수양론에 관심을 모으고 있음을 보여주는 것이다.

심성에 관한 이수광의 철학적 입장은 심활론(心活論)을 주장하는데서 뚜렷이 나타난다. 심(心)을 활물(活物)이라 규정할 때 심은 개념적으로 분석됨으로써 밝혀지는 것이 아니라, 유기적 생명체로서 배양되는 것으로 파악된다. "심은 언제나 살아 있어야 하는 것이니, 이와 의로써 배양하면 살고 배양하지 않으면 살지 못한다"고 하여 심을 배양하여 살아 있게 하는 조건으로 합리성과 도덕성을 요구하는 것이다.16) 그의 수양론은 심의 배양을 추구하는 것이고, 여기서

---

16) 『芝峯集』, 권 31, 「剩說餘編 下」, "心要常活, 以理義養之則活, 無以養之則不活."

심의 배양에 방해되는 것으로서 욕을 지적한다. 따라서 욕을 억제하는 과욕을 강조하고, 더불어 사물에 현혹되어 움직이지 않는 정을 중요시하였다. 그는 심을 거울이나 눈(目)에 비유하여, 그대로 비추는 고요함과, 무엇에 가려지는 장애의 제거를 요구한다. 그러나 욕망을 전면적으로 부정하는 것이 아니라 사욕을 부정하는 것이요, 심의 작용을 전면적으로 거부하는 정(靜)이 아니라 욕망이나 외물에 지배되어 동요함을 거부하는 것이다. 그는 또한 "유교는 존심명리(存心明理)를 본지로 하고, 도가는 연심합도(煉心合道)를 요체로 하며, 불교는 즉심견성(卽心見性)을 증험으로 하여 3교가 모두 심을 주장으로 삼지만 그 작용이 다르다"고 지적하여 심의 개념으로 3교를 규명하면서도 유교의 심이 지닌 생명적 주체로서의 성격을 밝히고 있다.17)

나. 도의 실천성과 무실론

이수광의 실학적 성격은 현실성과 실천성을 강조하는 데서 드러난다. 그는 "학문하는 것보다 도를 듣는 것이 어렵고, 도를 듣는 것보다 도를 믿는 것이 어렵고, 도를 믿는 것보다 도를 얻는 것이 어렵고, 도를 얻는 것보다 도를 지키는 것이 어렵고, 도를 지키는 것보다 도를 이루는 것이 어렵다"고 하여, 학문의 최종적인 가치를 도의 실현에 두고 있는 사실을 주목할 필요가 있다.18) 여기서 그는 도를 '백성의 삶에서 나날이 쓰는 가운데 있는 것'이라 규정한다.

---

17) 같은 책, 권 24, 「采薪雜錄」, "存心明理者, 聖學之旨也, 煉心合道者, 道家之要也, 卽心見性者, 釋門之證也, 三者皆以心爲主 而作用不同."
18) 같은 책, "學者將以求道也, 故爲學非難 聞道爲難, 聞道非難 信道爲難, 信道非難 得道爲難, 得道非難 守道爲難, 守道非難, 成道爲難."

여름에 갈포 옷을 입고 겨울에 갖옷을 입으며, 배고프면 먹고 목마
르면 마시는 것이 곧 도이다. 이 밖에서 도를 말하는 것은 그릇된 것
이다. 장자가 도는 똥오줌에도 있다고 말한 것은 비록 표현이 거칠지
만 깨달은 바가 있는 것이다.19)

그는 선비가 학문에 뜻이 있더라도 실용할 수 없어서 힘이 있는
지 없는지 모른다면 학문을 성취하기 어렵다고 지적하여, 학문은 실
용할 수 있을 때 비로소 이루어지는 것이라 본다.20) 그리고 고답적
인 사변에 빠져 현실을 떠난 산림의 태도를 비판하여 "산림이 높은
것이 아니라 조정과 시정이 높은 것"이라 하고, "지인(至人)은 그 형
적(形跡)이 세속에 있으면서 그 마음이 깊이 감추어진 데 있는 사
람"이라 언급하고 있다.21) 그만큼 그는 현실 자체에 입각하여 현실
속에서 살아가고 현실 속에서 쓰일 수 있는 것을 존중하며 강조하였
다. 그는 인조 3년(1625)에 올린 「조진무실차자」(條陳懋實箚子)에서
정치의 효과를 이루지 못하고 사회가 어지러워지는 것은 모두 불실
(不實)이란 병 때문이라 진단하고 있다. 또한 모든 일을 처리하는
핵심은 성(誠)에 있으며 성이 곧 실(實)임을 밝히고, 실심(實心)으로
실정(實政)을 행하고 실공(實功)으로 실효(實效)를 이룰 것을 주장하
며, 생각마다 모두 실하고 일마다 실할 것을 요구하여 무실(懋實)을
강조하였다.22) 그의 무실론(懋實論)은 구체적 현실성이면서 동시에

---

19) 같은 책, "道在於民生日用之間, 夏葛而冬裘, 飢食而渴飮, 卽道也, 外此
   而言道者非矣, 莊子所謂道在屎尿, 雖粗說 亦有見乎權也."
20) 같은 책, 권 28, 「秉燭雜記」, "士雖有志於學, 不能實用, 其方力若存若
   亡, 則芝能成就也難矣."
21) 같은 책, 권 24, 「采薪雜錄」, "山林非高, 朝市爲高, 所謂至人者, 跡乎
   俗而心乎隱者也."
22) 같은 책, 권 22, 「條陳懋實箚子」, "以致績用無成, 治效蔑著, 國事日以
   委靡朝, 綱日以紊亂, 是則無他, 皆坐不實之病也, 夫天下事務至廣, 而

성실성을 요구하는 것이다. 성을 모든 일에 일관하는 원리로 삼고, 성의 현실적 실현을 추구하는 것으로서 실학적 사유 방법을 제시하고 있음을 확인할 수 있다.

다. 박학(博學)적 학문 태도

이수광의 학문적 특성으로서 박학의 태도를 강하게 접촉할 수 있다. 『지봉유설』은 천문·지리·군도·관직·유도·경서·문장·인물·기예·궁실·복용·식물·훼목·금충(天文·地理·君道·官職·儒道·經書·文章·人物·技藝·宮室·服用·食物·卉木·禽蟲) 등 25부 속에 3,435조에 걸친 광범한 영역의 문제를 다루고 있을 뿐 아니라, 348종의 문헌과 2,265명의 인명을 수록한 해박한 지식의 집성을 이루었다. 그러나 그보다 『지봉유설』을 통하여 도학의 정통성에 대한 신념이 아니라, 객관적 지식 체계의 수립을 모색하여 서양의 지리 및 과학이나 천주교 교리에 대한 최초의 소개를 비롯하여 양명학에 대한 호의적인 이해나 도교·불교 등 이단에 대해서도 섭취하려는 개방적인 자세를 보여주고 있다는 사실에서 그의 사상적 성격이 드러난다. 17세기 초에 접할 수 있는 모든 지식의 폭넓은 수용과 체계적인 분류는 그의 사상적 기본 입장과 특성을 보여주는 것이다. 그는 그 박학이 남에게 보이기 위한 것이라는 비난을 거부하고, 박학이 자기를 위한 것이라 밝힘으로써 자신의 박학적 태도에 대해 긍정적 신념을 가지고 있었다.[23] 그러나 그는 박학이 잡박스러운 데 흐르기 쉽고 수

所以操之者誠也, 誠則實也, ……以實心而行實政, 以實功而致實效使, 念念皆實, 事事皆實, 則以之爲政, 而政無不擧, 以之爲治, 而治無不成, 故臣敢以懋實二字進焉."

23) 『芝峯類說』, 권 5, 「儒道部 學問」, "盖博學所以爲己, 非爲人也, 今以博學謂之爲人, 則恐非的論也."

약(守約)이 고루한 데 돌아가기 쉽다는 사실을 지적하여 진정한 박학은 잡박하지 않으며 참된 수약은 고루하지 않은 것임을 인식하였다.24) 따라서 학문은 넓게 하는 것보다 잡박하지 않게 하는 것이 더욱 귀하다고 지적할 만큼 널리 배우면서도 집약하는 원리의 탐구를 존중하였던 것이다. 박학이 단순한 지식의 양적 확대에 그치는 것이 아니라, 질적 기준의 정립을 위한 관심을 잃지 않으려는 사실은 그의 철학정신이요 학문관이라 할 수 있다.

그가 학(學)은 활쏘기(射)와 같아서 과녁을 지향하는 것이라 밝히면서, 학문은 입지(立志)와 지향하는 바(所向)가 중요함을 강조하는 것도 진리의 기준에 대한 끊임없는 요구를 가지고 있었음을 보여준다.25) 또한 그의 학문적 개방정신과 더불어 수양론적 실천에 대한 관심에서 학문은 습(習)을 귀하게 여기며 습을 통하여 숙(熟)이 이루어진다는 사실을 강조하는 학습론을 엿볼 수 있다. 함양 성찰하는 수양의 과정이 곧 학습이요, 살아 움직이는 마음의 배양·성숙인 것이다.26)

이수광에 있어서 이러한 사상적 성격은 그의 철학적 특성이 도학에 기반을 두고 있으면서도 성리학의 이론적 천착에로 나아가는 방향을 벗어나 현실의 구체적 실천을 추구하는 실학 정신을 발휘하는 데로 관심의 초점을 돌리고 있음을 확인할 수 있고, 여기에 그가 실학파의 초기적 인물로서 선구적인 위치와 역할을 가지게 되는 이유

24) 『芝峯集』, 권 27, 「秉燭雜記」, "博者易流於雜, 約者易歸於陋, 雜則不可謂博, 陋則不可謂約."
25) 같은 책, 권 24, 「采薪雜錄」, "夫學如射, 射者志於鵠者也, 苟志於鵠, 雖不中不遠矣, 故學莫先於立志, 尤莫貴於所向."
26) 같은 책, "學貴習, 習則熟, 不習則生, 學者之涵養省察, 所以習也, 積而至於義精仁熟, 其效也."

를 이해할 수 있는 것이다.

(2) 유형원

가. 성리학에서 실학에로의 전환

도학사상이 조선 사회의 통치이념으로 정립되면서 사회제도나 경제정책 등에 관해 논의하는 경세론이 제시되었고, 현실 문제에 관해 비판적 내지 개혁적 주장을 제기하는 시무론도 지속적으로 나타났다. 그러나 임진·병자의 두 전란을 거치면서 혼란에 빠진 사회문제를 보는 도학파의 기본자세는 의리론에 입각한 도덕의식의 회복을 근본적인 것으로 강조하는 것이고, 사회문제는 유지와 안정에 치중하는 소극적 입장이 주류를 이루었다고 할 수 있다. 17세기 후반 유형원은 그 시대의 현실적 문제를 해결하기 위한 방법으로서 도덕적 근본 문제로부터 구체적이고 실천적인 문제에로 관심을 돌리고 있으며, 이러한 관심의 전환을 이론적으로 체계화시키고 혁신적 개혁안을 체계화시켰다는 점에서 실학파로서의 기본적 특징을 명백히 보여주었다. 사실상 그는 성리학의 문제에도 확고한 인식을 갖추어서 주자설에 대한 비판적 이해를 하면서 서경덕과 퇴계·율곡을 비롯하여 나흠순·한백겸의 성리설에 대해 평가를 내리는 토론을 전개하기도 하였다.[27] 뿐만 아니라, 비록 전하지는 않지만 성리학과 관련된 몇 가지 저술을 하였던 사실도 있다.[28]

---

27) 「磻溪先生年譜」(安鼎福 修輯), 孝宗 9년 「與鄭文翁書, 論理氣人心道心」, 및 顯宗 10년 「答裵公瑾論學書」 참조.
28) 李瀷이 撰한 「磻溪柳先生傳」에 보이는 저술 목록 중에 『理氣總論』(1권), 『論學物理』(2권), 『經說』(1권), 『朱子纂要』(15권)를 성리학과 관련된 것

유형원은 이기설에 있어서 이기의 혼융무간(渾融無間)함을 강조하면서, 이는 조리(條理)로서 기(氣)의 이(理)임을 지적하지만, 이가 기에 원인하여 존재하는 것이 아님을 인정하고 있다.29) 그는 이기의 불상리(不相離)하면서 불상잡(不相雜)한 구조를 혼연지중, 불상협잡지실(渾然之中, 不相夾雜之實)이라 표현하여 실(實)에서 이기를 파악하였다. 특히 사물의 현상적 관점에서 '이는 다만 기의 이'이라 하고, 사물의 본질적 관점에서 '이가 있으므로 기가 있는 것'이라 하여 이기의 불상리(不相離)한 현상과 불상잡(不相雜)한 본질을 분석하였으나, 근원적으로 이기의 인식 근거는 사물임을 보여주고 있다.30) 또한 불성무물(不誠無物)이라는『중용』(中庸)의 명제를 근거로 "천하의 사물이 실사가 아님이 없다"고 주장하여 실재(實在)의 근거를 사물에 두고 있음을 밝혔던 것이다.31) 여기서 그의 성리학은 이기의 궁극적 실재성에 대한 신념을 벗어나 사물의 실재성에 대한 분석 형식으로서 이기를 논의하는 것이라 할 수 있고, 따라서 성리학은 형이상학적 진리체계로서가 아니라, 실재의 현실을 인식하는 논리체계로서 제시되는 것이라 할 수 있다.

이러한 그의 성리설에 따르면, 그는 당연히 성리학의 체계 속에 갇혀 있을 수 없고, 필연적으로 현실의 문제에 관심을 돌리지 않을 수 없다. "천지의 이는 만물에서 나타나니, 사물이 아니면 이(理)가 나타날 곳이 없고, 성인의 도는 만사에서 행해지니, 일이 없으면 도

으로 보았다(千寬宇『近世朝鮮史研究』 p.340).
29) 『磻溪先生年譜』「與鄭文翁書」, "雖不可認氣爲理, 然氣外無理, 要之理只是氣之理也, ……蓋理氣渾融無間, 雖氣外無理, 然理非因氣而有也."
30) 같은 책, "自物之已然者觀之, 則理只是氣之理, 氣外無理, 自其本然者觀之, 則以其有此理, 故有此氣也."
31) 같은 책, "不誠無物, 知其如是, 而後可以見天下事物 無非實事."

가 행할 곳이 없다"[32]는 그의 주장은 도학을 강명하는 데 힘쓰며,
사위(事爲)에서는 대체만 파악하면 된다는 그 시대 도학파의 학풍에
대한 반박인 동시에, 실학파적 자세를 이념적 근거에서 제시하는 것
이라 할 수 있다. 또한 오광운은 「번계수록서」(磻溪隨錄序)에서 도
덕과 정제(政制)를 도와 기에 각각 배당시켜서, 정주는 도에 급급하
여 기에 겨를이 없었고, 도를 밝히면 기는 저절로 회복될 것이라 생
각했음을 지적하여 도학파의 학문적 태도를 규정하며, 이에 대해 유
형원은 정제에 대한 상세한 제시와 성리설에 대한 정밀한 인식에서
도・기가 불상리(不相離)함을 더욱 믿을 수 있게 하였다고 언급하였
다.[33]

여기서 유형원의 실학적 입장은 도학의 거부가 아니라, 현실로부터
유리된 관념을 넘어서 도학과 실제를 일관시키는 도학의 방향전환이
요, 그것은 도학파의 그 당시적 학풍을 깊이 반성하는 데서 본 것으
로, 도학파의 극복인 동시에 도학의 실학적 전환이라 할 수 있다.

나. 실사(實事)에서의 본말론(本末論)

『대학』(大學)에서는 "사물에 본말이 있다(物有本末)"는 말과 더불
어 "덕은 본이고 재는 말이다"라는 말이 있다. 그리고 본과 말 사이
에는 선본후말(先本後末)의 실천적 순위가 제시되었을 때 도학파가
본으로서의 덕 내지 심성의 수양에 치중하고 구체적 현실의 경제문
제는 말이라 하여 뒤로 돌리거나, 의에 대립된 이라 하여 외면하는

---

32) 『磻溪隨錄』, 권 26, 「書隨錄後」. "天地之理, 著於萬物, 非物理無所著, 聖
    人之道, 行於萬事, 非事道無所行."
33) 같은 책, 권 1, 「隨錄序」, "諸君子之心, 汲汲皇皇於斯道, 而於器則未遑
    焉, 盖其意以爲道明則器自復爾, ……磻溪柳先生隱居著書, 以寓夫拯捄
    惻怛之志 …… 於是益信道器之不相離也"

것이 일반화되었던 것이다. 그러나 유형원은 실사를 학문의 근거로
파악하는 데에서 한걸음 나아가 본말론을 실사(實事)에 철저히 적용
시킴으로써 실학적 입장을 더욱 뚜렷하게 제시하고 있다.

그는 『번계수록』(磻溪隨錄)의 첫머리에서 토지 제도(田制)를 논하
면서 "토지는 천하의 대본이라" 밝히고 토지 제도가 바로잡히면 모
든 제도가 바로잡힐 수 있음을 역설하였다.[34] 곧 정전법의 정신에
따라 토지의 경계가 한번 바로잡혀지면 백성의 산업이 항구하게 확
립되고, 병정을 수색하여 모으는 폐단이 없어지고, 귀천상하의 모든
국민이 각각 그 직분을 얻게 되고, 인심이 안정되며 풍속이 돈후해
진다는 것이다. 또한 토지 제도를 바로잡는 것을 근본으로 할 때 말
단의 모든 사회적 폐단이 바로잡히게 될 것이며, 따라서 정치와 교
화의 근본을 토지 제도에서 추구할 것이라 보아, 토지 제도를 떠나
서 인정(仁政)을 행하고자 한다는 것은 허어(虛語)에 지나지 않는다
고 지적하였다.[35] 임금의 한 마음에서 정치와 교화의 근원을 찾는
도학파의 입장에 대하여 토지 제도에서 정치와 교화의 근본을 발견
하는 유형원의 입장은 본말론의 적용 영역을 전면적으로 전환시키고
있는 것이다. 그는 재를 말에 두는 것이 아니라 실사로 파악하고 재
의 기본 형태인 전(田)에서 본을 발견함으로써 실학적 학문의 기반
을 실사에서 확립하고 있다.

그러나 그의 학문 체계가 인간의 가치나 도덕성을 외면하는 것이
아니라, 오히려 제도와 도덕의 조화를 추구하는 데까지 미치고 있음

---

34) 같은 책, 권 1, 「田制上」, "土地天下之大本也, 大本旣擧, 則百度從而無
一不得其當, 大本旣紊, 則百度從而無一不失其當也."
35) 같은 책, 권 4, 「田制後錄 下」, "凡事有本有末, 本擧則末自正, 旣行田制,
以田出兵, 則一族切隣之弊, 不期除而自除矣, ……不如此, 雖欲行仁政,
徒虛語耳."

을 확인할 수 있다. 그는 법제가 스스로 실행될 수 없는 것임을 인
식하고, 그 법제를 운영하는 인간존재의 역할을 지적하였다. 곧 임금
이 현신의 보좌를 받고 인재를 모든 직위에 배열한 다음에야 법제가
올바로 시행될 수 있다는 것이다. 그리고 대신을 선택하는 근본을
'한마음[一心]'의 덕에서 찾고, 성학(유학)은 마음을 밝히는 요령이라
고 언급하기도 한다.36) 여기서 토지 제도의 법이 명심의 덕과 분리
되기만 하는 것이 아니라, 본말 선후를 분석하기 이전에 근원적으로
서로를 요구하는 대대적(對待的) 관계에 놓여 있는 것이라 할 수 있
고, 또한 도·기불상리(道·器不相離)의 체용론적 관계 구조를 실사
에서의 본말론과 병행하여 파악하고 있는 것이라 할 수 있다. 따라
서 그의 입장에서는 실사에서 본말을 밝힘으로써 도·기의 온전한
결합을 실현할 수 있는 근거를 확보하려는 실학적 방법을 추구하는
것이라 하겠다.

다. 기준의 객관적 정립

토지 제도에서 유형원은 정전제(井田制)를 이상으로 하면서 균전
제(均田制)를 현실적으로 받아들이고 있다. 그러나 당대(唐代)와 고
려 때의 균전제가 토지를 주체로 삼지 않고 사람을 기본으로 삼는
데서 폐단을 낳았던 것으로 비판하였다.37) 그것은 토지 제도의 기준
을 증감과 이동이나 차별이 복잡한 인간에다 둘 것이 아니라, 고정
된 물건인 토지에다 둠으로써 객관적 척도를 쉽게 확보할 수 있다는

---

36) 같은 책, 「田制後錄 下」, "法不能自行, 必也人君先得賢臣 爲之左右, 廣
求俊乂列于庶位, 然後可以有行, 擇大臣之本, 又在乎明一心之德, 明心之
要, 其唯聖學乎."
37) 같은 책, 권 1, 「田制上」, "唐世均田之制, 亦近古意, 麗朝用之以致富強,
然其法不以地爲主, 而以人爲本, ……此所以難處, 而後必廢壞也."

데 주목한 것이다. 유형원은 법제의 중요성을 강조하면서 법제가 척도의 역할을 하는 것이요, 척도 없이는 도의 실현도 불가능한 것임을 인식하고 있다. 그는 "법제란 것은 장인의 승척(먹줄과 자)과 같고 치인의 모범(본틀)과 같다. 이른바 승척이 승척이 아니고 이른바 모범이 모범이 아니라면, 비록 천하의 양공이 있더라도 한 칸의 집이나 한 개의 그릇도 만들 수 없을 것이다. 세상에서 한갓 양공만을 말하고 승척이나 모범을 반드시 쓸 필요가 없다고 말하는 것은 매우 생각이 없는 일이다"38)라고 언급하여 법제가 객관적 기준으로서 확립될 것을 요구하였다.

기준을 인간의 내면적 도덕성에서 찾거나 보편적 이념으로 제시하는 것이 아니라, 계량 가능한 객관적 형태에서 찾고 있는 것은 실학파의 과학 정신의 중요한 표현 방법이라 할 수 있다. 그는 대체(大體)와 세목(細目)에서 대체가 중요하므로 세목은 가볍게 여길 수 있다는 사고 방법을 부정한다. 곧 본·말과 대·소가 서로 떠날 수 없다는 원칙에서 "치[寸]가 틀린 자[尺]는 자 노릇을 할 수 없고, 눈금[星]이 틀린 저울[衡]은 저울 노릇을 할 수 없으며, 그물눈[目]이 그릇되고도 벼리[綱]가 스스로 벼리 노릇하는 일은 없다"고 강조하였다.39) 이처럼 기준의 객관적 정밀성이 존중되고 확립된다면, 인간의 주관적인 자의성을 제도적으로 극복할 수 있는 기반이 보장될 수 있다. 그가 제도를 논할 때 절목을 상세함에까지 미치는 것은 박학한 지식의 제시에 따라 있는 것이 아니라, 구체적 사무의 실천 절차를

---

38) 같은 책, 권 4, 「田制後錄 下」, "大抵法者, 猶匠人之繩尺, 猶治人之模範也, 所謂繩尺非繩尺, 所謂模範非模範, 雖有天下良工無以成一間室一箇器, 世之徒談良工, 而謂不必用其繩尺模範者, 其不思甚矣."
39) 같은 책, 권 26, 「書隨錄後」, "天下之理, 本末大小 未始相離, 寸失其當, 則尺不得爲尺, 星失其當, 則衡不得爲衡, 未有目非其目, 而綱自爲綱者也."

객관적 기준으로 밝히려는 방법적 엄밀성을 추구하는 실학적 정신의 발휘라 할 수 있을 것이다.

그는 객관적 기준의 이념을 '천리를 좇고 인도에 순응하는 것'이라 하여 '인욕에 따르고 구차하게 편안함을 꾀하는 것'에 대립시키기도 한다.[40] 또는 '천하를 위한 도모(爲天下謀)'와 '자기 한 몸을 위한 도모(爲一己謀)'를 대립시킬 때 객관적 기준은 이기적 사욕을 극복하는 공공적 이익을 목표로 하는 것임이 밝혀진다. 전제의 개혁론은 사전(私田)의 이기적 동기를 거부하고, 공전(公田)의 공익성 위에 수립하려는 것이다. 나아가 노비 제도에 대해서도 모든 인간이 동류이므로 사람으로서 사람을 재산으로 취급할 수 있는 이치가 없다고 못박았다. 그는 "천자나 제후라도 사람을 다스리는 임무일 뿐이지, 사람을 자기 재물로 삼지는 않는다" 하고, 사람이 눈앞의 사의에 가리어 노비제도를 개혁할 수 없는 것이라고 비판하였다.[41] 노비제 폐지를 주장하는 것은 유형원의 인도적 신념이기도 하지만, 동시에 사리(私利)를 추구하는 것을 사회의 전체적인 객관적 질서를 파괴할 수 있는 위협으로 파악하여 전체의 공공적 질서를 위해 이를 배격하려는 입장의 관철로서 이해할 수 있다.

---

40) 같은 책, "三代之制, 皆是循天理順人道, ……至後世之制, 皆是因人欲圖苟便."
41) 같은 책, 권 26,「續篇下 奴隷」, "今我國以奴婢爲財, 夫人者同類, 豈有人以人爲財之理, ……雖天子諸侯, 只是理人之任, 而未嘗以人爲己財物也, ……我國奴婢之法, 其事理是非, 本非難知, 而凡人則各蔽於目前私意, 皆以爲難改矣, 若夫人君則代天理人, 國是吾國, 民是吾民, 豈是更於其間 別作奴婢, 以害吾民乎."

(3) 박세당

가. 인간과 사물의 분별적 인식

병자호란 이후 배청의리론과 더불어 도학파의 주자에 대한 존숭이 정통주의적 이념으로 강화되었던 시기에, 박세당은 주자학의 경학체계에 이의를 제기함으로써 탈주자학적 입장의 이론적 체계화를 추구하였던 사실에서 중요한 역할을 하였다. 그와 같은 시대에 윤휴(1617~1680)도 주자의 성리학적 입장에 이의를 제시하여 사문난적으로 공격을 받았지만, 윤휴의 철학적 관심이 성리학의 범위에 남아 있는 것이라고 한다면, 박세당은 성리학을 벗어난 경학 체계의 재구성을 시도하였던 것으로 이해할 수 있다. 박세당은 경전에 대한 주석서인 『사변록』(思辨錄)(『통설』(通說)이라고도 함)을 저술하면서 사서와 『서경』(書經) 및 『시경』(詩經)을 독자적으로 해석함으로써 경학의 기반 위에서 탈주자학적 철학 체계를 모색하였던 것이다.[42]

그는 성즉리(性卽理)라는 주자의 성(性)에 대한 기본적 해석에 대하여, '성은 심명이 받은 바 천리요 태어나면서 갖추고 있는 것'이라 정의하거나 '성은 심이 천리를 밝힌 것'이라 하고, 또는 '이가 심에서 밝아지면 성이 된다'고 하였다. 그것은 곧 성을 보편적 원리로서 이와 일치시킴으로써 이에 환원시키는 것이 아니라, 이를 내포하고 드러내는 심으로서 성을 파악하는 것이다. 따라서 성은 구체적 인격 주체인 심에서 인식되는 것이요, 일차적으로 인성으로서 파악된다. 그는 사물에 성이 있음을 부인하지는 않지만, 그 성이 인간의 성과

---

42) 『思辨錄』「中庸」(『西溪全書』 下), "性者, 心明所受之天理與生俱者也, ……理明于心爲性, 性卽心之所明乎天理."

는 유가 다르다는 것을 강조하면서 오상의 덕은 사물에 적용시킬 수
없음을 지적하고 있다.43) 또한 『중용』(中庸)이라는 글은 사람을 가
르치는 것이지 사물을 가르치는 것이 아니요, 사람은 가르칠 수 있
으나 사물은 가르칠 수 없고, 사람은 도를 알 수 있지만 사물은 도
를 알 수 없다" 하여 주자가 사람과 사물을 상통시키고 있는 입장을
부정하였다.44) 박세당은 사람과 사물을 동체로 파악하는 주자학적
입장을 벗어나, 사람과 사물이 이류라는 사실을 강조하고 있다. 이러
한 전제 위에서 성은 인성과 물성으로 본질적인 분별을 일으키게 되
는 것이다. 따라서 인간존재에 있어서의 기본적 실체는 성이 아니라
심으로 인식하게 된다. 성은 인간의 심에서 밝혀진 이이기 때문에,
보편적 천리가 구별되어야 하는 것으로 제시된다. 천과 인(심)이 이
또는 성을 계기로 일치되기에 앞서서, 천(天)에 있어서의 이(理)와
인간에 있어서의 성(性)은 개념이 달라 혼동될 수 없음을 지적하고
있다.45) 인간과 하늘을 구별하고 동시에 인간과 사물을 구별하는 존
재 영역의 분별적 인식은 추상적 관념 체계의 확립을 지향하는 것이
아니라, 구체적 개체성을 중시하는 그의 철학적 기본 입장이요, 여기
서 성리학을 벗어나는 박세당의 철학적 관심과 그 방향이 나타나는
것으로 보인다. 차라리 그에 있어서 성은 형이상적인 것이 아니라,
사람이나 사물의 형이하학적인 기가 이를 내포하여 각각의 재로 나
타난 것이라 보고 있다.46) 곧 박세당에 있어서 성은 기 안에서 나타

---

43) 같은 책, "雖物亦有性, 但其爲性也, 與人不類, 無以稱乎五常之德, 兼言
　　物, 非中庸之指故也."
44) 같은 책, "夫中庸之爲書也, 以教人而非以教乎物, 人可教也, 物不可教, 人
　　能知道, 物不能知道也."
45) 같은 책, "在天曰理 花人曰性, 名不可亂故也, ·曰理曰性 曰道曰教, 論
　　其致究其歸, 卒未嘗不同, 但不可亂其名."
46) 『思辨錄』「孟子」, "令人物之性, 則乃器之含其理, 以各爲之才者." "才

나는 것이요, 재와 같은 의미로 파악됨으로써 형이상학적 관념화로
부터 벗어나게 되는 것이며, 인간의 본질적 성격도 구체적 기반 위
에서 이해하고 있음을 보게 된다.[47]

나. 실질의 존중

현실의 구체성에 근거를 두는 박세당의 철학적 관심은 보편적 이
념에 앞서서 인간의 구체성을 이해하려는 입장이며, 여기에 주자학
의 관념 체계에 대립한 실질의 비중을 재인식하게 되는 것이다. 그
의 실학적 논리는 '명'(名)과 '실'(實) 또는 '문'(文)과 '질'(質)을 분
별하여 인식하고, '실' 내지 '질'에 우선적 가치를 부여하는 데에로
나타나는 것을 볼 수 있다. '문'과 '질'이 갖추어져 찬란한 것이 군
자의 모습이라고 공자도 지적하였지만, 그는 "'문'은 갖추었으나 '실'을
잃으면 '실'은 있으면서 '문'이 없는 것만 못하다"는 것이 공자의 뜻이
라 언급하였다.[48]

공자에 있어서 정명론도 명분을 바로잡을 것을 강조하는 것에 그
치는 명분주의가 아니라, 명칭과 실제가 어긋나는 것을 일치하도록
바로잡으려는 것이며, 박세당도 명칭에는 반드시 실제가 있는 것이라
한다.[49] 그는 이·성·도·교(理·性·道·敎)도 명칭이 다른 만큼
이것을 가볍게 일관시켜서 명칭을 혼란시키면 본말의 차례를 잃게

即所謂性也."
47) 尹絲淳, 「朴世堂의 實學思想에 관한 硏究」, 위의 책, p.275에는 "朱子의
理實在論에 의한 性(理)의 先天的 本具論을 철저히 비판한 것이라"고
지적하였다.
48) 『思辨錄』 「論語」, "盡其實而文稱之, 則斯爲彬彬矣, 如文備實喪而, 初
不如實存而文去, 此夫子所以謂與奢寧儉爲得其本也."
49) 『思辨錄』 「中庸」, "名之必有實也."

되어 말하는 뜻을 밝힐 수 없게 된다고 지적하여, 명칭의 명석한 인식 내지 개념 구별의 엄밀성을 중요시하고 있다.50) 그러나 '명'이 '실'을 밝히는 도구일 수는 있지만, '명'이 '실'을 구성할 수는 없는 것으로 본다. 따라서 형식적인 명분에 빠져 실질을 무시하는 명분주의를 배격하였던 것이다. 곧 효종 사후에 기해예송이 일어나 자의대비의 복제에 대해 기년설과 삼년설이 대립하고 있는 데 대해, 그는 어떤 복제를 입어도 효종이 차장자라는 실제에는 변함이 없음을 지적하였다. 고례(古禮)에 명문으로 제시되지 않았고 전이나 소에 차이가 있다면 한때의 예는 참작하여 어느 쪽을 행해도 무방하다는 제안을 하여 명분론에서 벗어날 뿐 아니라, 복제(服制)의 높이고 낮춤이 종통(宗統)을 밝히고 못 밝히는 것에 관계되지 않는다고 하여, 예의 형식이 종통의 실제에 직접적 영향이 없는 것으로 배격하고 있다.51)

도학파의 명분론이 의리론과 결부되어 그 당시 배청의리를 강렬하게 내세웠고, 청나라의 연호를 거부하면서 멸망한 명나라의 숭정(崇禎) 연호를 사용하였던 것은 이러한 존왕양이의 춘추대의를 표현하는 한 방법이었다. 이때에 박세당은 의리의 중요성을 인정한다 하더라도 멸망한 명나라의 연호를 사용하는 것은 의미 없는 것으로 보고 청나라의 강희(康熙) 연호를 사용할 것을 주장하였다.52) 그것은 그가 중원을 지배하고 있는 청나라의 현실적인 시세를 중시한 것이며, 고려 때 송이 망하고 원이 중원을 차지하였을 때 송의 연호를 쓰지

---

50) 같은 책, "日理, 日性, 日道, 日教, 論其致究其歸, 卒未嘗不同, 但不可亂其名, 名亂則或失所在本末之次第, 無以明所言之義也."

51) 『서계전서』 上, 「禮訟辨」, "雖期三年之不同, 其爲次長子之實, 則終不可易矣, ……古禮無正文, 傳疏間有異同, 一時之禮, 酌可以行用甲乙, 無所不可, 固不以服之降殺, 而係夫宗統之明不明也."

52) 같은 책, 「答和叔書」・「辨和叔論紀年示兒姪」

않았던 것처럼, 명이 망한 뒤 청나라의 연호를 쓰는 것은 의리가 아
니라 사직의 보존을 위한 사대의 현실적 요구로서 정당성을 갖는 것
으로 파악하였음을 보여준다. 예송 문제나 연호 문제가 이 시대의
중대한 관심사이고 강한 이념적 성격을 지니고 있었던 것인데, 이에
대해 박세당이 현실과 실질을 중시하는 입장에서 근본적인 반론을
제기하였던 사실은, 그의 사상이 지닌 실학적 성격과 실학적 사고의
전회 과정을 뚜렷이 보여주는 것이라 할 수 있다.53)

다. 행원자이(行遠自邇)의 실천적 현실성

『대학』의 물격이후지지(物格而後知至)에 대해 주자는 물격을 물리
의 극처에 이르지 않은 것이 없다 하고, 지지를 오심의 아는 바가
다하지 않음이 없다고 주석하여 궁극적 경지를 제시하였다. 이에 반
해 박세당은 『대학』이 성인의 지극한 공과나 학문의 할 수 있는 것
을 마친 것이 아니라, 초학자가 덕에 들어가는 문이라는 사실을 강
조한다.

또한 그는 『중용』에서도 '먼 곳을 가려면 가까운 곳에서 출발해야
하며[行遠自邇]', '높은 곳에 오르려면 낮은 곳에서 출발해야 한다
[升高自卑]'거나, '도끼자루를 가지고 도끼자루를 베니 그 법칙이 멀
리 있지 않다'는 비유를 하고 있음을 지적하였다. 따라서 입을 열자
마자 만 리의 첫길에 첫걸음을 떼어놓는 자리가 곧 성인의 지극한
공과에 있는 것으로 설명하는 주자학의 입장은, 자신에게 절실하여

---

53) 尹絲淳(위의 책, pp.208~236)에 의하면 朴世堂의 實踐思想에 있어서
　　일상적 사고방식으로서 禮論의 문제를 다루고, 對內 現實觀으로서 弊
　　政改革論의 내용을, 그리고 對外 現實觀으로서 연호 문제를 다루어 그
　　의 현실 존중 의식을 해명하고 있다.

알기 쉬운 이치를 보여주지 못한다고 거부한다. 또한 한 발자국씩 떼어놓고 한 계단씩 오르게 함으로써, 까마득하여 따라가기 어렵다는 탄식을 없게 하고, 차례를 뛰어넘는 실수가 없도록 하는 경전의 본래 정신에 주자학의 입장은 어긋난다고 비판하고 있다.54)

그가 밝히는 경전의 정신은 고답적이고 관념적이거나 초월적인 이념체계가 아니다. 오히려 자신에게 절실한 현실에서 출발하는 것이며, 단계적 실천 과정을 거쳐 축적해 감으로써 목표에로 접근하는 것이다. 그것은 현실성을 떠난 합리적 체계나 초월적 이상에 빠질 것을 거부하고, 현실성 위에서 구체적이고 실천적인 방법을 확보하려는 실학 정신의 제시라 할 수 있다. 그는 6경의 이치가 정밀하고[理精] 뜻이 구비되고[義備] 생각이 깊고[意深] 취지가 멀다[旨遠]는 것을 인정하지만, 『중용』에서 말한바 '먼 곳을 가려면 반드시 가까운 곳에서 출발해야 한다[行遠必自邇]'는 원리에 따라, 깊은 곳은 얕은 데로부터 들어가야 하고, 굽이진 것은 간략한 것에서 미루어 가야 하고, 정밀한 것은 거친 것에서 이루어 가야 한다는 사실을 강조한다. 그 이유로 가까운 것은 마치기가 쉽고, 얕은 것은 측량하기가 쉽고, 간략한 것은 얻기가 쉽고, 거친 것은 알기가 쉽다는 사실을 들어서, 쉬운 데에서 점차적으로 나아가는 실천 방법을 제시하였다.55) 비근한 일상성을 진리의 출발점으로 확인하고 방법적으로 정립한다는 것은 도학파의 체계에 대한 반성적 비판이며, 경전의 본래적인 정신에 대한 재인식이라 할 수 있다. 여기서 박세당은 실학파

---

54) 『思辨錄』「大學」, "開口指說, 以爲萬里初程投足一步之地者, 乃在於聖人之極功, 曾不開示以切已易明, 之理使曳一踵謹躕一級, 躕一級又進一級, 旣使無逌焉難及之歎, 又使無躕越凌跨之失者, 抑獨何哉."

55) 「思辨錄序」, "夫邇者易及, 淺者易測, 略者易得, 粗者易識, 因其所及而稍遠之, 遠之又遠, 可以極其遠矣, ……."

의 철학적 기본 입장으로서 현실성과 일상성의 학문적 중요성을 명확히 인식하고, 단계적 확산·심화를 추구하는 실천 방법을 통하여 경험의 비중을 높이고, 사변적 비약을 배제하여 실학파의 철학적 입장을 확립하는 데 중요한 역할을 하였다고 볼 수 있다.

3. 성호학파의 실학사상

(1) 이 익

가. 경학의 실용적 인식

이익은 18세기 전반기에 한편으로 그 시대의 성리학적 기반을 계승하고, 다른 한편으로 실학파의 학풍을 정립함으로써, 그의 사상적 특성과 위치를 갖게 된다. 그는 성리학 상에 있어서 영남학파에 속하여 퇴계의 성리학설을 따르고 있다, 곧 퇴계를 존숭하여 그 언행을 『근사록』(近思錄)의 체제에 따라 『이자수어』(李子粹語) (또는 『도동록』(道東錄))를 편찬하였으며, 사단칠정과 이기론의 문제에 관한 논쟁을 정리하면서 퇴계를 지지하는 입장에서 「사칠신편」을 편집하고, 퇴계의 예설을 정리하여 「이선생예설」(또는 「예설유편」)을 편찬함으로써, 퇴계의 사상을 체계적으로 인식하는 퇴계학의 확고한 기반을 닦았다.[56]

또한 이익은 성리학의 인식에 머무르지 않고 경학에로 학문적 관

---

56) 李瀷의 退溪學에 관한 인식의 범위와 입장에 관해서는 李秉休의 「家狀」 등에 詳述되어 있다.(『星湖先生全集』, 附錄 권 1).

심을 진전시킴으로써 자신의 새로운 학문 영역을 넓혔다. 그의 경학에 관한 업적은 『질서』(疾書)에 나타나 있다. 우선 그의 『질서』(疾書) 저술의 순서며 경학 연구의 순서는 『맹자』에서 시작하여 『대학』→(『소학』)→『논어』→『중용』→(『근사록』(近思錄) 『심경』(心經))→『주역』→『서경』→『시경』으로 이어지는 것을 보여준다. 여기서 드러난 특징은 그가 『대학』→『논어』→『맹자』→『중용』이라는 도학 전통의 일반적 독서순(讀書順)을 따르지 않고 『맹자』를 우선시키는 입장이다. 그는 "『맹자』의 7편은 시대로는 뒤에 오고 뜻은 상세하다. 뒤에 오는 것은 가깝다는 것이며 상세하다는 것은 드러난다는 것이다. 그러므로 성인의 뜻을 구하는 일은 반드시 『맹자』로부터 시작해야 한다"57) 고 언급하였다. 그것은 근원에서 출발하거나 원리에서 연역하는 경학 방법이 아니라, 시기적으로 오늘에 가까워 증거가 명백하고 현저한 사실에서 출발하려는 것으로서, 보다 구체적이고 경험적인 것을 중요시하는 경학 방법의 실학적 태도를 보여주는 것이다.

　도학파의 주자주(朱子註)에 대한 권위주의적 고수에 대해 비판적 인식이 뚜렷하여 "한 글자라도 의심을 두면 망령되다 하고 비교하여 검토하면 죄라 한다. 주자의 글도 오히려 이와 같으니, 하물며 고경에 있어서랴. 우리나라의 학문이 우둔함을 벗어나기 어렵다"고 말하고, 이러한 당시의 폐쇄적 학풍을 후기에 갈수록 심해진 유문금망(儒門禁網)이라 하고, 신불해·상앙의 법가적 엄혹성을 지녔다고 지적하였다.58) 또한 그는 "의심이 적으면 적게 나아가고, 의심이 크면 크

---

57) 『星湖先生全集』, 권 49, 孟子疾書序, "孟子辯而七篇作, 以世則後, 以義則詳, 後則近, 詳則著, 故曰求聖人之旨, 必自孟子始也."

58) 『星湖僿說』, 「經史門·儒門禁網」, "但曰一字致疑則妄也, 考校參互則罪也, 朱子之文尚如此, 況古經乎, 東人之學, 難免魯莽矣, ……儒門禁網, 後來轉急矣."

게 나아간다"는 주자의 말을 인용하면서, 학문의 자세로서 회의를 중요시하고, 의심할 줄 모르며 권위에 순종하는 속학(俗學)을 비판하였던 것이다.59)

나아가 그는 경학을 한마디로 '치용(致用)'이라 지적하여, 경학의 목적이 실용에 있음을 밝혔다. "경을 설명하면서 이 세상 온갖 일에 베풀지 않는다면 이것은 단지 읽을 줄 아는 것일 뿐이다"라 하여, 경전을 지식의 대상으로 삼는 독경의 풍조를 반성하고 실제에 응용할 것을 강조하였다.60) 또한 그는 『시경』을 읽으면서 풍송이나 하고 예를 행한다는 것이 읍손(揖遜)이나 하여 경술과 사무가 유리된 당시의 학풍을 개탄하면서, 시로써 백성의 숨은 뜻을 살펴서 치민에 활용하고, 예로써 사회의 일이나 외교에 처응하여 실무에 힘쓰는 경학 본래적인 무실의 자세를 존중하였던 것이다.61) 자신에서 절실하게 드러내고 사업에 발휘할 수 있도록 경학을 하지 못할 때, 6경과 시무가 둘로 유리된다62)는 반성은 이익의 경학이 실용을 추구하는 실학 정신에 접근되고 있음을 밝혀 준다.63)

『星湖先生全集』, 권 49, 「孟子疾書序」, "峻法刻刑, 奚爲於孔子之門, 余故曰 今之學者, 儒家之申商也, 於是唯諾之風長, 考究之習熄駸駸然底于無學, 則今之學者之過也."

59) 같은 책, 권 24, 「答安百順, 壬申」. "朱子謂少疑則少進, 大疑則大進, 多著疑不妨, 若內疑而外順, 所存可知也, 有疑而至於無疑, 固君子之階級次第, 俗學大抵不致疑者多."
같은 책, 권 54, 「中庸疾書後說」, "學必要致疑, 不致疑 得亦不固."

60) 『星湖僿說』, 「經史門·誦詩」, "窮經將以致用也, 說經而不措於天下萬事, 是徒能讀耳."

61) 같은 책, "詩可以察其隱而安之, 禮不獨施於閨門之內, 而應出事, 非禮不可, ……古人之務實如此, 在今日經術事務, 判爲二道."

62) 같은 책, 「人事門·六經時務」, "凡讀書之士, 皆依文誦說, 不思眞切著己, 之爲事業, 故六經與時務, 判爲二物."

63) 李篪衡, 「星湖經學의 實學的 展開」, 『成均館大學校論文集』. 第17輯, 1972 참조.

나. 경세론의 민본적 전개

이익은 도학의 전통과 성리학적 인식에 있어서는 퇴계를 계승하고
있으면서, 다른 한편 경세론에 있어서 율곡과 유형원을 받아들이고
있는 점에서, 그의 사상이 지닌 폭과 그의 철학이 지닌 객관적 합리
성을 엿볼 수 있게 한다. 그는 율곡이 경장론을 통하여 사회적 폐단
을 개혁하려 했던 것을 명쾌하고 절실한 것이라 지적하고, 율곡을
조선왕조가 세워진 이래 시무를 인식하는 데 가장 뛰어난 인물이라
인정하였다. 유형원에 대해서도 율곡을 이어 경장의 철저한 실천 방
안을 제시하였던 것은 뒷날에라도 반드시 법을 삼고 영원히 스승으
로 삼을 것이라 언급하였다.64)

맹자가 양혜왕에게 "하필 이(利)를 말씀합니까? 또한 인의(仁義)가
있을 따름입니다"라고 대답한 구절에 대해, 이익은 의를 뒤로 미루
고 이를 앞세우는 것이 욕망에 빠져 이와 의의 조화를 잃게 됨을
비판한 것일 뿐, 이를 추구하지 말아야 한다는 주장이 아님을 밝힘
으로써 이의 가치를 긍정적으로 파악하였다. 그는 "이(利)란 천지간
에 원래 이(利) 도리가 있는 것이라" 말하여 이(利)의 근원적 정당성
을 확립하려는 입장을 보여주고 있는 것이다.65) 그의 경세론은 유형원
을 이어 관제·전제·세제·병제 등에 걸친 사회제도의 기본 형식을
검토하는 것이지만, 당시의 현실적 모순과 개혁의 조건을 객관적으
로 인식하는 개혁 방안의 제시에 관심을 모으고 있으며, 민생의 보
호와 보장을 추구하는 민본의 확립에 기반을 두고 있는 데서 특성을

64) 『星湖先生全集』, 권 46, 「論更張」.
65) 李瀷, 『孟子疾書』 「梁惠王 上篇」, "君子未嘗不欲利, 但後義而先利, 則
流以爲欲, 而無復義之和矣, ……利者天地間元有此道 ……不曰不可而曰
何必, 不曰只有而曰亦有, 其旨可見."

엿볼 수 있다.

그의 전제론인 균전론은 토지 겸병으로 파산하여 유리하는 서민에게 생활 기반을 보장하기 위해 매매할 수 없는 일정한 면적(대개 100무 곧 1경)의 영업전을 부여하면서 영업전 이외의 토지는 제한 없이 소유할 수 있게 한다는 것이다.66) 영업전을 확보하여 민생의 기반을 보장하면서 인간의 소유욕을 현실적으로 긍정하는 생각이 그의 경세론에 나타난 것이다. 또한 전제와 세제에 있어서 정확하게 토지를 측량하고 호구를 조사함을 기초로 할 것을 강조하는 데서, 제도의 객관적 운영 기반을 전제로 하고 있는 합리성을 보여주며, 국가 재정의 건전한 충실화를 추구하였다. 이러한 경세론적 관심을 꿰뚫고 있는 것은 관리의 침탈로부터 곤궁에 빠진 민생을 보호함으로써 국가의 정치적 안정성과 사회의 건전한 질서를 회복할 수 있는 기반을 확립하자는 것이고, 이러한 그의 경세론은 고전적 민본원리의 현실적 재확인이라 할 수 있다. 그는 노비제의 비인간적인 측면과 더불어 국력 쇠약의 원인이 되는 모순을 지적하여, 노비 사유의 한계를 정하고, 노비도 과거에 응시할 수 있게 하며, 점차적으로 속량하는 것이 국가의 힘을 기르는 방법임을 밝혔다.67) 그는 당시의 붕당 현상을 비판하면서 그 원인이 관직이라는 한정된 이권을 차지하기 위해 다수의 선비들이 투쟁하는 데 있다는 현실적 파악을 하고 있다.68) 따라서 그는 과거제도를 개혁하면서 천거 제도와 병행시키는 보다 합리적인 과천합일(科薦合一)의 인재 선발 방법을 제시하면서, 나아가

---

66) 『星湖先生全集』, 권 45, 「論田制 論均田・論括田」.
67) 같은 책, 권 46, 『論奴婢』, "一國之內, 賤者十九, ……東方自昔國貧而兵弱, 不能自振, 莫非此法爲之害也."
68) 같은 책, 권 45, 「論朋黨」, "夫利一而人二, 則便成二黨, 利一而人四, 則便成四黨, 利不移而人益衆, 其十朋八黨, 宜乎愈岐也."

선비 계층이 관료에로만 진출하려는 폐단을 개혁하기 위하여 선비도 농업 생산에 종사할 것을 요구하는 사농합일(士農合一)의 원칙을 제시하였던 것이다.[69] 그것은 그만큼 신분적 차별을 감소시키고 균등한 기회를 보장함으로써, 백성의 안정된 생활 기반과 적극적인 사회적 역할을 배양하려는 민본적 경세론의 현실적 제안이라 할 수 있다.

다. 서학 수용의 전기

이수광에 의해 극히 단편적으로 서양 문물에 대한 소개가 있고부터 이익에 이르기까지 100년 이상이 지나는 동안, 서양 과학이나 천주교 교리에 관한 문물의 수입이 미미하게나마 지속되어 축적을 이루었지만, 이익에 의해 학문적 관심과 적극적 평가가 있음으로써 비로소 본격적인 문제로 대두하게 되었다. 그가 읽은 서학 서적으로도 역산·지리·과학 등 19가지와 교리서 3가지의 목록이 보이고 있다.[70] 이미 효종 4년(1653)에 우리나라에서도 서양 역법에 따른 시헌력이 채용되었으며, 이익은 서양 역법의 우월성을 강조하여 "오늘날 시행하는 시헌력은 곧 서양인 탕약망(湯若望; Adam Schall)이 만든 것인데, 여기에서 역법은 극치에 이르렀다. 해와 달의 교차나 일식과 월식이 조금도 틀리지 않으니, 성인이 다시 나오더라도 반드시 이를 따를 것이다"라고 하였다.[71] 그는 지구가 우주의 중심이라는「천문략」(天問略)(Emmanuel Diaz 著)의 설명을 받아들이면서, 지구의 직경이 3만 리이고 둘레가 9만 리인 구형(球形)임을 인정하고 있다.[72] 이처럼 그의 서양 천문학에 대한 이해는 전면적으로 수용하는

---

69) 韓㳓劤,『星湖李瀷研究』, 1980, pp.128~137 참조.
70) 李元淳,「星湖 李瀷의 西學世界」『敎會史硏究』제1집, 1977, pp.8~9 참조.
71)『星湖僿說』,「天地門, 曆象」.

입장이다. 그는 또한 서양인이 작성한 지도의 정확성을 믿었고, 비록 중국을 중앙에 놓고 그린 마테오리치의 「만국전도」(萬國全圖)를 보고 만족하는 한계는 있지만, 서양 과학지식에 대한 적극적 긍정 자세는 중국의 고전적 자연과학 체계를 극복할 수 있는 중요한 전기를 마련하였다고 할 수 있다. 그는 천문학에 있어서 서양이 첫째이고, 아라비아(回回)가 둘째요, 중국이 가장 뒤떨어졌음을 시인하고 있으며,[73] 천문·역산 등 기수학(器數學)은 후대로 내려올수록 더욱 정교해지는 것이므로, 시대에 따라 계속적으로 발달하는 것임을 인식하여 과학지식의 진보를 강조하였다.[74]

서양 과학에 대한 이익의 긍정적인 입장은 서학 수용에 있어서 새로운 전환점을 마련하였다. 그리고 그는 천주교 교리의 문제에 있어서도 깊은 관심과 예리한 평가를 내림으로써 서학 인식의 수준과 입장을 밝혀 주었다. 곧 『천주실의』(天主實義)(Matteo Ricci 著)에 대한 평가에서 천당지옥설이나 천주의 강신과 성육신 등 신앙적 내용에 대해서는 환망한 것으로 거부하여 유교적 입장과 비교하면서 "중국은 실제의 자취가 사라지면 어리석은 자도 믿지 않으나 서양은 환망한 자취를 말하니 자취가 희미할수록 미혹된 자는 더욱 현혹된다"[75]고 지적하였다. 그는 기적과 신비적 내용을 거부하지만, 그러나 천주교 교리서 속의 윤리적 내용이 유교와 접근할 때는 긍정하는 적극적 수용 태도를 보여주었다. 그는 『칠극』(七克)(Pantoja 著)을 유교

---

72) 같은 책, 「天地門, 天行健 및 地毬」.
73) 같은 책, 「天地門, 中西曆三元」.
74) 같은 책, 「天地門, 曆衆」, "凡器數之法, 後出者工, 雖聖智有所未盡, 而後人因以增修, 宜其愈久而愈精也."
75) 『星湖先生全集』, 권 55, 「跋天主實義」, "蓋中國言其實, 迹迹泯而愚者不信, 西國言其幻迹, 迹眩而迷者愈惑."

적 극기설과 비교하여 "이 7조목 가운데는 다시 많은 절목이 있고 조관(條貫)에 질서가 있으며 비유가 절실하여 간혹 우리 유교에서 밝히지 못한 것도 있으니, 그것은 극기복례에 도움 되는 공이 크다" 라고 하였다.[76] 이러한 긍정적인 서학 수용의 입장은 그의 실학 정신이 지닌 개방성과 객관성을 보여주는 것으로서, 그의 영향을 받은 성호학파의 학문적 영역에서나 실학적 학풍 속에 중요한 영향을 미치고 있는 것이다.

(2) 안정복

가. 하학(下學)의 일상성에 대한 관심

안정복(安鼎福; 1712~1791)은 이익의 대표적 제자로서 깊은 영향을 받았다. 그는 특히 이익의 학문적 입장의 다양성 가운데서 도학의 전통적 측면을 지킨 보수적 측면을 보여준다. 성리학에 있어서도 주자와 퇴계의 계열을 옹호하여, 성호학파 안에서 발생하는 입장의 차이를 비판적으로 견제하고 있다. 곧 이병휴에 의해 공변된 희·노(喜·怒)는 이가 발하는 것(以公喜怒理發之說)이라는 주장으로써, 윤동규와 논난하는 데 대해 희·노 등의 칠정과 측은·수오 등의 사단을 분별하는 입장을 밝혔고,[77] 권철신이 양명학의 심즉리설을 받아들인 데 대해서도 '오심소지지리'(吾心所知之理)와 '산재물상지리'(散在物上之理)가 하나임을 강조하여 심즉리설이 인욕을 천리로 인식하

---

76) 『星湖僿說』, 「人事門, 七克」, "七枝之中, 更多節目, 條貫有序, 比喩切已, 間有吾儒所未發者, 其有助於復禮之功大矣."
77) 『順庵集』, 권 4, 「與貞山李景協書」(辛未).

게 되는 폐단이 있을 것임을 비판하였다.78) 그는 심·성·정의 개념
에 대한 명확한 인식을 가지고 있으면서 의(意)와 지(志)의 개념적
규정에 관심을 뚜렷하게 하고 있으며,79) 장횡거의 「동명」(東銘)을 주
자학에서는 「서명」(西銘)에 비하여 과소평가해 왔지만, 그는 「동명」
을 성찰·극기·수렴신심의 지요대결(至要大訣)이라 하고 「동명도」
(東銘圖)를 만들기까지 하여 실천적 일상성을 중요시하는 입장을 보
여주고 있다.80)

그는 학문을 지와 행의 총명이라 규정하면서, 그 내용은 성인의 도
를 배우는 것이며, 그것은 성인의 지와 행으로서 일용(日用) 이륜(彝
倫)의 바깥으로 벗어나는 것이 아님을 강조하였다. 또한 『대학』에서
격물치지(格物致知)와 지소선후(知所先後)의 내용도 선행할 것이 일용
이윤의 안에 있는 것이라 밝히고, 공자가 하학이상달(下學而上達)이
라 한 하학(下學)이 바로 일용 이윤이라 지적하면서, "학문은 다만
하학일 뿐이라" 언급하고 있다. 나아가 그는 당시에 일반적으로 학
문을 심학 또는 이학이라 규정하는 태도에 대해서도 심이나 이는 형
체나 그림자가 없어 포착(捕捉)되지 않는 공허한 이야기라 비판하였
다.81) 여기서 그의 학문적 기본 입장이 성리학을 받아들이면서도 관

---

78) 같은 책, 권 6, 「答權旣明書」(丙戌).
79) 같은 책, 권 12, 「橡軒隨筆上 性情」, "心統性情, 其所發爲意, 其所之爲
志, 意者中間經營作爲者也, 故諺以人之有所相念者, 則曰意思是也, 志
者始有定向得所者也."
80) 『性理大全』, 권4, 「西銘」, "朱子曰 ……若東銘則雖分別長傲逐非之失於
毫釐之間, 所以開警後學亦不爲不切, 然意味有窮, 而於下學功夫, 蓋猶
有未盡者, 又安得與西銘徹上徹下 一以貫之之旨, 同日語哉."
『順庵集』, 권 12, 「橡軒隨筆上 性情」, "大抵張者二銘, 實繼開之至論, 西
銘則論道之大原, 不可以倉卒言也, 至於東銘, 皆是省察克己 收斂身心之
至要大訣也, 從來爲學, 不甚用力於此."
81) 『順庵集』, 권 19, 「題下學指南」, "學者, 知行之總名, 而其所學 學聖人
也, ……學聖人之道, 不過求聖人之知與行, 而不出於日用彝倫之外也, ……"

념적 문제를 넘어서서 일상성에로 나아가는 실학적 태도임을 확인할 수 있는 것이다. 비근한 일상성에서 학문의 기초를 세우려는 하학 중심의 학문 체계를 추구한 것이 그가 29세 때(1740)에 편찬한 「하학지남」(下學指南)이다.

이러한 안정복의 일상성에 대한 관심은 백과사전적인 박학의 학풍으로 나타나 『만물류취』(萬物類聚)(2책)는 천도·지도·동식물·신도·추관·동관(天道·地道·動植物·臣道·秋官·冬官)의 체계로 자연현상에서 사회제도까지의 다양한 지식을 정리하고 있으며, 『잡동산이』(雜同散異)(53책)의 방대한 양으로 명물도수(名物度數)와 경사·시문에 관한 지식의 집성을 보여주고 있다. 그 자신 이익의 『성호사설』(星湖僿說)을 정리하여 『성호사설유편』(星湖僿說類編)(12권)을 편집한 사실도 있지만, 실학적 박학의 태도는 그의 학풍 속에도 계승되고 있는 것이다. 또한 사회제도에 관한 관심 속에서 『임관정요』(臨官政要)는 정치제도의 고전적 논의를 정리한 「정어」(政語」)와 역사적 사실을 분류하여 정리한 「정적」(政蹟)에 이어, 변화하는 시대사회의 구체적 현실 속에서 응용 방법을 검토하는 「시조」(時措)의 3편으로 구성된 것으로, 그의 경세론이 지닌 실학적 현실성을 보여준다. 그리고 『임관정요』(臨官政要)의 부록 속에 수록된 「목민심감」(牧民心鑑)은 수령(守令)의 덕목(德目)과 자세를 규정하려는 관심으로서, 정약용의 『목민심서』(牧民心書)로 발전할 수 있는 의식의 발단이라 할 수 있을 것이다.

大學論格致之義, 亦曰知所先後, 卽近道矣, 知雖多般, 而所當先者, 實不出於日用彛倫之外."
같은 책, "子曰 下學而上達, 下學者, 卑近之稱也, 卑近易知者, 非日用彛倫而何", ……故所謂學者, 只是下學而已, ……後世論學, 必曰心學, 曰理學, 心理二字, 是無形影無摸捉, 都是懸空說話也."

나. 서학 비판론의 정립

안정복은 이익의 영향 아래 서학에 관한 폭넓은 지식에 접촉했겠지만, 이익의 서학에 대한 수용 태도를 거의 외면하고 있다는 점에서, 그 자신의 사상적 입장과 특성을 보여준다. 곧 『성호사설유편』(星湖僿說類編)을 편찬하면서도 이익의 서양 과학에 대한 적극적인 긍정에 접촉하였지만, 그는 천문·지리에 관한 자신의 지식 체계 속에 서양 과학을 거의 언급하지 않았고, 농업기술로서 웅삼발(熊三拔; Sabbathinus de Ursis)의 『태서수법』(泰西水法)을 긍정하는 정도의 언급이 있을 뿐이다.[82] 서양 과학에 대한 무관심과는 달리, 그는 천주교 교리에 대해서는 예민한 비판적 관심을 보이고 있다. 곧 그는 46, 7살 때(1757~8) 이익에게 보낸 편지에서 천주교 교리에 대한 비판적 입장을 밝히면서, 유교는 수기양성하여 행선거악하는 까닭이 사후에 복을 받자는 것이 아닌데, 서학의 수신하는 까닭은 오로지 하늘의 심판만을 위한 것이라 대비시키면서 차이를 강조하고, 『천주실의』(天主實義)에서 "사물이 있으면 사물의 이치가 있다"고 언급한 구절을 들어 서학은 '기가 이에 앞선다는 이론(氣先於理之說)'이라 규정하였다.[83] 또한 귀신론의 문제에서 불교와 서학의 귀신론과 유학의 귀신론을 비교하여 분석하면서, 유교 이외의 입장을 이단으로 거부하고 있다.[84] 이익의 문하에서 배운 신후담도 『서학변』(西學辨)(1724)을 통해 안정복보다 앞서서 영혼론 등의 천주교 교리를 체계적으로 비판하는 입장을 제시하였지만, 안정복과 신후담은 성호학파 안에서도

---

82) 『臨官政要』, 續編, 時措·農桑章(「順庵叢書」上), "欲興水利, 莫先於水車, 水車之制, 莫先於泰西水法, 其法簡而易行, 當今有巧識者, 講求而行之."
83) 『順庵集』, 卷 2, 「上星湖先生書」 別紙(丁丑).
84) 같은 책, 「上星湖先生書」 別紙(戊寅).

서학에 비판적 입장을 확립한 반서파의 계열을 형성하였던 것이다. 안정복은 또한 1784년 성호학파 안의 신서파(信西派)가 천주교 신앙 운동을 일으킬 무렵, 이들의 이론을 비판하는 입장에서 『천학고』(天學考)와 『천학문답』(天學問答)(1785)을 저술하였다. 『천학고』는 서양 종교에 관한 접촉 과정을 역사적으로 검토하여 배척하였으며, 『천학문답』은 천주교 교리에 대한 이론적 비판 체계를 구성한 것이다. 그의 서학 비판론은 도학파적 정통 의식의 표출인 것이 사실이며, 그의 입장이 그만큼 실학파의 개방적 합리성에서 벗어난 일면을 보여주는 것이라 할 수 있다.85)

다. 역사 인식의 실증성과 주체성

안정복의 실학사상이 발휘된 대표적 업적은 『동사강목』(東史綱目)과 『열조통기』(列朝通紀)를 중심으로 한 한국 역사의 편찬과 인식이라 할 수 있다. 특히 『동사강목』(20권 또는 22권)은 이긍익(1736~1806)의 『연려실기술』(燃藜室記述)(59권)과 한치윤(韓致奫)(1765~1814)의 『해동역사』(海東繹史)(70권)와 더불어 실학파의 사학(史學)을 대표하는 저술로 지적된다. 그리고 그는 『동사강목』(東史綱目)을 통하여 기존의 사서(史書)인 금부식(金富軾)의 『삼국사기』(三國史記), 정린지(鄭麟趾)의 『고려사』(高麗史), 서거정(徐居正)과 최부(崔溥)의 『동국통감』(東國通鑑), 유계(兪棨)의 『여사제강』(麗史提綱), 림상덕(林象德)의 『동사회강』(東史會綱)의 사료(史料)나 의례(義例) 및 필법의 오류를 비판하면서 주자의 『통감강목』(通鑑綱目)의 필법과 체계에 따라 사료의 폭넓은 검토를 통해 한국 역사를 정리한 것이다.86)

---

85) 琴章泰,「安鼎福의 西學批判」, 『韓國儒敎의 再照明』, 1982, pp.275~290 참조.
86)「東史綱目序」, 『국역동사강목 I』, 민족문화추진회, 1977, p.47 참조.

그는 『동사강목』에서 주자의 강목체를 따르면서 사가의 대법이 계통을 밝히는 것임을 전제하였고, 그 자신 단군조선→기자조상→마한을 정통으로 규정하고, 3국시대를 무통(無統)이라 하여, 통일 이후의 신라와 신라가 항복한 이후의 고려를 정통으로 제시하는 도학파의 정통론을 계승하고 있음을 보여준다. 그러나 이러한 정통론적인 안정복의 역사 인식은 도학파적 중국 중심의 천하관에 예속되려는 것이 아니라, 한국 역사의 독자성을 보편적 합리성에 따라 재인식하려는 것이요, 그것은 강목체와 정통론을 수용하여 민족 역사의 자주성을 확보하려는 의식을 밝히는 데로 나아간 것이다.[87]

그는 『동사강목』의 범례에서 주자의 정법(定法)을 따른다고 하면서도, "『통감강목』은 중화를 주로 삼고 모든 나라를 통섭하여 그 높음이 더할 나위 없거니와, 이 책은 동국의 일이라, 지역이 한 모퉁이에 치우쳐 있고, 예절과 일이 다르므로 부득이 형편에 따라 예를 세웠다. 이는 대소의 형세가 다르기 때문이다."[88]라 하여, 중국과 한국의 역사가 독립된 사실임을 명확히 지적하고 있다. 그가 세년을 기록하면서 노나라의 기년을 쓴 『춘추』의 예에 따라 중국 연호를 쓰지 않고 본국 연호를 기록하였던 것은, 홍대용이 언명한 역외춘추론의 입장을 역사 서술에서 실제로 제시한 자주 의식의 표현이라 볼 수 있다.

또한 사과의 고증에서 보인 객관성이나 신라 초기의 왕호에 거서간·차차웅(居西干·次次雄) 등이 방언이라 하여 『동국통감』에서 고쳐 쓴 것을 "역사는 사실대로 기록하는 글이다" 하여 그대로 복원시키는 태도는 실증성의 발휘이다. 또한 『동사강목』은 단군조선의 실재를 인정하면서도 신화적인 서술을 역사에 받아들이지 않고, 사료

---

87) 尹南漢 「東史綱目해제」, 같은 책, p.11~18 참조.
88) 「東史綱目凡例」, 같은 책, p.49.

적 객관성을 인정할 수 있는 기자조선에서 기록을 시작하고 있는 것
도, 그의 실증적 역사 인식의 입장을 보여주는 것이다. 그리고 『동사
강목』의 부록에 실린 「고이」(考異), 「괴열변증」(怪說辨證), 「잡설」(雜
說)에 보이는 문헌 고증의 치밀함에서, 나아가 「지리고」(地理考)를
통한 강역과 지명의 고증 작업은 역사지리의 인식에 있어서 실학파
의 실증적 정신을 발휘한 중요 업적을 보여주는 것이라 할 수 있다.

(3) 신서파(信西派)와 실학사상

가. 신서파의 발생

이익의 문하로 이루어진 성호학파에서는 이익이 인식하고 긍정적으
로 수용하였던 서양 과학을 중심으로 하는 서학 문제에 관심을 가지
게 되고 토론을 하였던 것은 자연스러운 과정이다. 그러나 이익의 폭
넓은 개방 정신이 그의 초기 제자들에게 그대로 전달되기는 어려웠다.
그것은 그만큼 이익의 학문적 관심이 다양했고, 더욱이 그 시대의 사
회 일반에서 작용하는 도학파적 의식의 압력도 강했기 때문이다.
　신후담의 경우 23세 때 이익을 처음 찾아가 천주교 교리에 대한
소개를 받고 돌아오자 바로 『영언려작』(靈言蠡勺), 『천주실의』(天主
實義), 『직방외기』(職方外記)를 조목별로 성리학적 입장에서 비판하
는 『서학변』(西學辨)(1724)을 저술할 만큼 신속하고 예민한 반응을
보여주었다. 이러한 신후담의 비판적 입장에 대해 이익은 "군(君)이
오늘날 서학을 물리치고 있음도 아직 서학에 대한 고찰이 깊지 않기
때문이 아닐까 두렵다"[89]고 견제하는 태도를 보이고 있다. 안정복도

---

89) 『河濱集』, 권 2, 紀聞 (李元淳, 『星湖李瀷의 西學世界』 p.37에서 再引用).

이익의 영향으로 서학에 관심을 가졌지만 서양 과학에 대한 이해는 결여되었고, 다만 천주교 교리에 대해서 이단설로 규정하여 이론적 비판을 계속하였다.

그러나 성호학파에서 소장에 속하는 권철신과 이가환·이기양 등은 성리학의 체계를 벗어난 철학적 기초를 탐색하였다. 곧 권철신은 반주자적 경전 주석 때문에 사문난부이라는 비판을 받았던 윤휴(尹鑴)의 입장을 지지하기도 하고, 양명학의 입장을 받아들였으며, 이가환은 역상(曆象)을 깊이 연구하여 이익의 서양 과학을 수용한 학풍을 계승하였다. 그리고 권철신·이가환보다 더욱 젊은 청년들로 이들과 교유하는 가운데 성호학파에 참여한 이벽(1754~86)·권일신(?~1791)·이승훈(1956~1801)·정약전(1758~1816)·정약종(1760~1801)·정약용(1762~1836) 등은 이익의 저술을 연구하는 동시에 천문·역법·수학 등 서양 과학에 관한 연구에 관심을 기울이고 있었다. 이들 가운데 이벽은 서양 과학에 대한 이해도 깊었을 뿐 아니라, 천주교 교리도 신봉하게 되자, 이벽을 중심으로 교리 연구를 위한 토론이 활발해지면서 신서파가 성립된 것이다. 1784년 이승훈이 동경에서 처음으로 서양 신부로부터 영세를 받고 돌아오자, 이들 성호학파의 소장 청년들을 중심으로 천주교 신앙 운동이 발생하는 데 이르렀다.

나. 신서파의 서학 수용

성호학파 속에서도 신서파는 이익의 영역에 내포된 중요한 측면이었던 서양 과학에 대한 수용 태도를 계승하였다는 사실에서 사상사적 의의가 있다. 정약전도 이벽과 더불어 『기하원목』(幾何原木)을 연구하였고, 이가환도 역상(曆象)의 연구를 통하여 일식·월식의 계산과 황도·적도의 교차 도수를 비롯하여 지구의 둘레와 지름에 대한 계산을 도설로 제시할 수 있을 만큼 정밀한 이해의 수준에 이르렀다.90) 이승훈은 자신이 동경에 갔을 때에도 입교하려는 의사와 함께 수학에 관한 지식을 얻으려는 욕구가 강하게 있었음을 밝힌 바 있으며, 『기하원본』(幾何原本)과 『수리정온』(數理精薀) 등의 서양 과학서적을 교리서와 함께 받아왔던 사실에서도 이들의 서양 과학에 관한 관심을 확인할 수 있다.91) 이가환·이벽·이승훈·정약용 등 이들 신서파에 있어서 수학을 기초로 한 서양 과학의 이해 수준은 그 당시 가장 높았을 것으로 짐작되고 또한 그들은 서양 과학을 통한 자연법칙의 이해가 얼마나 필요한 것인지 확고한 신념을 가졌던 것으로 보인다. 그리고 정약용이 지적한 것처럼 천문역상지가, 농정수리지기, 측량추험지법(天文曆象之家, 農政水利之器, 測量推驗之法)에 관해 논의하는 것은 그들 사이에 일종의 풍조를 이루었던 것임을 알 수 있다.92) 따라서 이가환은 역상에 관한 책문에 대한 대답에서 서양 천문학의 『청몽기설』(靑濛氣說) 등을 신법으로 제시하였고, 또한 과거 시험의 책제로 나온 오행에 대하여 정약전이 서학의 사행설을 주장하였다 하여 공서파로부터 비난을 받기도 하였다.93)

신서파의 이러한 서양 과학에 대한 깊은 이해는 비록 합리적이고 실용적인 요구에 일치하는 것이고, 실학사상으로 발전할 수 있는 필

90) 『與猶堂全書』, 1−15, 15a~42a, 貞軒墓誌銘 및 先仲氏墓誌銘.
91) 崔奭祐의 「빠리 外邦傳敎會의 韓國進出」, 『柳洪烈博士華甲紀念論叢』, 1971, pp.467~8.
92) 『與猶堂全書』, 1−9, 43b, 辨謗辭同副承旨疏, "此時原有一種風氣, 有能 說天文曆象之家, 農政水利之器, 測量推驗之法者, 流俗相傳, 指爲該洽.
93) 李晚采, 『闢衛編』, 권 4, 副司直朴長卨上疏.

요한 기초를 확보하는 것이었지만, 그 입장이 도학적인 체계에서 벗
어나는 정도를 넘어서 유교적인 기반을 전반적으로 부정하고 천주교
신앙에로 전환하는 양상을 띠면서부터 사회로부터 격렬한 배척을 받
고 불법화되는 데 이르렀다. 따라서 신서파의 인물들이 모두 반유교
적 천주교도로 일관한 것은 아니지만은, 그들이 천주교 신앙에 관련
되자 이를 이유로 유교사회에서 배척될 뿐 아니라 처형이나 유배의
형벌을 받게 되었다. 이에 따라 그들의 모든 표면적 활동이 봉쇄되
었으며, 지하의 신앙 활동에로 계승되고 말았다. 또한 신서파는 서양
과학에의 관심에서 천주교 신앙에로 넘어가게 되면서 초기의 서양
과학에 대한 이해도 쇠퇴하였다. 정약용의 경우와 같은 예외가 있지
만 일단 신서파의 인물들은 실학사상의 흐름에서도 이탈하였다고 할
수 있다. 그러나 신서파의 천주교 신앙에 내포된 사상의 내용은 실
학사상에서 추구하는 문제나 논리와 상응하는 양상을 보여준 사실을
주목하여야 할 것이다.

　신서파의 천주교 신앙은 우선 유교적 세계관의 절대화를 거부하고
있다. 여기서 태극·이기·오행의 자연 체계는 전면적으로 도전을
받게 되었던 것이다. 또한 신서파의 의식 속에는 서양이 이미 오랑
캐가 아니고 중국이 세계의 중심도 아닌 지리적 세계의 근대적 이해
가 확립되었다. 그리고 조선 사회의 유교적 봉건 질서에 따른 신분
적 사회구조나 도덕규범에 전면적으로 거부하고 있다. 더욱이 천주
교 신앙 운동이 서민 대중 속에 전파되면서 신분 계급을 부정하는
평등사상은 천주교 신앙집단 속에서 실현되고 있었던 것이다. 물론
신서파의 의식 속에 민족의식에 상반하여 서양 세력을 추구하는 태
도가 있었던 것도 사실이지만, 서양 세력에 대한 현실적 인식은 배
타적 정통주의에서는 찾기 어려운 것이었다.

4. 북학파의 실학사상

(1) 홍대용

가. 비판정신과 경학의 재이해

홍대용(洪大容)은 그의 사상 형성에 획기적인 계기를 이루는 연행을 하면서, 그 자신이 나라 안에서는 지역에 국한되고 습속에 구애되어 마음에 답답함이 있었다고 토로할 만큼, 당시 사회 관습과 의식을 벗어나 새로운 사고의 가능성을 갈구하는 강한 의욕을 가졌음을 보여준다. 그는 자신의 사상적 전개에 있어서 기존 체계가 권위를 계승하는 입장이 아니라, 이를 비판하여 극복하는 입장에 서 있음을 『의산문답』(毉山問答)에서 명확하게 제시하였다.

『의산문답』(毉山問答)은 당시의 통속적인 유학자나 기존 관념에 사로잡힌 도학자를 허자(虛子)로 설정하고, 새로운 사고 체계를 구성하는 실옹(實翁)을 통하여 허자의 고착되고 형식화된 사고를 비판함으로써 그 자신의 사상적 입장을 밝히고 있다. 그는 실옹(實翁)의 입을 빌어 인간의 미혹에 식색지혹·이권지혹·도술지혹(食色之惑·利權之惑·道術之惑)을 들고, 도술지혹은 천하를 어지럽히는 것임을 지적하여 당시의 사상적 타락을 비판하였다.

"도술(道術)이 없어진 지 오래되었다. 공자가 죽은 다음 제자(諸子)가 어지럽혔고, 주자 문하의 말단에서 제유(諸儒)가 혼란시켰다. 그 업적을 높이면서 그 진리는 잊었고, 그 말씀을 익히면서 그 뜻은 잃었다. 정학(正學)을 부식(扶植)한다는 것은 사실상 긍심(矜心)에 말미암고, 사설을 배척한다는 것은 사실상 승심(勝心)에 말미암고, 세상을 구제한다는 인정(仁政)은 사실상 권심(權心)에 말미암고, 자신을 보전한다는 명철은 사실상 이심(利心)에 말미암는다. 이 네 가지 마음이 서로 다르니 참뜻은 날로 없어지고 천하는 물 흐르듯이 날로 허망한 데로 치닫는다."⁹⁴⁾

도학파의 척사위정론이나 왕도론 등의 근본 문제에 대해서도 홍대용은 그 의식이 긍심·승심·권심·이심(矜心·勝心·權心·利心)에 빠져 왜곡되고 있음을 반성하고, "도를 들으려거든 너의 옛날에 들은 것을 씻고[濯舊聞], 이기려는 마음을 버리라[祛勝心]"고 요구하여, 고정된 관념과 권위 의식을 버린 다음에라야 실심실사로서 실지(實地)를 밟는 진리에 대한 객관적이고 참된 인식이 가능함을 강조하였던 것이다.

그는 주자학의 체계에만 사로잡힌 폐쇄적인 경학의 태도를 비판하면서, "오직 주자를 숭봉하는 것만이 귀한 것으로 알고, 경전의 뜻에 의심스럽거나 의논할 수 있는 점에 있어서는 부화뇌동하여 한결같이 엄호하기만 하고 세상 사람의 입을 틀어막으려고만 하니, 이것은 향원(鄕原)의 마음으로 주자를 바라보는 것이다"⁹⁵⁾라 하여, 주자학도 객관적 평가의 대상에로 끌어내릴 것을 요구하였다. 이에 따라 그는 「사서문변」(四書問辨)과 「삼경문변」(三經問辨)에서 경전 해석에 관해 문변 형식으로 비판적 검토를 하는 경학 방법을 제기하고 있다. 그는 "주(註)는 경을 통하게 하는 것이요, 경은 이를 밝히는 것이라"고 규정하여, 이를 경에 입각시키며 주(註)를 경의 수단으로 한정시키는 경학의 입장을 보여주었다. 또한 그는 경전의 해석이 분석(分

94) 『湛軒書』, 內集 권 4, 「毉山問答」.
95) 같은 책, 外集 권 3, 「乾淨錄後語」, "東儒之崇奉朱子, 實非中國之所及, 雖然惟知崇奉之爲貴, 而其於經義之可疑可議, 望風雷同, 一味掩護, 思以箝一世之口焉."

屬)을 치밀하게 하는 것은 "경훈(經訓)에 보탬이 없고 후학에 이익
이 없이, 훈고의 폐단을 열기에 알맞다" 하여 부정적 태도를 보이고,
"차라리 소(疏)할지언정 밀(密)하지 않으며, 차라리 졸(拙)할지언정
교(巧)하지 않음이 옳지 않겠는가"라 하여 형식적이나 관념적 체계
화보다 소·졸(疏·拙)한 실제를 중요시할 것을 강조하였다.96) 이에
그는 주자학의 주석에 대해 곳곳에서 회의를 제기하고 있다. 이기론
의 문제와 관련하여 『맹자』 호연장의 심을 송시열이 이로 보아야 한
다는 해석에 대해 그는 이·기를 혼동할 수 없다는 주장과 더불어
심을 기라 반론하면서도, 순자가 심은 군이라 한 해석을 지지하였
다.97) 또한 "같은 것은 이이고, 다른 것은 기이다"라는 이기 개념과
함께, "이는 인(또는 仁과 義)일 뿐이다."98)라는 소박한 이기 개념으
로 머무를 따름이며, 주자학의 이기론 체계를 벗어나는 입장을 보여
준다.

나. '이천시물'(以天視物)의 과학정신

자연과학에 대한 이해와 관심은 한역 서학서에서 자극된 것이고,
이익을 통해 영향을 받은 바도 있겠지만, 홍대용에 있어서는 그의
사상 체계 속에 더욱 깊이 침투되고 있다. 그는 대도를 밝히는 본원
으로서 사람과 사물의 차이 곧 심·신(心·身)과 물(物)의 차이를
인식할 것을 요구하였다. 성리학의 물아일체론적 사고에 따라 머리
가 둥근 것을 하늘에, 발이 네모진 것을 땅에 비유하여 사람과 자연
을 동일한 근원으로 이해하거나, 또는 기(氣)의 청탁수박(淸濁粹駁)에

---

96) 같은 책, 內集 권 1, 「四書問辨」 및 「寄書抗士嚴道橋誠 又問中庸義」.
97) 같은 책, 「四書問辨·孟子問疑」.
98) 같은 책, 「心性問」.

따라 인간과 사물 사이를 귀천상하의 계층이 있는 것으로 파악하는 태도를 거부하였다. 그것은 곧 인간과 사물을 분리시켜 사물을 객관적으로 파악해야 한다는 주장이며, 동시에 사물을 인격적 가치 규범으로부터 해방시켜 자연과학의 영역을 독립시키려는 의식이라 할 수 있다. 그는 "사람으로써 사물을 보면 사람이 귀하고 사물이 천하지만, 사물로써 사람을 보면 사물이 귀하고 사람이 천하며, 하늘로부터 보면 사람과 사물이 균등하다" 하고, '사람으로써 사물을 볼 것[以人視物]'이 아니라 '하늘로써 사물을 볼 것[以天視物]'을 요구하였다.[99]

이천시물(以天視物)의 관점은 유교적 도덕규범에 근거한 자연관을 벗어나, 자연을 그 자체의 법칙에서 객관적 이해를 가능하게 하는 근거를 정립하는 것이다. 여기서 그는 월식을 보고 지구가 둥근 것임을 증명하는 지구구형설과 더불어 지구가 공중에서 돌고 있다는 지구자전설을 역설하고 있다. 지구설이나 자전설이 그의 독창도 아니고 처음 주장한 것도 아니지만, 기존의 통념을 깨뜨리려는 의지와 설득력을 통해 그의 자연과학에 대한 확고한 신념이 드러난다.[100] 그리고 우주 공간[空界] 안에는 무수한 별들이 있고 별에서 보면 지구도 하나의 별이므로, 지구가 우주 공간의 중심에 있다는 생각은 성립되지 않는다고 지적함으로써, 중심의 절대성을 부정하고 상대화시키고 있다. 곧 지구가 중심이 된다면 똑같이 모든 별들도 각각 자기를 중심으로 한다는 것을 인식할 수 있다는 것이다.

그는 음양설에 대해 양은 화(火)에 근본하고 음은 지(地)에 근본하는 것으로, 천지 사이에 따로 음양 2기가 있어서 때에 따라 나타나

---

99) 같은 책, 內集 권 4, 「毉山問答」.
100) 千寬宇, 「洪大容 地轉說의 再檢討」, 『近世朝鮮史研究』, 1979, pp.367~378 참조.

기도 하고 숨기도 하여 조화를 주장하는 것은 아니라 한다. 또한 오
행설도 옛사람이 만물의 전체를 대표하여 설정한 것으로, 5라는 수
에 구속받을 필요가 없는 것이라 강조하고, 하늘은 기일 뿐이요, 태양
은 화일 뿐이고, 땅은 수·토일 뿐이라 하며, 목·금은 기·화·지
또는 기·화·수·토에 병칭될 수 없다 하여 오행설을 실질적으로
부정하였다. 그리고 그는 오행설이 통행되는 것을 술가에서 하도·낙
서로 전회(傳會)하고 역상(易象)으로 천착한 것임을 지적하며, 풍수
설에 미혹하는 것도 주자가 술가를 따라 산릉의장(山陵議狀)을 제시
한 것을 포함하여 그 폐단이 선학이나 사공론보다 혹독하다고 강조
한다.[101] 여기서 홍대용이 유학의 기존 사고 속에 깃들어 있는 인간
중심적 자연관을 이천시물의 자연 자체에 입각한 과학적 인식으로
전환시키며, 음양론의 기 개념이 아닌 서학의 기 개념을 도입하고,
오행설을 부정하면서 술가적 요소를 척결하여, 서양의 자연과학적 사
고를 기반으로 하는 과학 정신을 발휘하고 있음을 보게 된다. 이에
따라 『주해수용』(籌解需用)에서 체적법·개방법·삼각법(體積法·開方法·
三角法)을 포함하는 수학의 체계적 인식을 바탕으로 하는 천문·역법·
측량·율려 등의 계산법을 정리하는 과학의 실용적 탐구를 수행하기
에 이르렀던 것이다.

다. 현실의식과 역외춘추론(域外春秋論)

홍대용은 학문을 의리지학, 경제지학, 사장지학으로 분류하고, 이
학문들의 관계에 대하여, "의리를 버리면 경제가 공리에 흐르고 사장
이 부조(浮藻)에 빠지니 어찌 학문이라 할 수 있겠는가. 경제가 없으

---

101) 『湛軒書』內集 卷 4, 「毉山問答」

면 의리를 펼 데가 없으며, 사장이 없으면 의리를 나타낼 수가 없다.
요컨대 이 세 가지는 하나라도 버리면 학문이라 할 수 없다. 그러나
의리는 그 근본이 아니겠는가"[102]라 언급함으로써 의리학과 경제학
(경세학)과 사장학을 상보적인 것으로 병렬시키고, 그중에서 의리학
을 근본적인 것으로 위치시키고 있다. 그것은 의리학 내지 도학에 대
해 근본으로서의 지위를 인정하면서도 경세학과 사장학의 필수적 존
재 이유를 제시하여, 도학 일변도의 학풍을 벗어나 학문의 다변화를
주장하는 것이다. 그는 또한 학문의 체계를 체와 용으로 구분하고,
정의·정심의 수양은 체에, 개물성무(開物成務)의 실무는 용에 배당
하였다. 그리고 용의 실무도 급무(急務)와 대단(大端)으로 나누어 읍
양·승강(揖讓·升降)의 예는 급무로 보고, 율력·산수·전곡·갑병
(律曆·算數·錢穀·甲兵)은 대단으로 열거하고 있다.[103]

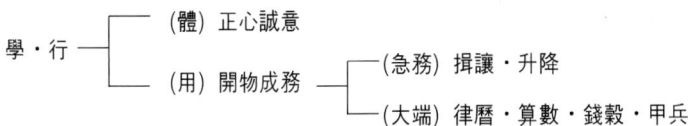

그는 여기서 학문과 실천을 학문의 내용을 이루는 것으로 밝히고,
내면의 인격과 실제의 사무를 체·용으로 소통시키며, 또한 실무에서
도 예의 중요성을 인정하면서 과학·경제·군사의 문제가 기본 구성
이 되고 있음을 강조하였다. 그것은 곧 그의 실학 체계를 이루고 있는
학문의 구조와 실용성을 존중하는 성격을 보여주는 것이기도 하다.
그의 경세론을 담은 『임하경론』(林下經論)에서 행정·관료·교육·

---

102) 같은 책, 外集 권 7, 「吳彭問答」.
103) 같은 책, 內集 권 3, 「與人書二首」.

군사 제도를 9수로 정연하게 조직하려는 구상을 보이면서, 사·농·공·상 모두가 생업을 위한 노동에 종사할 것을 요구하고, 신분과 상관없이 재능과 학식에 따라 직업에 종사할 수 있어야 한다는 주장을 통해 신분 계급적 명분론을 넘어서는 생산적이고 기능적인 사회 질서를 구성하려는 개혁론 속에서 현실 의식을 보여주었다.

그의 자연관이 인간중심적이나 지구중심적인 사고를 극복하고 있는 것과 같은 맥락에서 사회관도 특정 신분을 중심으로 하는 계급의식을 벗어나려는 것이다. 또한 역사관도 중국 중심의 화이론을 벗어나는 역외춘추론을 주장하여, 국가의 상대적 자기중심성을 인정함으로써 우리 자신의 번방(藩邦) 의식을 극복하는 자주 의식의 근거를 제기하였다. 『춘추』에서는 화(華)를 안으로 이(夷)를 밖으로 하지만, 하늘에서 보면[自天視之] 안팎의 구별이 없는 것이며, 각각 제 나라 사람을 친하고 제 임금을 높이고 제 풍속을 좋게 여기는 것은 중국이나 오랑캐가 마찬가지이고, 공자도 주에 살지 않고 구이(九夷)에 살았다면 구이를 높이는 역외춘추(域外春秋)를 지었을 것이며, 여기에 공자의 성인 된 까닭이 있는 것이라 지적하고 있다.[104] 따라서 그는 청조에 대한 배청 의리를 지키면서도 중국이 아닌 오랑캐이기 때문에 배척하는 것이 아니요, 병자호란의 침략자에 대한 저항으로 분별하는 것이고, 청나라의 문물이 오랑캐의 것이기 때문에 거부해야 한다는 것이 아니라 그것이 우리에게 유용한 것이기에 배워야 한다는 입장에 있다. 여기에서 그가 화이론에 예속되지 않는 자주 의식의 정립을 추구하고 있음을 보게 된다.

---

104) 같은 책, 「山問答」.

(2) 박지원

가. 탈고(脫古)적 현실의식과 사회개혁론

홍대용의 사상적 기초에는 그의 과학 정신이 놓여 있다면, 박지원에게 있어서는 소설의 문학적 창작을 통한 현실 의식과 사회적 모순에 대한 비판 정신이 중요한 의미를 지닌다고 할 수 있다. 18살 무렵의 작품인 『마장전』(馬駔傳) 『예덕선생전』(穢德先生傳) 『광문자전』(廣文者傳)에서 주인공이 서민 천류(庶民 賤流)로서 그 인품의 고상함을 보여주고 상대적으로 양반계층의 도덕적 위선을 풍자함으로써 신분 계급에 사로잡힌 당시의 사회질서에 비판적 입장을 보여주었다.105) 『마장전』에서는 천하의 사람들이 세(勢)를 따르고 명(名)·이(利)를 도모하면서 군자가 이 세·명·이를 말하기를 꺼리는 것은 그것을 독점하기 위한 심술(心術)이라 꿰뚫어 보고, 충의도 소망이 많고 아까울 것이 없는 빈천한 자의 상사(常事)이지 부귀한 자에게는 논의되지 않는 것이라 파헤쳐서, 한 주인공이 "차라리 세상에서 벗이 없을지언정 군자와의 교우는 할 수 없다"고 선언하며 의관을 찢고 머리를 풀어 거리에서 미친 듯 노래를 부르는 모습을 보인다. 『예덕선생전』에서도 똥거름을 치는 천직의 인물에서 검소하고 직분에 만족하는 덕을 높여 선생으로 일컫고, 감히 벗할 수 없으며 스승으로 대우하겠다는 태도를 밝히고 있다. 『광문자전』도 거지인 광문이 의로운 인품으로 장안의 신망을 받고 그 기예를 양반 한량들이 선망하여 그와 벗하게 되었음을 말한다. 여기서 그는 소설을 통해 신분 계급을 벗어나고 형식적인 도덕질서를 타파하는 사회 개혁정신의 싹

---

105) 李家源, 『燕巖小說研究』, 1965, p.129 이하 참조.

을 일찍부터 품었음을 알 수 있다.

그의『양반전』(兩班傳)은 빈한한 양반이 부유한 상민에게 양반 신분을 팔 때 관청에서 만드는 문권(文券) 속에 양반의 행동 양식이나 금계를 열거하여 얼마나 부자연스럽고 형식적인 무용한 것인가를 보여주고, 양반의 이권을 열거하여, 부유한 상민은 "나를 도둑으로 삼으려 한다"고 외치며 머리를 흔들고 돌아가서 다시는 양반의 일을 말하지 않았다고 하였다. 여기서 그는 양반의 생활양식을 무가치하거나 착취적인 것으로 비판함으로써, 그 시대의 사회질서에 근본적인 비판을 가하였다. 일전(逸傳)인『역학대도전』(易學大盜傳)에서도 유명(儒名)을 가진 위선적인 생활 태도를 풍자하는 것으로 짐작되고,『호질』(虎叱)에서는 위선적 도학자인 주인공 배곽선생을 호랑이의 입을 빌어 질책하면서 "儒는 諛(아첨하는 것)"라고 힐난하고, 인간의 간악함을 열거하여 도덕과 현실의 괴리를 폭로하고 있다. 여기서 그의 소설이 내포한 현실비판의 예리함과 더불어, 그 시대의 통속적 관념 체계나 신분적 권위에 대한 공격을 통해 그가 지닌 사회개혁 의지를 확인하게 된다. 그것은 그의 문학정신이 보여주는 바 존고(尊古)와 모방을 거부하는 탈고적 현실 의식에서 엿볼 수 있다.106) 그는 옛것을 모방하는 태도를 부정하여 "흡사하기를 추구하는 것은 진실이 아니다"107)라고 하여 전통의 권위에 예속되기를 거부하였으며, "천지는 아무리 오래되었다 해도 끊임없이 새롭게 생성하고, 일월은 아무리 오래되었다 해도 그 빛은 달마다 새롭다"108)고 하여, 관심의 눈을 과거적이거나 권위적인 것에서 현실적이고 미래적인 데로 돌려놓았으

---

106) 趙東一,『韓國文學思想史試論』, 1978, pp.264~9 참조.
107)『燕巖集』卷 7,「綠天舘集序」.
108) 朴趾源,「貞蕤集序」.

며, 창조적 개혁을 추구하였던 것이라 할 수 있다.

나. 청조 학술의 인식과 역사의식

박지원(朴趾源)은 44세(1780) 때 연행의 기회를 얻어 청제(淸帝)의 하별궁(夏別宮)이 있는 열하(熱河)까지 다녀오는 동안, 청조 문물에 대한 견문을 넓히고 청조인과의 담론을 통하여 북학파의 학문적 자세를 폭넓게 제시해 주었다. 그보다 15년 앞서 연경을 다녀왔던 홍대용과의 교류를 통해 청조 문물을 수용하려는 북학파의 의식이 형성된 기반 위에서 그가 청조 사회를 관찰하는 태도는 더욱 치밀한 것이었다.

그의 『열하일기』(熱河日記) 속에서는 조선인이 청조에 가서 그 문물을 관찰하는 일반적인 태도를 반성하여 오망(五妄)을 제시하고 있다. 곧 자신의 문벌을 뽐내는 것, 상투를 지닌 의관을 뽐내는 것, 거만하고 무례하게 행동하는 것, 중국에 문장이 없다고 헐뜯는 것, 청조에 복속하는 한인을 보고는 강개한 선비가 없다고 탄식하는 것을 들었다.[109] 그것은 만주족의 청조에 대한 저항감 때문에 그들을 경멸하려는 주관적이고 감정적인 선입관에 사로잡힌 것으로, 그들의 현실을 객관적으로 인식할 수 있는 지각을 스스로 막아버리고 있는 사실을 지적한 것이다. 또한 그는 남의 나라의 실정을 파악하기가 어려운 점으로서, 갑자기 그 나라의 정세를 물을 수 없는 점, 언어가 달라 의사소통이 불충분한 점, 형적(形迹)이 달라 혐의를 받기 쉬운 점, 깊이 물으면 그 나라의 기휘(忌諱)에 저촉되기 쉬운 점, 물어서 안 될 것을 묻다가 의심을 받기 쉬운 점, 자기의 신분에 맞지 않는 질문을 하기 어려운 점 등을 들어서 피상적인 인식을 넘기가 곤란함을

---

109) 『燕巖集』, 권 14, '熱河日記'「審勢編」.

절실하게 자각하였다.110)

따라서 그는 청조인과 담론할 때 먼저 청조를 칭송하여 그들을 안심시키고 공손하게 배우기를 청하여, 그들이 안심하여 마음을 열어놓고 이야기하게 함으로써 문자 밖에서 그 심술(心術)과 정실(情實)을 파악해야 할 것이라는 방법을 밝히고 있다. 여기서 그는 청제(淸帝)가 황벽한 열하에 머무르는 일에서 몽고의 강함을 제어하려는 고심을 살피고, 서번(西番)의 승왕(僧王)을 황금전에 모셔다 스승으로 삼고 있는 데서 서장의 강함을 무마하려는 고심을 살피고, 모든 문장에서 청제의 공덕과 은택을 적고 있는 사실에서 억압받는 한인의 고심을 살피고, 한인이나 만인(滿人)이 모두 필담한 것을 없애는 행동을 통해 엄혹한 금법을 시행하는 고심을 살피고, 사치품이나 골동품이 범람하는 데서 태평시대의 고심을 살핀다는 오심(五審)은 청조 사회와 역사적 상황의 심층을 인식하는 통찰력을 보여준다.111)

그는 청조의 관학이 주자학이라는 표면적 현상의 배경에는 청조가 한인을 통치하는 수단으로서 "한갓 중국의 대세를 살펴서 재빨리 먼저 이를 차지하여, 온 천하 사람의 입에 재갈을 물려 감히 자기들에게 오랑캐라는 이름을 씌우지 못하게 하는 것"이라 간파하고, 청조가 주자를 높이는 효과로서 "천하 사대부의 목덜미에 걸터타고는 그들의 목구멍을 조르면서 그 등을 어루만짐으로써 천하의 사대부들이 그 우롱과 위협에 휩쓸려서 구구하게 예문이나 절목에 빠져들어 스스로 깨닫지 못하고 있는 것"이라 지적하였다.112)·따라서 청조의 사상 탄압 방법은 분서갱유하는 것보다 더 효과를 거둔 것이고, 『도서집성』(圖書

---

110) 같은 책, 권 13, '熱河日記'「黃敎問答」.
111) 같은 책, 「黃敎問答」.
112) 같은 책, 권 14, '熱河日記'「審勢編」.

集成)이나 『사고전서』(四庫全書)의 방대한 편찬 사업도 명대의 『영락대전』(永樂大全)을 편찬한 것처럼, 선비들로 하여금 머리가 희도록 붓을 쉴 사이가 없게 하는 것으로 파악하고 있다. 여기에 중국 선비 가운데 주자를 반박하는 데 거리낌 없었던 모기령을 <주자의 충신>이라고 일컫는 이유를 이해하였다. 따라서 그는 우리나라 사람이 이들을 만나보고는 육상산의 무리라 배격하거나, 중국에 육학(陸學)이 성하다고 말하는 것이 그릇된 것이며, 오히려 주자를 반박하는 인물이 비상한 선비인 줄을 알아야 한다고 지적하였다.

그는 당시의 청조 학술이 지닌 훈고학 내지 고증학적 방법의 업적을 관심 깊게 이해하기보다, 관학인 주자학과 더불어 사상의 자유로운 비판 정신을 억압하는 수단으로서의 역할을 주목하고 있는 사실에서, 그의 입장이 청조의 정치사회적 내지 역사적 현실 이해에 기울어져 있음을 엿볼 수 있고, 그것은 북학파의 의식 속에 깃들어 있는 복수의리론적(復讐義理論的) 요소로 지적할 수 있을 것이다.

다. 이용후생론의 실용 정신

멸청의리론의 의식은 박지원에게도 강하게 남아서 "청음(淸陰; 금상헌)이란 이름을 들을 때마다 머리털이 서고 맥이 뛰어, 비록 남모르게 입 안에 배회하는 말이 있어도 내뱉지를 못하여 체증이 생기려 한다"고 토로하기도 한다. 그러나 그는 연행을 통하여 청조 문물이 가진 이용·후생적 가치를 인식하는 데 있어서 의리론과 북학론은 모순을 일으키지 않고 양립시키고 있으며, 오히려 북학론을 통해 의리론을 감정적 수준에서 현실적 수준으로 이끌어 올리고 있다는 사실에 그의 사상적 특성이 있는 것이라 하겠다.

그는 연행길에 압록강을 건너 책문에 들어가자 민가의 외양간과 돼지우리에서 거름더미에 이르기까지 법도 있게 정돈된 것을 통해서 이용의 실제를 발견하였고, "이용을 이룬 다음에야 후생을 할 수 있고, 후생을 이룬 다음에야 정덕을 이룰 수 있다"고 밝혔다.113) 이용·후생·정덕의 삼사는 정덕을 근본으로, 이용·후생을 지말로 파악되고 있지만, 그는 근본인 정덕(正德)에 앞서서 지말(枝末)인 이용·후생의 선행을 주장함으로써, 현실적 사무와 효과를 중시하는 실용 존중의 입장을 제시하였던 것이다. 그에 의하면 연경을 다녀온 우리나라의 선비들은 중국의 장관을 말하라면 중국이 오랑캐의 땅이 되어 아무 볼 것 없다 하는 것이 뜻이 높은 선비이고, 그렇지 않으면 요동 벌판·로구교·산해관 등 명승지를 일컫는 것이 통속적인 의견이다. 그러나 그 자신은 기와 조각과 거름더미에도 장관을 볼 수 있다 하여 청조의 이용을 높이고, 또한 천하를 위하는 자는 백성에 이롭고 나라에 도움이 된다면 오랑캐에게서 나온 법일지라도 취하여 본받으려고 할 것임을 지적하여 이용의 법도를 받아들일 것을 주장하였다.114)

그는 변방 마을에서도 벽돌의 이용 방법뿐 아니라 벽돌 가마의 제도와 효율을 관찰하고, 아궁이와 굴뚝·구들의 제도를 조사하면서 우리의 온돌 형태가 지닌 문제점들을 지적하여 개량 방법을 강구하고 있다. 또한 수레의 제도를 본받을 것을 강조하면서 "나라의 가장 큰 실용이 수레에 있다"고 언급하였다. 그는 청조에서 활용되는 각종 수레의 형태와 서양 기계제도인 논에 물을 대는 용미차(龍尾車), 불을 끄는 수총차(水銃車), 방아 찧는 아륜(牙輪), 가루 만드는 요차(搖車), 고치

---

113) 같은 책, 권 11, '熱河日記' 「渡江錄」.
114) 같은 책, 권 12, '熱河日記' 「馹汛隨筆」.

켜는 소차(繅車) 등의 제도를 소개하면서, 수레 제도를 이용함으로써 재화를 유통시키고 부유하게 할 수 있음을 강조하였다. 이러한 이용의 구체적 문제로서 목마(牧馬)와 기마(騎馬)의 방법에서도 우리의 제도를 반성하고 청조 제도를 수용하도록 요구함으로써, 그의 이용론은 곧 북학론의 내용을 이루고 있는 것이다.

그는 재화와 식물이 넉넉한 것이 교화의 원천이 되고, 근본에 힘써 공을 일으키는 것이 백성을 양육하는 방법임을 확인하고, 나라의 근본으로서 백성의 이익을 돈후하게 하는 방법상의 문제로 천시·지리·인사(天時·地利·人事)를 경(經)으로 하고, 수리·토의·농기(水利·土宜·農器)를 위(緯)로 하는 농업 진흥 방책을 제시하였다. 그리고 이러한 관심은 이용후생의 방법을 연마하고, 개물성무(開物成務)의 공적을 갖추게 하는 것에 목표를 두는 것이며, 농업기술을 밝히고 상업의 유통을 원활하게 하고 공장(工匠)의 혜택을 이루어 주는 실용의 개발을 선비의 과제로 삼고 있으며, 이러한 실용이 곧 실학임을 강조하였던 것이다.[115]

(3) 박제가

가. 북학론의 정립

박제가(朴齊家)(1750~1805 ?)는 그가 첫 번째 연행에서 돌아왔던 29세 때(1778) 저술한 『북학의』(北學議)를 통해, 그에 앞선 홍대용과 박지원 등의 학풍을 계승하여 북학론을 정립시키는 역할을 실행하였다. 그는 북학파의 기본적 관심인 대청조 자세의 재정립을 주장하였

115) 同上 권 16, 「課農小抄」編題.

고, 이용후생론을 구체적으로 정밀하게 제시함으로써 북학론을 체계적으로 정리하였던 것이다. 여기서 그의 북학론은 이용후생의 기술적 관심도 정밀한 것이지만, 동시에 현실 인식의 실학적 기반도 확고하게 내포되었던 점에서 북학론을 집성시켰다고 할 수 있다.

그는 『북학의』 서문에서 '북학(北學)'이라는 용어를 『맹자』「등문공」(滕文公)上 편에 진량이 '북학어중국'(北學於中國) 하였다는 구절로부터 이끌어낸 것임을 지적하여, 그 의미가 중국의 선진 문물을 배우는 것임을 밝혔으며, 우리나라의 최치원과 조헌이 중국의 선진 문물을 본받아 우리의 낙후한 제도를 개혁하려고 노력하였던 사실을 들어 역사적으로 북학의 연원을 제시하려고도 하였다. 그리고 그의 과제는 중국의 풍속으로 우리나라에 실행할 만하고 일용에 편리한 것을 제시하고, 이러한 중국 문물과 제도를 실행할 때의 이로움과 실행하지 않을 때의 폐단을 밝히는 것이라 언명하였다.116) 여기서 그의 북학론이 지닌 중국 문물의 섭취라는 범위와 실용성을 추구하는 목적의식을 파악할 수 있게 된다. 이러한 북학론의 과제는 그 배경에 "이용과 후생이 한 가지라도 정비되지 않으면 위로 정덕을 해치게 된다"117)는 실학파의 현실 중시와 실용성을 강조하는 방법론이 전제되어 있는 것이다.

나. 사기삼폐설(四欺三弊說)과 현실 비판

박제가는 북학론에 대한 당시 사회의 저항이 도학파의 배청의리론

---

116) 『貞蕤集』附北學議(國史編纂委員會),「北學議序」, "輒隨其俗之 可以行於本國, 便於日用, 筆之於書, 並附其爲之之利 與不爲之弊, 而爲說也, 取孟子陳良之語, 命之曰北學議."
117) 같은 책, "夫利用厚生, 一有不修, 則上侵於正德."

임을 확인하여, 청나라가 오랑캐의 나라이지만 그 문명은 중국을 계
승하고 있는 사실을 강조하고, 오랑캐가 중국 문명의 이로움을 알고
빼앗아 가졌는데 우리는 빼앗은 자가 오랑캐임을 알 뿐 그들이 빼앗
아 가진 것이 중국 문명임을 알지 못한다고 분석하여 비판하고 있다.
따라서 그는 "진실로 백성에게 이롭다면 비록 그 법이 오랑캐에게서
나왔다고 하더라도 성인은 취할 것인데, 하물며 중국의 옛 문명에 있
어서랴"118)라 하여 청조 문물을 수용해야 하는 당위성을 입증하였던
것이다. 그것은 또한 배청론이 지닌 폐쇄적 맹목성을 비판하는 것이
요, 동시에 북학론의 개방적 진취성을 주장하는 것이라 할 수 있다.

　그는 한마디로 "중국의 서적을 읽지 않는 것은 스스로 구획을 지
어 갇히는 것이요, 온 천하가 다 오랑캐가 되었다고 하는 것은 사람
을 속이는 것이다"119)라 하여, 배청론의 폐쇄성과 기만성을 비판하
고 있거니와, 이러한 당시 사회의 모순을 '사기삼폐설'(四欺三弊說)
로 정리하였다.120) 곧 사기(四欺)는 첫째 인재를 배양하거나 재용을
개발할 생각은 않고, 후세로 갈수록 백성이 가난해진다고 하는 것은
'국가의 자기(自欺)'요, 둘째, 지위가 높을수록 사무를 천하게 여겨
아랫사람에게 맡겨버리는 것은 '사대부의 자기'요, 셋째, 경전 구절
의 해석이나 과거 시험을 위한 문장에 정신을 소모하면서 천하의 서
적을 묶어놓고 볼 것이 없다고 하는 것은 '공령(功令; 과문)의 자기'
요, 넷째, 아버지를 아버지라 부르지 못하는 사람이 있고, 한집안의
친척이면서 노예로 대하는 사람이 있고, 손자나 조카뻘이 어른을 꾸
짖는 자가 있으면서, 천하를 오랑캐로 보며 스스로를 예의니 중화니

---

118) 같은 책,「北學議外編 尊周論」, "苟利於民, 雖其法之雖出於夷, 聖人
　　 將取之, 而況中國之故哉."
119) 같은 책,「北學辨」, "不讀中國之書者, 自畵也, 謂天下盡胡也者, 誣人也."
120) 같은 책, "丙午正月二十二日 朝參時, 典設署別提 朴齊家 所懷."

하는 것은 '습속의 자기'라 하였다. 이것은 당시 조선 사회의 경제적 낙후성과 행정적 불합리성, 학문적 침체 현상, 사회윤리적 모순 현상 등을 스스로 은폐하고 있는 기만성을 비판하여 개혁의 필요성을 주장한 것이다. 그리고 삼폐(三弊)란 첫째, 국법을 사대부에게 적용시키지 않으므로 특권층을 유지하는 것과, 둘째, 과거로 인재를 등용하는 것이 아니라 인재 등용의 길을 무너뜨린 것과, 셋째, 숭유하려는 목적의 서원이 병역을 기피하고 법률을 어기는 자의 소굴이 되고 있는 것으로, 세 가지 자폐로 지적한 것이다. 이러한 모순과 불합리를 개혁해야 한다는 현실 의식에서 그는 무엇보다 경제적 부강을 이루어야 할 것과, 그 방법으로 선진 기술과 제도의 도입을 주장하게 되는 것이다.

다. 이용후생론의 체계

박제가는 당시의 국가적 최대 폐단을 빈곤이라 인식하고, 이를 해결하는 최선의 방법을 중국과 소통하는 것일 뿐이라 밝힘으로써 북학론적 과거와 방법의 특성을 보여주고 있다.[121] 그것은 곧 그의 북학론이 백성과 국가를 빈곤으로부터 해방시켜야 한다는 경제적 관심에서 출발하고 있음을 말해 주며, 또한 중국의 기술을 도입하고 생산물의 교역을 통해 부강을 획득할 수 있다는 생산과 상업의 중요성을 강조하는 입장을 지니고 있음을 말해 준다.

그의 농업 생산 이론은 첫째 농업을 해치는 장애를 제거하기 위하여, 놀고먹는[遊食] 계급인 유자(儒者)를 도태시켜야 한다는 '태유론(汰儒論)'에서 출발한다.[122] 생산을 천시하여 과거에만 매달린 유자를

---

121) 같은 책, "當今國之大弊曰貧, 何以捄貧, 曰通中國而已矣."
122) 같은 책, 「應旨進北學議疏」, "今欲務農, 必先去其害農者, 而後其他可得

도태시킨다는 것은 사회제도의 근본적인 개혁을 요구하는 것이다. 그
리고 농업 생산을 위한 두 번째 조목으로 수레를 사용해야 한다고
지적하였다. 수레는 운반의 기본적인 도구이지만 수레가 유통을 활발
하게 해주어 상업을 발달시키는 것이 농업의 발전을 위한 기반이 되
는 것이므로, 수레를 혈맥(血脈)에 비유할 수 있는 것이라 강조하였
다.123) 농업 생산의 개량을 위하여 농기구[耒耜]와 물대기[溝洫]와 거
름[糞壤]의 제도나, 양잠에서 나비 내고 기르고 고치 켜고, 베 짜는
제도에서 중국의 제도에 비하여 능률이나 생산성을 비교하면서, 중국
의 기술과 제도를 배워야 한다고 주장하였다. 그리고 농기구로서 풍귀[颺
扇]·돌절구공이[石杵]·호종[瓠鍾]·괭이[立鋤]·곰방메[檴]·쇠스랑[杷]·
돌곰배[碌碡] 등의 효용을 설명하면서, 기구의 사용과 기술의 도입이
우리의 농업 생산에 끼칠 수 있는 이익을 중요시하고 있다.124)

농업 생산을 위해 수레의 필요성을 강조하였지만, 수레는 유통을
활발하게 하여 상업을 발달시킬 수 있는 조건이라는 점에서도 중요
하다. 그는 유통수단으로서 수레와 선박·도로·교량의 제도를 도입
할 것을 강조하였다. 상업은 전통적으로 도덕에 상반된 이익의 추구
에 빠지는 것을 억제하려는 경향이 지속되어 왔다. 그러나 그는 사치
가 폐단이 크고 검소가 미덕임을 인정하더라도, 빈곤을 벗어나 부강
을 실현하는 수단으로 상업이 중요하다고 강조하고 있다. 국내에서
사방의 재화가 교역되어 백성의 의식을 풍족하게 하는 후생의 실현
도 중요하지만, 나아가 중국을 비롯하여 세계 각국과 무역을 함으로
써 국가의 부강을 도모할 뿐 아니라, 우리의 이목을 넓혀 천하가 크

而言矣, 一曰汰儒……"
123) 같은 책, "二曰行車, ……車譬則血脈也."
124) 같은 책, 「農蠶總論」

다는 것을 아는 현실 이해의 효과도 중요한 것임을 지적하였다.[125]

박제가의 이용후생론은 벽돌·가옥·목축 등에까지 정밀한 실용적 관심을 확대해 가고 있는 것이고, 그의 기본 과제가 경제·기술의 문제인 것은 사실이다. 그러나 북학론이 기술 및 경제 이론의 범위를 넘는 것은 그 시대의 세계관을 폐쇄적인 데서 개방적인 데로 전환시키고, 의리와 도덕의 순수성을 추구하는 입장에 반하여, 경제적·물질적 기반을 기초로 할 것을 요구하며, 신분적 사회질서를 생산과 능률 중심의 사회제도로 전환시키려는 입장을 밝혔다. 실학사상이 지향하는 이념의 구체적이고 기초적인 방법을 제시하였다는 점에서 사상사적인 위치를 갖는 것이다. 또한 그의 북학론은 청조에 편향적인 모방론을 보여주는 것 같지만, 근본적으로 자강론의 자주성을 각성하고 있다는 점에서, 또 하나의 사상적 예속화를 조장하는 것과는 구별되어야 할 것이다.

5. 19세기의 실학사상

(1) 정약용

가. 성리학의 극복과 신형묘합(神形妙合)의 인간 이해

정약용(丁若鏞)(1762~1836)은 18세기 말엽에 이미 그의 철학적 입장이 정립되었지만, 19세기에 와서 방대한 체계의 학문적 정리를 수행하였다. 그는 자신의 학문 체계를 요약하여 "육경사서(六經四書)

---

125) 같은 책, 「通江南浙江商舶議」, "必通遠方之物而後, 貨財殖焉, 百用生焉, ……我乃學其技藝, 訪其風俗, 使國人廣其耳目, 知天下之爲大."

로써 수기(修己)하고 일표이서(一表二書)(『경세유표』(經世遺表) 『목
민심서』(牧民心書) 『흠흠신서』(欽欽新書))로써 천하 국가를 위하니
본말을 갖추었다"고 밝힌 바 있다.126) 그만큼 그는 경학과 경세학의
두 영역을 일관성 속에 포괄하는 사상 체계를 형성한 것이다. 조선
후기의 실학파가 성장하면서 18세기 후반에 이르러 도학파로부터 구
별되는 경향이 뚜렷해지는 것이 사실이나, 정약용에 이르러 경전 주
석의 전면적인 새로운 체계가 수립되면서 실학파는 도학파로부터 철
학적 기반에서 완전히 독립하게 되었다고 할 수 있다.

정약용은 그 자신 성리학의 논리와 의의에 대한 이해가 있었지만,
동시에 성리학의 한계에 대한 비판적 인식이 철저하였다. 그는 "성
리학이란 도를 알고 자신을 인식하여, 그 실천할 도리를 스스로 힘
쓰는 것이다"127)하여 긍정적 이해를 하면서도, 추상적 관념의 분석
에 따라 분열에 빠져 있는 학풍을 비판하였고, "이기설은……세상을
마치도록 서로 다투고 자손에까지 전해도 끝이 없으니, 인생에 일이
많은데 그대와 나는 이를 할 겨를이 없다"128)고 언급하여 자신의 학
문적 관심이 성리학을 벗어나 있음을 명백하게 밝히고 있다. 성리학
의 궁극 개념인 '태극'에 대해서도 천지가 분화하기 이전의 혼돈한
始源的 존재라고 이해하지만, 무형의 이일 수는 없다고 보았다.129)

---

126) 『與猶堂全書』, 제1집, 제16권, 18장 右(以下 『여전』, 1-16, 18a」와 같
　　이 略記함), 「自撰墓誌銘 集中本」, "六經四書, 以之修己, 一表二書,
　　以之爲天下國家, 所以備本末也."
127) 『여전』, 1-11, 19a, 「五學論(1)」, "性理之學, 所以知道認己, 以自勉其
　　所以踐形之義也."
128) 『여전』, 1-19, 30b, 「答李汝弘」, "理氣之說, 可東可西, 可白可黑, ……畢
　　世相爭, 傳之子孫, 亦無究竟, 人生多事, 兄與不暇爲是也."
129) 『여전』, 2-47, 1b, 「易學緖言, 沙古占駁」, "太極者, 天地未分之先, 渾
　　敦有形之始, 陰陽之胚胎, 萬物之太初也, ……所謂太極者, 是有形之始,
　　其謂之無形之理者, 所未敢省悟也."

또한 '이'의 개념도 자의가 본래 옥석의 맥리(脈理)이고 치옥(治玉)하
는 데서 가차(假借)로 치리(治理)의 뜻이 나온 것이라 지적하고 있
으며, 무형한 것을 이라고 하거나 천명지성(天命之性)을 이라고 하
는 것은 근거가 없는 것이라 하여, 성리학에서의 '이' 개념이 경전의
훈고적 근거가 없음을 비판하였다.130) 그는 '기'의 개념도 맹자의
'호연지기'를 해석하면서 유기(游氣)가 천지 속에 들어있듯이, 혈기
가 인체 속에 충만되어 있는 것으로, 기가 혈을 부리고 지(志)는 기
를 부리는 관계에 놓여 있다고 지적한다. 그리고 이러한 '기' 개념은
이기론에서 형질이 있는 것을 가리키는 기와 다르다고 강조하였
다.131) 따라서 기(氣)도 수·화·토·기의 기본 물질 가운데 하나로
규정하고, 모든 형질의 근원적 존재로 이해하는 성리학의 입장을 취
하지 않는다. 그는 또한 음양도 생성의 원동력이 되는 체질이 있는
것으로 파악하는 입장을 버리고, 다만 변화 현상의 대표적 대치(對
峙) 형식으로만 규정하고, 오행은 만물 가운데 다섯 개 물건이라 하
여, 물질의 기본 구조로서의 성격을 부정하고 있다.132) 이처럼 그는
성리학의 기본개념들을 전반적으로 부정함으로써, 그의 철학적 사유
기반을 새롭게 구축할 수 있는 출발점으로 삼았다.

---

130) 『여전』, 2-6, 26a, 「孟子要義」, "理者, 本是玉石之脈理, 治玉者, 察其
脈理, 故遂復假借以治爲理, ……曷嘗以無形者爲理, 有質者爲氣, 天命
之性爲理, 七情之發爲氣乎."

131) 『여전』, 2-5, 17a, 「孟子要義」, "以氣之爲物, 驅駕血液, 其權力次志
也, 故孟子自注曰 氣者體之充, 夫充於體者何物, 非他, 氣也, 是氣之
在人體之中, 如游氣之在天地之中, 故彼曰氣, 此亦曰氣, 總與理氣之氣
不同(理氣家, 凡有形質者謂之氣)."

132) 『여전』, 2-4, 16~2a, 「中庸講義補」, "陰陽之名, 起於日光之照掩, ……本
無體質, 只有明闇原不可以爲萬物之父母."
『여전』, 2-4, 3b, 「中庸講義補」, "況五行 不過萬物中五物, 則是物也,
而以五生萬, 不亦難乎."

　그는 성리학의 인성론에서 '성(性)은 곧 이(理)'라 하고, 사람과 사
물이 천지의 이를 같이 부여받는 것이 '본연지성(本然之性)'이며, 부
여받은 형질의 차이에 따라 사람과 사물의 차이가 나타난다는 입장에
대해, 불교의 무시자재·윤회전화(無始自在·輪回轉化)의 주장과 통
하는 것이라 비판하였다.133) 그리고 이에 대하여 그는 인간이 사물
과 다른 것은 형기에 있어서 보다 영명함을 타고나는 데 있는 것이
라 파악한다. 그는 인간을 신형묘합으로 이루어진 통일체임을 전제
하며,134) 인간은 그 자체로서 금수나 사물과 구별하여 심성의 성격
을 분석하고 있다. 그는 심을 무형한 정신으로서의 '신'(神)과 유형
한 신체로서의 '형'(形)을 묘합시키는 추유(樞紐)라 지적하고, 활동
신묘(活動 神妙)한 기능을 가진 것이라 밝혔다.135) 이러한 심은 인
간존재의 핵심적 실체로서 관념적이 아니라 현실적 실체인 것이다.
그리고 성은 심의 본질이 아니라, 영명한 심이 지닌 '선을 즐거워하
고 악을 싫어하는(樂善惡惡)' 성질로서 파악하고 있다.136) 성은 천부
적인 것이지만 보편적 동질성이 아니라 개체적 특수성이므로, 성을
통하여 인간[人性]과 금수[物性]가 구별되는 것으로 이해된다. 따라
서 성은 심의 기호(嗜好)로서 개체의 선천적 고유성이다. 그는 인간

---

133) 『여전』, 2-5, 59a, 「孟子要義」, "性理家, 每以性爲理, 故集注謂人物
　　之同得天地之理爲性, 此所謂本然之性, 本然之性, 無有大小尊卑之差
　　等, ……孟子以犬牛人之性, 別其同異, 與告子力戰, 今乃以人性獸性,
　　渾而一之可乎, ……宋元諸先生所言本然之性, 亦無始自在之義."
134) 『여전』, 2-2, 25a, 「心經密驗」, "神形妙合, 乃成爲人, 故其在古經, 總
　　名曰身, 亦名曰己."
135) 『여전』, 2-5, 32a, 「孟子要義」, "神形妙合, 乃成爲人, ……心爲血府,
　　爲妙合之樞紐, 故借名曰心."
　　『여전』, 2-2, 37b, 「心經密驗」, "心之爲物, 活動神妙."
136) 『여전』, 2-3, 2b, 「中庸自箴」, "性者心之所嗜好也, ……天命之性, 亦
　　可以嗜好言, 蓋人之胚胎旣成, 天則賦之以靈明無形之體, 而其爲物也,
　　樂善而惡惡. 好德而恥汚. 斯之謂性善也, 斯之謂性善也."

의 내면에 선악의 원천이 혼재한 것으로 파악하는 입장이 아니라, 선악을 인간의 심성이 추구하는 객관적 규범으로 파악하였다. 따라서 욕심도 악의 원인으로 억제하는 것이나 부정하는 입장이 아니라 삶의 원동력으로 긍정하며,[137] 덕도 본성에 내재된 것이 아니라 실천적 결과로서 형성되는 것이며,[138] 인간의 심성은 선 또는 악으로서 본질적으로 결정되어 있는 것이 아니라, 실천을 통하여 결단하는 자주권 곧 자유의지를 가진 것이라 밝히고 있다.[139] 이처럼 정약용은 성리학의 심성론을 벗어나서 인간존재를 그 현실성과 개체적 자율성 속에서 파악하는 새로운 인간 이해를 통하여, 실학파적 철학의 독자적 근거를 정립하고 있는 것이라 할 수 있다.[140]

나. 실증적 방법과 실용적 요구

정약용이 경전 해석체계에서 주자학(道學)의 체계를 극복하는 새로운 실학파적 철학을 확립하였다면, 그 방법은 우선 주자학파의 의리론적 경전 해석에 사로잡히지 않고, 경전 자체에의 복귀를 주장하고 있는 데서 확인할 수 있다. 그는 송유(宋儒)의 성론(性論)이 비록 요선구도(樂善求道)하려는 고심에서 나왔지만, 불교의 영향을 받아 공자의 본래 정신(洙泗之舊論)과 어긋난 것이 있음을 지적하여, 성리학을 거부하고 공자의 정신 곧 수사학(洙泗學)에로 돌아가겠다는 입

---

137) 『여전』, 2-2, 39b, 「心經密驗」, "吾人靈體之內, 本有願欲一端, 若無此欲心, 卽天下萬事, 都無可做."
138) 『여전』, 2-1, 8a, 「大學公議」, "心本無德, ……行善而後, 德之名立焉."
139) 『여전』, 2-5, 35a, 「孟子要義」, "天之於人, 予之以自主之權, 使其欲善則爲善, 欲惡則爲惡, 游移不定, 其權在己, 不似禽獸之定心."
140) 李乙浩, 「洙泗學的 人間像」, 『茶山學의 理解』, 1975, pp.209~233. 및 琴章泰, 「茶山學의 人間學的 基礎」 본서 제2부 참조.

장을 밝혔다.141) 그가 송학(宋學)을 비판하면서 경학 자체에로 돌아가 겠다는 주장에서 수사구론(洙泗舊論)을 강조한 것은, 단순히 복고주의 적 입장만을 뜻하는 것이 아니다. 그것은 진실성을 학문적으로 관찰 하기 위한 비판 정신이며, 또한 도학적 관념 체계가 갖는 현실적 모 순을 해결하기 위한 실용 정신의 요청이기도 하다. 여기서 그는 경 전 해석의 방법으로서 관념 체계에서 연역되는 합리성이 아니라, 훈고 적 실증을 중요시하는 한학(漢學) 내지 청조 고증학의 방법을 도입하고 있다.

그는 경전의 해석 방법으로서 전문·사승·의해(傳聞·師承·意解) 의 세 가지가 있음을 제시하고, 주자의 경전 주석에는 전문·사승을 벗어나서 시간을 넘어선 의리에 따라 판단으로 결단을 내린 의해가 중심임을 지적하였다. 이에 비하여 전문이나 사승에서는 시대가 멀어 질수록 확실성이 떨어지므로, 수·당 때보다 위·진이 낫고, 그보다 한대(漢代)가 낫다는 것이다. 따라서 그는 송학의 경전 주석인『칠서 대전』(七書大全: 四書三經의 宋代 註)만 알고 한당대(漢·唐代)의 주 석인『십삼경주소』(十三經注疏)를 무시하는 당시의 학풍을 비판하고 있다.142) 특히 그는『書經』을 논의하면서 반드시 먼저 고훈을 밝혀야 한다고 강조하였다. 자의(字義)를 밝히지 못하고 구·장·편(句·章· 篇)의 뜻이 이해될 수 없고, 자의도 온전히 통하지 않은 채 경전의 정신을 논의하는 것은 착오만 깊어지게 할 뿐이다.143) 이처럼 자의의

---

141)『여전』, 2-4, 2b,「中庸講義補」, "蓋宋儒論性, 多犯此病, 雖其本意, 亦 出於樂善求道之苦心, 而其與洙泗之舊論, 或相牴牾者, 不敢盡從."
142)『여전』, 1-8, 16b,「十三經策」.
143)『여전』, 2-21, 1b,「尙書古訓序例」, "惟讀書之法, 必先明詁訓, 詁訓者 字義也, ……後世談經之士, 字義未了, 議論先起, 微言愈長, 聖旨彌晦, 毫釐既差, 燕越遂分, 此經術之大蔀也."

훈고 및 전문·사승의 증거가 보다 확고한 한학을 존중하는 고증학적 실증정신을 학문 방법 속에 내포하고 있다. 그러나 그가 한학에로 돌아가려는 입장이 아닌 것은 송학을 부정하는 만큼이나 명백하다. 그는 「오학론」(五學論)에서 성리학(도학파)에 대한 비판과 더불어 훈고학(고증학파)에 대하여도 예리하게 비판하고 있다. 곧 자훈(字訓)에 빠져 성명(性命)의 이치, 효제의 가르침, 예요 형정의 제도에는 어두울 뿐이라는 것이다.[144]

정약용의 학문관은 객관적 사실의 분석적 인식으로서 고증적 내지 실증적인 태도를 학문의 기초적 방법으로 중요시하는 것은 사실이지만, 실증의 방법을 통하여 실용의 목적을 추구하는 데 있다고 할 수 있다. 인간존재나 사회적 가치를 벗어나는 실증은 그에게서는 맹목일 뿐이다. 따라서 경학의 체계에서도 고증학적 방법을 도입하지만, 청조 고증학의 한학풍에 빠지지 않고 새로운 가치 질서의 인식을 위한 해명에 관심의 목표를 두고 있는 것이다. 따라서 그의 경학은 도학파의 경학 체계가 아님은 물론이고, 청조 고증학 또는 한대 훈고학에 머무르는 것도 아니며, 수사학(洙泗學)의 수립을 위한 것도 아니라 할 수 있다. 오히려 그 자신의 시대 현실에 대한 인식과 사회적인 실용적 요구에 기반을 두고 있는 경전 해석이요, 바로 여기에 새로 전래된 서학의 과학적 사고나 신앙적 체계에서 받은 영향까지도 포함하고 있는 실학적 경학이라 할 수 있다. 그는 『주역』도 형이상학적 원리가 아니라, 개과천선하는 글이라 하여 윤리적 실용성에서 파악하며,[145] 『춘추』도 존왕천패(尊王賤覇)의 의리를 해명하는 것이 아니라, 『주례』의 실재 현상을 밝힐 수 있다는 실증적 입장에

---

144) 『여전』, 1-11, 20a~21a, 「五學論」.
145) 『여전』, 2-44, 3b, 「周易四箋」, "周易一部, 是聖人改過遷善之書也."

서 분석하는[146] 실학 정신의 자유로운 구현을 보여준다.

다. 민생의 이념과 제도

정약용은 경학 체계 속에서 仁(인)을 두 사람의 일이라 하여 부자·군신·부부 등 인간관계에서 직분을 다하는 것이라 파악하고 있다.[147] 그리고 수기치인(修己治人)에서의 치인이나 이인치인(以人治人)에서의 치인이 권력에 의해 백성을 다스리는 것이 아니라, 인간이 인간을 섬기는 방법이라 하여 부모나 임금을 섬기는 것도 치인이라 해명하였다.[148] 그의 일표이서는 바로 이러한 치인의 이념에서 나온 구체적 제도의 검토라고 할 수 있다. 그는 목민(牧民)의 개념을 제시하면서, 목(牧)이 민(民)을 위하여 존재하는 것이지 민이 목을 위하여 존재하는 것이 아님을 강조하여 위민(爲民)과 민본(民本)의 의미를 밝혔다.[149] 이러한 민본 이념에 비추어 제도를 검토하면서 다섯 집에서 장(長)으로 추대된 자가 인장(隣長)이 되고 다섯 인(隣)에서 장으로 추대된 자가 이장(里長)이 되듯이, 천자도 대중이 추대하여 된 것이라 밝히고, 본래는 아래에서 위로 뽑아 올리는 것이 순(順)이었으나 오늘날에는 도리어 역(逆)으로 규정되었다고 지적하였다.[150] 그것은 백성의 주권자임을 인식하는 근대의식의 한 표현이라고 할 수 있다.[151] 여기서 그는 봉건적 신분 계급에 관해 신랄하게

---

146) 『여전』, 2-33, 1b, 「春秋考徵」, "春秋者, 周禮之所徵也, 欲知周禮者, 其不考之於春秋乎."
147) 『여전』, 2-12, 3a, 「論語古今注」, "仁者人也, 二人爲仁."
148) 『여전』, 2-4, 18b, 「中庸講義補」, "經云 以人治人者, 謂以所求乎人者 以事人也, ……事親事君皆治人也."
149) 『여전』, 1-10, 4b, 「原牧」, "牧爲民有乎, 民爲牧生乎, ……牧爲民有也."
150) 『여전』, 1-11, 24a, 「湯論」, "天子者, 衆推之而成者也, ……古者下而上, 下而上者順也, 今也上而下, 上而下者逆也."

비판하고 계급제도가 없는 평등 사회에 대한 강한 희망을 밝혔다.

"나의 소망이 있다면 온 나라 안이 모두 양반이 되게 하는 것이
니, 곧 온 나라 안에 양반이 없어지는 것이다.152)

또한 당시 조선 사회에서 인재를 쓸 때에 서얼과 중인을 버리고 서
북인을 버리고 당색(黨色)이 다르면 버려서, 수십 집의 문벌들이 권력
을 독점하고 있으며, 소외된 사람들이 좌절감에 빠져 타락하는 현실을
통탄하면서, 어떤 제한도 없이 인재 선발의 개방된 제도를 주장하였
다.153)

그의 『목민심서』는 애민의 정신으로 백성의 삶을 구제해야 하는
구체적 방법과 제도를 체계화한 것이고, 『경세유표』도 국가의 정치
제도를 개혁하는 방안이라 할 수 있으며, 『주례』의 6관 제도를 기준
으로 행정·재정의 구체적 현실을 비판하고 개혁하려는 것이었다.
그는 토지 제도에 대한 개혁안으로서 여전제(閭田制)를 제시하기도
하였지만, 생민을 위한 기본 방법으로 백성의 이익을 억제할 것이 아
니라 보호해 주는 정책이 있어야 하고, 또한 유식(遊食)하는 선비들
을 생산에 종사하도록 할 것을 주장하였다.154) 『흠흠신서』에서 옥사
를 결단하는 근본이 인간에 대한 흠휼(欽恤) 곧 사랑에 있다고 강조한
것처럼,155) 이러한 제도의 실용적 구상은 동시에 애민의 도덕적 원리
와 결합되고 있는 것임을 확인하는 속에서 실학사상의 중요한 특성을

---

151) 趙珖「丁若鏞의 民權意識研究」, 『亞細亞研究』통권 56호, 1976, pp.81~
    118 참조.
152) 『여전』, 1-14, 23b~24a, 「跋顧亭林生員論」, "若餘所望則有之, 使通
    一國而爲兩班, 卽通一國而無兩班矣."
153) 『여전』, 1-9, 3b1~32a, 「通塞議」.
154) 『여전』, 1-11, 3a~7a, 「田論」.
155) 『여전』, 5-30, 1a, 「欽欽新書」, "斷獄之本, 在於欽恤, 欽恤者, 敬其事而
    哀其人也."

엿볼 수 있다.

(2) 김정희

가. 고증학의 수용과 한송불분론(漢宋不分論)

19세기 전반의 실학파에서 정약용이 성호학파를 계승하였다면, 추사 김정희(1786~1856)는 북학파를 계승하였다고 할 수 있으며, 그만큼 실학파의 철학적 기반을 독자적으로 정립하는 데 있어서 대표적 인물들이요, 각기 특징을 가졌다고 할 수 있다. 김정희는 북학파의 중요 인물인 박제가에게 사사(師事)하면서 북학파의 학풍을 받아들였다. 그 자신도 24세 때(1809) 동지사를 따라 북경에 들어가, 당시 청조 고증학의 석학인 옹방강(1733~1818)과 원원(1764~1849) 등을 만나 직접적인 지도를 받음으로써, 고증학의 본격적 수준에 접촉하고 이를 수용하였던 것이다. 18세기 후반의 북학파가 청조 문물의 수입을 통하여 이용 후생을 개발하려는 실용적인 관심에 집중되고 있는데 비하여, 김정희는 대진(1723~1777) 이래 정립된 청조 고증학의 정통적 방법을 직접적으로 받아들임으로써, 실용적 관심은 쇠퇴하고 실사구시로 표방되는 실증적 학문 방법에 주력하였다.

고증학은 기본적으로 경학에 있어서 송학의 의리론적 해석체계를 벗어나 한학의 훈고학적 해석 방법을 존중하는 입장이다. 김정희도 사실로써 참되게 하며 옳은 것을 추구하는 실사구시가 학문에 가장 긴요한 방법임을 강조하며, 공소지술(空疎之術)이나 선입지언(先入之言)을 버리도록 요구하고 있다.156) 그리고 한유(漢儒)들의 경전 훈고에

---

156) 『阮堂先生全集』 권 1, 「實事求是說」, "漢書河間獻王傳云, 實事求是,

는 사승(師承)이 있어서 매우 정밀하고 진실함을 갖추고 있다고 지적하고, 한유의 훈고를 정밀하게 추구하는 태도를 존중하는 것이 옳다고 하여 한학 곧 훈고학의 중요성과 진실성을 강조하였다.[157] 그는 역학에서 송유가 효사를 주공이 지은 것이라는 확신에 대해 경적(經籍)의 실증이 없이는 불가하다고 지적하고, 한학에서 문견(聞見)과 사승을 중시하는 태도를 지지하면서, 송학에서 자의(恣意)로 추측하는 태도를 반대하며, 증거 없이는 확언하려 하지 않겠다는 자신의 입장을 밝히고 있다.[158] 이러한 한학의 존중에서 마융·정현 등의 한학을 널리 종합해야 한다고 주장하고, 존고(存古)를 제일의 급무라고 강조하였다.[159] 여기서 이 존고의 태도는 그의 학문적 기본 입장을 보여주는 것이라 볼 수 있다.[160]

그러나 김정희는 한학의 훈고적 방법을 중시하면서도 송학에 대해서 전면적 거부의 태도를 보이는 것이 아니라, 긍정적 이해와 종합을 추구하고 있다는 점에서 고증학의 정통적 입장에만 사로잡혀 있는 것은 아니다. 그것은 그에게 영향을 강하게 끼친 옹방강의 입장을 받아들이고 있음을 말해 주는 것이다. 옹방강은 고증학파 가운데서도 한학과 송학을 절충하여 양자를 포괄하는 입장을 취함으로써, 이른바 한송절충론 또는 한송불분론을 제시하였다. 김정희도 송학의

此語乃學問最要之道若不實以事, 而但以空疎之術爲便, 不求其是, 而但以先入之言爲主, 其于聖賢之道, 未有不背而馳者也."

157) 같은 책, "漢儒于經傳訓詁, 皆有師承, 備極精實, ……學者尊漢儒精求訓詁, 此誠是也."

158) 같은 책, 「易筮辨(下)」, "凡爲周公作爻辭之說者, 必有實證可憑之經藉而後可耳, 若但憑後世諸儒以意揣測之言, 而反減去漢志, 質言則必其所聞見在洙泗以前, 而後可耳, ……愚見苟非實據, 則寧闕而勿質言之."

159) 같은 책, 권 5, 「與李月汀 璋煜」, "存古爲第一急務, 今所云馬鄭, 特擧其大槩也, 若又止此二家而已, 烏在其博綜也."

160) 徐坰遙, 「金阮堂의 學藝와 存古精神」, 『韓國學報』 제11집, 1978, 참조.

사변적 추론이 실증성을 결여하기 쉬운 점을 경계하지만, 송학에서
의 성리나 의리의 영역이 지닌 의미를 존중하는 입장을 밝히고 있
다. 그는 성현의 도를 큰 집에 비유하였다. 주인이 거처하는 곳은
방[堂室]이지만 대문과 뜰[門遷]을 거치지 않고는 들어갈 수 없는데,
훈고는 대문과 뜰에 비유할 수 있고, 대문과 뜰에서만 일생토록 분
주하면서 마루에 올라 방에 들어가려 하지 않는다면 이는 노예이다.
여기서 훈고를 정밀하게 추구하는 것은 방에 들어가는 길을 밝히는
것이지, 훈고가 학문의 목적이 아니요 수단이며 과정임을 지적하였
다.161) 따라서 그는 "학문의 방법에서는 한학과 송학의 경계를 꼭
나눌 필요가 없고, 정현·왕필·정자·주자의 장단점을 비교하거나,
주자·육상산·설경헌·왕양명의 문호를 다툴 필요가 없으며, 다만
평심정기(平心靜氣)하고 박학독행(博學篤行)하여 실사구시 한마디를
오로지 주장하여 행하는 것이 좋다"162)라고 밝혀, 그의 입장이 한송
의 분별적 평가에 주안을 두는 것이 아니라, 객관적이고 개방적인
종합성을 기본으로 하고 있음을 보여준다. 이러한 그의 고증학적인
방법의 성격과 내용은 우리의 사회현실에 대한 관심을 별로 보이지
않으면서 철저히 당시의 청조 학풍을 직접 받아들였던 사실에 의의
가 있는 것이었고, 따라서 그의 경학에서 독창성을 찾기는 어려우며,
또한 고증학적 방법을 통한 자신의 본격적인 경학 연구의 체계화에

---

161) 『阮堂先生全集』 권 1, 「實事求是說」, "聖賢之道, 譬若甲第大宅, 主者
    所居, 恒在堂室, 堂室非門遷不能入也, 訓詁者, 門遷也, ……爲學必精
    求訓詁者, 爲其不誤于堂室, 非謂訓詁畢乃事也."
162) 같은 책, "爲學之道, 不必分漢宋之界, 不必較鄭王程朱之短長, 不必爭
    朱陸薛王之門戶, 但平心靜氣, 博學篤行, 專主實事求是一語行之可矣."
    金正喜에 의해 訓詁를 門遷에 비유하는 표현은 그에게 영향을 주었던
    阮元의 文集 속에 이미 보이는 것으로 지적되었다(全海宗, 「淸代學術
    과 阮堂」, 『大東文化研究』 제1집, 1963).

까지 나가지도 못하고 말았던 한계를 엿볼 수 있게 한다.

나. 금석학의 고증학적 탐구

김정희의 고증학적 방법에 대한 인식은 일차적으로 경학에 기반을 두고 있는 것이지만, 경학의 고증학적 재조명은 극히 단편적인 데 그치고, 또한 영향력을 끼친 자취도 뚜렷하지 못하였지만, 북한산비를 통하여 진흥왕의 순수비에 대한 고증학적 탐구는 김석학과 사학에 있어서 중대한 업적을 이루었다. 그는 북경에서 김석학의 대가이기도 한 옹방강과 원원 등에게서 직접 고증학에서의 금석학 연구 방법을 지도받았고, 그 자신 비상한 관심과 노력을 기울였다. 그는 31세 때 (1816) 북한산의 비봉에 올라가 '무학오심도차비'(無學誤尋到此碑)라 전해지던 것을 판독하여 진흥왕순수비임을 밝혀내었다. 또한 함흥의 황초령에 있는 진흥왕순수비와 비교 검토하고 『삼국사기』『문헌비고』 등과 중국 사서들의 문헌을 검토하면서, 건립 연대·왕호·연호·직관· 강계 등에 관한 엄밀한 고증을 하여 『금석과안록』(金石過眼錄)(全集 에는 「眞興二碑攷」로 수록)을 저술하였다. 이 『금석과안록』(金石過 眼錄)에서 진흥왕순수비의 고증적 연구는 역사 연구에서의 실증적 엄밀성을 유감없이 발휘함으로써, 금석학의 새로운 경지를 열어 주었다고 할 수 있다.[163] 이러한 그의 금석학은 서도금석학(書道金石學) 으로도 절정의 수준을 이루었으므로, 『금석과안록』에서 성취한 추사 금석학의 성과에 진흥 2비의 서체까지 구명하여 서도와 금석학을 결합시킴으로써 금석학을 완벽하게 구현하였다고 평가된다.[164] 그리고 그의 금석학은 조인영·신위·이조묵 등 동학이나 신관호·이상적·

---

163) 崔完秀 「金秋史의 金石學」, 『金秋史研究草』, 1976 참조.
164) 같은 책.

오경석 등 문하에 영향을 끼치고 금석학파로서의 학맥을 형성하는
데까지 발전하였음을 본다.165)

　고증학은 경학을 기간으로 하고 보조적 분야로서 소학(문자학)·사
학·지리학·음운학·금석학·천산학·율려학·교감학·목록학 등의
다양한 영역에로 확장되었던 현상을 보이고 있다.166) 김정희는 금석
학을 통한 고증학적 탐구에 가장 탁월한 업적을 남겼던 사실에 비하
여, 「천문고」(天文攷)·「일월교식고」(日月交食攷) 등 천문학에 관한
논술과 「성균변」(聲均辨)의 음운학에 대한 논술 및 「천축고」(天竺
考)의 저술과 위원의 「해국도지」(海國圖志)를 통한 외국 지리에 대
한 관심 등 다양성을 보이기는 하지만, 어느 것도 체계나 인식의 철
저한 수행을 이루지 못하고 말았던 것이 사실이다.

다. 서예와 선학의 세계

　김정희가 18, 9세기의 다른 실학자와 생활환경에 차이가 있다면,
그는 왕실 척족이요 역대 현관을 배출한 문벌의 가정 배경에서 나왔
고, 그 자신도 정쟁에 휘말려 오랜 유배 생활을 하였지만, 대사성·병
조참판 등 고위 관직을 지낸 인물이라는 점이다. 여기서 그는 청조
고증학의 학풍에 정통하여 실학파의 학문적 기초를 정립하는 데 중
요한 위치를 차지하였으나, 그의 관심이 청조의 새로운 학문 방법과
방대한 문헌에 기울어지면서도 현실 사회의 모순에 대한 인식은 거
의 찾아보기 어려운 점이 특징인 것도 사실이다. 그는 실사구시의
고증학적 방법을 금석학으로 철저히 추구하면서도, 금석학을 넘어서
역사 연구의 체계적 탐구로 확장되기보다는, 서도의 감상과 서예

---

165) 같은 책.
166) 梁啓超 『淸代學術槪論』(1968 刊) 참조.

의 예술적 경지를 열어가는 방향으로 나갔던 것이다.

그는 서예에 대표적인 일가를 이루었으나 서예도 청조의 수준을 끌어들이는 양상을 보여준다. 그의 서체는 북경을 다녀온 후 옹방강의 서체를 모방하였고, 서법에 관한 청조의 이론과 방법을 도입 정진하여, 북비(北碑)와 남첩(南帖)의 서체를 터득하고 한례(漢隷)의 묘리에 통달하여 졸박 청고한 추사체의 독특한 경지를 확립하였다. 이러한 고증학의 서예론에 따라 조선 사회의 정통 서법으로 내려온 이광사(1705~1777)를 맹렬히 비판하며 서화에 있어서 조선 고유의 전통을 청조의 풍조로 극복하였던 것이다.[167]

김정희는 유학자이지만 가정에서 어릴 때부터 불교에 친밀한 환경에서 자랐다. 그것은 산림의 도학파가 아니라 척족(戚族)의 사류(士類)였음을 말해 주는 것이기도 하다. 그러면서 18세기의 실학파가 직접 간접으로 서학에 관심을 갖는 데 비하여, 그는 서학에 대한 이해와 관심이 없이 전통문화의 불교와 관계를 맺고 있는 점도 특징적인 현상이다. 그 당시 불교계에서도 학풍을 새롭게 진작하여 화엄학이 일어나고, 선학에 있어서 백파 긍선(1767~1852)의 『선문수경』(禪門手鏡)이 저술되면서 초의 의순(1767~1852)과 우담 홍기(1822~1881)의 반박 등 선론(禪論)이 활발하게 전개되고 있었다. 이때 김정희는 백파의 선론을 비판하여 「백파망증십오선개조」(白坡妄證十五禪箇條)를 서한으로 제시하면서, 선학논쟁의 중심에 뛰어들어 선과 불교에 대한 해박한 지식과 고증적 방법으로 논변에 참여하였다. 그의 선론에 모순도 있지만 유학과 불교가 철학적 깊이에서 개방적인 논쟁을 할 수 있었다는 것은, 실학파의 개방성과 객관적 정신에서 가능한 새로운 영역의 개척이라 할 수 있다.

---

167) 崔完秀, 앞의 책 참조.

(3) 최한기

가. 신기(神氣)의 기학체계

실학파의 일반적 성격이 도학파의 성리설에서 점차적으로 벗어나는 것이었지만, 경세론의 현실 의식이나 고증학의 실증적 방법도 충분히 자체의 철학적 근거로서 존재론적 기초를 확립하는 데까지는 미치지 못하였다. 정약용과 김정희를 거치면서 학문적 방법과 입장에 있어서 성리학으로부터의 확고한 자립 근거가 마련되었지만, 19세기 중엽 혜강 최한기(惠崗 崔漢綺, 1803~1877)에 이르러 기학(氣學)의 체계화를 통한 실학파의 철학적 존재론이 정립되고 있음을 보게 된다. 최한기는 34세 때(1836) 『신기통』(神氣通)과 『추측록』(推測錄)(이 두 책은 합쳐져서 『기측체의』(氣測體義)라는 서명으로 북경에서 간행되었다)을 저술하여 그의 철학 체계의 면모를 보여주고 있다.

그는 "천지를 꽉 채우고 물체에 푹 젖어 있어, 모이고 흩어지거나 모이지도 않고 흩어지지도 않는 것은, 어느 것이나 모두 기 아닌 것이 없다"[168]라 하여 기가 모든 존재의 기반을 이루는 것임을 밝혔다. 그리고 이에 대하여도 "이(理)는 곧 기(氣)의 조리이다. 기를 말하면 이는 그 속에 있고, 이를 말하면 기가 따라 이른다"[169]고 언급하여, 이가 근원적 실재가 아니라, 기에 따른 조리로서 한정시키고 있는 것이다. 따라서 그는 "기가 있으면 반드시 이가 있고, 기가 없으면 반드시 이가 없다."[170]라고 밝혀, 이의 실체성을 부정하고 기의

---

168) 『明南樓叢書』, 『神氣通』, (大東文化硏究院刊) 권 1, 天人之氣, "充塞天地, 潰洽物體, 而聚而散者, 不聚不散者, 莫非氣也."
169) 『人政』, 권 8, 理卽氣, "理卽氣之條理也, 言氣則理在其中, 言理則氣隨至焉."

근원적 실재성을 확인하고 있다. 이러한 그의 입장을 성리학에서의
주기론 내지 유기론에 해당하는 것이라 보기도 한다. 물론 그의 철
학적 의식에는 성리학의 영향이나 문제가 다양하게 흡수되고 있는
것은 사실이다. 이에 따라 "이학인(理學人)이 기학을 밝히면 이학은
더욱 밝아지고, 기학인(氣學人)이 이학을 겸하면 이학은 바르게 된
다"171)고 하여 기학을 기반으로 하면서 기학이 이학에 기여할 수 있
다는 사실을 강조하고 있다. 그러나 그의 철학적 관심은 근본적으로
성리학의 이기설이 아니다. 그가 기를 궁극적 존재로 제시하였다고
하여 성리학에서의 주기론 내지 유기론의 기 개념과 일치한다고 볼
수는 없다. 오히려 그는 기학의 철학적 기반을 통하여 실학파의 독
자적인 철학 체계를 구축하고 있음을 이해할 필요가 있다.

그의 기는 음양의 기나 오행의 기로 구성되는 것이 아니라, 단적
으로 '신기(神氣)'라고 지적된다.

"이 기는 한 덩어리의 활물이므로 본래부터 순수하고 담박하고 맑
은 바탕을 가지고 있다. 비록 소리와 빛과 냄새와 맛에 따라 변하더
라도 그 본성만은 변하지 아니한다. 이에 그 전체의 무한한 공용의
덕을 총괄하여 신이라 한다."172)

"신은 기의 정화요, 기는 신의 기질이다."173)

"이른바 신이라는 것은 바로 기의 정화이니, 기의 옆에서는 기의
희미한 무리[暈]를 이루고, 기에 앞서서는 향도(嚮導)하는 빛이고, 기

---

170) 『推測錄』, 권 2, 流行理推測理, "理是氣之條理, 則有氣必有理, 無氣
必無理."
171) 『人政』, 권 12, 理氣學就質.
172) 『神氣通』 권 1, 「氣之功用」, "大凡一團活物, 自有純澹澄澈之質, 縱有
聲色臭味之隨變, 其本性則不變, 擧其全體無限功用之德, 總括之曰神."
173) 같은 책, 「知覺優劣從神氣而生」, "神者, 氣之精華, 氣者, 神之基質也."

에 뒤져서는 여운(餘韻)을 거두어들이는 것이다."174)

"신이란 기가 펴진 것이다. ⋯⋯신과 기를 함께 말하면 신은 기 가운데 포함되고, 신 하나만을 말하면 기의 공용으로 뚜렷이 드러난 것이니, 기는 바로 신이요 신은 바로 기이다."175)

이처럼 기는 이기의 기로서가 아니라 신기의 기로서 제시되는 것이 최한기에 있어서 기의 개념이다. 이 기는 단순히 물질적 존재의 근본 형태에 그치는 것이 아니라, 신의 공용으로 활동하는 힘이 있고 살아 움직이는 생명력을 포함하는 것이다.

또한 신기의 활동력을 '통하는 것'이라[通] 규정하며, 사물의 개체적 단절을 넘어서 천지와 인물이 일체로 통하게 되는 것이 신기의 온전한 실현이요 인간의 과제로 파악한다.176) 그리고 신기의 끊임없는 활동 현상을 운화로 규정하고 천지와 인기(人氣)의 운화를 인식하고, 그 일치를 이룸으로써 인간과 우주의 조화를 성취할 수 있는 것으로 보았다.177) 이러한 신기는 결코 정적이거나 물질적인 궁극 존재의 형식이 아니라, 그 자체가 살아 움직이면서 성장하는 활력적인 것이라는 점에서 이기론에서의 유기론적 입장과 뚜렷한 차이를 보여주는 것이다.

나. 추측의 경험적 인식론

그는 인간의 지각 주체를 신기라 하고 이 신기의 경험을 지각이

---

174) 『神氣通』, 권 1, 「神通」, "所謂神者, 乃氣之精華, 傍於氣而有氣之微暈, 先於氣而有前導之光, 後於氣而有餘韻之收."

175) 『人政』, 권 5, 「神卽氣」, "神者, 氣之伸也, ⋯⋯幷言神氣, 則神包氣中, 單言神, 則氣之功用現著也, 氣卽神, 神卽氣."

176) 『神氣通』, 권 1, 「通有相應」 및 「通天下爲一體」.

177) 『人政』, 권 5, 「四時運化」 및 권 10, 「神氣運化」.

라 규정함으로써, 지각은 경험을 통하여서만 이루어지는 것으로 규
정하는 경험적 인지론을 전개하고 있다.[178) 여기서 신기의 경험으로
서의 지각은 주체의 신기가 대상 곧 사물의 신기와 통하게 되는 것
이며, 통하지 못하면 지각이 이루어질 수 없는 것이다. 그리고 통하
는 것은 끊임없는 신기의 교접에 의한 경험에서 이루어지는 것이라
할 수 있다. 이때에 통하게 하는 것은 기의 힘이라 하여 지각 주체
로서의 본래적인 능력이 전제되어 있지만, 통하여야 할 대상으로서
의 사물과 통할 수 있는 기구는 바로 감각기관으로서의 제규(諸竅)
로 제시된다.[179) 지각의 도구를 감각기관으로 지적하였을 때 일차적
으로 모든 지각은 감각적 지각이 된다. 그는 『신기통』(神氣通)에서 체
통·목통·이통·비통·구통·생통·수통·족통·촉통·주통·변통(體
通·目通·耳通·鼻通·口通·生通·手通·足通·觸通·周通·變通)
의 12章을 분류하면서 감각기관의 개별적 및 상관적 역할을 해명하
고 있다.

　지각이 곧 경험이고 경험은 감각기관을 통하여 이루어지는 것이라
면, 감각적 경험 이전의 지각 주체는 아무런 지각 내용을 가질 수
없는 것이며, 측은지심과 같은 사단도 선천적 양지가 아니라 경험을
통하여 얻어지는 것이라 한다.[180) 따라서 그는 견문 열력(見聞 閱歷)

178) 『神氣通』, 권 1, 「經驗乃知覺」, "神氣者, 知覺之根基也, 知覺者, 神氣
　　之經驗也, ……無經驗則徒有神氣而已, 有經驗則神氣自有知覺耳."
179) 같은 책, 「神氣通序」, "蓋能通之者, 氣之力也, 所欲通者, 障蔽之事物也."
　　같은 책, 「通有相應」, "天民形體, 乃備諸用, 通神氣之器械也."
　　같은 책, 「知覺推測皆自得」, "人之所稟于天者, 乃一團神氣與通氣之諸竅
　　四肢."
180) 『人政』, 권 9, 善惡虛實生於交接, "前日聞知壓溺者多死, 故乍見孺子入
　　井, 有沈惕惻隱之心, 曾未聞壓溺之患者, 見孺子入井, 未有惻隱之心."
　　朴鍾鴻은 崔漢綺의 經驗主義의 論據로서 本具先天知의 否認을 지적하
　　였다(＜崔漢綺의 經驗主義＞, 「亞細亞硏究」 통권 20호, 1965 刊).

의 경험이 쌓여서 지각이 이루어지기 전 마음[心]의 본체를 거울에 비유하여 먼지만 없으면 그대로 비출 수 있음을 지적하고, 또는 순담(純澹)한 정천(井泉)에 비유하여 경험에 따라 빛깔이 염습(染習)하는 것과 같다고 하여, 정천의 순담한 본성이 남아 있는 측면을 제시하기도 하고, 경험의 염습이 완전히 제거되기 어려움을 소백(素帛)에 물감이 한 번 들여진 것으로 비유하기도 하였다.181)

그는 감각기관을 통하여 경험된 지각은 기억과 변통을 통하여 양적 확충을 할 수 있게 되고, 나아가 추측을 통하여 견문의 감각적 지각을 넘어서 사유를 통한 인식에로 확대하게 되는 것이라 본다. 추측에서의 추(推)는 인(因)·이(以)·유(由)·수(遂)의 뜻이라 하여 인식의 근거와 추론을 내포하고 있으며, 측(測)은 량(量)·도(度)·지(知)·이(理)의 뜻이라 하여 판단의 뜻을 포함한다. 그는 『논어』에서 '충서(忠恕)'는 '추'(推)에 해당하고 '묵지'(默識)은 '측'(測)에 해당하며 『대학』의 '격물치지(格物致知)'와 '글구(絜矩)'는 추(推)·측(測)을 함께 말한 것이라 지적하고 있다.182) 마음이 기를 말미암아 추(推)하고 성을 말미암아 측(測)하여, 점진적으로 단계를 밟아 효과를 이루는 것이 아는 것이라는 언급에서도 감각적 지각의 경험을 기초로 추(推)하여 이성적 사유의 측(測)으로 인식의 확장 과정을 보여주는 것임을 알 수 있다.183)

마음의 기능은 본 것을 미루어[推] 보지 못한 것을 헤아리고[測], 들은 것을 미루어 듣지 못한 것을 헤아리고, 익숙한 것을 미루어 익

---

181) 『推測錄』, 권 1, 如鏡如水, 本體純澹 및 習變.
182) 같은 책, 聖學及文字推測.
183) 같은 책, 「推測卽是知」, "心無他能, 因氣而推, 因性而測, 有漸有階, 乃成厥效, 爰名曰知."

숙하지 못한 것을 헤아리고, 있는 것을 미루어 없는 것을 헤아리는 것이니, 삼라만상이라는 것은 이 미루고[推] 헤아리는[測] 것 가운데의 한 가지일 따름이다.184)

여기서 추측은 경험을 통하여 경험할 수 없는 것에까지 나가는 것이므로, 모든 인식을 경험적 지각에만 한정시키지 않고 사유를 통한 판단에까지 인식의 영역을 넓히고 있는 것이지만, 그러나 '측'(測)은 반드시 경험을 기반으로 하는 '추'(推)를 전제함으로써 그의 인식론은 근본적으로 경험주의적이라 할 수 있다.

또한 그는 추측도 증험에 의거해야 허잡(虛雜)에 빠지지 않는다 하여 추측을 다시 경험적 증험으로 검증할 것을 요구하는 경험적 입장의 확고한 성격을 엿볼 수 있는 것이다.185)

다. 실용론적 전개

최한기는 철학적 근거를 정립할 뿐 아니라, 현실 속에서의 실용적 구현을 위한 깊은 관심과 체계적 구상을 하고 있다. 먼저 그는 실(實)의 의미를 강조하면서 "명(名)은 실(實)에서 생기는 것이니, 그 실(實)이 있으면 그 명이 있고, 그 실이 없으면 그 명도 없는 것이다"186)라 하여 실재나 실용이 명칭이나 명분보다 근원적인 중요성이 있음을 강조한다. 또한 그는 진절(眞切)한 학문이란 모든 사무이고, 사무를 버리고서 학문을 추구하는 것은 허공에 매달린 학문이라 하고, 사·농·공·상·장병(士·農·工·商·將兵)의 일이 모두 학문의 실

---

184) 같은 책, 「推測卽是知」.
185) 『人政』, 권 9, 「依據證驗」, "心之推測, 不有依據證驗, 易入于虛雜."
186) 『推測錄』, 권 5, 名實取捨, "名生於實, 有其實則有其名, 無其實則無其名."

적(實跡)이라 강조하면서, 허투(虛套)나 익히고 고담준론(高談峻論)이나 하며 문자를 사업으로 삼는 것은 사람에 보익(補益)함이 드물다고 비판하였다.187)

또한 그는 시대 인식에 있어서도 "나라의 제도나 풍속은 고금이 각각 다르고, 역산(曆算)과 물리(物理)는 후세로 올수록 더욱 밝아졌으니, 주공과 공자가 통달한 대도를 배우는 자는 주공과 공자가 남겨준 형적(形蹟)이나 고집스레 지키고 변통하지 않아야 되겠는가, 아니면 장차 주공과 공자의 통달함을 본받아서 지킬 것은 지키고 변혁할 것은 변혁해야 하겠는가"188)라 하여 역사가 진보하는 것임을 강조하고 개혁의 정당성을 주장하는 것이었다. 따라서 그 당시는 해박(海舶)이 두루 돌아다니고 서적이 서로 번역되며, 듣고 본 것이 전달되고 있으므로 좋은 법제나 이로운 기용(器用), 우량한 토산(土産)으로 우리보다 우월한 것이 있다면 나라를 위하는 방법은 마땅히 취용(取用)해야 할 것이라 주장하고, 실용에 힘쓰는 자나 남에게서 이로운 것을 섭취하는 자는 이길 것이지만, 허문(虛文)이나 숭상하고 남을 비난하면서 고루한 것을 지키는 자는 패배할 것임을 지적하였다. 그리고 서교(천주교)가 천하에 만연하는 것을 근심할 필요가 없고, 실용할 것을 모두 취용하지 못함을 근심할 것이라 하여, 서양 문물의 실용적 섭취를 적극적으로 주장하였던 것이다.189)

따라서 그는 52세 때 「만국경위지구도」를 모각(摸刻)하여 세계에 대

---

187) 『人政』, 권 11, 「事務眞學問」1, "凡百事務, 皆是眞切學問, 捨事務而求學問, 乃懸空底學."
188) 「氣測體義序」, "至於國制風俗, 古今異宜, 歷算物理, 後來益明, 則師周孔之通達大道者, 將膠守周孔之遺蹟, 而無所變通耶, 抑將取法周孔之通達而有所沿革耶."
189) 『推測錄』 권 6, 「東西取捨」, "西敎之蔓延天下, 不須憂也, 實用之不盡取用, 乃可憂也."

한 개방적 관심을 보였고, 52세 때는 위원의 『해국도지』와 서계여의 「영환지략」 등을 자료로 하여 세계지리서로서 『지구전요』(13권)를 편찬하였다. 그리고 농업기술에 대한 관심에서 『농정회요』와 『육해법』을 지었는데 『육해법』은 관개용 설수기기(灌漑用 挈水器機)를 도해한 것이며, 기중기・인중기 등 기계에 관해서도 『심기도설』을 저술하고 있다. 그는 과학에 있어서 『습산진벌』의 수학책과 『의상리수』 및 『성기운화』의 천문학서도 저술하였다. 그리고 의학에 관해 『신기천험』(8권)을 저술하면서, 동양 의학에 관한 지식 위에 서양 의학 지식을 받아들여 양자를 포괄하면서, 그 자신의 철학적 기본개념인 운화기(運化氣)의 이론에 비추어 구성하고 있다.

그는 정치제도와 사회적 문제에 관해서도 『강관론』에서 경연강관(經筵講官) 제도에 관한 역사적 고증과 논평을 하고 있으며, 『소차류찬』은 관료적 실무에 필요한 소차(疏箚) 형식을 정리한 것이다. 그리고 그의 정치사상 체계이면서 자신의 철학의 실용적 적용으로서 『인정』(人政)(25권)은 정치의 기반이 인간에 있다는 전제 아래, 측인(測人)과 교인(敎人)과 선인(選人)과 용인(用人)의 4단계로 나누어 제시하고 있다. 그는 인물을 실무적으로 평가하는 행정 기술의 체계적인 제시에까지 치밀한 구상을 하였다. 그리고 이 『인정』은 곧 인간과 사회와 세계와 우주를 일관하는 통일적인 새로운 질서의 가능 원리로서 자신의 신기와 운화의 기철학을 인도의 실천적 형태로 제시하였던 것이다.

실학파의 공리사상

1. 실학파의 근본 입장

실학파는 주자학파와 더불어 근세 한국사상사의 2대 주류를 이루고 있다는 것은 다 아는 사실이다. 그러나 사실상 주자학파와 구별하여 실학파의 학파적 성격을 뚜렷이 인식하게 된 것은 1930년대에 와서 이루어졌다고 한다.[190] 그것은 실학파의 사상이 오랫동안 몰이해의 상태로 묻혀 있었다는 의미도 있겠지만, 다른 면에서 주자학과 깊은 연관성에 따라 구별해야 할 필요성이 그렇게 절실하지 않았던 사실을 말해주는 것이라고도 할 수 있다.

조선후기사상사에서 주자학과 실학의 관계를 돌이켜 보면, 제1기 (18세기 전반까지)의 대표적 인물인 유형원·이익·안정복에서는 주자학적 문제와 실학적 관심이 모순 없이 추구되었던 것이며, 제2기 (18세기 후반)의 홍대용·박지원·박제가에 와서는 주자학의 이념에 대해서라기보다는 주자학파의 학풍에 대해 날카로운 비판과 거부의 태도를 엿볼 수 있고, 제3기 (19세기 전반)의 정약용·김정희·최한

190) 千寬宇, 「韓國實學思想史」, 『韓國文化史大系』 Ⅵ, pp.990~3.

기에 이르러서는 주자학의 이론 체계를 벗어나 독자적인 철학적 체계를 제시하는 데까지 나가고 있음을 보게 된다. 이러한 실학파의 발전과정에 비추어 본다면 실학파의 근본 입장은 반주자학적인 데에서보다는 실학파의 문제의식이 갖는 특성이 무엇인가를 밝히는 데에서 찾아질 수 있는 것이라 생각된다. 그것은 주자학이 유학의 유일한 이론 체계가 아니요, 또한 실학파도 유학의 범위를 벗어나는 것이 아니기 때문이다. 곧 이 두 가지는 유학이라는 공통기반 위에서 서로 다른 관심의 영역을 가졌고, 따라서 다른 방법론을 보여주고 있는 점에 주목하여야 할 것이다.

오광운은 조선 후기 실학파의 시조라 지적되는 유형원의 실학적 문제의식을 평가하면서 먼저 유학이 형이상자로서의 '도(道)'와 형이하자로서의 '기(器)'를 갖추고 있다는 사실을 재음미하였다. 또한 그는 유학사를 돌이켜 보면서 송학의 성격을 규정하여, 후세에 이르러 도(이념)와 기(제도)가 모두 붕괴되었던 상황에서 정·주는 이념을 밝히는 데 급급하여 제도를 다룰 겨를이 없었던 것이라 한다. 이러한 경우에 유형원이 그 당시 전제를 비롯한 제도의 개혁에 급급한 것은 유학의 본래 정신에 비추어 정주를 보완함으로써 도와 기가 서로 떠나지 아니함[道器不相離]을 확립하려는 것이라 지적되고 있다.[191] 사실상 주자학파는 성리학을 통한 이념적 문제에 관심이 편중되어 현실적인 제도를 등한히 하는 결과를 초래하였었다. 이에 대해 실학파는 그 반성으로서 현실의 문제에 관심을 고취하여, 제도의 정비를 통해 이념을 실현하려는 방법적 입장을 제시하였던 것이다. 오광운이 던진 질문으로서 "도덕은 하늘에 원천을 두고, 정치의 제도는 땅에 바탕을 두는데, 하늘을 본받으면서 땅을 모르거나, 땅을

---

191) 吳光運,「磻溪隨錄序」.

본받으면서 하늘을 모른다면 옳다고 하겠는가"라는 말은 유학의 본
래 정신에 입각한 반성이요, 그것이 바로 실학파의 문제의식의 발단
을 지적하는 것이라 할 수 있다.

유형원은 "이 세상의 모든 이치는 본과 말, 대와 소가 서로 떠나
는 일이 없다"고 강조하면서, 치[寸]가 잘못된 자[尺], 눈금[星]이 잘
못된 저울[衡], 세목이 옳지 않은 원칙은 그 역할을 할 수 없다 하
여 근본만을 존중하고 절목(枝末)을 무시하는 주자학파의 학풍을 비
판하고 있다. 그리고 그는 "법(제도)만으로는 실현이 불가능하고, 선
(이념)만으로는 정치에 불충분하다"고 하여 본·말, 대·소, 도·기
의 서로 떠날 수 없는 상호 조화의 관계를 강조하였던 것이다.[192]
이러한 도기불상잡의 재확인이 곧 실학파의 근본 입장이요, 이념적
道에 앞서서 제도적 기(器)의 우선적 중요성을 재발견하는 것이 또한
실학파의 현실적 문제의식에 따른 방법적 태도라 할 수 있겠다.

2. 공리(功利)와 의리(義理)의 일치

실학파의 현실에 대한 적극적 관심은 재화의 생산에 대한 긍정적
태도에서 가장 잘 나타나고 있다. 이에 비하여 주자학파의 이념적
핵심은 한마디로 의리정신이라 할 수 있을 것이다. 그리고 이 의리
정신은 의(義)와 이(利)를 대립적으로 분변하여 양극화시켜 왔다. 곧
의리는 존숭하여 추구되어야 할 것으로 보고 이해는 천시하여 억제
하려는 중의경리적(重義輕利的) 가치 의식을 강조하였던 것이다.

---

192) 『磻溪隨錄』, 卷26, 「書隨錄後」.

따라서 주자학파는 의리의 객관적 규범을 절대화함으로써 현실의 사태를 비판하는 데 과감하였지만, 동시에 현실적 이해를 비속한 것으로 외면하여 관념적 이상주의에 흐르는 경향을 보이게 되었다.

주자학파에 있어서 이러한 이념적 의리와 현실적 이해가 격리되는 현상에 대한 반성으로서 이미 율곡은 양자의 일치와 조화를 주장하였다. 그는 이해에만 급급하면 의리(制事之義)에 어긋나게 되고, 시비만을 생각하면 현실 즉 권도(應變之權)에 어긋나게 됨을 지적하고 있다. 따라서 알맞으면서도 마땅하다면[得中而合宜] 이와 시가 동시에 갖춰지는 것이라[193] 하였다. 결국 이해는 의리에 모순되는 열등한 가치로 부정되어야 할 것이 아니며, 이해를 무시한 의리는 그 정당성마저 긍정될 수 없는 것으로 파악되었다. 이러한 논리는 바로 율곡의 실학적 면모를 보여주는 것이요, 또한 실학파의 근본 입장으로 계승되었던 것이다.

실학파에서 즐겨 인용하는 공자의 말은 "군자는 의리에 밝고 소인은 이해에 밝다"라는 것이 아니라, "이미 백성이 많아졌으면 부유하게 해야 하고, 그 다음에 가르쳐야 한다"라는 쪽이다.[194] 『서경』 속에 우임금이 나라를 다스리는 데 기본이 되는 것으로 지적한 정덕·이용·후생의 삼사를 이끌어 쓰면서 "이용과 후생에 하나라도 닦여지지 못한 것이 있으면, 위로 정덕을 해친다"[195] 하였고, "이용을 이룬 다음에 후생을 할 수 있고, 후생을 이룬 다음에야 정덕을 이룰 수 있다."[196] 하여 이용과 후생을 정덕보다 앞세우는 선후론을 적용한다. 실학파에서 재화와 이용을 선행적인 것으로 제시하는 것은, 근본

---

193) 『栗谷全書』, 拾遺 卷 5, 「務七條策」.
194) 朴齊家, 「北學議序」.
195) 같은 책.
196) 朴趾源, 『熱河日記』 「渡江錄」.

으로서의 도덕을 밝히면 말단으로서의 사회의 안정은 저절로 이루어
진다는 주자학파의 본말론을 정면으로 전도시키는 것이라 하겠다.
그것은 덕을 중요하지 않다고 배제하는 것이 아니라, 인격적 덕만으
로 사회의 안정이 자동적으로 나올 수 없다는 입장이다. "의식이 족
해야 예절을 안다는 관중의 말을 따라 부를 기반으로 하지 않고는 덕
이 바로잡힐 수 없다는 이선의후(利先義後)의 방법적 견해를 보여준다.

최한기가 "食(경제)으로 인하여 敎(윤리)를 베풀고, '교'를 이루어
'식'을 안정시키니, 이들은 서로 작용하여 한쪽에 치우치거나 폐지할
수 없다. 단지 '식'을 위해 사람을 쓰면 탐욕스러우면서 부끄러움이
없을 것이요, 단지 '교'로서 사람을 쓰면 청고(淸高)함만 숭상하여 폐
단이 심해진다. '식'으로 '교'를 상하지 말게 하고 '교'로 '식'을 해치
지 말아야 한다"197)고 한 것은 재리와 도덕을 상관적인 것으로 파악
하고 있는 것이다. 여기서 백성을 부유하고 편안하게 할 수 없는 도덕
은 도덕으로서의 기능과 진실성을 잃게 되는 것으로 파악되고 있음을
알 수 있다.

실학파는 국가의 폐단이 무엇보다 빈곤에 있음을 강조하고, 재리
의 생산이 백성의 생존과 국가의 존립에 필수적임을 인식함으로써 적
극적으로 생재론(生財論)을 주장하기에 이른다. "백성이 이를 추구하
는 것은 물이 아래로 흐르는 것과 같다"198)는 정약용의 말에서처럼
재리의 추구를 인간이 생존하기 위한 자연적 욕구로서 긍정하는 입
장이 실학파의 기본 전제가 되고 있다. 재리의 생산에 대한 적극적
긍정은 사족(士族)의 비생산적인 생활을 비판하는 데로 나가고 있다.
이익은 과거공부나 하면서 생업을 천시하여 평생토록 놀고먹는 사족

---

197) 『人政』 卷25, 「敎食先後」.
198) 『與猶堂全書』 Ⅰ-11, 「田論四」.

을 좀[蠹]이라 비판하며,[199] 박제가는 농업에 힘쓰려면 첫째 유자를 도태시켜야 한다고까지 주장하였고,[200] 정약용은 유식(遊食)하는 선비를 농공상에 종사시켜야 할 것을 제안하였다.[201]

이처럼 재리의 생산을 필연적이요 정당한 것으로 평가하고 그 효과를 적극적으로 긍정하는 입장이 바로 실학파의 공리 사상이라 할 수 있다. 그러나 이 공리는 개인의 물질적 욕구에서 출발하지만 사회의 모든 인간에게 필요한 재리의 생산과 향유를 지향한다. 따라서 실학파의 공리 사상은 이기적 사리·사욕을 추구하는 것과 구별되어 개인의 집합으로서 공동체의 전체적 이익을 중요시하고 있다. 공리는 사욕에 머무르지 않고 공리를 지향하며, 양적 다수의 개인에게 만족을 주는 것에서 한걸음 나아가 모든 인간에게 부여되는 공리이기에 의리를 내포할 수 있게 된다. 공리가 모든 백성에게 향유된다는 것은 그 속에 이미 의리의 정당성이 구현되는 것이다. 유형원은 "천하를 위하여 도모하고 자기 개인을 위해 도모하지 않는다면 복종하지 않는 사람이 없을 것이다. 바른 것을 지켜서 공평하게 행한다면 이루어지지 않는 일이 없을 것이다. 진실로 이렇게 한다면 사람은 각각 그 자리를 얻을 수 있게 되고 그 분수에 안정하게 될 것이다"[202]라고 하며, 모든 백성을 위한 도모로서 공리의 공리성 성격을 제시하였고, 올바른 기준과 공평한 시행이라는 의리와 공리의 조화를 밝혀주었다.

모든 백성에게 이로운 것이 바로 의리라는 실학파의 공리적 의리관은 주자학파에 있어서 이해를 초월하는 보편적 이념으로서의 천리

---

199) 『星湖僿說』「人事門·六蠹」.
200) 『北學議』「應旨進北學議疏」.
201) 『與猶堂全書』, Ⅰ-11, 「田論五」.
202) 『磻溪隨錄』, 卷2, 「田制下」.

를 내용으로 하는 의리관과는 구별되어야 할 것이다. 그러나 모든 백성에 이롭다는 것만으로는 실학파의 공리 사상의 기준이 충분하지는 못하다. 모든 백성 또는 백성 전체란 국가와 같은 의미를 갖게 될 것이요, 따라서 백성 개개인의 자연적 욕구와 거리가 생길 수 있게 된다. 따라서 실학파의 공리 사상에 두 번째 기준으로서 모든 백성에게 균등하게 분배되어야 한다는 원칙이 나타나게 되는 것이다.

봉건적 사회계층이 고착되었을 때 존비의 도덕적 신분 질서는 부익부, 빈익빈이라는 경제적 강자와 약자로 유리화되는 변질현상을 가져왔고, 이를 극복하려는 것이 실학파의 중요 과제로 받아들여졌다. 백성들이 계층적으로 심하게 이질화되어 있는 동안 재리가 특정 계층에 독점되기 쉬운 것이다. 또한 재리가 어떤 계층에 독점되면 전체적으로 재리의 증대가 이루어졌다고 하더라도 그것은 의리에 배반되었다고 보지 않을 수 없다.

주자학파가 신분적인 명분론을 옹호하고 있을 때 의리는 사대부가 전유하고 이해는 상민과 천민에 속하는 것으로 분열되었다. 그리고 사대부는 의리뿐만 아니라 의리를 빌어 이(利)도 독점하는 타락현상을 나타내기도 하였다. 이러한 현실을 비판하면서 실학파는 신분 계급에 따른 특권을 제거하고 모든 백성이 균평하게 재리를 향유하는 것을 의리로 삼는 공리 사상을 제시하였던 것이다. 이들의 백성에 대한 개념 속에는 신분제도의 개혁 의식이 들어 있으며, 모든 인간이 동등한 생존권을 가지고 있다는 평등사상을 내포하고 있다.

실학파는 모든 백성이 누리고 또 균평하게 누려야 할 공리 사상을 제시함으로써 이 공리는 바로 의리와 일치시켜 파악되었던 것이다. 공리는 백성과 직결되고 백성은 바로 의리의 기반을 이루는 것으로 이해됨으로써, 실학파의 공리는 본래적으로 의리를 지향하고 있으며, 또한 의리도 공리를 통하여 나타나고 있다. 따라서 실학파는 그 공리의 실현을 위하여 백성을 기준으로 하는 제도의 재검토를 하는 데 나가게 된다.

3. 토지의 균분과 신분계급의 해소

모든 백성에게 균평한 이익이 베풀어져야 한다는 것이 실학파 공리 사상의 원리라 할 수 있다. 그러나 이 원리의 실현을 위하여 구체적인 제도적 장치가 없다면 그것은 또 하나의 개념 체계에 빠지고 말 염려가 생긴다. 박지원이 "선비가 고담성명(高談性命)하면서 경세제민을 저버리고, 사화(詞華)를 헛되이 숭상하여 정사에 시행되는 것이 없다"[203]고 하는 주자학파에 대한 비판은 바로 실제와 공효에 나타나는 것이 없다는 것을 지적한 것이다. 따라서 실학파는 "온갖 사무가 모두 진절(眞切)한 학문이요, 사무를 버리고 학문을 구한다면 공허한 데 매달린 학문이 된다"[204]는 최한기의 주장처럼 실제의 사무에서 학문성을 갖고 있다. 그것은 곧 이념은 현실을 통하여 나타나며, 진정한 이념은 현실적 실효를 수반하는 것으로 이해하는 실학파 입장이다.

율곡도 "법이 오래되면 폐단을 낳는다"는 사실을 강조하고, 시대와 상황에 따라 법제의 변통을 주장하면서 시정의 폐단을 상론하였다. 그는 "치도에는 근본을 따르는 경우와 사무를 따르는 경우가 있

---

203) 朴趾源, 『課農小抄』「諸家總論」.
204) 崔漢綺, 『人政』 卷11, 「事務眞學問」.

다. 사무를 따른다면 백성을 구제하기 위해서는 법을 변혁해야 하며, 크게 변하면 크게 이롭고 작게 변하면 작게 이롭다"는 정자의 말을 거듭 인용하면서 이 변법이 당면한 급무임을 강조하여 경장론을 폈던 것이다.205) 실학파에서도 공리의 원리를 실현할 수 있는 현실적 기반을 확립하기 위하여 무엇보다 먼저 당시의 사회제도에 대한 관심을 모았으며, 그 사회제도를 공리적 원리와 일치시키기 위해 개혁을 주장하는 데 이르렀다. 조선조 후기에서 실학파가 그 관심을 경세론에 기울이고 그 이념의 구현을 위한 토대를 정치제도에서 찾는 것은, 곧 주자학파가 예학에 관심을 기울이고 예학을 통하여 그 이념을 구현하려고 하였던 사실과 대조해볼 수도 있을 것이다.

정치제도가 백성의 생활을 풍요하고 안정하게 하는 데 목적을 둔다면 그 기초는 생산 제도에 두지 않을 수 없다. 따라서 초기의 실학파에서부터 제도 개혁론의 초점은 농업사회의 생산기반인 토지 제도의 개혁에 맞추게 되었다. 유형원은 토지를 천하의 근본206)이라 규정하고, 당시의 토지 겸병에 따른 대토지 사유화의 현상을 가리켜, "부자의 땅은 끝없이 경계가 잇닿고 빈자는 송곳 하나 꽂을 땅도 없다. 부익부하고 빈익빈하여 마침내 모리배가 토지를 모조리 갖고 양민은 식구를 이끌고 떠돌아다니다가 고용살이나 하게 된다"207)고 통탄하였다. 이것은 이익분배의 사회적 불균형을 제도적 모순으로 파악하여 비판하고 있는 것이다.

이러한 모순을 해결하기 위하여 실학파는 주대(周代)의 정전제가 갖는 토지의 균등분배라는 원리를 당시 사회의 현실에 맞게 조정하여

---

205) 『栗谷全書』, 卷4, 「擬陳時弊疏」.
206) 『磻溪隨錄』, 卷1, 「田制上」.
207) 같은 책, 卷2, 「田制下」.

제안하였다. 유형원의 공전제, 이익의 균전제, 박지원의 한전제, 정약용의 여전제가 곧 이러한 토지개혁안이었다. 실학파의 토지 제도 개혁론은 제도의 개혁을 통하여 사회적 현실 속에서 민중의 생활을 돈후하게 하려는 공리의 원리를 구현하기 위한 첫걸음이라고 할 수 있겠다.

정약용은 "재산을 고르게 하여 다 함께 살리는 자는 임금과 수령 노릇을 하는 자이지만 그렇게 못하면 그 임무를 저버린 것이라" 하고 "부유한 자에게서 덜어서 가난한 자에게 보태어 줌[損富益貧]으로써 재산을 고르게 하는 것을 임금과 수령의 임무"라 강조하였다.208) 빈부의 격차가 심화되는 것은 공리의 사회정의를 파괴하는 것으로 규정하고, 손부익빈(損富益貧)의 개혁을 통하여 재리가 균등 분배되도록 제도적으로 보장하려는 것이 바로 실학파가 공리의 원리를 실현하는 방법적 기본 원칙이라 할 수 있다. 또한 유형원이 "전제가 바르지 못하면 백성의 생활이 항구할 수 없고, 부역이 고르게 될 수 없고, 호구가 밝혀질 수 없고, 군대가 정비될 수 없고, 소송이 끊어질 수 없고, 형벌이 막아질 수 없고, 풍속이 돈후해질 수 없다"209)고 주장하는 것은 토지라는 기본재산의 소유제도가 균형 있는 분배의 공정성을 잃으면 사회질서는 마침내 경제적으로뿐만 아니라 도덕적으로도 붕괴할 수밖에 없다는 것을 강조한 것이다. 경제적 분배의 실질적인 정의가 없이는 정치적 안정이나 사회적 질서도 불가능하고 도덕적 의리도 공허한 것이 되고 만다는 사실을 실학파는 깊이 인식하였던 사실을 보여준다.

실학파의 토지 제도 개혁론은 공리의 원리를 구현하기 위한 기본

---

208) 『與猶堂全書』, Ⅰ-11, 「田論一」.
209) 『磻溪隨錄』, 卷1, 「田制上」.

조건으로 소유 또는 분배의 균형을 제도적으로 정립하려는 것이었다. 그러나 공리의 원리에 따라 백성에게 토지의 균등 분배를 제도적으로 입안한다 하더라도, 백성이 신분적 계층으로 고착되어 있는 현실 속에서는 소유의 균등화가 현실성이 없는 이상론에 지나지 않는 것이 되고 만다. 따라서 실학파는 신분의식에 대한 비판과 더불어 신분 계급제도에 대한 개혁을 요구하고 있다.

유형원은 신분의 귀천이 문벌에 의해 세습되는 것을 비판하면서, "예법에는 나면서부터 귀한 자가 없다" 하여 상하의 서열은 재덕과 연령에 따라서 나눌 것을 주장하였다.[210] 그는 또한 노비제도는 반드시 폐지해야 할 것임을 강조하고, 노비를 토지와 함께 재물로 취급하는 관습에 대해 "사람이란 같은 유인데 어찌 사람이 사람을 재물로 취급하는 이치가 있겠는가"라 하여, 인간의 신분 계급적 차열을 거부하였다.[211]

인간이 본성적으로 동질적이라는 것은 성리학의 대전제이지만, 주자학파는 기질적 차별을 강조하고 명분론을 적용하여 사회적 신분 계급을 묵수하였던 것이다. 실학파는 신분 계급을 이념과 현실의 모순으로 파악하고 명분론적 의리의 기만성을 지적하였던 것이라 하겠다. 인간의 본질적 평등에 대한 신념은 유학의 근본이념이지만 현실적 제도와 유리될 때 평등은 무력한 형식적 관념에 머물게 되었던 것이요, 실학파는 바로 이러한 괴리를 극복하여 이념의 제도적 구현을 추구하였던 것이다. 신분 계급을 해소하여 평등 의식을 사회적 현실 속에 정립할 수 있을 때 분배의 균형이 실현 가능하게 되고, 분배의 정의가 이루어질 수 있을 때 실학파의 공리적 원리도 구현될

---

210)『磻溪隨錄』, 卷10,「敎選之制下·貢擧事目」.
211) 같은 책, 卷26,「續篇下·奴隷」.

수 있게 된다.

실학파의 인물들은 자신이 속해 있는 지배 계층으로서의 사대부 내지 양반에 대한 그 사회적 기능과 지위를 재평가함으로써 사회적 신분 계급을 극복하려는 입장을 밝혀주었다. 사족이 놀고먹는 현상에 대한 비판과 더불어 사족도 농공상의 생산 활동에 종사할 수 있어야 한다는 주장이 있을 뿐 아니라, 관직은 사족에 독점될 것이 아니요, 농공상에서 선발할 수 있어야 한다고 주장하는 데 이르렀다. 정약용은 "한 나라를 온통 양반으로 만들어 양반이 없어지기를 바란다"212)고 하는 것은 양반이 세습신분화하여 사회가 계층적으로 유리되어 고착되는 현실적 모순을 비판하는 것이었다. 박지원이 『양반전』에서 양반의 가식적 행동 규범과 지배 계층으로서의 탐학상에 대해 조목을 열거하여 조소적으로 비판하는 것도 신분제도의 부정을 지향하는 것이라 볼 수 있다. 그는 농사를 밝히고 상품을 유통하게 하고 공장(工匠)에게 은혜롭게 하는 것이 바로 선비의 학문이라 하고 당시의 농공상이 생업을 잃는 것은 선비가 실학을 하지 않는 과오라 하였다.213) 도덕의 인격적 조건에 앞서서 생산적 기능을 통하여 선비의 사회적 책임과 의무를 규정짓는 것이라 하겠다.

실학파의 공리 사상은 생업의 현실 문제를 떠나서 도덕의 표준을 확립시키는 것이 아니라, 생업을 증대시키고 안정시키는 현실적 역할 속에서 윤리성을 찾고 있는 것이다. 실학파는 제도 개혁을 통하여 소유와 분배의 균형을 추구함으로써 경제적 기초 위에 사회정의를 정립하려 하였고, 신분 계급의 해소를 통하여 사회적 평등을 추구함으로써 사회정의의 실질적 기반을 조성하려 하였던 것이며, 지

---

212) 『與猶堂全書』, Ⅰ-14, 「跋顧亭林 生員論」.
213) 朴趾源, 『課農小抄』「諸家總論」.

식 계층의 생산 활동에 대한 기능과 책임을 제시하여 직업윤리를 확립하려고 하였음을 이해할 수 있다.

4. 공리의 수단과 목적 - 이용과 후생

공리를 구현할 수 있는 제도가 마련되었다 하여 곧 백성이 이익을 향유할 수 있는 것은 아니다. 재리의 분배는 그 생산을 전제하여야 한다. 그리고 생산은 노동과 기술이 투여되지 않으면 불가능하다.

재리의 생산이 인간의 생존에 필수적이라면 생산 활동은 도덕적으로도 마땅한 것이요, 생산하지 않고서 소비하는 곧 놀고먹는 것은 부당하다는 주장의 지극히 당연한 결론으로 얻어질 수 있다. 이익은 "나는 실 한 오리, 낟알 한 알도 생산하지 못하고 있으니 어찌 좀[蠹]이 아니겠는가"라고 자신을 책망하고 있다. 이 말은 그가 선비로서 자신의 임무를 가볍게 여겨서라기보다는 생산을 위한 노동의 당위성을 강조하는 것으로 이해되어야 할 것이다. 정약용도 "선비란 어떤 사람인가. 선비는 어찌하여 손발을 움직이지도 않으면서도 땅에서 생산된 것을 삼키며 남의 힘으로 먹는가"[214]라고 힐난하였다. 그것은 도의를 연마하는 선비[君子]의 임무가 노동으로 생산에 종사하는 평민[小人]의 행위를 천시할 아무런 권리도 없음을 강조하는 것이요, 노동의 정당성과 신성성을 적극적으로 긍정하는 주장이다. 이익은 "일하지 않으면 먹지 말라"[215]는 한마디를 통하여 노동의 윤리성을 제시하고 있는 것이다.

---

214) 『與猶堂全書』, Ⅰ-11, 5b, 「田論五」.
215) 李瀷, 『藿憂錄』 「生財」.

생산에는 노동과 더불어 기술이 필수적인 조건이다. 박제가는 생산의 조건으로서 기용(器用)의 편리(기계)와 경종(耕種)의 법식(기술)과 상가(商賈)의 유통(교역)을 천시·지리·인사에 해당하는 것으로 지적하였다.216) 기계와 기술을 말기(末技)라 하고 의리에 방해되는 것으로 천시하는 것은 기술이 이(利)를 생산해 주기 때문에 의와 대립되는 것으로 보았던 주자학파의 태도였다. 따라서 주자학파의 학풍 속에서 기계의 발명이나 기술의 계발·육성은 물론이고 이웃 국가의 발달한 기계와 기술을 도입하려는 관심도 기대할 수 없었다. 더구나 만주족의 청조에 대한 적의에 넘친 숭명배청의리를 내세우는 주자학파는 청나라의 선진적인 문물을 의식적으로 외면하고 오랑캐의 것이라 경멸하는 감정을 조장하고 있었다. 주자학파는 이처럼 존화양이의 춘추의리에 따라 청나라에 대한 배척적인 저항 의식으로 관철하고 있었지만 우리의 현실을 돌아본 자취를 찾기가 어렵고, 실학파는 청나라로부터 문물을 도입하려는 북학론을 주장하면서도 우리의 현실을 지리·역사·언어·제도·풍속·산업에 이르기까지 정밀히 탐구한 업적을 산출할 수 있었던 것은 뚜렷이 대조될 수 있다.

북학파의 실학자들은 벽돌·기와에서부터 수레·선박·기계에 이르기까지 공장(工匠)의 기물과 농경의 기술, 통상의 방법 등 서양 문물까지 포함된 당시의 청조 문물에 대한 견문을 소개하고 이의 도입을 적극적으로 주장하였다. 청나라의 발달한 기술과 제도를 도입하려는 북학파의 실학자들은 한결같이 기술 도입에 장애가 되는 요인으로 주자학파의 배청의리를 신랄하게 비판하고 있다. 박지원은 중국의 장관을 열거하는 것을 듣고서 제일등 의리의 선비는 "중국이 황제에서 서인에 이르기까지 치발(薙髮; 만주족의 변발)하였으니 오

---

216) 朴齊家, 「進北學議·財賦論」.

랑캐요, 오랑캐는 짐승이니, 짐승에게서 들을 것이 없다"고 주장하지
만, 자신은 "기와 조각이나 거름더미에도 중국의 장관이 있다" 하여
배청의리를 주장하는 자들의 폐쇄적 자만성을 비판하였다.217) 정약
용은 청나라의 새로운 문물을 외면하고 수백 년 전의 중국 구제(舊
制)에만 집착하고 있는 것은 나태한 것이라 비난하고,218) 박지원은
"오랑캐라 하더라도 법이 좋고 제도가 아름다우면 스승으로 삼고 배
워야 한다"고 적극적인 주장을 하고 있다.219)

　실학파가 청나라로부터 기술을 도입하기를 주장하는 것은 생산에
이용하려는 것이요, 생산의 증대를 통하여 후생의 목적을 성취하려
는 것이다. 공리 사상이 민생의 향상을 목표로 추구하고 있는 만큼
생산수단으로서의 기술에 대한 일차적 관심을 기울이게 된다. 따라
서 이용의 기술은 후생의 목적의식에 비추어 정당성을 평가받을 수
있는 것이다. 여기서 후생의 주체가 바로 우리의 백성이므로 실학파
의 외래문물에 대한 추구는 사대주의적 자기 상실이 아니라 자강적
주체의식을 더욱 확고하게 할 수 있는 것이 된다.

　현실적 민중의 생활을 떠난 주자학파의 배청의리는 형식적 관념에
사로잡혀 현실적인 무력감을 드러내게 되었다. 박지원은 『허생전』에
서 북벌의리(北伐義理)의 허구성을 신랄하게 지적하고 있다. 허생이
이완대장에게 북벌을 도모하는 방법으로 사대부 자제를 골라 치발
호복(薙髮 胡服)하게 하여 중국에 보내 청나라의 허실을 엿보게 하
여야 한다는 실질적인 방법을 제안하였다. 이완이 사대부가 예법을
지키기 때문에 치발 호복하게 하는 것이 불가능하다고 하자, 허생은

---

217) 朴趾源, 『熱河日記』「馹汛隨筆」.
218) 『與猶堂全書』, Ⅰ-11, 11a, 「技藝論一」.
219) 朴趾源, 「北學議序」.

"이제 명나라를 위해 복수한다고 하면서, 오히려 머리털을 아끼고, 장차 말달리고 창과 칼을 휘두르며 활 쏘고 돌을 날려 싸운다면서 넓은 소매를 고치지 않고 스스로 예법이라 하는가"라고 이완을 꾸짖었다. 대의를 실현하기 위해서는 수단이 마련되어야 하여, 실천 수단이 없는 의리는 공언에 지나지 않는다. 후생이 추구될 목적이라 한다면 생산에 필요한 이용의 수단이 마련되어야 하며, 이용의 생산이 없는 보민·양민·애민·민본이란 공허한 말에 지나지 않을 것이다.

정덕과 후생의 목적을 위하여서 이용의 수단은 천시될 수 없는 가치와 정당성을 인정받게 된다. 또한 후생의 목적을 효율화할 수 있다면 이용의 제도는 언제나 개선하고 어디서나 받아들여질 수 있다고 보는 실학파의 이용론은 진보 의식을 내포하고 있는 것이다. 실학파의 공리 사상은 이상의 질서를 규범화시키기보다 생산을 위한 제도와 기술의 개혁과 발전에 적극적인 관심과 비중을 둠으로써 진보주의적이요 실천적인 성격을 강하게 보여주고 있다.

5. 실학파의 공리사상에 대한 재음미

실학파의 인물들은 먼저 그 시대의 사회적 모순을 인식하는 데에서 문제의식을 지녔던 것이다. 그 모순이란 이념과 현실의 괴리이었고 또한 현실적 민생의 빈곤이었다. 따라서 실학파의 이론과 입장은 시대적인 제약을 지니고 있다. 현실에 대한 관심만 팽배하여 이념이 은폐되거나 민중이 풍요 속에 안정되었다면 실학적 이론의 내용도 변해야 할 것이다.

실학파가 공리 사상을 통하여 주자학파의 의리 사상이 지닌 관념적 형식의 허구성을 비판하는 것은 의리 자체가 아니라 현실적 기반이 없는 의리일 뿐이다. 곧 의리의 기존 관념을 맹목적으로 추종하는 것을 거부하여 이해(利害)의 현실적 중요성을 상대적으로 강조하였던 것이다. 민중이 극도로 빈곤한 현실적 문제를 해결하기 위한 제도의 개혁이나 기술의 이용을 중시하여 부국강병론을 위한 객관적 수단과 방법을 밝히고 있는 동안 실학파는 개인의 내면적 도덕 근거에 대한 관심은 이차적인 것으로 후퇴하게 되었던 인상마저 주었었다.

그러나 실학파의 공리 사상은 한 시대의 모순을 철저히 인식하고 또 그 해결을 위한 방법을 모색하는 과정에서 그 사상의 보편적 가치를 드러내 주었던 사실을 주목하고 재음미할 필요가 있다.

첫째로 실학파는 고정화된 형식적 도덕규범을 거부하면서 신체를 가진 구체적 인간에 대한 관심과 사랑을 고양시켰다. 인간의 본성만이 아니라 감성의 중요성을 강조하였던 것은, 인욕을 누르고 천리를 지키려는 주자학파의 입장에 따른 인간의 내면적 분열을 재통합시켜 전체적인 조화를 가능하게 해주었다. 박제가는 "한 사람이 있는데 미목(眉目)을 사랑하면서도 오줌 누는 것을 싫어한다면, 사흘만 오줌 누지 않아도 죽고 말 것이다"[220]라는 비유로 존비·상하를 나누어 한쪽을 극단적으로 비하시키는 순수주의적 가치 의식을 비판하고 있다. 지식 계층이나 지배계급만에 대한 존중이 아니라 무지하고 빈곤한 하층의 노동 대중에 대한 인간애를 각성시킨 것이 바로 실학파의 공리 사상이 지닌 사회윤리적 성격의 중요한 일면이다.

둘째로 실학파는 현실과 이념의 조화를 추구하면서 관념적 의리론자의 위선적 기만성을 부정하고 실질적 효과를 통한 진실성과 정당

---

220) 『北學議』「外編·官論」.

성의 근거를 제시하였다. 박지원의 소설 속에 위선적 도학자에 대한 풍자는 마침내 호랑이의 입을 빌어 "유학자는 아첨하는 자이다"[儒者 諛也]라 꾸짖게 하였고221) 이익은 "나는 사람을 대하여 일찍이 유술(儒術)을 가지고 말하지 않는다. 무익하기 때문이다"222)라고까지 당시의 학풍에 대한 부정적 태도를 보여주었다. 유학이 본래 자의적 (字義的)으로도 수용(需用)의 뜻이 있는 것인데 그 정신을 잃고 실제에 공효(功效)가 없는 관념화에 빠진 데 대한 비판이었다. 실학의 공리 사상은 현실적인 효과를 중시한 실용주의적 정신을 진리의 한 기준으로 받아들여 사상이 관념적 형식주의에 빠지는 것을 막아주고 있는 것이다.

셋째로 실학파의 공리 사상은 실제의 공효(功效)를 추구하면서 사고의 세계에 머물지 않고 행동의 세계에로 나오게 한다. '언'과 '행', '지'와 '행'의 연관성은 유학의 근본 문제의 하나이다. 행동과 실천을 떠난 진리는 이미 진리로서의 의미를 잃는다고 본다. 진리에서 행동이 나오는 것을 강조하기보다는 행동에서 진리가 실현될 수 있다는 것을 강조하는 데 실학파의 입장이 있다. 북벌의리를 주장하면서 무기의 제조도 군사의 조련도 없는 것은 자멸의 길이 될 것이다. 군사를 강하게 하기에 앞서 국가의 재정을 튼튼히 하고, 거기에 앞서 백성의 생활을 넉넉히 하고, 또 그 앞에 농공상의 생산을 증대하고, 또 이에 앞서 생산기술을 개선하는, 가장 구체적인 현실의 말단을 바로 근본적 발단으로 삼는 것이 실학파의 입장이다. 그러나 근본과 지말(枝末)은 서로 전제가 되므로 실학파의 방법이 구체적이고 현실적이고 행동적이라 하더라도, 이념의 도를 망각하지 않을 때에

---

221) 『熱河日記』「關內程史・虎叱」.
222) 『星湖先生文集』, 卷30, 「答權旣明」.

'도'와 '기(器)'가 서로 떠나지 않는 것이라는 실학파의 근본 입장이
실현될 수 있을 것이다. '도'를 망각하고 '기(器)'에만 매몰된다면 비
록 그것이 현실적이라 하더라도 유물론이나 기계문명에로 나아갈 수
는 있을지언정 유학적 본질을 상실할 것이요, 또한 실학의 이름 아
래 다시 비판되지 않을 수 없을 것이라고 생각된다.

실학파의 종교사상

1. 도학적 종교와 실학적 신앙

17세기에 접어들면서 조선 후기 사회는 임진왜란의 후유증을 극복하고 새로운 질서의 정착을 추구하고 있었다. 여기서 조선 전기를 통하여 정착된 도학의 유교 이념은 성리학의 철학적 기초에서 한걸음 나아가 예학의 행동 규범적 체계를 규정하는 데 부심하였다. 곧 17세기는 도학파에 있어서 예학시대를 열어주었던 것이다. 도학이 동요된 사회를 안정시키는 과정에서 행동 규범의 체계적 형식을 제공하였던 것은 도덕적 규범의 강조와 정통적 이념의 옹호라는 권위적이고 이념적 방법이라 할 수 있다.

다른 한편 16세기 후반에 누적되고 임진왜란에서 폭발된 조선 사회의 문제점을 풀어가기 위하여서는 도학의 권위적 이념으로 불가능하다는 한계 의식이 싹트게 되고, 구체적으로 새로운 시각에서 문제를 설명하는 입장이 등장하는 데 이르렀다. 여기서 17세기 이후의 새로운 사조를 실학이라 한다면, 그것은 도학에 상대시켜서 실학의 개념을 설정하는 입장이다. 도학파의 학풍은 정통 이념을 어떻게 구현하느냐의 문제에 관심을 갖는다면, 실학파는 현실에서 문제점이

무엇이고 어떻게 해결할까를 물어가는 자세를 보여준다. 시간적으로
도 도학파는 과거의 기존의 이념으로 어떻게 현실을 규제할 수 있는
가에 집중되었다면, 실학파는 현실의 문제를 미래에 해소시키기 위
한 방법을 어떻게 발견할 것인가에 주목한다.

　물론 도학파와 실학파 사이는 처음부터 대립된 것이 아니고 각각
의 입장을 심화시켜가면서 18세기 후반부터는 상당히 대립된 양상을
보이게 되었던 것이다. 초기의 실학파들은 16세기 말엽에 도학파의
일부에서 제기한 문제를 계승하고 심화시키는 측면도 있다. 곧 율곡
의 시무론 내지 경장론의 주장은 반계 유형원이나 성호 이익에 계승
되고 중봉 조헌의 학풍은 북학파의 초정 박제가에 의해 존중되었다.
그러나 실학파는 도학의 정통적이고 권위적 규범 체계 속에서 실질
적으로 고통을 받는 사람과 그 고통의 짐을 덜 수 있는 방법에 관
심을 집중하면서 새로운 삶의 의미 체계를 모색하였던 것이다.

　실학파는 규범의 명목과 실질이 어긋나는 데 따라 일어나는 온갖
위선과 허위를 고발하는 데 과감함으로써 진실성의 의미를 더욱 절
실하게 음미하고 있었다. 규범 체계의 계층적 구조가 장엄한 형식성
을 보여주면서도 그 나타나는 형식과 행동 주체의 속사정이 일치할
수 없을 때 어느 것을-형식 체계와 속사정의 실제-선택할 것인가
의 문제에 부딪치게 된 것이다. 도학파가 형식 체계의 장엄성을 소
중하게 여겼다면 실학파는 속사정의 현실성을 소중하게 여겼던 것으
로 대비시켜 볼 수 있다.

　살아 움직이는 사회는 똑같은 규범 형식의 굴레에 계속해서 순종
하기가 어렵다. 도학은 임진왜란 이후의 사회적 동요를 안정시키기
위하여 이미 2백 년이 넘은 고삐를 예학을 통해 더욱 단단하게 졸
라매려고 하였지만 미봉책에 불과할 뿐이었다. 이에 비하여 실학은

문제를 그 자체로 해결하려는 솔직한 자세로 기존 이념의 속박에서 해방되어 자유롭게 개혁 방법을 탐색하였다. 이러한 조선 후기 사상 사의 두 흐름을 제도와 전통에 의존하는 종교 개념에 대하여 문제의 인식과 해결을 추구하는 신앙 개념으로 대조시켜 볼 수도 있을 것이 다. 곧 도학과 실학의 종교 사상을 도학적 종교와 실학적 신앙으로 대비시켜 이해해 볼 수 있다. 물론 종교와 신앙은 대립된 것이 아니 라 신앙이 종교 속에 포함되며 또 신앙의 활력이 종교 제도에 구심 력을 제공하는 연관 속에 있다고 하겠다.

2. 실학과 서양 과학

임진왜란 동안 일본군을 통해서도 이미 조총을 비롯하여 담배, 고 추, 호박, 토마토 등의 서양 산물이 전해져 왔었다. 12조목의 무실론 (懋實論)을 제시하였던 이수광은 실학파의 선구적 인물로서, 북경에 사신으로 왕래하면서 수집한 견문의 지식들을 포함하여 25부 백 84 항, 3천4백35조목의 분류 체계로 정리한 『지봉유설』을 저술하였다, 그는 이 책의 「제국부」(諸國部) 속에서 불랑기(佛浪機)[프랑스]의 화 기(火器)나 영길리(永吉利)[영국]의 군함 등 유럽의 여러 나라 문물 까지 소개하고 있다. 그리고 여기서 그는 이마보(利瑪寶)[마테오리 치]와 『천주실의』를 소개하여 우리나라에 처음으로 천주교에 관한 기록을 남기고 있다.

17세기 초에 북경을 왕래한 사람은 북경에서 활동하던 리치 등 서 양 선교사들이 전파한 문물을 접하게 되었고 우리나라에도 전해 왔다.

1603년 이광정 등이 북경에서 「구라파국여지전도」(歐羅巴國與地全圖)를 구해 오기도 하고, 정두원은 1631년 북경에서 육약한(Rodriquez)을 만나 천문·역법·지도·자명종(시계) 등 다양한 서양 과학의 문물을 구해 왔다. 이런 서양 문물에 대해 당시 도학파의 관심은 별로 뚜렷한 것이 없다. 정부에서도 천문·역법에 관심을 보여 1653년(효종 4)에 시헌력을 시행하기도 하였고, 1708(숙종 34)년 리치의 건상도(乾象圖)[천문도]와 곤여도(坤輿圖)[세계지도]를 왕명에 따라 병풍으로 만들기도 하였다. 그러나 이러한 서양 과학과 문물에 대한 지식은 극히 한정된 관료들에 의해서 소극적인 관심의 대상이었을 뿐 별다른 적극적 의미를 평가받지 못하고 있었다. 이러한 상황에서 서양 과학과 문물에 대한 가치에 충분한 관심과 평가를 보여준 것이 실학파의 인물들이다. 18세기에 들어오면서 성호 이익은 서양 과학과 서양 문물이 지닌 의미를 적극적이면서 본격적으로 논의하기 시작하였다.

이익이 서양 문물에 관심을 가질 수 있었던 실학적 배경은 개방적인 정신에 있다고 하겠다. 도학의 정통주의적 입장에서는 경전과 도통의 바깥에 대해서는 배타적 태도를 요구하는 폐쇄적 입장이었다. 그것은 새로운 것을 거부하고 전수받은 규범에 집착하고 있는 태도이다. 그러나 이수광도 이미 다양한 새로운 견문을 소중히 하고 아무리 사소한 것에도 주의를 기울여주는 포용적이고 개방된 자세를 보여주었다. 17세기 후반에도 백호 윤휴(1617~1680)나 서계 박세당(1629~1703)도 주자의 경전주석에서 벗어나는 새로운 해석을 하였다고 도학 정통주의로부터 배척을 받았다. 여기서 새로운 해석의 창의성은 개방적 포용성과 함께 실학 정신의 중요한 특징으로 나타나는 것이다.

정약용이 간결하게 밝힌 것처럼 이익의 학문 범위는 "회재(이언적)와 퇴계의 학풍을 사숙하면서, 심성지학을 경(經)으로 하고 경제지업을 위(緯)한다"고 파악해 볼 수 있다. 그는 성리학과 경세론의 종합을 추구했고 그만큼 성리학에만 빠져 있는 입장이 아니었다. 그리고 그의 경세론은 유형원을 계승한 행정제도의 검토에서 한걸음 나아가 새로 수입된 서양 문물에 깊은 이해를 성취하는 데로까지 확대되고 있다. 그는 천문·역법·수학·지리·기기(機器)와 천주교 교리서에 이르기까지 20종의 한역 서학서를 독서한 것이 확인된다 (李元淳,「星湖李瀷의 西學世界」,『教會史研究 1』참조). 이러한 서양 문물의 이해가 심화됨에 따라 그는 서양 역법인 시헌력을 지극히 존중하여「성인이 다시 나오더라도 반드시 시헌력을 따를 것이다」(『星湖僿說』,「曆法」)라고 강조하기까지 하였다.

이익이 서양 과학에 얼마나 심취하였고 얼마나 적극적으로 평가하였는지는 그 시대 전후하여 이익만큼 서양 과학 신봉자가 없다는 사실에서도 엿볼 수 있다. 그는 마침내 "마테오리치는 성인이다"라고까지 발언하였다 하여 논란이 일어나기도 하였다.

이 무렵 이익은 서양 과학서적과 천주교 교리에 관한 서적을 함께 보고 있었다. 그는 서양 과학을 그처럼 강력하게 긍정적으로 인정하면서도 천주교 신앙에 대해서는 신비적인 것일수록 환망한 비사실적인 것으로 거부하였다. 다만『칠극』(七克)(Pantoja 作) 등 윤리적인 내용은 오히려 유교와의 공통성에서 해명하기도 한다. 그의 서양 문물에 대한 인식은 서양 과학을 중심으로 하는 것이면서, 그의 종교적 입장은 전통 유교에 확고한 기반을 갖고 있으며 천주교 신앙을 비판적으로 견제하는 것이었다.

이익의 문하는 그의 학풍을 계승하면서 성호학파를 이루었으니 이때 비로소 실학에 학파가 이루어지게 되었다. 성호학파에 있어서는

이익의 학문적 폭이 크게 두 영역으로 갈라지고 있는 현상을 드러낸
다. 곧 한쪽은 윤동규·신후담·안정복 등 노장층이 중심이고, 다른
한쪽은 권철신·이가환·이승훈 등 청년층이 중심이 되었다. 전자는
이익에 있어서 도학의 정통적 배경을 기반으로 하여 서양 과학에 약
간의 이해를 갖지만 오히려 천주교 교리에 비판적 태도를 강화시키는
보수적 태도를 지니고 있다. 이에 비하여 후자는 이익에 있어서 서양
과학에 대한 적극적 긍정을 기반으로 하여 천주교 신앙에 대해서도
호의적 이해와 심지어 신앙 활동에로까지 나아갔던 진보적 태도를 지
니고 있다. 전통 도학을 기준으로 보면 전자는 성호우파(星湖右派)로
일컫고 후자는 성호좌파(星湖左派)로 일컬을 수 있겠다. 또한 서양 문
물과 천주교 신앙을 중심으로 보면 전자는 공서파로 후자는 신서파로
도 일컬을 수 있다.

　여기서 서양 문물을 기준으로 성호학파를 검토해 보면 공서파는 천
주교 신앙에 대한 비판적 거부에 몰두하면서 서양 과학에 대해서도
별다른 호의를 상실하고 말았다. 그리고 신서파에서는 처음에는 서양
과학에 정열을 기울였으나 서양 과학의 배경에 있는 천주교 신앙을
외면할 수가 없어서 천주교 신앙에로 관심을 기울이게 되었다. 그러나
이들 신서파는 마침내 천주교에 빠져들었으며 동시에 서양 과학의 문
제는 부차적인 것으로 퇴색하고 말았다. 여기서 성호학파의 공서파나
신서파가 모두 스승 이익의 학문적 기본 태도로부터 구별되는 양상을
보이게 된 것이다. 곧 이익은 도학의 이념을 한 발로 밟고, 앞에 놓인
천주교 신앙과 서양 과학을 구별하여 파악하면서 서양 과학 쪽으로
다른 발을 내딛고 있었다. 그러나 신서파는 이익에 있어서 도학 쪽에
놓여 있던 발을 천주교 신앙 쪽으로 내딛고 또한 서양 과학 쪽에 있던
발까지 천주교 신앙에로 마저 옮겨 두 발을 천주교 신앙에 안정시켰

다. 이에 비하여 공서파는 이익이 서양 과학 쪽에 내디뎠던 발을 떼어서 천주교 신앙을 발길질하고 다시 도학의 근처에로 발을 거둬들였다.

이익의 실학은 전통 도학과 새로 전래한 서양 과학을 포용하는 입장이었다면, 공서파의 실학은 도학적 배경이 강하면서 서양 과학에 대한 관심을 상실하였고, 신서파의 철학은 도학의 배경을 이탈하여 서양 과학에 대한 관심마저 천주교 신앙에로 끌어들이는 입장을 나타내는 것이다. 곧 성호학파에서는 어느 쪽에서도 점차 서양 과학에 대한 관심의 빛깔이 희미해지고 말았다. 이익의 실학 정신이 서양 과학을 적극적으로 평가하였지만 서양 과학이 그 문화배경과 분리되어 이해될 수가 없었던 한계가 있었기 때문이다.

유교의 전통적 도학에 따른 음양오행론적 동양 과학에서 중세 가톨릭 신앙이 승인하던 르네상스 시기의 서양 과학에로 넘어가는 과정은 결코 쉬운 일이 아니다. 이익이 그처럼 서양 과학을 존중한 것은 서양 과학의 결과적 적합성과 효용성을 확인하였기 때문이다. 그러나 서양 과학을 근거로부터 이해하는 문제는 근원적이고 형이상학적인 인식의 전환 없이는 매우 어려운 것이기도 하다. 신서파의 중심인물이었던 이벽과 이가환이 모두 수학에 해박한 지식이 있었다고 하지만 끝없이 깊은 서양 과학의 체계로 탐구해 들어갈수록 철학적 내지 종교적 근원성의 문제에 대한 대답은 서양 과학의 배경으로 찾지 않을 수 없었다. 이승훈이 1784년 북경에서 천주당(北堂)을 찾아가 영세를 받으려 한 것도 먼저 수학책을 얻기 위해서였다고 한다. 이러한 사실에서도 서양 선교사들을 통해 서양 과학만을 배우기란 쉽지 않은 현실적 문제점도 놓여 있었다.

성호학파의 신서파에서도 오행설의 자연철학을 극복하려는 입장이 드러났다. 1795년 이가환이 고시관(考試官)인 과거시험에서 「오행(五行)」

이 시험문제로 출제되었고 정약전이 사행설(四行說)을 제시하여 장원 합격하였던 사실이 있다. 당시 서양 과학은 물질세계를 수(水)·화(火)·토(土)·기(氣)의 4원설로 설명하고 있는 데 영향을 받은 것이다.

한걸음 나아가 18세기 후반에 홍대용·박지원·박제가 등의 북학 파 실학자들은 노론 계통으로서 기호남인 계통인 성호학파와는 다른 학풍을 보여주고 있었다. 곧 성호학파가 한역서학서를 읽고 서양 문 물에 접촉한 데 비하여 북학파들은 직접 사신을 따라 북경에 가서 그곳 청조 문물을 섭취하였다. 당시 도학파의 정통적 입장은 만주족 의 청을 오랑캐로 경멸하고 병자호란의 원수로 규정하여 배청론 내 지 북벌론이 팽배하고 있었던 만큼 북학파의 청조문물에 대한 예찬 은 시대 이념에 대한 반역이라고도 할 수 있다.

북학파의 선봉인 담헌 홍대용은 북경에서 만난 중국학자들에게 자 신이 이해한 지구 자전설을 설명하여 놀라게 하였고, 또 흠천감(欽天 監)으로 가서 독일 선교사 유송령(劉松齡; Hallerstein)과 포우관(鮑友 官; Gogeisl)을 만나 천문학의 문제를 질문하고 천문기구를 관찰하기 도 하였다. 그는 서양 과학에 대한 정열적인 관심으로, 『주해수용』 (籌解需用)이라는 수학책을 저술하였고, 자기 집 정원에 농수각(籠水 閣)을 짓고 천문관측기구 등을 보관하면서 연구하였다. 홍대용은 음 양설이나 오행설을 탈피하여 서양천문학을 통한 자연관을 도입하였 다. 그가 『의산문답』(毉山問答)이라는 저술에서 전통 도학의 인물인 허자에 대해 실학 정신의 표상인 실옹의 입을 빌어 "도를 듣고자 하 거든 네가 옛날에 들은 것을 씻어버리고 이기려는 마음을 버려라"라 고 꾸짖고 있다.

홍대용을 계승하여 북학파에서는 전통 도학의 형식화되고 제도화된 껍질을 깨뜨리기 위한 비판이 강화되어간다. 연암 박지원은 소설을 통해 도학 이념과 사대부 계층의 허위성을 풍자하여 폭로한다. 그러나 홍대용에 의해 추구된 서양 과학에 대한 관심은 훨씬 축소되어 청조의 산업 기술에 따른 이용론에 머무른다. 그 뒤 박제가의 『북학의』도 통상 문제로 관심이 넓혀졌지만 벽돌 굽고 수레 만드는 기술에 대한 문제로 범위가 굳어지고 말았다. 북학파에서도 서양 과학과 기술의 문제에서는 초기에 홍대용이 보인 과학적 지식이 더 진전을 보이지 못하고 있는 실정이었다. 그것은 실학이 유교적 전통의 기반에 머물면서 천주교 선교사가 소개하는 서양 과학을 이해하기 어려운 한계에 부딪친 것이다. 북학파는 천주교 신앙으로 접근하지 않는 반면에, 서양 과학에서 나아가 생산기술과 상업 유통의 산업 분야에로 관심의 전환이 일어났다고 하겠다.

19세기에 와서도 정약용은 성호학파를 발전시켜 실학의 방대한 체계화를 이루지만 자연과학으로 나아가기보다는 경학과 경세론으로 관심을 기울였다. 그리고 청조의 고증학을 받아들였던 북학파 계열의 김정희는 서예의 예술 분야로 기울어지고 자연과학적 분야에 대해서는 관심의 결핍을 보여주고 있다. 다만 실학파 말기 인물로서 계보도 없이 출현한 혜강 최한기(1803~1877)는 수학·천문·기계·의학 등 서양 과학에 대한 예리한 이해를 보여주고 있다. 그것은 최한기가 유교 전통의 학풍에서 훨씬 벗어나서 과학적 탐구와 철학적 사유를 수행하고 있기 때문이라 하겠다.

조선 후기의 실학은 서양 과학이라는 바깥바람을 받으면서 그 불꽃이 가열되었다. 그러나 실학파의 어느 학맥에서도 과학적 탐구정신을 관철하지 못하였던 것이 사실이다. 바로 여기에 조선 후기 실학이 지닌 중요한 한계성과 특성이 드러난다고 할 수 있다.

3. 실학과 천주교 신앙

천주교 신앙이 조선 사회에 발화되는 것은 성호학파의 신서파에서
보게 된다. 실학파가 대체로 서양 문물에 대해 개방적인 태도를 가
졌던 만큼 천주교 신앙에 대한 이해가 있지만, 천주교 신앙을 중요
문제로 논의한 것은 이익과 그 문하에 의해서이다. 성호학파 안에는
물론 천주교 교리를 비판하는 공서파도 있지만 비판이든 신봉이든
성호학파와 한국 천주교 신앙은 직결되어 있다.

앞서 이수광이 『지봉유설』(1614)에서 마테오리치의 대표적 교리서
인 『천주실의』를 소개한 것은 책의 편제목을 열거하는 정도에 그친
다. 그러나 1610년 북경에 갔던 허균은 그곳에서 「게십이장」(揭十二
章: 천주교 기도문인 「十二端」)을 가져왔다고 한다. 그것은 허균과
같은 시대 인물인 유몽인의 『어우야담』(於于野談)에도 기록되어 있지
만, 그 후 안정복·박지원 등은 우리나라 최초의 천주교도를 허균이
라 언급하고 있다. 허균이 천주교 신앙을 가졌다는 사실을 증언하면
서 안정복은 『천학문답』에서 허균의 행동과 함께 그의 주장을 인용
하고 있다.

> 남녀의 정욕은 하늘[天]이요, 분별의 윤기(倫紀)는 성인의 교(敎)이다.
> 하늘이 성인보다 높으니, 차라리 성인을 어길지언정 하늘이 부여한 본
> 성을 감히 어길 수 없다.

허균은 『홍길동전』에서도 신분 질서에 대한 항쟁의 의지를 밝혀주
었으며, 모방이 아니라 개성 있는 문학을 추구하였던 사실에서도 도
학적 정통의 권위주의에 구속받지 않는 태도를 보여준다. 그리고 성

인의 교(敎)로서 분별의 윤리와, 천부의 본성으로서 남녀의 정욕을 대조시킨 것은 도학적 규범주의로부터 탈피를 강력하게 추구하는 것이라고도 하겠다. 허균이 남녀의 정욕을 하늘로부터 부여받은 인간의 본성이라 밝혔다면 그것은 결코 천주교 신앙의 모습이라 할 수 없다. 그러나 「게십이장」(揭十二章)의 천주교 기도문을 전래해 온 사실은 그가 천주교 신앙에 상당한 관심을 지녔음을 보여준다고 할 수 있겠다.

천주교 신앙에 대한 적극적 관심과 평가는 이익에서 시작되고 또 성호학파를 통해 찬반의 논쟁과 신앙 운동이 일어났던 것은 중요한 의미가 있다. 곧 이익과 그 문하는 한국 천주교 신앙의 못자리였으며, 그만큼 천주교 신앙은 실학의 토양에 쉽게 뿌리내릴 수 있는 인연을 갖게 된 것이다. 이익은 그의 사상적 기초에 도덕적 신념이 강하게 깔려 있었기 때문에 천주교 신앙에 대해서는 선명하게 자신의 입장을 밝혔다.

> 천주라는 존재는 곧 유교에서의 상제이지만, 천주를 공경하여 섬기고 두려워하여 믿는 태도는 곧 불교에서 석가를 믿는 것과 같다.(『星湖文集』「跋天主實義」)

이익의 신앙은 유교였으며, 따라서 천주교의 궁극자인 천주가 유교에서의 상제에 상응하는 존재임을 인정한다. 그러나 그 궁극자에 대한 신앙 행위는 각각의 궁극자와 인간의 관계에 대한 이해나 종교적 전통에 따라 상당한 차이를 드러내고 있으며, 이익은 분명히 유교 신앙을 선택하는 입장을 확고하게 밝힌 것이다. 그는 유교와 천주교를 비교하면서 예수가 천주의 아들이며, 동정녀에게서 태어났고,

천당 지옥이 있음을 가르치고, 온갖 영이한 기적 등의 천주교 신앙
을 幻述이라 규정하고 유교적 가치 기준을 실술(實述)이라 밝힌다.

> 대개 중국(유교)은 진실한 자취[實迹]를 말하니 자취가 소멸되면 어
> 리석은 자도 믿지 않지만, 서양(천주교)은 환망한 자취[幻迹]를 말하니
> 자취가 어지러우면 미혹된 자가 더욱 혹신한다.(「跋天主實義」)

이익은 신비주의를 거부하고 사실의 진실성을 신봉하는 소박한 태
도를 보였다. 그러나 그의 문하에서는 훨씬 예리하고 심각하게 천주
교 교리의 문제를 따져보게 되었다. 이익의 초기 제자들은 도학의
정통주의와 이단 비판론의 분위기에 가깝게 먼저 천주교 신앙에 대
한 비판을 시작하여 공서파를 이루고 있다.

둔와 신후담은 23세(1724) 때에 저술한 「서학변」에서 대표적 한역
서학서인 『천주실의』(M. Ricci 作), 『영언려작』(F. Sambiaos 作), 『직방
외기』(J. Aleni 作)를 조목마다 비판하는 작업을 수행하였다. 그는 천
주교의 영혼관을 설명한 「영언려작」을 첫머리에서 비판하면서 성리
학의 귀신사생설에 근거하여 천주교의 영혼불멸설을 반박하고 있다.
그는 천주교의 사후 세계에 대한 추구를 '살기를 탐내고 죽기를 아
까워하는 이기심(貪生惜死之利心)'이라 규정한다. 또한 영혼 개념에
대한 스콜라 철학 체계를 성리학의 심성론과 비교하면서 치밀하게
개념 분석과 논박을 전개하였다. 신후담의 「서학변」(西學辨)은 일방
적으로 천주교 교리를 비판하는 것이지만 천주교와 유교가 만나면서
그 교리의 철학적 깊이에서 논쟁하였던 최초의 경험이라 하겠다. 그
의 비판 태도가 감정의 맹목적 노출이 아니라 논리적 추구였다는 점
에서 천주교를 비판하였다는 사실 이상으로 천주교와 유교의 논리와

개념 체계를 비교시켜 주었으며, 그가 지적한 차이점에도 불구하고 서로 접근할 수 있는 이해의 토대를 제공해 주고 있다.

안정복도 이익과의 편지에서 천주교의 영혼론을 유교의 귀신론과 비교분석하고, 유교의 당위를 실천하는 수양론과 천주교의 복을 추구하고 심판에 대비하는 수양론의 차이를 밝힌다. 그러나 그는 동문의 후배들이 천주교 신앙에 빠져드는 것을 보고 깊이 우려하면서 「천학고」, 「천학문답」을 지어 천주교 배척의 입장을 밝혔다. 시기적으로 이익과 신후담은 천주교 교리를 이론적으로 비판하는 데 머물렀다면, 안정복은 이론적 비판 시기에서 실천적 배척시기에 걸쳐서 활동하였던 것이다.

공서파가 천주교 신앙을 비판하는 과정에서는 자신의 유교 신앙을 재확인하고 그 특성을 재인식하는 성과를 거두었다고 볼 수 있다. 이에 반하여 신서파는 유교를 벗어나 천주교 신앙의 실천으로 신앙 운동을 일으켰고 교회의 조직화를 수행하였다. 최초의 천주교 신앙을 실천한 인물은 성호문하의 홍유한이었다. 하지만 그는 신앙공동체를 형성하거나 참여하지 않았다. 성호학파 안에 이벽은 천주교 신앙의 실천과 신앙공동체 조직에 선구적인 역할을 하였다. 이벽이 1777년 권철신의 천진암 강학회(天眞庵 講學會)에 참석하였던 사실은 그 강학회에서 서양 과학이나 천주교 교리가 토론의 주제로 등장하였을 것을 쉽게 상상할 수 있게 한다. 홍유한과 마찬가지로 이벽도 다만 한역된 천주교 교리서를 통하여 스스로 얻은 신앙의 확신이었던 점에서 자생적 천주교도이었다고 할 수 있다. 그의 정열적인 설득에 따라 성호학파의 이승훈·이가환·권철신·권일신·이기양·이총억·정약전·정약종·정약용 등도 천주교 신앙에로 회심하여 신서파를 형성하였던 것이다.

이벽의 천주교 전교과정에는 성호학파의 대표적 지성인들이었던 만큼 반박 토론도 예리하였던 것으로 보인다. 이가환도 이벽에게 찾아가 천주교가 정학이 아님을 타이르려 하였으나 이벽의 "웅변이 장강처럼 도도하고 신앙심은 철벽처럼 견고하게 지켜졌다"(정약용, 『여유당전서』 「정헌묘지명」)고 하였으니 그의 설득력이 얼마나 강하고 신앙심이 얼마나 확고한지 엿볼 수 있다. 이승훈이 영세를 받고 왔던 1784년부터 이들은 이벽을 중심으로 정기적인 예배 의식을 가졌고, 또 그 전교에 열중하여 성호학파의 친지 사이를 넘어서 중인과 상민에로까지 확장시켜 갔다.

그 이듬해(1785) 이벽이 중심이 되어 이승훈·정약용 3형제·권일신 부자 등과 중인들의 강열회가 형조에 적발되자 그들의 모임은 도학 정통의 사회에 물의를 일으켰다. 이에 따라 사회적 지탄과 더불어 친족의 강요에 못 이겨, 이승훈·이벽 등은 배교를 선언하였으며 천주교를 배척하는 글을 짓도록 요구받기도 하였다. 그러나 이들이 한번 선택한 천주교 신앙의 불길은 쉽게 꺼지지 않았다. 이승훈과 정약용 등은 1787년 성균관 근처에 모여서 천주교 교리를 연구하다가 동료 태학생인 홍낙안 등의 고발로 물의를 일으키기도 하였다.

1791년 진산의 윤지충과 권상연이 제사를 폐지하고 신주를 불태운 사건이 일어나자 천주교 신앙 문제가 국가의 예교기강에 관련된 문제로 확대되고 정부의 천주교 금교령을 불러일으켰다. 천주교 신앙은 지하화하였고 가혹한 처벌의 위협 속에 놓이자 상당수 초기 신서파 지식인들은 거의 배교를 하고 말았다. 그러나 천주교 신앙의 발아를 가능케 한 성호학파의 신서파는 배교자와 독신자(篤信者)들로 분리되었지만 천주교 신앙은 그들이 속한 사회 배경인 기호남인의 친지들 속으로 퍼지고 동시에 중인·서민들로 확산되어 지하 신앙 운동으로 성장해갔다. 신유(1801)의 교옥에 엄청난 희생을 겪으면서 이승훈·정약종·이가환·권철신·황사영 등이 죽고 정약전·정약용·이기양 등은 귀양감으로써 성호학파의 신서파들은 모두 천주교 신앙공동체에서 물러나 다음 세대로 교체되었다. 정약종의 아들인 정하상이 1839년(己亥) 교옥에서 「상재상서」(上宰相書)를 내고 순교하면서 천주교 신앙을 옹호하였지만, 이미 19세기의 천주교도는 성호학파라 보기 어렵고 따라서 그들의 사상과 실학 사이에 연관성을 찾을 수도 없는 것이다.

다산 정약용은 이익 이후 실학의 집대성을 이룬 인물이면서 그 자신 청년 시기에 천주교 신앙에 깊이 기울어졌었다. 그가 천주교 신앙에 접촉한 것은 이벽을 통해서 이루어졌다. 1784년 음력 4월 보름, 23세인 정약용이 큰형수의 제사에 참석하였을 때 누님의 제사를 위해 온 이벽과 함께 만났었다. 이벽과 정약용의 형제들은 마현에서 서울로 한강을 흘러내려 같이 배를 타고 오면서 이벽의 천주교 교리에 관한 설교를 듣게 되었다.

> 배 안에서 천지가 조화하는 시초와, 육신과 영혼, 삶과 죽음의 이치를 들으니 당황하고 놀라움이 마치 은하가 끝없는 것 같았다.(『與猶堂全書』, 「先仲氏墓誌銘」)

그는 이벽에게서 천지창조와 영혼과 사후 세계에 관한 천주교의 핵심 교리를 감동적으로 들었고, 서울에 오자 이벽을 따라가 『천주실의』(天主實義)와 『칠극』(七克)을 읽고 나서는 천주교 신앙에 빠졌다는 것이다. 정약용의 입교 과정에서 청년기의 탐구열과 지적 호기심이 도학 체계를 벗어난 천주교의 새로운 의미 체계에 끌려들어가는

양상과 더불어 당시 신서파가 대체로 20대와 30대 청년들이었음을
주의해 볼 수 있다.

정약용이 1784년 정조의 중용책문(中庸策問)에 대책으로 올린 것
은 이벽과 토론을 거친 것으로서 중용의 해석에서 천주교 교리가 놀
라운 조화를 이루고 있는 것이다. 정약용은 1814년 「중용강의」(中庸
講義)로 수정하면서도 이벽의 의견을 존중하여 계승하고 있다. 그는
1797년 「변방사동부승지소」(辨謗辭同副承旨疏)에서나 1801년 교옥
을 통해서 자신이 천주교에 발을 씻은 것임을 거듭 확인했다. 그를
벌주기 위한 온갖 심문을 통해서도 그와 천주교 신앙의 관련 증거를
찾지 못하였던 만큼, 정약용은 완전한 배교자인지, 겉으로 유학에 열
중하면서 속으로 천주교 신앙을 지킨 외유내야(外儒內耶)의 이중 형
식으로 보신한 것인지 의문을 남기고 있다. 달레(Ch. Dallet)의 『한국
천주교회사』에서는 정약용이 중국인 유방제 신부에게서 마지막 성사
를 받고 세상을 떠났다 한다. 그러나 정약용의 전집 속에 전하는 방
대한 체계의 유교적 연구업적은 그가 얼마나 유교에 대해 정열을 기
울였는가를 말해 준다. 따라서 정약용이 종국적으로 천주교도인가
유교도인가를 묻는 질문보다 그의 실학사상 체계 속에는 유교사상과
천주교사상이 어떻게 섭취되고 어떻게 나타나고 있는가를 묻는 것이
보다 적절한 질문이 될 수 있을 것이다.

성호학파 이외의 실학자로서 북학파는 결코 천주교 신앙에 호의를
갖지 않았다. 다만 박지원은 천주교에 대해 "입지가 너무 높고 설명이
매우 교묘하여 도리어 하늘과 사람을 속이고 의리와 인륜을 해치는
과오에 빠지고 있다"고 비판하면서도, 동시에 천주교를 금압하는 정
부의 맹목적이고 폭력적인 과오도 비판한다. 그리고 최한기는 "서교
가 천하에 만연하는 것은 근심할 일이 아니요, 실용을 십분 취하여 쓰

지 못하는 것이 바로 근심할 바이다"(『推測錄』)라고 언급한 것처럼 종교로서의 천주교는 버려두고 서양 과학과 기술의 실용성을 섭취하는 데 주목한다. 그만큼 이들은 천주교 신앙에 대해 도학파만큼 적대적은 아니라 하더라도 무관심한 태도를 취하는 것이라 할 수 있다.

4. 실학의 종교 사상

실학파는 사실상 조선 후기 사상사의 한 사조이지만 통일된 사상 체계는 아니다. 따라서 종교적 성격을 살펴보아도 학맥에 따른 다양성이 나타나게 된다.

실학은 그 사상적 기반을 도학적 성리학에 두고 있는 경우와 비판정신에 따라 탈도학적 자율성을 추구하는 경우, 천주교 신앙에 직접적으로 연결된 경우, 서양 과학사상을 깊이 추구하는 경우, 청조 문물이나 고증학에 침잠되어 있는 경우 등 엄청난 다양성을 지니고 있다.

유형원이나 이익에 있어서는 성리설에 깊은 이해와 자신의 입장을 지니고 있다. 유형원은 이나 기는 구별되어 파악되어야 할 것이지만 기를 떠나서 이가 분리되지는 않는다는 명석한 이기 개념을 지니고 나정암과 서화담을 비판하기도 하며, 퇴계의 이기관을 인정하면서도 사단과 칠정의 호발설이 마음을 이분화시키는 문제점이 있다고 지적한다. 이익도 퇴계의 저술과 언행을 정선하여 『이자수어』(李子粹語)를 편찬할 만큼 존중하고 있으며, 사칠 논쟁의 쟁점들을 재정리하여 『사칠신편』(四七新編)을 저술한 것은 그의 성리설에 관한 인식수준이 최첨단에 나가 있음을 보여준다. 이익의 유교경전에 대한 주석인

『질서』(疾書)의 경학이나 『이선생예설유편』(李先生禮說類編)과 『가례질서』(家禮疾書) 등 예학의 체계를 구성하고 있다. 그것은 이들이 도학의 신념과 경세론적 개혁의지를 조화시키고 있다는 사실을 말해준다.

도학을 긍정하는 실학파에서는 행정제도나 사회제도를 개척하려는 경세론이 실학의 전체가 될 수 없다. 그들은 근원적 신념[道]을 발판으로 삼아 디디고 서서 현실의 효율적 생산수단[器]을 주의 깊게 다루고 있다. 따라서 도학파는 도의 권위를 향유하고 도의 규범으로 현실을 억압하지만, 실학파는 현실에서 제도가 도를 기초로 하여 효율적으로 기능할 수 있도록 도를 현실제도의 밑받침으로 삼는 입장이다. 다시 말하면 실학파는 종교의 체제유지적 기능보다도 현실구원적 기능을 강화하고 있다.

도학이 도의 권위와 함께 기존제도의 권위도 강조하여 사회의 안정을 중요시하지만, 실학에서는 제도의 적합성을 비판적으로 검토하고 새로운 개혁을 시도하며 구상을 제시한다. 실학이 현실에 비중을 두는 것은 곧 그들의 이상 세계가 도학파처럼 상고의 과거에나 하늘 위에나 머릿속에 있는 것이 아니요, 불교나 천주교처럼 죽은 다음에 갈 수 있는 것도 아니기 때문이다. 인간이 살고 있는 이 현재를 모순과 고통에서 구원하려는 것이다.

성호학파에서 천주교 신앙에 찬반의 격론이 벌어졌을 때 공서파의 비판도 논리적 분석과 신념의 진실성에서 나오는 것이요, 신서파의 신봉도 진실에의 갈구와 확신에서 나오는 것이다. 그들은 자유로운 학문적 탐구와 인격적 신념으로 자신의 입장을 이론화하고 주장하였다. 그러나 도학파의 정통 체제에 의해 뒷받침되는 정부는 천주교 신앙의 진실성이나 허위성에 대한 확인이 문제가 아니라 기본 질서에 위협이 된다는 방어본능과 힘에 의한 억압으로 일관하였다. 모든 천주교 교리서가 금지되었을 때 천주교 교리에 대한 비판은 문헌의 사실을 기초로 하지 못하고 정부의 배척구호를 되풀이하는 것에 지나지 않게 된다. 정부는 천주교 신앙의 금지와 더불어 서양 과학도 버리고 말았으니 도학은 더욱 폐쇄성에 빠지지 않을 수 없었다.

건전한 실학 정신에 의해 비판받을 때 천주교 신앙도 실학적 진지성을 지녔었다. 그러나 정부의 위압적인 금지령의 억압 속에서는 천주교 신앙도 건전한 사회의식을 상실하고 서양 세력을 끌어들이려는 반사회적 내세중심적 신앙으로 왜곡되지 않을 수 없었다. 황사영의 「백서」(帛書)는 신앙의 절실한 호소이지만 사회와 신앙이 괴리되어 이미 실학파의 범위를 벗어나고 말았다.

생산기술과 상업 유통을 개발하여 대중생활을 풍요화하려는 북학파의 관심은 가장 세속적 현실주의의 모습을 보여준다. 그러나 홍대용에 있어서도 도학적 세계관은 인간의 관념적 의식이나 주관적 편견으로 사물의 세계를 보는 것[以人視物]이라 하고 실학적 세계관은 주관적 편견을 넘어서서 자연 그대로 사물의 세계를 파악하는 것[以天視物]이라 하여 관점의 전환이 지적되고 있다. 그것은 객관적 과학 정신이라 할 수도 있고 인간의 자의성을 넘어선 초월적 절대성에 대한 주목이라고도 할 수 있겠다.

북학파는 그 시대의 도학적 허구성과 위선을 예리하게 비판하고 있다. 도학적 의리론으로서 배청론·양이론에 따라 청나라를 이적(夷狄)이요 원수라 하여 경멸하고 증오하였지만 실제의 청조는 조선 사회보다 엄청난 선진문물을 향유하고 있었다. 청조를 적으로 배척하면서 청조의 우월성을 외면하는 허세와 기만성을 깨고 청조와 대항하는 문제와 청조 문물을 배워 수용하는 문제가 양립될 수 있음을 강조한다.

박지원은 양반과 도학자의 위선을 소설로써 풍자하며, 광대나 분노수거인 등 천민에게서 진실한 인간성을 발견하고 있다. 의리론(義理論)의 고정된 관념 체계나 사회신분체제의 억압적 고착화를 진실의 정신으로 비판하고 깨뜨리는 것은 새로운 사회질서의 구성을 제시하는 것이다. 그것은 새로운 사회질서요 가치 체계라는 의미에서 또 하나의 구원 체계일 수가 있다. 북학파에서는 종교 관념의 체계화도 종교운동도 찾아볼 수 없지만 기존의 응고된 틀을 깨뜨리고 신선한 새로운 신념 체계를 제시할 때 질곡의 고통으로부터 해방되는 사회계층이 있을 것이고, 또 사회변동에 자신의 이익을 상실하는 데대해 불안하게 되는 계층도 있을 수밖에 없다. 박지원의 「사론」(士論)은 선비란 임금이나 서민이나 모든 인간에게서 기본적 인격의 바탕을 의미하는 인격개념으로 규정한다. 또한 '사'란 농·공·상을 지배하는 계층이 아니라 농·공·상의 기능을 이끌어 주는 봉사적 지도기능으로 재해석하기도 한다. 여기서 평등사상과 사회적 조화의 의미와 더불어 이를 통하여 가질 수 있는 인간과 세계에 대한 새로운 이해가 중요하다. 실학은 인간을 생산과 소비의 경제적 도구로 만드는 것이 아니라 경제적 기초 위에 진정한 인간성을 회복하는 데 목표가 있다.

최한기는 우주의 기본적 존재를 신기라 일컫고 신기의 작용인 운화를 통하여 인간과 사회와 만물의 세계가 전개된다는 우주론을 제시한다. 그의 신기 개념이 이기론의 기와 구별되어야 할 것이기도 하지만, 그는 유학을 '통민운화의 도'(統民運化의 道)라 하면서 자신은 보편적 종교로서 '운화교'(運化敎) 또는 '천인운화지교'(天人運化之敎)를 제시하기도 한다. 최한기의 경우에서도 과학과 종교는 대립되거나 분열될 수 없으며, 실학의 일반적 입장은 과학을 승인하고 일관적으로 이해하는 종교관을 갖는다고 하겠다. 사실은 도학 정통에서 서양 과학을 거부하였다고 하더라도 도학도 자신이 승인하는 과학 체계를 받아들이고 있다. 그것은 유교가 근원적으로 자연과학과 종교를 이원화시키는 입장이 아니라 과학과 종교의 일원적 통일성을 추구하는 것이라 하겠다.

실학에 나타나는 종교 사상을 전체적으로 개관한다면 다음에 보이는 몇 가지 특징을 찾아볼 수 있을 것이다.

첫째, 실학파의 종교적 내용은 도학 정통을 인정하는 데서부터 적극적으로 도학을 비판하거나 천주교 신앙에로 나가는 데 이르기까지 다양성을 보인다.

둘째, 실학파가 성호학파의 신서파를 제외한다면 비록 도학을 거부하더라도 전반적으로 유교적 신념을 기초로 하고 있다.

셋째로, 실학파의 종교 사상은 도학파에서보다도 더욱 적극적으로 현실사회를 긍정하는 입장이다. 그것은 초월적이나 내세적 종교 사상과 뚜렷이 대비될 수 있을 것이다.

넷째로, 실학의 종교 사상이 계급적 신분을 해소하고 서민층을 억압과 고통에서 구원하는 데 커다란 관심을 갖는 것이며, 서민의 구원이요 사회적 구원이 중요한 목표라고 하겠다.

다섯째, 실학은 권위적이고 형식적 규범주의를 벗어난 현실적 효용성을 추구하는 만큼, 그 종교 사상도 체계적 제도적이기보다는 인간 삶의 현실적 진실성을 추구하는 개혁적이고 진보적 성격을 갖는 것이다.

여섯째, 성호학파를 통하여 실학과 깊은 인연을 맺은 신서파의 천주교 신앙은 초기 예수회의 보유론에 근거한 신앙이므로 유교와 천주교의 교리적 연관성을 깊이 발견하고 있는 데 중요한 의미가 있다. 이벽·정약용은 천주교와 유교 신념의 조화에 사상사의 중대한 업적을 남겼다고 하겠다.

끝으로, 실학은 서민계층의 사회적 지위와 경제적 조건에 큰 관심을 두었고, 또한 국학연구를 통해서 민족에 대한 관심도 불러일으켰다. 실학의 종교 사상은 보편적 합리성에 기초하고 있지만, 조선 후기의 역사적·사회적 요구를 반영하는 민중종교적 내지 민족종교적 종교운동의 발생에 가까운 사상사의 징검다리로 볼 수도 있을 것이다.

제2부 다산 정약용의 실학사상

정약용의 초상
(한국 가톨릭 대사전 수록)

정약용의 초상
(사해(辭海), 철학분책(哲學分冊)
수록)

정약용의 천 개념과 천인관계론

1. 문제의 성격

"옛사람들은 진실한 마음으로 하늘[天]을 섬기고, 진실한 마음으로 신을 섬겼다. 활동할 때나 고요할 때나 한 생각이 싹틀 때에는 참되기도 하고 거짓되기도 하며 착하기도 하고 악하기도 하니, '나날이 이곳을 살피고 계신다[日監在玆]'라고 경계하여 말하였다. 그러므로 경계하고 삼가며[戒愼], 두려워하여[恐懼], 홀로 있을 때를 삼가는 [愼獨] 공적이 진실로 간절하고 독실하여 하늘의 덕에 사무친다.

오늘날 사람들은 하늘을 '이'(理)라 하며, 귀신을 '공적(功積)을 이루는 작용[功用]'이라 하거나 '천지만물을 만든 자취[造化之跡]'라 하거나 '음·양의 타고난 능력[二氣之良能]'이라 한다. 마음이 아는 하늘과 귀신은 어둡고 까마득하여 한결같이 지각이 없는 듯하다. 그래서 어두운 방에서는 속이는 마음이 방자하여 거리낌이 없으며, 종신토록 도를 배워도 요와 순의 영역에 들어갈 수 없는 것은 모두 귀신에 관한 설명에 밝지 못한 것이 있기 때문이다."[1]

---

1) 『與猶堂全書』, 第2集 第4卷, 「中庸講義」 卷1, 21張右. (以下 『여전』, 2~4, 21a, 「中庸講義 1」과 같이 略記함)

여기서 정약용(茶山·與猶堂, 1762~1836)은 우선 선진(先秦)시대의 경전적 삶의 태도와 자기시대의 성리학적 삶의 태도를 선명하게 대립시켜 제시하였다. 그는 성리학의 왜곡됨을 드러내어 비판하고 경전 자체의 진실성을 회복하려는 입장을 보여주고 있다. 이러한 그의 학문적 입장을 '수사학(洙泗學)'이라 일컫기도 한다.[2]

또한 정약용은 경전 자체와 성리학의 체계 사이에 놓인 대립적 차이의 핵심을 천 내지 귀신에 관한 인식과 이에 대한 태도에서 찾고 있다. 그는 성리학의 이기론에 따른 천과 귀신에 관한 이해 내용은 인간의 마음속에 깜깜한 것으로 비쳐질 뿐이요, 인간을 규제하거나 지배할 수 있는 힘이 없는 무력한 존재라 보았다. 이에 비하여 경전에서는 인간이 천과 신을 두려워하고 섬김으로써 살아 있는 압도해 오는 존재와 만나고 있음을 지적하고 있다. 이러한 천 내지 귀신에 관한 이해는 사실상 정약용의 창의적인 경전주석을 통하여 두드러지게 나타난다.

정약용이 경전에서 천 내지 귀신을 신앙적 대상으로 재인식하고 있는 것은 그 자신이 청년시절에 깊이 빠져들었던 천주교 신앙의 영향이 개재하고 있음을 엿볼 수 있게 한다. 그는 23세 때(1784) 당시 천주교 신앙의 선구적 인물이었던 이벽(曠菴, 1754~86)을 통해 천주교 교리서인 『천주실의』(天主實義)와 『칠극』(七克) 등을 읽고 천주교 교리에 심취하였다. 바로 그해에 그는 이벽과 토론하면서 『중용강의』의 초고를 작성하였다. 이때에 형성된 그의 사상적 입장은 30년 후 『중용강의보』(1814)로 완정고(完定稿)를 정리하는 속에서도 계승되고 있으며, 그의 일생을 통해 이루었던 방대한 경전주석 속에서도 지속적으로 유지되고 있음을 볼 수 있다. 따라서 그의 천관을

---

2) 李乙浩 선생은 정약용을 '近世洙泗學派의 創始者'라는 이름으로 부르고 싶다고 언급하고 있다. 李乙浩, 『茶山經學思想研究』, 서울, 을유문화사, 1966, p.31.

이해한다는 문제는 그가 주석한 경전이 담고 있는 중국 고대의 천관념과 경전주석에서 드러나는 그 자신의 입장 사이의 차이를 이해하는 데서 가능하게 된다. 이와 더불어 다양한 경전 구절 속에서 다양한 의미로 표현된 천관념을 해명하는 가운데 정약용이 제시하는 천의 성격을 체계적으로 파악하는 것이 가장 중요한 과제가 되고 있다.

여기서는 정약용의 경전주석을 통하여 정약용 자신의 천관을 밝히는 데 초점이 맞추어져 있다. 정약용에 있어서 천관의 문제는 먼저 天의 개념적 이해로서 천 자체의 본질적 속성을 파악할 필요가 있다. 또한 그에게서 가장 큰 관심의 대상은 천이 인간에 작용하는 양상이기도 하다. 따라서 그 다음으로 인간에 대한 천의 작용과 인간의 天에 대한 태도를 해명해 보고자 한다.

정약용은 천관념의 문제에서 그가 주석하고 있는 경전을 기반으로 하며, 그가 극복하고자 하였던 성리학적 인식을 비판대상으로 하고, 그에게 영향을 주고 있는 천주교 신앙을 배경에 두고 있는 한가운데에 자리를 잡고 있다. 그의 천관을 통하여 경전과 성리학과 천주교 교리가 서로 어떻게 작용하고 제약되면서 지양되고 있는지 주의 깊게 관찰할 필요가 있다.

2. 천·상제의 개념

(1) 천·상제의 명칭과 양상

경전 속에는 천(天)과 관련된 유사한 명칭들로서 상제·신·귀신·상천·황천·호천 등이 다양하게 보인다. 정약용은 이러한 호칭들의 의미내용을 분석하고 상호 관계를 규정하는 데 많은 관심을 기울였다. 여기서 먼저 천과 상제의 관계를 확인하고, 다음에 천·상제와 신(또는 귀신)의 관계를 해명해 보겠다.

정약용은 천과 상제를 동일한 존재의 다른 호칭으로 본다. 그는 상제를 '천(天)의 주재(主宰)'라 규정하고, 천은 상제의 호칭으로 보았다. 마치 임금을 일컬을 때 그 나라 이름으로 호칭하는 경우와 같다고 한다.3) 따라서 주재자의 정명(正名)은 상제라면 천은 그 호칭이 되는 것이다. 여기에 천은 두 가지 의미를 갖게 된다. 곧 자연적 존재로서 '푸르고 형체가 있는 하늘[蒼蒼有形之天]'과 상제를 가리키는 호칭으로서 '영명한 주재의 하늘[靈明主宰之天]'로 나누고 있다.4) 따라서 그는 경전 구절의 의미에 따라 천을 상제라 지적하기도 하고,5) 기라 지적하기도 한다.6) 그것은 자연적 존재와 초월적 존재를 명백하게 구별한 것이다. 자연적 존재로서의 천은 태양[日]과 달[月]을 포함하여 만물의 하나인 물질일 뿐이다.7) 정약용의 사상에서 중

---

3) 『여전』, 2-6, 38, 「孟子要義 2」, "天之主宰爲上帝, 其謂之天者, 猶國君之稱國, 不敢斥言之意也."
朱子도 帝(上帝)를 '天之主宰'라 정의하고 있으며(『周易本義』「說卦傳」), 李之藻는 '天之主宰'가 곧 天主敎의 天主라 하였다(「天主實義重刻序」). Matteo Ricci도 天主를 '天地之主'라 하고, 主宰者를 '天地'라 일컫는 경우는 南昌太守를 '南昌'이라 호칭하는 경우와 같다고 해명하였다. (『天主實義』, 上海, 土山灣印書館, 1868, p.27.)
4) 『여전』, 1-8, 30a, 「中庸策」
5) 『論語』「八佾」에서 '獲罪於天'의 天을 上帝라 하였다. 『여전』, 2-7, 51b, 「論語古今主 1」.
6) 『周易』 訟卦 大象傳에서 '天與水違行訟'의 天을 氣라 하였다. 『여전』, 2-43, 32b, 「周易四箋 7」.
7) 『여전』, 2-4, 2a, 『中庸講義 1』 "若論蒼蒼之天, 其質雖皆淸明, 亦具陰陽二氣, ……上天 下天, 水火土石, 日月星辰, 猶在萬物之列."

심문제는 물질인 창창(蒼蒼)의 천이 아니라 초월적 존재인 주재(主宰)의 천이다.[8]

상제에도 여러 가지 호칭이 경전에 보인다. 황천상제·호천상제·황황상제 등이 있고, 황천·호천·민천(皇天·昊天·旻天) 등 천의 호칭도 나타난다. 후한의 정현은 황천상제를 황천과 상제로 나누어서, 황천을 북극대제라 하고 상제를 태미성 속에서 통어하는 존재[太微中其所統]로 주석하고 있다. 이에 대해 정약용은 정현이 추연 여불위 이래 참위서를 신봉한 데서 나온 것으로 비판한다. 그는 황천상제나 호천상제 등은 상제의 미칭(美稱; 徽稱)이라 하고, 황천·호천·민천 등의 칭호도 마치 제왕을 존중하여 직접 바른 명칭으로 일컫지 않고, 국가·조가·만승 등으로 일컫는 것과 같다고 지적한다.[9] 곧 상제·천은 유일한 주재자임을 확인하여 호칭에 따라 다른 존재로 구분하는 한대 주석을 거부하였다. 그는 특히 『주례』(周禮)에 대종백이 상제에 인사를 드릴 때 일컫은 '호천상제'(昊天上帝)에서의 호천을 상제의 정호(正號)라 지적하고 있다.[10] 따라서 상제가 주재의 천과 동일한 존재임을 확인하고, 나아가 천·상제와 귀신(또는 신)과의 관계를 검토해 볼 필요가 있다. 정약용은 경전에서 귀신 또는 신으로 언급된 존재를 천·상제와 동일시하는 경우도 있고, 천·상제를 보좌하는 명신(明神)이라 지적하는 경우도 있고, 인간의 조신(祖神)으로 지적하는 경우도 있다. 먼저 상제와 귀신이 일치하는 것으로 본 경우는 『중용』(傳 16章)에서의 귀신이다. 그는 상제의 본체가 형체나 기질이 없는 점이 귀신과 덕이 같다고 규정한다. 감응해 이르러서 밝게 살피는 능

---

8) 李乙浩 선생은 정약용에서 天 개념의 구분을 自然天과 上帝天으로 나누고 있다. 李乙浩, 위의 책, p.52.
9) 『여전』 2-27, 26b, 「尙書古訓 6」.
10) 『여전』, 2-22, 7a, 「尙書古訓 1」.

력과 작용은 상제에서나 귀신에서 공통된다고 본다.[11] 그러나 모든
귀신의 존재양상이 상제는 아니다.

그는 『주례』(周禮) 「대종백」(大宗伯)에서 제시한 천신·지신·인귀(天
神·地神·人鬼)의 3품을 재해석함으로써 제사의 삼품을 인정하고
신 존재의 이품설을 확립하고 있다. 곧 지신는 사직·오사·오악·
산림·천택 등이지만 천이 천신으로 하여금 맡아서 다스리게 한 것
이며, 군주가 신하를 시켜서 다스리게 하다가 공이 큰 인물을 천신
에 배향하여 제사한 것이라 보았다. 따라서 천신과 인귀의 이품만을
인정하고 있다. 그는 일반적으로 호천상제를 가리켜 천신이라 일컫
는 경우도 인정하고 있다. 그러나 일·월·성신·사중·사명·풍사·
우사 등을 천신이라 할 때에도 천신은 형체와 기질이 없는 것으로
상제의 신좌(臣佐)라 보았다.[12] 여기서 자연의 사물에 소속된 신이
없다고 보아 천신에 상대되는 지신을 부인하는 그의 입장은 유교 전
통의 신관과 중요한 차이를 보여주고 있다.

그는 신(또는 귀신)이 천상의 일월성신 등이나 지상의 산림천택
등에 예속된 물신(物神)을 거부한 것이다. 천상과 지상의 모든 사물
을 주재하는 천·상재의 명령을 받아 사물을 다스리는 천신과 인간
의 사후 존재인 인귀를 신(귀신)으로 파악하는 그의 신관은 성리학
의 귀신론에 정면으로 대립되고 있다. 성리학에서는 귀신을 기의 현
상으로 설명한다.[13] 곧 주자는 귀신을 단지 기가 굴신하며 왕래하는

---

11) 『여전』, 2-3, 16a, <中庸自箴 1.. "上帝之體, 無形無質, 與鬼神同德, 故
曰鬼神也, 以其感格臨照而言之, 故謂之 鬼神."
12) 『여전』, 2-4, 20a·b, <中庸講義 1>. "天神者, 昊天上帝, 日月星辰, 司中
司命, 風師雨師, 是也, ……祭祀之秩, 雖有三品, 其實天神人鬼而已, ……天
神者, 本無形無質, 爲上帝之臣佐."
13) 琴章泰, 「鬼神死生論과 儒敎·西學사이의 論辨」, 『韓國儒敎의 再照明』,
서울, 展望社, 1982, pp.305~308.

것이라 하고, 음양이 소장하는 것에 불과할 뿐이라 하였다.14) 정자가 "공용(功用)을 귀신이라 하고, 묘용(妙用)을 신이라 한다"15)라고 언급한 것도 신·귀신은 작용 곧 기의 현상을 가리켜 말한 것이다. 이에 대해 정약용은 음양은 그늘[日陰]과 볕[日光]으로 보고 지각이 없는 것이라 하며, 귀신에는 기질이 없다 하여 이나 기가 아니라 단정하였다.16) 오히려 그의 입장은 『천주실의』(天主實義)에서 이나 음양·오행을 영각·명의(靈覺·明義)가 없는 것이라 하고 천주와 귀신과 사람은 영각이 있는 것이라 하여 구별하는 입장과 상통하는 것이다.17)

정약용의 신·귀신 개념에서는 천신과 인귀가 신의 두 가지 영역으로 파악되면서, 천신은 천·상제의 명령을 받는 군신관계의 지위를 갖고 있다. 이와 동시에 천·상제도 신·귀신의 양상으로 나타나고 있는 것이 사실이다. 따라서 그의 신관을 종합하면 상제와 천신(명신)과 인귀의 3영역이 품계를 이루고 있는 것이다. 비유하면 군주와 대신과 백성의 등급에 견주어질 수 있다. 여기서 창창(蒼蒼)의 천(天體포함)·지·만물 등의 물체는 신·귀신에 참여하지 못하고 그 지배를 받을 뿐이라 할 수 있다.

(2) 영명성(靈明性)과 인격성

정약용은 "하늘을 아는 것[知天]이 수신의 근본이 된다"18) 하여

---

14) 『性理大全』, 권28, 「鬼神」. "鬼神只是屈伸往來者." 같은 책, "鬼神不過陰陽消長而已."
15) 程子, 『易傳』「乾卦」.
16) 『여전』, 2-4, 22b~23a, 「中庸講義 1」, "鬼神固非理也, 亦豈是氣乎." "鬼神不可以理氣言也."
17) 『天主實義』, p.21.

지천(知天)을 강조한다. 그는 하늘을 아는 것이 하늘에 대한 지식을 갖는 것에 머무르지 않고 동시에 하늘을 섬기는[事天] 행동과 결합되어 있음을 언명하고 있다.19) 마치 어떤 곳이 아름답다는 것을 알게 되면 직접 달려가서 그곳이 아름다운 곳임을 알게 되는 사실에 비유한다. 여기서 그는 하늘의 존재를 처음에 알 수 있는 사실에 관해 인식론적인 추구를 하지는 않고 있다. 다만 경전 속에서 이미 제시된 천·상제에 관한 해명에 주력한다. 그것은 경전의 권위와 전통에 의거하여 천·상제의 존재를 자명한 것으로 전제하고 있다고 할수 있으며, 인간이 하늘에서 부여받은 마음의 영명성에 따라 자명하게 받아들이는 것으로 본다고도 할 수 있을 것이다.

정약용이 천·상제의 존재의 본질적 속성으로 파악하고 있는 점을 추출해보면 유일자요, 형질이 없는 영명한 존재이며, 인격성을 지녔고, 천지만물의 주재자이며, 조화의 주인이요, 전능하고 전지(全知)한 존재라 할 수 있다.

그는 천·상제가 유일무이의 절대적 존재임을 확고하게 제시한다.20) 특히 한대의 참위설에 따라 정현 등이 황천과 상제를 별개의 존재로 보거나, 오행설에 따라 오제를 상제와 별도로 존재하는 것이라 하여 육제설(六帝說; 六天說)을 제시하는 데 대해 비판하였다. 그는 참위설에 따른 호천(昊天)[봄]·창천(蒼天)[여름]·민천(旻天)[가을]·상천(上天)[겨울]의 오제설을 거부하고 인간인 다섯 성왕들의 오제설만 인정하고 있다. 정현 등의 오제설은 송대의 정자에 의해서 이미 부

---

18) 『여전』, 2-3, 19b, 「中庸自箴 1」, "知天爲修身之本者." 같은 책, 2-3, 17a, "修身以知天爲本."
19) 『여전』, 2-6, 37a, 「孟子要義 2」, "知天則事天, 事天則知天."
20) 『여전』, 2-27, 26b, 「尙書古訓 6」 "皇天上帝, 唯一無二, 至尊而無匹." 「春秋考徵 1」, 『여전』, 2-33, 14. "昊天上帝, 唯一無二."

인되었다. 상제가 유일 존재요 천과 상제가 동일한 존재라는 인식에 한해서는 성리학의 입장과 일치한다. 그러나 정자가 상제를 '기의 주(主)'라 규정한 것은 유일성의 근거가 될 수 없다고 비판하고 있다.[21]

특히 천과 지를 제사에서 병렬시키고 있는 유교 전통을 비판하여 『시』(詩)·『서』(書)·『춘추』(春秋)에서는 천과 지를 함께 제사하는 사실이 없음을 강조한다. 왕망(王莽)의 신한(新漢) 때부터 천과 지를 함께 제사하였다 하며, 천을 아버지라 하고 지를 어머니라 한 것은 안지(顔芝)의 그릇된 주장이라 지적하였다.[22] 『중용』(中庸)(19장)에서 "郊社之禮, 所以事上帝也[郊와 社의 祭禮는 上帝를 섬기는 것이다]"라 한 데 대해 주자가 교(郊)는 천에 대한 제사요 사(社)는 지에 대한 제사니 '所以事上帝后土也'라 할 것인데 후토(后土)를 생략한 것이라 주석하였다. 이에 대해 정약용은 사직(社稷)도 천의 명신(明神)이 관장하는 만큼 사직에 대한 제사도 천을 섬기는 것이라 하여 후토를 생략한 것이 아니라 반박하고 있다.[23]

천·상제의 중요한 본질로서 영명성을 들 수 있다. 정약용은 천·상제를 형체나 기질이 없는 존재[無形無質]요 보이지도 들리지도 않는 존재[不睹不聞]라 하였다.[24] 『중용』(中庸)(16장)에서는 '보아도 보이지 않고 들어도 들리지 않는 것'을 귀신의 덕이라 언급한 데 대하

---

21) 「春秋考徵 4」, 『여전』 2-36, 17. "程子 曰六天之說 起於讖書, 鄭玄之徒, 從而廣之, 甚可笑也, 帝者氣之主也, 豈有上帝而別有五帝之理. ……鏞案, 此時以理爲帝, 故曰帝者氣之主也, 誠若氣之主爲帝, 則天有六氣, 庸得無六帝乎."

22) 『여전』, 1-22, 31b, 「蘇東坡圓丘合祭六議箚予評」.

23) 『여전』, 2-4, 33a, 「中庸講義 1」, "不言后土非省文也." Ricci도 이 구절에 대해 朱子의 省文說을 반대하고 있다.(『天主實義』, p.24.)

24) 『여전』, 2-33, 15b, 「春秋考徵 1」, "皇皇上帝, 無形無質."
『여전』, 2-3, 4b, 「中庸自箴 1」, "所不睹者何也, 天之體也, 所不聞者何也, 天之聲也, ……不睹不聞者, 非天而何."

여, 그는 형체와 기질이 없는 귀신의 덕이 상제와 같으므로 상제를
귀신이라 칭하였다고 지적하였다. 앞에서 언급한 것처럼 천·상제가
귀신과 일치하는 경우이다. 신(鬼神·明神·神明 등으로 일컬어진다)은
천·상제와 일치하는 경우와 천·상제의 명령을 받는 신좌(臣佐)의
경우로 구분되고 있다. 그는 상제를 '백신의 종'(百神의 宗)이라 하여
귀신(신)들이 천·상제에 근원을 두고 있는 것임을 확인한다.[25] 따라
서 천·상제는 본질적으로 신(귀신)이며, 자신의 명령을 받는 하위의
신들을 거느리고 있는 존재임을 명백히 밝히고 있는 것이다. 천·상
제의 신성이 형체와 기질이 없으며, 볼 수도 들을 수도 없다는 특성
은 물질을 넘어서는 별개의 존재임을 소극적으로 설명한 것이라면, 영
명하다는 것은 신의 특성을 적극적으로 설명한 것이라 하겠다.[26] 종합
하여 말하면 천·상제는 영명 곧 신이요 그 본체는 형체와 기질이 없
는 것이라 할 수 있다.

　영명성은 성리학에서 지각작용이 없는 이에 대립된 인식이다. 정
약용은 천·상제나 신·귀신을 이나 기로 설명할 것을 거부하였
다.[27] 성리학적 입장은 이는 지각 등 모든 작용이 없으며 지각작용
은 기에서 오는 것이다. 이에 비하여 정약용은 형체나 기질이 없는
신이 지각작용을 하는 것이라는 입장을 확립하고 있다. 그것은 리치
등의 천주교 교리에 영향을 받고 있는 것이 사실이다. 리치는 영각
명의(靈覺明義)를 귀신에 속하는 것이라 하여 영각이 없는 태극이나
이와 구별하고, 영각이 있는 천주·귀신·인간은 태극이나 이가 낳
은 것이 아님을 주장하였다.[28] 정약용에서의 영명(靈明)은 리치의

---

25) 『여전』, 2-33, 15b, 「春秋考徵 1」, "皇皇上帝, 無形無質, ……爲百神之宗."
26) 『여전』, 2-4, 5a, 「中庸講義 1」, "鬼神爲物, 無形無聲."
　　 『여전』, 2-3, 5b, 「中庸自箴 1」, "天之靈明, 直通人心."
27) 註 16) 참조.

영각명의와 동일한 의미를 갖는 것이다.

천·상제가 신으로서 영명성을 지닌 것은 곧 인격성과 연결될 수 있다. 물질의 기도 아니요 이법(理法)의 이도 아닌 영명한 신은 곧 인간과 공통된다. 인간이 하늘로부터 받은 성품은 영명하고 형체가 없는 본체라 규정한다.[29] 또한 인간을 '신체와 정신의 결합(神形妙合)'이라 할 때 정신의 신도 형체가 없기 때문에 귀신의 신에서 빌려 온 명칭이라 하였다.[30] 곧 인간의 기본 구성요소인 신은 性이요 인격성의 본질이라 한다면, 천·상제의 영명한 신성은 인격성을 의미한다고 하겠다. 정약용 자신은 천·상제의 특성을 인격성으로 언급하지는 않는다. 그러나 그의 천·상제 관념에는 신성 곧 영명성을 내포하고 있으며, 지각작용을 지녔고 사랑과 분노의 감정도 지닌 존재이므로 인격적 존재로 인식되고 있음을 확인할 수 있다. 다만 그는 천·상제를 의인화한 표현은 비유적인 경우 이외에는 매우 억제하고 있는 것이 사실이다.

(3) 주재자와 조화자

정약용은 천을 창창유형(蒼蒼有形)의 천과 영명주재(靈明主宰)의 천으로 나누었다. 여기서 영명성과 주재성은 천·상제의 대표적인 본

---

28) 『天主實義』, p.21, "如靈覺明義, 則屬鬼神之類, 曷謂之太極, 謂之理也, 如否, 則天主鬼神夫人之靈覺, 由誰得之乎, 彼理者, 以己之所無, 不得施之于物, 以爲之有也, 理無靈無覺, 則不能生靈生覺."

29) 『여전』, 2-3, 2b, 「中庸自箴 1」, "蓋人之胚胎旣成, 天則賦之以靈明無形之體."

30) 『여전』, 2-5, 32a, 「孟子要義 1」, "神形妙合, 乃成爲人, 神則無形亦尙無名, 以其無形, 故借名曰神."

질적 속성으로 파악되고 있음을 보게 된다. 상제는 천의 주재자요 천
도 지와 더불어 상제의 주재 대상이라 할 수 있다.31) 공자가 "4계절
이 운행하고 만물이 생장하는데 하늘이 무슨 말을 하드냐"(『논어』「陽
貨」)라 한 데 대해 일월성신이 운행하여 4계절이 어긋나지 않고 풍
뢰우로가 내려서 만물이 번성하는 것은 천이 묵묵히 주재하는 것이
라 설명하고 있다.32) 곧 모든 자연현상은 천·상제의 주재이다. 상제
를 주재자로 파악하는 입장은 성리학의 일반적 입장과 일치한다. 정
자나 주자도 상제를 주재자로 본다.33) 그러나 주재자인 천·상제를
이라고 파악하여 이에 의한 주재와 영명한 인격신으로 주재하는 경
우에서 주재의 방법은 전혀 다르게 나타날 수 있다. 천을 이라 하고
천의 명령인 성(性)도 이라 할 때, 천은 필연적인 자연법칙이나 당위
적인 도덕법칙으로 드러나게 된다. 이에 상반하여 천을 영명한 신이
라 할 때 신은 인간에게 내려와 살피고, 화복을 주관하며, 모든 행동
과정에서 인간에게 경고하거나 명령을 내리게 된다. 그것은 시경·
서경 등 경전에서 표현되고 있는 천·상제의 성격과 일치한다고 할
수 있다.

천·상제 또는 신(귀신)은 강림하거나 감임(鑑臨)하는 사실은 천·상
제가 인간과 세상을 주재하는 방법이면서 전지성을 의미하는 것이기
도 하다. 정약용은 "천의 영명이 아무리 은폐된 것도 살피고 아무리
미세한 것도 밝혀서, 이 자리에 와서 밝게 비추고 있으며 나날이 이

---

31) 註 3) 참조.
　　『여전』, 2–33, 18a, 「春秋考徵 1」, "主此天地者, 上帝而已."
32) 『여전』, 2–15, 35b, 「論語古今註 9」, "以天道驗之, 日月星辰之運, 而
　　四時不錯, 風雷雨露之施, 而百物以蕃, 亦默自主宰而已."
33) 程子, 『易傳』「乾卦」, "以形體謂之天, 以主宰謂之帝."
　　朱子, 『周易本義』「說卦傳」, "帝者, 天之主宰."

곳을 지켜보고 있다"34)라고 언명한다. 인간을 지켜보고 그의 행동이 선한지 악한지를 알면 인간에게 경고하게 된다. 이 문제는 다음에 천과 인간의 관계를 검토할 때 다시 논의하겠다.

정약용이 천·상제에 주재자로서의 성격과 더불어 조화자로서의 성격이 있음을 강조하고 있는 점은 매우 특징적인 사실이다. 상제를 조화옹(造化翁)이라 일컫거나 태극이나 천을 만물의 근본으로 인식하는 입장은 유교 전통에서 일반적으로 인정되어 왔다. 그러나 유교의 경전도 창조설을 명백하게 제시하지 않고 있으며, 태극·천·이를 생생(生生)하는 덕을 지닌 것으로 인정할 때에도 음양이기의 생성작용에 근거가 되고 있음을 지적한 것이다. 따라서 성리학에서는 음양의 이기의 무시무단(無始無端)한 생성과정에 이가 근거로 작용하는 것을 조화로 본다고 하겠다.35) 이에 비하면 정약용은 상제를 정의하여, '천·지·신·인의 밖에서 천·지·신·인·만물 등을 조화하여 재제(宰制)하고 안양(安養)하는 자'라 하였다.36) 개별 존재의 밖에서 천지와 신인과 만물들을 조화하고 주재하고 안양한다는 것은 주재에 앞서서 조화하는 것이요, 그 속에서 근거가 되는 것이 아니라 그 밖에서 조작하는 것이다. 여기서 정약용의 조화는 명백히 천·지·신·인·만물을 창조하는 작용을 의미하며, 창조와 주재와 배양을 모두 천·상제의 역할로서 보고 있다. 또한 정약용의 이러한 상

---

34) 『여전』, 2-3, 5b, 「中庸自箴 1」, "天之靈明, 直通人心, 無隱不察, 無微不燭, 照臨此室, 日監在玆."
35) 朱子, 「太極圖說註」. "上天之載, 無聲無臭, 而實造化之極紐, 品彙之根柢也."
    周濂溪, 「太極圖說」, "無極之眞, 二五之精, 妙合而凝, ……二氣交感, 萬物化生, 萬物生生, 而變化無窮焉."
36) 『여전』, 2-36, 24a, 「春秋考徵 4」, "上帝者何, 是於天地神人之外, 造化天地神人萬物之類, 而宰制安養之者."

제에 관한 정의는『천주실의』(天主實義) 제1편 제목인 '천주가 비로
소 천지만물을 제작하여 주재하고 안양(安養)한다[天主始制天地萬物,
而主宰安養之]'는 언명과 뜻이 일치한다고 볼 수 있다. 그는 오행도
형질이 있는 것이므로 천이 제작한 물건이라 하여 만물이 천의 제작
품임을 밝혀준다.37)

정약용에서 조화는 창조요 제작의 조화임을 확인할 수 있지만, 그
창조과정에 관한 신화적 사건을 끌어들이지는 않는다. 그는『서경』
(書經)(泰誓上)에서 '천지는 만물의 부모[唯天地, 萬物父母]'라는 언급
을 부인하며, 삼대의 고경에는 천지를 만물의 부모라 언급하는 경우
가 결코 없다 하여, 오직 상제가 조화와 발육의 근본이라 하였다.38)
여기서 그는 조화의 주체가 오직 상제임을 확인하면서, 영명한 신으
로서 나날이 이 세상을 살피는 가운데 조화가 이루어지는 것으로 지
적하고 있다. 그는 조화가 천·상제의 신 곧 영명성에 의하여 이루
어지는 것임을 밝혀준다.39)

조화의 문제에서 정약용이 분명하게 밝혀주는 것은 조화의 범위가
가장 광대한 데서부터 가장 미세한 데 이르기까지 모든 현상세계를
포함한다는 사실이다.『중용』(中庸)(12장)에서 군자의 도가 적용되는
범위로 비(費)(흩어져 광대함)와 은(隱)(어두워 미세함)이 천의 조화가
광대함을 보여주는 것이라 한다.40) 그는 극대에서 극소의 가장 넓은

---

37) 『여전』, 2−25, 31a, 「尙書古訓 4」, "五行是有形質, 天作之物也."
38) 『여전』, 2−31, 12b, 「梅氏書平 3」, "惟天地, 萬物父母, 於三代古經, 絶
無此言, ……造化發育之本, 自有皇天上帝, 無形無聲, 日監在玆."
39) 『여전』, 2−36, 18a, 「周易四箋 3」, "兩曜迭運, 七政循度, 而四時之序
不忒, 聖人觀乎此, 而知造化之有神."
40) 朱子는 費를 작용의 넓음이라 하고 隱을 본체의 미묘함이라 하여 體用
論으로 해석하였다. (「中庸章句」, 12章)
『여전』, 2−4, 17a, 「中庸講義 1」, "大而無外, 小而無內, 莫非上天 造
化之範圍局奧."

현상과 가장 미세한 현상이 모두 천이 조화하는 범위요 조화한 자취
라 하며, 그것은 천이 광대하고 신묘하여 무소불능한 전능성을 보여
주는 것으로 파악하고 있다.[41]

『시경』(詩經)(大雅·旱麓 편)에서 인용된 하늘을 나는 솔개와 못
에서 뛰노는 물고기도 천이 조물(造物)한 신묘함을 보여주는 것으로
해석하였다.[42] 그는 만물이 천의 조화에 의해 이루어진 것이므로 조
화를 떠나서 만물이 존재할 수 없음을 물속의 물고기에 비유한다.
물고기가 물속에 있으면서 헤엄치고 호흡하니 물을 떠날 수 없는 것
과 같다 한다.[43] 조화의 범위를 벗어날 수 없는 천지·만물은 천·
상제의 주재 아래 놓여있는 피조물의 위치에 놓이게 된다.

정약용이 제시한 천·상제의 본질적 속성 가운데 유일성과 영명성
(신성) 및 인격성을 그 자체의 속성이라 한다면, 주재자 조화자로서
의 속성은 대상세계에 대한 관계에서 드러나는 성격이라 할 수 있
다. 따라서 대상세계와의 관계가 천·상제의 이해를 위해서 중요하
고, 특히 인간과 천·상제의 관계는 가장 중요한 것이라 하겠다.

---

41) 『여전』, 2-3, 13b, 「中庸自箴 1」, "上天之載, 廣大神妙, 無所不爲."
42) 같은 곳, "鳶飛戾天, 魚躍于淵者, 引上天造物之妙."
43) 『여전』, 2-3, 16a, 「中庸自箴 1」, "萬物在上天造化之中, 如魚在水中, 游
泳呼吸, 不能離水."

3. 천과 인간의 상호관계

(1) 천명의 양상

정약용의 천·상제개념은 유일의 영명한 신이며, 전능한 조화자요 주재자라 요약될 수 있다. 이 천·상제는 세계에 대하여 지배하고 명령하는 지위에 있고 그 역할을 하고 있는 존재이다. 세계를 천·지·만물과 신·인간으로 구분해 보면 천·지·만물은 영명이 없고 형질만 있는 피조물로서 생생의 이치를 부여받아 종족을 번식함으로써 천·상제의 주재를 받고 있다. 여기서 인간은 형질의 신체와 더불어 개인마다 태어날 때 영명을 부여받았기 때문에 만물을 초월한 존재이고 만물을 향유한다.44) 이러한 정약용의 인·물론은 성리학적 입장과 확고한 차이를 갖는 것이다. 곧 인간이 사물과 같이 형질과 성품을 부여받지만 기질이 순수하여 뛰어난 존재라는 성리학의 입장에 반하여 정약용은 사물에는 부여되지 않은 영명을 인간만이 부여받아서 인간은 형질이 있음에도 불구하고 사물을 초월한다고 파악하였다. 또한 인간은 천·상제로부터 개별적으로 잉태되었을 때 영명의 성품을 부여받는다는 사실은 인간존재에 일반적인 이로서 부여된 성품과 그 내용이 구별되어야 한다. 이러한 정약용의 인간 성품론에 따르면 인간만이 같은 영명한 존재인 천·상제와 교류할 수 있다. 물론 이 때에 천·상제의 명령을 받은 명신(明神; 天神)들도 천·상제와 교류할 수 있지만 명신들은 형질이 없으므로 이 세상의 존재라 할 수 없

---

44) 『여전』, 2-4, 2b, 「中庸講義 1」, "草木禽獸, 天於化生之初, 賦以生生之理, 以種傳種, 各全性命而已, 人則不然, 天下萬民, 各於胚胎之初, 賦此靈明, 超越萬類, 享用萬物."

는 천·상제의 신하들이다. 따라서 인간과 천·상제의 상호 관계 즉 명령·복종의 관계를 주목할 필요가 있게 된다.

정약용은 천(상제)이 인간에게 부여하는 명령을 크게 두 가지로 나누고 있다. 하나는 성품으로 부여된 명령이요, 다른 하나는 일상생활 속에서 일어나는 모든 사건을 통해 부여되는 명령이다.[45) 먼저 성품으로 부여된 명령[賦性之命]을 보면, 천명으로 부여된 명령은 선을 할 수도 있고 악을 할 수도 있는 권형(權衡)(自主權)을 주었고, 여기에 아래쪽(신체쪽)으로는 선을 하기는 어렵고 악을 하기는 쉬운 도구(여건)를 주며, 위쪽(心性쪽)으로는 선을 좋아하고 악을 부끄러워하는 성품(耆好)을 주었다 한다.[46)

다음으로는 수시로 계속하여 부여되는 명령(時時連續之命)을 들어 보면, 사람이 사는 동안 시시각각으로 계속하여 천명이 내려지고 있다.[47) 비유하면 진나라 사람이 군명을 받들어 초나라에 간다면, 진나라에서 초나라까지 걸음마다 모두 길[道]이요, 걸음마다 모두 군명인 것과 같다. 인간 생활의 모든 순간이 천명을 받아서 이루어진다는 확고한 신앙의 표현이라 할 수 있다. 그는 군왕도 천명을 받아 지위를 갖는다는 득위지명(得位之命)으로 경전의 제왕수천명설(帝王受天命說)을 인정하고 있으나,[48) 인간의 사생·화복·영욕이 모두 천명이라 하여,[49) 제왕만이 특수한 천명을 받는 것으로 보는 입장이 아니다. 특

---

45) 天命의 두 종류를 천주교 교리의 聖寵개념에 비교한다면 公祐와 特祐에 비견될 수 있을 것이다. (李晩采,『闢衛編』卷1, 18張. 愼遯窩,「西學·靈言蠡勺」)

46)『여전』, 2-2, 28a,「心經密驗 2」, "天旣予人以可善可惡之權衡, 於是就其下面, 又予之以難善易惡之具, 就其上面, 又予之以樂善恥惡之性."

47)『여전』, 2-3, 3b,「中庸自箴 1」, "又於生居之日, 時時刻刻, 續有此命."

48)『여전』, 2-19, 15b,「詩經講義 3」, "天命有賦性之命, 有得位之命."

49)『여전』, 2-16, 38a,「論語古今註 10」, "天之所以賦於人者, 性之好德, 是命也, 死生禍福榮辱, 亦有命."

히 그는 옛사람은 천명을 밝게 알아서 상서로운 일이나 명성과 지위가 모두 하늘이 내려주신 것으로 받고 일이 성취되지 못하면 하늘이 허락하지 않는 줄 알지만, 당시 사람은 일을 성취하면 자신의 능력으로 자랑하고 성취되지 않으면 자신의 미약함을 한탄한다고 대비시키고 있다.50) 그것은 자기시대에 천·상제에 대한 신앙이 쇠퇴한 사실을 지적하는 동시에 신앙회복을 강조하는 입장을 보여주는 것이다.

인간에게 모든 순간에 명령하고 있는 천·상제가 어떻게 자신의 명령을 전달하는가, 내지 인간이 천명을 어떻게 알 수 있는가라는 문제는 천명의 이해를 위해 필수적이다. 정약용은 인간에게서 일어나는 모든 결과적 사실이 천명으로 받아들여야 할 것을 지적한다. 이와 동시에 인간은 천으로부터 부여받은 성품에 따라 선을 할 수도 있고 악을 할 수도 있는 자주권이 인정되는 만큼, 앞으로 일어날 일 또는 해야 할 일에서 천명을 아는 것이 중요한 관심의 대상이 되고 있다. 그는 역학의 이해를 통해 복서의 의미를 명확하게 규명하고 있다.

정약용은 역이 만들어진 목적을 '성인이 천의 명을 청해서 그 뜻에 순응하는 것'이라 규정한다. 이 역을 통하여 천명에 따름으로써 개과천선할 수 있다고 보았다.51) 역에서는 복서를 통하여 천명을 들을 수 있다. 복서는 하늘의 밝음을 드러내는 것이다.52) 따라서 복서는 천명을 듣는 도구이므로 천을 섬기는 자세가 갖추어져 있지 않으면 오히려 천을 욕되게 할 수도 있게 된다. 정약용은 천 내지 신을 섬기던 옛사람에 비교하여 당시 사람이 평소에 신을 섬기지 않다가 일을 당해서 성패 여부를 알기 위해 복서하는 것은 천·신을 모독하

---

50) 『여전』, 2-40, 15a, 「周易四箋 4」.
51) 『여전』, 2-44, 3b, 「周易四箋 8」, "周易一部, 是聖人改過遷善之書也,"
52) 『여전』, 2-37, 22a, 「周易四箋 1」, "卜筮之義, 紹天明也."

는 것이라 강조한다.53) 그는 복서가 시대를 내려올수록 타락하는 과
정을 밝히고 있다. 곧 선왕(聖王)의 때에는 복서로 백성들에게 時日
을 믿게 하고 귀신을 공경하게 하였으나, 춘추시대 이래 그 뜻이 점
차 은폐되었고, 진한시대 이후로는 점차 사술에 빠졌다 한다.54) 그
는 본래의 복서법에서도, 일이 공정한 선에 나오고 천이 돕고, 복을
줄 것이 확실한 경우와, 일이 공정한 선에서 나와도 시세가 불리하
여 그 일이 반드시 패하고 천의 복을 받을 수 없는 경우와, 일이 공
정한 선에서 나오지 않아서 천리에 어긋나고 인기를 해치는 경우의
세 가지 경우에는 천의 명령을 청하지 않는다 하였다. 다만 일이 공
정한 선에서 나왔지만 성수·화복(成收·禍福)을 내다보고 확실하게
헤아릴 수 없을 때에만 간절하게 천의 명령을 청한다고 한다.55) 그
러나 후세의 사람들이 이미 행동하고 나서 복서하는 것은 천의 기밀
을 탐지하고 천의 의지를 시험하는 행동으로 대죄를 짓는 것이라 지
적하고 있다.56) 그는 천을 섬기지 않는 자는 감히 복서를 해서는 안
된다고 언명할 뿐 아니라 오늘날에는 비록 천을 섬기더라도 감히 복
서를 해서는 안 된다고 강조한다.57) 그만큼 정약용의 입장은 경전적
전통을 그대로 받아들이는 것이 아님을 보여준다. 비록 주역의 복서
법이 지닌 진정한 의미를 제시해 주면서도 그는 자기 시대에서 복서

---

53) 『여전』, 2-48, 17a, 「易學緖言 4」, "古人事天地神明, 以事上帝, 故卜
   筮以聽命, ……今人平居, 旣不事神, 若唯臨事, 卜筮以探其成敗, 則慢天
   瀆神甚矣."
54) 같은 곳. "先王之世, 敬事神命, 故設爲卜筮, 使民信時日敬鬼神, 春秋以
   降, 此義漸晦, 左傳諸筮已非古義, 秦漢以下, 卜筮漸淪於邪術."
55) 『여전』, 1~11, 2a, 「易論二」 및 全書, 2~48, 19, <易學緖言 4>.
56) 『여전』, 2~44, 6b, 「周易四箋 8」, "後世之人, 旣有爲有行, 乃卜乃筮,
   是探天機而試天意, 大罪也."
57) 『여전』, 1~20, 16, 「答仲氏」, "凡不事天者, 不敢卜筮, 我則曰今雖事天,
   亦不敢卜筮."

가 천명을 듣는 데 부적합한 것임을 확실하게 언명하였다.

정약용이 인용하고 있는 그의 중형 정약전에 의하면 복서는 천에 일의 길흉화복을 묻는 방법으로서, 천이 사람의 질문에 말을 하여 대답해 주지 않기 때문에 역에서는 64괘 384효로서 천하의 사건과 인도의 상변(常變)과 이에 상응하는 일들을 모두 실어서 열거하고서 천에 물으면, 천은 전지(前知)하는 권력으로 한 가지를 가리켜 사람에게 보여주는 것이라고 한다.58) 그만큼 역의 복서는 방편적이요 불완전한 것이라 할 수 있다. 여기서 정약용은 인간의 생각이나 행동을 나날이 내려와 살피면서 인간에게 직접적으로 경고하고 명령하는 사실을 중요시한다.

천은 인간에게 영명 곧 무형의 본체요 묘용의 신을 부여해 주었기 때문에 천과 인간이 같은 유의 영명을 지녔으므로 서로 들어가서 감응할 수 있다고 한다.59) 따라서 천은 형체가 있는 귀와 눈을 통해 경고하는 것이 아니라 형체가 없는 오묘한 작용인 도심을 통해 이끌어주기도 하고 가르쳐 주기도 한다. 이것이 바로 하늘이 마음을 이끌어주는 것이고, 이렇게 이끌어주는데, 순응하여 따르는 것이 천명을 받드는 것이라고 밝힌다.60) 여기서 천이 인간에게 간곡하게 타일러 주는 방법은 인간의 귀에 말씀을 들려주는 것이 아니라 도심을 통하여 명령을 전하고 있다는 것이다. 도심은 천의 후설(喉舌)[發聲 기관]으로 역할하는 것이요 도심에서 나오는 경고는 바로 천의 명령이라 하는 천명기재도심설(天命寄在道心說) 내지 도심후설론(道心喉

---

58) 『여전』, 2~48, 29a, 「易學緖言 4」.
59) 『여전』, 2~3, 5b, 「中庸自箴 1」, "天命不但於賦生之初, 畀以此性, 原來無形之體, 妙用之神, 以類相入而相感也."
60) 같은 곳, "天之儆告, 亦不由有形之耳目, 而每從無形妙用之道心, 誘之誨之, 此所謂天誘其衷也, 順其誘而從之, 奉天命也."

舌論)을 제기하고 있다.61) 정약용은 천명과 도심을 나누지 않는 입장이다.62) 선하지 않은 일이나 행동에 대하여 도심이 부끄러워하는 것이 바로 천명이 말씀하는 것이다. 그러나 마음을 통하여 초월적인 상제와 만나는 것[對越上帝]이요, 본심에서 천명을 찾는 것은 천명을 듣고 천을 섬기는 방법이지,63) 결코 천과 도심를 동일시하여 내재화시키는 데 그치는 것은 아니다. 도심은 마치 천의 명령을 인간의 음성으로 바꾸어주는 수화기의 공명판에 비유해볼 수 있다. 『주역』(周易)(繫辭傳 10장)에서 "말을 하여 물으면 명령을 받음이 울리는 소리와 같다[問焉而以言, 其受命也, 如嚮]"라 한 데 대해 "명령을 받음이 울리는 소리와 같으니, 감히 태만하게 하지 못한다"라 해석하고, 천명은 순응하여 받는 것이므로 자기 의견으로 제멋대로 할 수 없는 것임을, 강조한다.64) 여기서 도심을 통해 내려지는 천명은 인간의 목소리가 아니라 천의 목소리임을 확인할 수 있다. 그는 천명을 받는 도구로서 도심만을 인정하여 도록(圖錄)에서 천명을 찾는 것은 이단의 허황한 술법이라 배척하고, 불교에서 수릉엄경(首楞嚴經)의 본연지성(성리학에서도 받아들이고 있는 개념임)도 시작이 없이 스스로 존재하는 것으로서 천명을 받지 않는 것이라 하여 거부하고 있다.65)

---

61) 『여전』, 2-3, 3b, 「中庸自箴 1」, "天不能諄諄然命之, 非不能也, 天之喉舌寄在道心, 道心之所儆告, 皇天之所命戒也."
62) 『여전』, 2-3, 5a, 같은 책, "道心與天命, 不可分作兩段看."
63) 『여전』, 2-3, 3b~4a, 같은 책, "對越上帝, 之只在方寸. ……求天命於本心者, 聖人昭事之學也."
64) 『여전』, 2-44, 6b, 「周易四箋 8」, "受命如嚮, 無敢怠慢."
   『여전』, 2-44, 4a, 같은 책, "唯命是順受, 命如嚮, 不敢以私意自恣."
65) 『여전』, 2-3, 4a, 「中庸自箴 1」, "求天命於圖錄者, 異端荒誕之術也."
   『여전』, 2-2, 28b, 「心經密驗」, "佛氏謂本然之性, 無所稟命, 無所始生."

(2) 성경(誠敬)의 사천(事天)

인간은 자신의 본질을 이루는 영명한 성품을 천으로부터 부여받았고, 또한 천은 인간의 생활 속에 항상 내려와 살피고 있으며 명령하고 있다고 본다. 따라서 인간은 천의 명령을 따르는 것이 가장 중대한 의무요 자기실현의 길이기도 한 것이다. 정약용은 인간이 자신의 인격을 연마하는 수신은 천을 알고 천명을 따름으로써 가능한 것이므로 천을 아는 것이 수신의 근본이라 한다.66) 그는 성리학에서 성을 이라 인식하고 이를 궁구하는 데 빠지게 되면, 사친경장·충군목민·예악형정·군려재부(事親敬長·忠君牧民·禮樂刑政·軍旅財賦)의 실천실용의 학문에 결함이 생기는 것이라 지적하고 있다.67) 그는 관념적으로 이를 인식하는 것이 아니라, 천의 명령을 받고 천을 두려워하여 섬기는 자세에는 실천의 성취가 얻어지는 것으로 보고 있다. 『중용』(中庸)(首章)에 "(아무도) 보지 않는 곳에서 계신(戒愼)하고, 듣지 않는 곳에서 공구(恐懼)한다"는 말의 뜻은 어두운 방 속에서도 상제가 와서 계심을 알기 때문이라 한다. 정약용은 홀로 있는 자리에도 이가 있다고 하면, 이는 지각도 없고 위력도 없기 때문에 두려워하는 마음이 일어나지 않게 된다고 지적한다.68) 상제의 신명이 내려와 살피고 있음을 믿으며 두려워 할 때라야 인간은 혼자 있을 때에도 행동을 삼갈 수 있다는 것이다.69) 물론 성실한 도학자가 이의 정당성에 따라 홀로 있을 때에도 삼가여 도리에 어긋나지 않게 생각하고

---

66) 註 18) 참조.
67) 『여전』, 2-6, 36b, 「孟子要義 2」.
68) 『여전』, 2-3, 5a 「中庸自箴 1」, "君子處暗室之中, 戰戰栗栗, 不敢爲惡, 知其有上帝臨女也."
69) 『여전』, 2-3, 6a, 같은 책, "不信降監者, 必無以愼其獨也."

행동하였던 것은 사실이다. 그러나 정약용의 입장은 범인들의 행동을 규제하는 근원적인 힘은 합리적인 도덕규범을 넘어서 천·상제에 대한 확고한 신앙에서 확보될 수 있다는 사실을 수록한 것이라 하겠다.

정약용은 '지성(至誠)하여 쉼이 없음[至誠無息.]'을 천이라 하여 천의 속성으로서 지성함을 지적하고, 동시에 인간은 천을 알아야 성(誠)할 수 있다고 언급한다.[70] 또한 성(誠)이 진실한 마음으로 계신·공구(戒愼·恐懼)할 수 있게 한다고 밝히고 있다.[71] 여기서 성(誠)은 천의 명을 따르는 성인의 덕이요, 천을 믿고 아는 인간이 가질 수 있는 인간의 덕이기도 하다.[72] 인간은 천을 앎으로써 성(誠)할 수 있고 성(誠)할 때라야 진실한 마음으로 삼가고 두려워할 수 있으며, 여기에서 선을 향한 도덕적 행동도 나올 수 있다는 것이다. 따라서 정약용에 있어서 도덕은 천에 대한 신앙에 근거를 두고 있게 된다. 그는 중용(20장)을 해석하면서 앞에서는(君子不可以不修身……不可以不知天) '지천'(知天)을 결국(結局)으로 삼고 있으며, 그다음 중간에서는 (天下之達道五, 所以行之者三) 여러 가지로 흩어지고, 그다음 끝에서는 (所以行之者一也) '誠'자를 결국으로 삼는다고 분석한다.[73] 곧 지천을 전제로 하며 성(誠)을 모든 인간 행동의 근본으로 삼고 있는 것이다. 『중용』(24장)에서 "지성의 도는 앞서서 알 수 있다(至誠之道, 可以前知)"라고 언급한 것에 대해서 주자는 「중용장구」(中庸章句)에서는

---

70) 『여전』, 2-3, 24b, 같은 책, "至誠無息者, 天也."
　　『여전』, 2-3, 19b, 같은 책, "知天而後能誠也."
71) 『여전』, 1-8, 31a, 「中庸策」, "誠, 使學者, 眞心戒愼, 實心恐懼."
72) 『여전』, 2-3, 21b, 「中庸自箴 1」"誠者聖人之別名, 上誠者[誠者], 下誠者[誠之者], 皆當以聖人看, 不可以天之道也. ……誠者生知安行之聖人也, 誠之者學知困知利行勉行之人也."
73) 『여전』, 2-3, 20a 「中庸自箴 1」, 20. "先以知天爲結局, 然後中散爲萬殊, 又以誠字結局."

"성(誠)이 지극하여 마음과 눈에 털끝만큼도 사사롭고 거짓됨이 없어서 기미를 살피는 것이라" 하여 먼저 드러나는 이를 인식하는 것으로 설명하였고, 「중용혹문」(中庸或問)에서는 정자의 말을 인용하여 "촉의 산인(山人)인 동오경의 무리들이 앞일을 알았다는 것처럼 이단의 이야기"라고 부정하기도 한다. 그러나 정약용은 "지성하면 지천할 수 있고 지천하면 앞서서 안다"라 하여, '천을 안다(知天)'는 조건을 개입시켜 설명하였다.74) 여기서 그는 성(誠)과 천을 연결시켜서, 인간이 천을 알아야 성(誠)할 수 있으며, 동시에 성(誠)하여야 천을 알 수 있다는 천과 인간의 관계를 연결시켜주는 인간의 심성조건을 성(誠)으로 규정하고 있다. 곧 천은 성(誠)이기 때문에 인간은 성(誠)함으로써 천을 만날 수 있으며 천을 만남으로써 더욱 성(誠)할 수 있다는 것이다. 성(誠)은 정약용에게서 천을 섬기는 근본 조건이 된다.

정약용은 천을 섬기는 인간의 기본자세로서 성(誠)과 더불어 경을 들고 있다.75) 그는 경을 '속에서 구속하면서 밖에서 시행하는 것[束於內而施諸外]'이라 정의하였다.76) 그는 정자가 "일(一)을 주장하는 것을 敬이라 하고, 적응이 없는 것을 일이라 한다"라는 말은 일을 주장하는 것이 이미 일에 적응하는 것이므로 모순이라 비판한다. 그리고 주자가 "일사(一事)에만 오로지 생각하는 것이 주일(主一)이라"한 말도 적응이 없다는 말과 모순이라 지적한다. 그는 정자와 주자가 경(敬)을 '주일무적(主一無適)'으로 해석하는 것은 고봉화상(高峯和尙)의 선어에서 "만법이 일에 돌아가니 일은 어디에 돌아가는가.

---

74) 『여전』, 2-4, 49b, 「中庸講義 1」, "至誠則可以知天, 知天則可以前知."
75) 『여전』, 2-19, 15a, 「詩經講義 3」, "誠敬之本, 布於事天."
76) 『여전』, 2-2, 30b, 「心經實驗」.

일은 심이요, 심으로 심을 주장하여 아무런 발용이 없으니 선이 되는 것이다"77)라 한 것과 어떻게 구별되는지 밝히지 못하였다고 비판한다. 곧 정약용은 정자와 주자의 경 개념이 선에 물들어서 명확하게 벗어나지 못하고 있는 것으로 본다. 그는 "경천하고 경신하는 것이 정좌의 공부가 될 수 있지만, 반드시 묵묵한 가운데 마음을 움직여서 천도를 생각하기도 하고, 신리(神理)를 탐구하기도 하고, 지난 허물을 성찰하기도 하고, 새로운 의미를 이끌어내기도 하여야 진실한 마음으로 경천하는 것이 된다. 만약 사려를 끊고 경계하거나 두려워하지 않으며, 오직 연못이 고요하여 파도가 일지 않는 것만 힘쓴다면 이것은 정(靜)이지 경(敬)이 아니다"78)라 하여 정과 경의 구별을 선명하게 제시하고 있다. 그는 성리학의 수양법으로서 경 개념은 마음의 활동을 억제하는 것으로 정(靜)에 속하는 것인 데 비하여, 자신의 경 개념은 천에 향하거나 인간의 일에 향하는 진실한 마음의 활동이라 규정한다. 또한 그는 역의 괘상으로서, 이(离)(☲)는 속이 비어 있는 것이므로 마음을 비워 성(誠)이 되고 신(信)이 되는 것이다. 지성이 천심에 이르는 것은 '형(亨)'의 뜻이라 한다. 그리고 감(坎; ☵)은 속이 차 있으니 마음이 견고하여 경이 되고 직(直)이 되는 것이며, 활동에 부정함이 없고 일이 공을 이루는 것이다. 마치 담의 기둥이 담을 견고하게 하는 것과 같은 것으로서 '정(貞)'의 뜻이라 한다.79) 마음을 비워 천을 믿는 성(誠)과 천을 믿는 굳은 마음으로 행동하는 경은 천을 섬기는 신앙의 기본적인 덕을 이루고 있다.

정약용은 천·상제를 섬기는 기본적인 태도로 제사를 중요시한다.

77) 『여전』, 2-2, 31a, 같은 책.
78) 같은 곳.
79) 『여전』, 2-37, 35a~b, 「周易四箋 1」.

그는 『춘추』(春秋)에 나타난 의례를 고증한 『춘추고징』(春秋考徵)에
서 길례(제례)로서 교·사·체·시향·삭제·묘제(郊·社·禘·時享·
朔祭·廟祭)를 제시하고 있다. 여기서 교(郊)는 천에 대한 제사이고,
사(社)는 지(地)의 주재에 대한 제사이며, 체·시향·삭제·묘제는 모
두 인귀(人鬼)에 대한 제사이다. 수·화·김·목·토·곡(水·火·金·
木·土·穀)의 육부(六府)는 인간 생활에 필수적인 재물이며, 육부는
모두 땅에서 남으로 육부를 맡은 신은 지기(地示)에 속한다고 한다.
그리고 토(土)와 곡(穀)은 육부가운데서도 가장 중요하기 때문에 토
의 신과 곡의 신을 따로 모신 것이 사(社)와 직(稷)이라 한다. 여기서
천과 지의 온갖 영명은 모두 상제의 신좌(臣佐)이므로, 천신이나 지신
은 다 같이 천신이요, 명신을 섬기는 것이 곧 상제를 섬기는 것이
된다. 따라서 『중용』(中庸)(19장)에서 "교(祭天)와 사(祭地)의 의례는
상제를 섬기는 것이다"라고 하였다고 한다.80) 명신(明神)은 상제의
신좌로서 인간의 생활 속에 내려와 살피기도 하고, 천에게 인간을
소개하여 큰 복을 주도록 하기도 하는 존재이다.81) 따라서 인간은
명신(天神과 地示를 포함)에게 제사드려서 섬겨야 하고, 이 제사는 궁
극적으로 천에게 드려지는 것이라 한다. 그는 천에 드리는 제사를
구분하여 '교(郊)'는 정제[정기적으로 드리는 기본제사]이고, 특별한 일
이 있을 때 천에 알리는 제사는 '여(旅)'라 하였다.82)

제사의 조건으로서 성(誠)과 결(潔)을 강조하고,83) 공동체의 화합

---

80) 『여전』, 2-34, 2a-b, 「春秋考徵 2」, "天神地示, 同是天神, ……天地百
　　靈, 皆是上帝之臣佐."
81) 『여전』, 2-18, 53a, 「詩經講義 2」, "明神紹仕, 人之景福于天."
82) 『여전』, 2-36, 23b, 「春秋考徵 4」, "祀天者郊, 天正祭也, 旅上帝者, 有
　　事而告天也."
83) 『여전』, 2-40, 22b, 「周易四箋 4」, "祭祀之義, 唯誠唯潔."

기능을 강조하여 한 가족의 기쁜 마음을 모아 조상을 섬기고, 천하의 기쁜 마음을 모아 상제를 섬긴다고 지적한다.[84] 또한 제사의 큰 의미는 복을 받는 것이다. 그는 역(易)의 구(姤; ䷫)卦 구오(九五)에서 "하늘로부터 떨어지는 것이 있다[有隕自天]"라는 것은 복을 말하는 것이라 해석한다.[85] 천·상제를 섬기며, 천신과 조상신을 섬기는 것은 곧 천으로부터 복을 받는 결과를 얻는다. 그것은 동시에 천이 인간에게 벌을 내릴 수도 있지만 복을 내려주는 존재임을 확인하는 것이다.

(3) 성인(聖人)과 격인(格人) - 천·인의 만남

정약용은 당시의 성리학자들이 성인이 되고자 하지만 될 수 없는 이유를 세 가지로 지적하고 있다. 그 첫째는 천(天)을 이(理)라고 인식하기 때문이요, 둘째는 인(仁)을 만물을 살리는 이라고 인식하기 때문이요, 셋째는 중용의 용(庸)을 평상한 것으로 인식하기 때문이라 한다.[86] 그는 성리학에서처럼 천을 지각이 없고 인간을 감시하는 기능이 없는 이라고 볼 것이 아니라, 영명하고 강감(降鑑)하는 신으로 볼 것을 제시한다. 인간이 천 앞에서 항상 경계하고 두려워함으로써 정성[誠]스럽게 행동할 수 있다고 보았다. 또한 성리학에서는 인을 인간의 성품에 선천적으로 부여된 천의 이로서 모든 사물을 살리는

---

84) 『여전』, 2-38, 37b, 「周易四箋 2」, "聖人之會合人類, 厥有二道, 得一家之歡心, 以事祖考, 得天下之歡心, 以事上帝."
85) 『여전』, 2-40, 41a, 「周易四箋 4」, "祭所以受福也, 易例凡有隕自天, 謂之福."
86) 『여전』, 2-2, 40a, <心經密驗>, "今人欲成聖, 而不能者, 厥有三端, 一認天爲理, 二認仁爲生物之理, 三認庸爲平常."

덕이라 보기 때문에 성품을 배양하려는 내면화에로 빠지는 것이라 지적한다. 이에 비하여 그는 인을 인간관계라 보았다. 인간이 다른 인간과의 관계를 통하여 성품에 따라 그 인간관계를 선하게 함으로써 성취되는 덕을 인이라 보았다. 중용의 용(庸)을 주자는 평상한 것이라 해석하였다. 이에 대해 정약용은 상(常)에 항상(恒常)[지속적임]과 경상(經常)[불변적인 실행법칙]과 평상(平常)[일상의 비근함]이 구분될 수 있다 하고, 중용의 용(庸)은 항상과 경상이지 평상은 아니라 한다. 그는 평상의 개념이 고경에는 없고 선가의 『지편록』(指片錄)에서 남천이 조주에게 "평상한 마음이 도이다"라는 말에서나 볼 수 있는 것이라 하여 주자의 해석을 반대하고 있다.87) 중(中)[곧 中和요 誠인 德]을 항구하게 지켜가는 지속성을 용(庸)의 의미로 강조한 것이다.

천의 덕을 지성무식(至誠無息)한 것이라 한다면, 이에 상응하는 인간의 덕도 중화(中和; 誠)와 항상(恒常; 無息)이 요구되는 것으로 이해할 수 있다. 그는 "홀로 있을 때를 삼가여 천을 섬기고, 힘써 서(恕)[자기 마음으로 남의 마음을 헤아리는 推恕]를 실천하여 인을 실현하고, 덕의 실천에 항구하여 쉬지 않을 수 있으면 바로 성인이라"하여 성인의 실천 덕목을 밝혀주었다.88)

정약용은 성인을 하늘처럼 생각하여 자신과 사이를 확연하게 나누는 것을 거부한다.89) 그만큼 그는 성인이 모든 인간의 모범으로서 누구나 성인을 존숭할 뿐 아니라 성인이 되기를 지향하여야 할 것을

---

87) 『여전』, 2-4, 10a, 「中庸講義 1」.
88) 『여전』, 2-2, 40a, 「心經密驗」, "若愼獨以事天, 强恕以求仁, 又能恒久而不息, 斯聖人矣."
89) 『여전』, 2-6, 22b, 「孟子要義 2」, "今之學者, 以聖爲天, 決意自畫, 皆此說禍之也."

강조하였다. 이와 동시에 그는 성인이 되는 까닭을 지성(至誠)으로 사물을 대하는 것이라 지적하고,[90] 성(誠)을 성인의 별명(別名)이라 지적하여,[91] 성인의 덕을 밝히고 있다. 여기서 성(誠)은 천의 덕이요 따라서 성을 천에 사무치는 덕이라 규정한다."[92]

인간은 누구나 천을 알아서 성(誠)을 실천함으로써 성인이 될 수 있고, 이와 더불어 천에로 통할 수 있는 것이다. 성(誠)함으로써 천에까지 이르는 것을 정(亨)[형통]이라 한다.[93] 천은 지성무식(至誠無息)한 덕이 있고, 성인은 천을 알고 배워서 학문이 오래 쌓이어 그 덕이 천을 닮는 것이 곧 천에 이르는 상태라 할 수 있다.[94]

인간이 천과 만나는 것은 인간이 천이 되는 것이 아니다. 이 점에서는 인간과 천의 위격이 엄연히 다르다. 다만 인간이 천을 알고 믿어서 천의 명령을 받아 천의 뜻에 일치함으로써 천에 이르러 형통할 수가 있다. 정약용은 천에 이르는 인간으로서 『서경』(書經) 「서백감여」(西伯戡黎) 편에 제시된 '격인(格人)'을 주목하였다. 격인은 '덕행이 순수하고 정신이 통일되어 상제에 감통할 수 있어서, 상제의 깨우쳐 열어 보임을 우러러 받들고 천명을 밝게 아는 자'라 규정한다.[95] 그는 서경에서 성탕(成湯) 때의 이윤, 태무(伊尹, 太戊) 때의 이척·신호·무함, 조을(伊陟·臣扈·巫咸, 祖乙) 때의 무현, 무정(巫賢, 武丁) 때의 감반(甘盤)을 격인의 例로 들고 있다. 춘추 이후

90) 『여전』, 1-11, 1a, 「易論 1」, "夫聖人之所以爲聖人者, 以其能至誠以待物……."
91) 『여전』, 2-3, 21b, 「中庸自箴 1」, "誠者, 聖人之別名."
92) 『여전』, 2-9, 22b, 「論語古今注 3」, "聖者, 達天之德也"
93) 『여전』, 2-37, 17a, 「周易四箋 1」, "誠以格天曰亨."
94) 『여전』, 2-3, 24b, 「中庸自箴 1」, "至誠無息者, 天也, 聖人學天旣久, 其德至於肖天."
95) 『여전』, 2-25, 17b, 「尙書古訓 4」, "格人者, 格天之人, ……凡其德行純粹, 精神專一者, 器感通于上帝, 仰承啓牖, 昭知天命, 斯之謂格人."

로 무(巫)가 타락하여 사술에 빠졌으나 은대에는 명신을 섬기던 무들이 격인이었음을 확인한다. 천·상제와 명신을 섬기며, 천·상제에 감통하는 격인의 인간상은 마치 사제의 모습에 근사한 것이라고도 볼 수 있겠다.

4. 천(天) 개념 이해의 특성

정약용의 경전주석은 천·상제에 대한 믿음과 인식을 통하여 이루어진 것이라 할 수 있다. 그는 자신의 묘지명을 스스로 짓는 가운데 "하늘의 은총을 입었으니, 어리석은 마음을 깨우쳐 주셔서, 육경을 정밀히 연구하여, 오묘한 이치를 이해하고 은미한 뜻을 통했노라"[96]라는 언급은 그의 경학이 천의 은총임을 고백하고 있다. 그만큼 그의 경전주석은 천에 대한 이해가 근거요 중심을 이루는 것이라 하겠다.

먼저 그의 천·상제에 관한 개념적 이해의 몇 가지 특징을 들어 보면 다음과 같다. 첫째, 그는 상제를 정명(正名)으로 호천(昊天)을 정호(正號)로 하며 천도 그 주재대상으로서 호칭으로 쓰이는 것으로 해명함으로써 인격적 존재로서의 명칭을 명확하게 정리하였다. 둘째, 상제를 유일의 존재요 신으로서 본질을 밝히며 천신·지신·인귀 등 명신(明神)들의 성격과 상제의 신좌(臣佐)로서의 지위를 명확히 함으로써 천·상제를 유일신으로 제시하였다. 셋째, 천·상제는 인격신으로서 주재자이며 조물주로서의 성격을 밝혀 창조자로서의 지위를 확

---

96) 『여전』, 1-16, 2. 「自撰墓誌銘(壙中本)」, "荷天之寵, 牖其愚衷, 精研六 經, 妙解微通."

인하였다. 이러한 천·상제개념은 송대 성리학과 한대 참위설의 개념을 거의 씻고 경전에 입각한 재해석이면서 경전조차 자신의 개념체계에 따라 재평가하는 것이라 할 수 있다. 그의 천·상제개념은 결코 형이상학적인 궁극존재로서 관념적 성격을 벗어난 신앙적 대상으로 인간에게 압도하는 존재로 자명하게 이해되는 것이라 하겠다.

다음으로 천·인관계의 문제에 대한 정약용의 이해 내용을 정리해 보면 다음과 같이 요약될 수 있다. 첫째, 천·상제는 인간의 존재를 창조하였을 뿐 아니라, 인간에게 선·악의 어느 쪽도 행할 수 있는 자주권과 더불어 선을 좋아하고 악을 부끄러워하는 성품을 부여하는 명령을 내렸으며, 도심을 통하여 인간생활 속의 모든 순간에 명령의 목소리가 울려나오고 있다는 천명관을 제시한다. 따라서 인간은 천의 직접적인 명령 앞에 놓여 있으며 천의 뜻에 따라 살아야 하는 천의 종(從)이라는 지위에 처하게 된다. 둘째, 인간은 천을 알고 믿어서 삼가고 두려워하는 정성스러움으로 경건하게 천을 섬겨야 하는 것을 가장 큰 임무로 한다. 제사도 천을 섬기는 방법이요, 천을 정성으로 섬길 때 천으로부터 복을 받을 수 있다고 한다. 셋째, 인간이 정성으로 천을 섬기고 천의 명령에 따라 인간관계를 지속적으로 성실하게 이룬 모범으로서 성인 또는 격인이 제시된다. 성인·격인은 모든 인간이 될 수 있는 인격이요, 성인 내지 격인은 천·상제에 형통하여 그 덕이 천·상제와 만날 수 있다고 한다. 여기서 인간의 도덕적 규범은 천의 명령에 근거하는 것으로 신앙과 윤리가 일치되고 있다. 또한 인간과 인간의 관계도 천으로부터 부여된 명령의 실천으로 받아들여진다. 그는 천 앞에서 성인·격인을 천명을 받드는 모범으로 존중하지만 철저히 인간의 지위에 한정시킴으로써 천과 인간의 직접적 만남을 강조한다. 천과 인간 사이에 천의 명령을 받아 천·지·

만물을 다스리는 명신을 설정하지만 명신은 천으로부터 독립된 지위
를 갖지 못하는 천에 예속된 존재일 뿐이다.

정약용의 천 개념은 그의 경학 체계에서 전체를 꿰뚫고 있는 중
심문제로서 파악될 수 있으며, 인간의 문제는 천을 알고 받드는 신
앙적 삶으로 해명되고 있다. 그가 제시한 천 개념과 인간의 천에 대
한 신앙적 태도의 이해는 광범하게 천주교 신앙의 영향을 받아들이
고 있다고 하겠다. 그러나 그는 철저히 경전주석에 기반을 두고 있
는 만큼 천주교 교리 체계를 논의하는 것과는 확연히 구별된다. 따
라서 그의 천 개념을 통한 경학은 경전에 관한 기존의 주석 속에
착색된 참위설과 성리설의 빛깔을 씻어내고 새로운 사상인 천주교
신앙의 빛으로 비춰보는 것이라 할 수 있다. 그것은 성리학이 불교
를 비판함에도 불구하고 그가 불교와 성리학의 상통성을 예리하게
지적한 사실처럼, 그 자신이 천주교 신앙을 떠났다 하더라도 그의
경전주석 속에서 천주교 신앙의 영향을 확인할 수 있게 한다. 그러
나 그가 천주교 신앙을 마지막까지 지켰다 하더라도,[97] 유교경전 속
에 담긴 천 개념의 신앙적 성격을 발현시키고 있는 사실에서 경학사
의 더없이 소중한 창조적 업적임을 인정하지 않을 수 없다.

---

97) Ch. 달레는 정약용이 流配 시기와 晩年에도 천주교 신앙에 열심이었고,
　　죽기 전에 중국인 劉方濟신부에게서 終傅聖事를 받았다고 기록하고 있
　　다.(『한국천주교회사』, 안응렬·최석우 역, 중권, 1980, p.17)

다산철학의 인간학적 기초

1. 문제의 성격

다산 정약용(1762~1836)이 태어났고 또 세상을 떠났던 곳인 양주군 와부면 능내리 마재부락은 서울서 멀지 않은 팔당댐의 바로 위쪽 호숫가에 자리 잡고 있다. 이곳은 곧 열수(漢江)에서 산수(北漢江)와 습수(南漢江)가 합쳐지는 지점이다. 이 강변을 아껴 다산 자신도 열수 또는 열상노인(洌上老人)으로 자호(自號)하기를 즐겼다. 여러 작은 지류를 모은 두 가닥의 큰 강줄기가 만나는 열상(洌上)의 의미는 어쩌면 정약용의 사상적 성격과 깊은 연관성을 암시해 주는 듯하다. 그는 조선 후기 사회에서 유학의 도학적 전통 속에 자랐지만 양명학도 고증학도 서학도 받아들여 사상적으로 새로이 하나의 큰 강하를 이루었던 것이다. 물론 정약용의 사상을 실학이라거나 수사학(洙泗學)이라 특징지을 수도 있겠으나, 이처럼 광범한 종합성에서는 그저 다산철학이라 일컫는 것이 오히려 그 특징을 손상시키지 않을 것으로 생각해 볼 수 있다.

'다산'이라는 호가 강진의 적지(謫地)에서 그의 학문이 연마되고 체계화되었던 시절을 가리킨다면, '여유당'은 근신을 생활신조로 삼았

던 그의 환경과 태도를 엿보게 하는 것이요, '열수'(洌水) 또는 '열
상'(洌上)은 그가 태어나서 자랐고 만년에 생애와 사상을 정리하였
던 시절을 가리키는 호라고 할 수 있겠다. 유배의 계기가 그의 사상
에 지닌 중요성에 비추어 보면 '다산'이라 일반적으로 일컫는 것이
당연하다 하겠으나, 그의 사상을 전체적으로 조망하려는 뜻에서는
오히려 '열수'라 불러보고 싶어진다.

정약용은 자신의 학문 체계를 육경사서는 수기를 위한 것이요 일
표이서(經世遺表·牧民心書·欽欽新書)는 천하국가를 위한 것으로 본
말을 이룬다고 밝힌 바 있다.[98] 정약용이 실학파의 거장으로서 현실
적인 정치·사회·제도의 문제를 다룬 일표이서는 그의 대표작이라
할 수도 있겠지만, 그 자신의 언급처럼 육경사서를 근본으로 삼고
있음에 주의해야 할 것이다. 정약용의 야심적인 경전 연구를 통한
새로운 주석 체계는 경학사에서도 중요한 업적임에 틀림없으나, 이
것은 곧 그의 철학적 근본 입장을 밝혀 주는 것이라 하겠다. 그가
자신의 경학 체계를 통하여 성리학과 훈고학을 비판적으로 극복하고
유학의 근본정신을 재천명하려고 하였던 것은 단순한 부고주의가 아
니라 그의 시대에서 자신의 철학적 입장을 제시하고 있는 것이라 볼
수 있다. 여기서 다산철학의 근본 입장이 유학의 본질과 전통에 따
라 인간 문제에 대한 관심에 초점이 놓여 있음을 재확인하게 되는
것이다.[99] 따라서 다산철학을 이해하기 위한 과정에서 그 인간학적

---

98) 『與猶堂全書』(以下 『여전』로 略稱), 1−16, 18a, 「自撰墓誌銘(集中本)」.
99) 李乙浩 교수는 茶山經學을 '修己治人의 人間學'이라 규정하고, "인간학
  적 실천 윤리학이라는 터전 위에 성립되었을 따름"이라 지적하고 있다.
  (李乙浩, 「茶山學의 理解」, 1975, pp.217f.) 山內弘一 씨는 茶山의 학문 입
  장을 「中庸」을 통한 事天學과 「大學」을 통한 修己治人學이라 분석한 것
  은 그의 人間學的 성격을 보다 깊이 있게 해명한 것이라 하겠다.(山內弘
  一, 「丁若鏞의 事天의 學과 修己治人의 學」, 『朝鮮學報』 제30집, 1987)

성격을 밝히고, 우선 그의 인간 해명에 제시된 기초 개념을 이해해야 할 필요성을 갖게 된다.

2. 다산철학의 인간학적 성격

(1) 인간문제에 대한 관심

유학의 '유'(儒)가 '인'(人)과 '수'(需)의 결합이고 여기서 '수'(需)를 음만 가리킨다고 하거나 수용(需用)의 뜻을 갖는다고도 하지만, 유(儒)의 의미는 '인'(人)에 기반을 두고 있는 것이다. 따라서 유학은 그 학문의 범위가 정치·사회·윤리·철학·종교·예술 등 모든 문제에 걸쳐 있지만 그 핵심은 인간에 두고 있는 것이라 하겠다. 공자에 있어서 "사람이 도를 넓힐 수 있다"[人能弘道]고 하여 도에 대한 인간의 능동성을 지적하고 있으며, "아직 사람도 섬길 수 없거늘 어찌 귀신을 섬길 수 있겠는가"[未能事人, 焉能事鬼]라는 반문에서 귀신에 선행하여 인간을 존중하도록 교시하고 있다. 여기서 인간은 바로 유학의 출발점이요 주체적 중심이며 근본적 대상임을 확인할 수 있게 된다. 맹자에서도 인성을 밝혀 성선설을 제기하고 사회질서의 이상으로 민본의 원리와 왕도론을 주장하였다. 유교경전의 정착을 통하여, 그 근본원리는 『대학』에서 명명덕(明明德)과 친민(親民)으로 제시되었던 데에서 잘 나타나 있지만 인간의 내면적 도덕성을 계발·함양하고 인간의 사회적 질서를 정립·구현하는 데 관심이 집중되어 있다.

이러한 유학의 전통은 송대 이래 형이상학적 체계 속에 이론화됨으로써 인간의 본성을 태극·이기설의 우주론적 이론 속에 해명하기에 이르렀다. 이른바 성리학은 조선시대의 시대 이념으로 확립되었으며, 인간에 대한 관심을 문제의 핵심으로 계승하여 왔다. 성리학은 인간을 형이상학적 관념을 통하여 해석함으로써 보다 근원적이고 합리적인 의미를 제공해 주었지만, 다른 한편으로 이론 체계의 논리와 관념 속에 인간을 분석함으로써 현실 속에 생동하는 모습을 살려내지 못한 아쉬움을 남겼던 것이다. 더구나 성리학의 강한 이념적 성격은 엄격한 규범성을 부여하였지만 변화하는 사회의 다양성에 적응하는 데는 많은 취약점을 안고 있었고, 따라서 조선 후기의 사회적 변동으로부터 괴리된 관념화 내지 형식화의 모순을 내포하게 되었다.

여기서 유학의 전통 속에 그 근원적 관심과 출발점에서 현재의 이론 체계를 반성하려는 움직임이 발생하였다. 물론 최초의 문제의식은 사회적인 제도의 불합리성이나 비현실성에 대한 자각에서 출발하지만, 관심의 근본적 대상은 인간에로 귀결되었다. 정약용은 바로 조선 후기의 사회적 내지 사상적 변동 시기에 문제를 철저히 의식하고, 이를 명확히 제시하며, 그 대답을 하는 작업을 실행하였던 인물이라 생각된다.

정약용의 학문 체계에 있어서 경전에 대한 주석은 경학사의 커다란 업적을 이루고 있는 것이며, 또한 그의 사회사상에 철학적 기초를 제공하는 것이라 볼 수 있다. 그의 경학 연구에서 가장 선행적인 『중용』에 대한 해석을 통하여 "천명지성은 인성이요, 율성지도는 인도요, 수도지교는 인교"라 밝히고,[100] "중용이라는 한 권의 책이 비록 천명에 근본을 두는 것이나 그 도는 모두 인도이다"라고 언명하

---

100) 『여전』, 2-4, 4a, 「中庸講義」.

여.[101] 인간의 문제에 초점을 맞추고 있는 자신의 입장에서 『중용』
이라는 경전을 해명하였다. 정약용에 있어서 인간이란 궁극적 존재
의 한 부분으로 파묻히는 것을 허락할 수 없고, 또한 자연의 평면 위
에 병렬적으로 배치되는 것을 동의할 수도 없다. 그에게 있어서 인
간은 독특한 성격의 특징이 빛을 번쩍거리며, 동시에 부단히 움직이
고 시도하며 느끼는 살아 있는 존재이다.

(2) 체계의 파괴와 새로운 체계화

조선시대는 건국 초부터 주자학 내지 도학의 이념을 정착시키고
확립하였다. 16세기에 이르러서는 성리학의 전성기를 이루었고, 뒤따
라 예학이 융성하고 사림정치의 풍토가 성숙하면서 주자학은 사회
전반을 지배하는 이념으로서의 권위를 정립하였던 것이다. 특히 주
자학의 철학적 이론 체계로서 성리학은 이언적의 태극이기논변에서
비롯하여 퇴계·율곡의 이기심성정논변을 거쳐 한원진·이간의 인물
성동이논변에 이르기까지 문제를 심화시켰고, 이에 따라 관념적이고
형식적인 체계의 구성을 추구하면서 사변적인 분석과 논쟁을 거듭하
고 있었다. 여기서 성리학은 다양한 입장의 분열이 일어났지만 공통
된 기반은 태극·이기의·우주적 관념과 심성정(心性情)의 인간 본
성을 연관시키는 것이요, 따라서 우주와 인간과 만물을 일관시키고
있는 것이다. 이러한 보편성의 원리는 불변적인 관념으로서의 이(理)
이거나 이기(理氣)의 구조로서 제시되었다. 다시 말하면 성리학은 태
극·이기의 관념으로 천인·인물의 구조를 해명하는 것이었다. 정약

---

101) 『여전』, 2-4, 60b, 같은 책.

용은 우선 성리학파의 논쟁이 관념적인 형식에 **빠져**있음을 비판한다.

> 오늘날 성리학을 하는 사람을 이·기·성·정·체·용, 본연·기질·이
> 발·기발, 이발·미발, 단지·겸지, 이동기이·기동이이, 심선무악·심
> 선유악(理·氣·性·情·體·用, 本然·氣質·理發·氣發, 已發·未
> 發, 單指·兼指, 理同氣異·氣同理異, 心善無惡·心善有惡)을 말하여
> 세 줄기 다섯 가지로, 천 가지 만 잎사귀로 털같이 나누고 실같이 쪼개
> 어 서로 성내고 서로 떠든다.[102]

그리고 정약용은 성리학의 논쟁이 객관적 합리성을 벗어나 당파적
인 분열을 일으키고 있는 현상을 깊이 혐오하고 있다.

> 동쪽으로 두드리고 서쪽으로 부딪치며, 꼬리만 잡고 머리를 **빠**뜨린
> 자가 문마다 기(旗) 하나씩 세우고 집마다 진(陣) 하나씩 쌓아서, 세
> 상이 다하도록 그 송사를 능히 결단하지 못하고, 대를 전해 가도 그
> 원망을 능히 풀지 못한다. 들어오는 자는 주인이 되고 나가는 자는
> 종으로 여기며, 뜻이 같은 자는 추대하고 뜻이 다른 자는 공격한다.
> 자기 스스로 의거하는 바가 극히 바르다 하니 어찌 어설프지 않은
> 가.[103]

정약용은 이미 성리학이 사변적 형식주의에 **빠져** 아무런 창조적
사고를 할 수 없는 것으로 규정짓고 이기론의 논쟁에 **빠져들기**를 전
면적으로 거부하였다.

> 이기설은……세상을 마치도록 서로 다투고 자손에까지 전해도 끝이

---

102) 『여전』, 1－11, 19a, 「五學論一」.
103) 같은 책.

없으니, 인생에 일이 많은데 그대와 나는 이를 할 겨를이 없다.104)

정약용은 그 시대의 지배 이념인 성리학의 이론 체계와 학풍을 과감하게 비판하고 있지만, 성리학의 문제의식이 인간의 본성과 그 근원을 탐구하는 데 있음을 높이 평가하여 주자가 유학의 중흥지조(中興之祖)임을 긍정한다.105) 그는 한학(漢學)이 고고(考古)를 방법으로 삼았으나 명변(明辨)이 부족하여 학이불사(學而不思)의 폐단이 있고, 송학(宋學)은 궁리(窮理)를 주장하여 고거(考據)에 소홀함으로써 사이불학(思而不學)의 허물이 있음을 지적하여,106) 자신이 지향하는 학문적 성격을 암시하고 있다. 그것은 경전에 입각하여 한학의 훈고적 방법과 송학의 심성론적 과제를 종합·지양하는 것이라 할 수 있다. 여기서 정약용은 성리학의 기본개념이나 주자의 기본명제도 거부하지만 그 추구하는 목표는 포용하고 있음을 보게 된다.

> 오늘날 사람이 성인이 되고자 하지만 할 수 없는 것이 세 가지 있다. 천(天)을 이(理)라 하는 것, 인(仁)을 생물지리(生物之理)라 하는 것, (中庸의) 용(庸)을 평상(平常)이라 하는 것이다. 만약 신독(愼獨)함으로써 사천(事天)하고, 강서(強恕)함으로써 구인(求仁)하며, 항구(恒久)하여 부식(不息)할 수 있다면 이러한 사람이 성인이다.107)

한학과 송학을 비판적으로 극복한다고 할 때 정약용은 주자학의 정통주의를 넘어서 양명학이나 서학도 독창적 관점에서 섭취할 수 있었던 것이다. 그것은 경전의 새로운 조명이요, 현실과 미래를 향하여 열

---

104) 『여전』, 1-19, 30b, 「答李汝弘」.
105) 『여전』, 2-12, 2a, 「論語古今註」.
106) 『여전』, 2-7, 30b, 같은 책.
107) 『여전』, 2-2, 40a, 「心經密驗」.

려 있는 새로운 합리적 체계를 구성하기 위한 탐색이라 할 수 있다.

(3) 욕구와 의지의 개체적 인간

인간의 본질을 해명하려는 노력의 과정에서 성리학은 인간과 우주를 하나의 원리 속에 일치시키고 인간과 만물을 그 원리로 일치시켰다. 여기서 태극·음양의 이기론으로 인간이 분석되었을 때 우주론적인 보편성에 따른 형식적 구조는 제시되었지만, 인간의 고유성은 희미해지고 말았던 것이다. 물론 성리학도 인간의 도덕적 성장을 추구하는 수양론에 깊은 관심을 기울였지만, 그것은 인간의 개체적 감정이나 의지를 억제하고 인간에 내재한 보편적 본성이 발휘되어 인간의 모든 기질적이고 신체적인 욕구를 지배하게 되는 상태에서 도덕성이 실현되는 것으로 이해되었다.

정약용은 오히려 인간 내면에 도덕적 실체가 선천적으로 부여되었다는 신념을 거부하고 행동으로 나타난 결과에서 도덕성이 이루어질 수 있는 것으로 파악하였다. 따라서 그는 인간 본성 속에 보편적인 도덕적 실체가 이미 있기 때문에 내면적 성찰을 통해 인간적 가치를 실현할 수 있다는 입장은 바로 성리학이 선학(禪學)의 영향을 받았기 때문이라 비판하였다. 그리고 그는 인간에는 선천적으로 신체와 정신이 결합되어 있으며, 원욕(願欲)이 있음을 강조한다. 신체와 정신이 오묘하게 결합된 인간의 전체적 모습을 신(身) 또는 기(己)라 하며, 심·신·영·혼(心·神·靈·魂)의 명칭은 인간을 분석할 때 정신의 면을 지적하기 위해 빌어다 쓴 말이라 하였다.[108] 여기서 정

---

108) 『여전』, 2-2, 25a, 같은 책, "神形妙合, 乃成爲人, 故其在古經, 總名曰身, 亦名曰已, 而其所謂虛靈知覺者, 未有一字之專稱, 後世欲分而言之

약용은 인간을 정신과 신체로 분리되기 이전의 전체적인 통일적 존재로서 먼저 제시하고 있음을 주목할 필요가 있다.

그리고 이 인간은 정신과 신체의 결합을 관념적인 구조로 밝히고 그칠 수 있는 것이 아니라 살아서 움직이는 존재이다. 정약용은 인간 내면에 본래적으로 존재하는 욕심이 있음으로써 모든 일을 일으킬 수 있는 것이라 한다.[109] 이러한 욕심이 인간을 행동하게 하고 살아가게 한 원동력이라 볼 수 있다. 따라서 그는 욕(欲)을 제거한다는 것이 선(善)을 위한 방법이 아니라 삶을 포기하는 것이라 지적한다. '욕'이 선을 지향하게 할 수도 있고 악을 지향하게 할 수도 있지만 '욕' 자체를 부정하는 입장을 거부하고 있는 것이다.

> 어떤 사람이 있는데, 그 마음이 고요하여 '욕'이 없어서, 선도 할 수 없고 악도 할 수 없으며, 문사도 할 수 없고 산업도 할 수 없다면 단지 이 세상에 버려진 물건이다. 사람이 어찌 '욕'이 없을 수 있겠는가.[110]

정약용은 '욕'을 긍정하여 인간이 자기 존재의 밖으로 향한 행동의 원동력을 확인해 주고 있다. 신체를 가진 인간이 생·양·동·각(生·養·動·覺)으로 활동하는 근거는 혈(血)과 기(氣)가 있기 때문이라 하고, 여기서 신체적 생명력의 기본 요소인 혈액을 부리는 힘을 기라 하며, 맹자를 따라 기를 거느리는 장수를 지(志)라 하였다.[111] 특히 정약용은 이기설의 기와 구별하여 개인의 신체 속에 충만되어 있는

者, 或假借他字, 或連續數字, 曰心, 曰神, 曰靈, 曰魂, 皆假借之言也."
109) 『여전』, 2-2, 39b, 같은 책, "吾人靈體之內, 本有願欲一端, 若無此欲心, 卽天下萬事, 都無可做."
110) 같은 책.
111) 『여전』, 2-5, 17a, 「孟子要義」, "原夫吾人之所以生養動覺, 惟有血氣二物, ……志者氣之帥也 氣者血之領也."

체력으로서의 기를 제시하고 또 기를 지배하는 지(志)를 지적함으로써 개인 내면의 자주적 의지를 부각시키고 있는 것이다. 그에 있어서는 인간에게 선천적인 결정적 요인이 지배하는 것이 아니라, 인간의 능동적 의지의 작용이 중요한 것이다. 선은 인간 본성 속에 내재한 것이 아니고 악이 인간 신체에로 귀속되는 것이 아니다. 그것은 선 또는 악에로 지향하는 의지의 결정에 따른 결과일 뿐이다.[112] 따라서 정약용이 발견한 인간은 보편적 원리로 해소되지 않는, 욕구와 의지를 지닌 구체적이고 능동적이며 자주적인 개체이다. 여기서 인간은 우주와 만물과의 관계를 맺으면서도 이들로부터 독립된 존재이며 자기 독특성을 지닌 존재로 나타나게 된다. 그리고 이 인간의 세계는 보편적이고 고정된 선천적인 내면적 실체를 통해 드러나는 것이 아니라 시간과 공간 속에서 다른 인간이나 사물과 관계를 맺는 행위를 통하여 형성되어 가는 것이다.

3. 심(心)의 고유성과 자율성

(1) 심(心) - 신형묘합(神形妙合)의 추유(樞紐)

정약용은 정신과 신체가 묘합하여 인간이 이루어진다고 정의하며, 이때 정신은 형체가 없는 요소를 가리켜 신이란 명칭을 빌려 쓴 것이요, 무형한 정신과 유형한 신체를 오묘하게 결합시키는 추유(樞紐)

---

112) 『여전』, 2-6, 25a, 같은 책, "孟子論性, 以不善歸之於陷溺, 宋儒論性, 以不善歸之於氣質, 陷溺由己, 其救有術, 氣質由天, 其脫無路."

가 되는 것은 심장에서 이름을 빌려와 '심'(心)이라 한다고 해명하였다.[113] 심이 무형한 정신만을 가리키는 것이 아니고 죽어서 신체를 떠난 혼과도 구별되는 특징적인 사실은 신체와 정신을 결합시키는 힘이라 지적되고 있는 것이다. 이것은 바로 분해될 수 없는바 살아 있는 인간존재의 생명이요, 또한 개체적인 인간존재의 핵심으로서 심을 제시하고 있는 것이다. 따라서 그는 심이란 것은 활동신묘(活動神妙)하다고 강조하고 있다.[114] 그는 또한 심과 신을 분리시킬 수 없음을 지적하여, 심을 바르게 하는 것과 신을 바르게 하는 것이 별개의 공부일 수 없다고 밝혔다.[115] 신체에서 분리될 수 없으며 신체속에 깃들어 인간을 형성하는 핵심적인 생명력을 심이라 파악할 때에는 심이 이나 기로서의 개념으로 환원될 수 없는 것이 정약용의 입장이다.

정약용은 심을 해명하는 과정에서 세 가지 형태로 분석하고 있다. 첫째 오장지심(五臟之心), 둘째 영명지심(靈明之心), 셋째 심지소발지심(心之所發之心)이다.[116] 오장지심은 곧 심장이니 신체의 한 부분이다. 정약용이 말하는 심은 심장이 피를 순환시켜 신체적 생명을 유지하는 기능을 하는 점에서 서로 연관성 내지 유지성을 지니고 있지만, 심이 인간의 생명인 만큼 동물적인 신체적 생명의 단계에 그치는 것이 아니다. 인간의 심은 영명지심이요 심지소발지심에서 그 고유한 면모를 볼 수 있다. 영명지심은 심의 본체요, 심지소발지심은

---

113) 『여전』, 2-5, 32a, 같은 책, "神形妙合, 乃成爲人, 神則無形, 亦尙無名, 以其無形, 故借名曰神, 心爲血府, 爲妙合之樞紐, 故借名曰心."
114) 『여전』, 2-2, 37b, 「心經密驗」, "心之爲物, 活動神妙."
115) 『여전』, 2-1, 29a, 「大學公議」, "身心妙合, 不可分言, 正心卽所以正身, 無二層工夫也."
116) 『여전』, 1-19, 30b, 「答李汝弘」.

심의 작용으로 분석하여 파악할 수 있다. 정약용은 심체는 허령하며 만물에 묘응한다 하고,[117] 영명지본체・허령본체・영명응묘지체(靈明之本體・虛靈本體・靈明應妙之體) 등으로 언급하였다.[118] 이러한 영명본체로서의 심은 어떤 초월적이거나 형이상학적 실재도 아니고, 신체적이고 동물적인 물질도 아니며, 오직 인간의 고유한 생명적 실체인 것이다. 또한 이 심은 선과 악으로 규정되기 이전의 자연적 현실 존재이며, 이와 기로 분석될 수 없는 인간적 고유성을 확보하고 있다. 그것은 무형한 신도 아니고 유형한 장(臟)도 아니며, 그 둘을 묘합하여 인간 생명을 형성하고 있는 것이다. 따라서 정약용에 있어서 인간의 내면적 실체는 심을 넘어서는 무엇이 있을 수 없다. 신체에서 분리된 정신이나 정신에서 독립한 신체가 인간의 구체적 실재일 수 없다고 보는 것이다. 심은 신체와 구별되어 근원성을 지니지만 양자가 분리되면 생명이 파괴되고, 조화할 때에 생명을 지닌 인간존재로 남아 있을 수 있다. 정약용의 인간 본질에 대한 철학적 이해에 초점은 바로 심의 해명에 있다고 할 수 있다.

심이 영명하거나 허령하다는 것은 심이 물질적인 신체성에 제약되지 않는 기능이 있음을 보여준다. 정약용은 심을 인간의 신명이 사는 집[心者, 吾人神明之所宅]이라고 하였다.[119] 신명이 심을 집으로 삼는다는 말은 인간의 심이 갖는 근본 기능이 신명이란 말이 된다. 따라시 인긴은 고정된 실체로서의 심을 가진 것이 아니라 신명이 발휘되는 활동적 심을 지니고 있다. 여기서 심의 본체적인 면은 바로 그 작용적인 면을 발휘하는 데 존재 이유가 있는 것이다. 심은 심

---

117) 같은 책, 31b, "心體虛靈, 妙應萬物, 不可名言."
118) 같은 책, 34b~35a.
119) 『여전』, 2-6, 28b. 「孟子要義」.

그 자체를 반성적으로 관조할 수는 있지만 심의 본체를 내향적으로 관조하는 것이 목적이 아니라 심을 발휘하는 데에로 나오는 외향적 방향에서 그 가치를 지니는 것이다. 곧 정약용은 선가의 면벽관심을 괴이한 짓이라 부정하고, 유가의 존심양성의 방법에서도 행위 속에서 추구하는 것과 정좌한 때에 추구하는 것을 구분하여 전자의 동존동양(動存動養)의 방법을 맹자의 본래적인 것으로 보고 후자의 정존정양(靜存靜養)의 방법을 송학의 변형으로 보았다.120)

심지소발지심은 바로 발휘되어 나타난 심의 현상이다. 측은·수오의 선심도 나타나고 비사·역만(鄙詐·易慢)의 악심도 나온다. 이렇게 나타난 소발지심은 무수히 많으나 그 본체는 영명지심 하나인 것이다.121) 그는 심을 "속에 함축되어 있어 밖으로 운용하는 것"이라 하여, 본체의 근거와 현실 속의 발현을 결합시킨 심의 통일성을 명백히 지적하였던 것이다.122) 정약용은 본체로서의 심에 고정된 형식으로서의 규정을 피하고 현실 속에 존재하는 인간 생명의 통합적이고 독자적인 중심으로 파악하였다. 따라서 그는 심을 본래 '활동부정지물(活動不定之物)'이라고도 지적하면서, 심의 작용이 나타날 수 있는 두 가지 양상으로서 『서경』(書經)(大禹謨)의 인심·도심 및 『맹자』(孟子)(告子上)의 대체·소체를 이끌어 쓰고 있다.123) 인간의 심은 곧 천명의 도의를 따라 나타나는 도심과 물질적인 신체를 따라 나타나는 인심의 두 양상을 보인다. 인간이 신체와 정신의 결합이요, 곧 무형하고 영명한 대체와 유형한 구각(軀殼)인 소체의 결합인 한 도

---

120) 같은 책, 37b.
121) 『여전』, 1−19, 32a, 「答李汝弘」, "心一而己, 其發而爲心者, 可千可萬."
122) 『여전』, 2−2, 25b, 「心經密驗」, "惟其含蓄在內, 運用向外者, 謂之心."
123) 『여전』, 2−12, 1b, 「論語古今注」, "我有二體, 亦有二心, 道心克人心, 則大體克小體也."

심과 인심은 심이 일으킬 수밖에 없는 분열의 두 가지 방향이다. 정약용은 도심과 대체에 선의 가치를 부여하고 있지만, 인간 안에서 도심과 인심의 대립이 있다는 현실에 주목하고 있다.124) 그가 인간의 심을 하나의 갈등하는 전장으로 규정하는 것은 특히 경험적 현실 속에서 파악하는 것이다. 그것은 가장 개체적이면서 일반적인 인간의 현상을 드러내는 것이고, 또한 삶의 현실에서 결단과 행동을 요구받는 독립적이고 자율적인 인간을 제시한 것이라고 할 수 있다.

(2) 심(心)의 기호로서의 성(性) - 선(善)

인성(人性)의 문제는 일찍이 맹자의 시대부터 중요한 논쟁점으로 등장할 만큼 관심을 모았고, 맹자의 성선설과 고자의 성무분어선악설(性無分於善惡說) 및 순자의 성악설 등의 다양한 입장이 제시되었다. 그리고 한대 양웅의 성선악혼설(性善惡混說)이나 당대 한유의 성삼품설(性三品說)이 나타날 만큼 관심은 지속되었으나, 결정적으로 인성론을 문제 삼은 것은 송학에 이르러서였다. 송학은 인성을 철학적 과제의 핵심에 두었고 여기서 도통을 재천명함으로써 성리학이란 명칭도 부여받게 되었다고 할 수 있다.

정약용은 바로 성리학에서의 기본개념인 '성'을 중요 문제로 받아들이면서도 이를 재해석함으로써 자신의 철학적 내지 인간학적 성격을 정립하였다고 하겠다. 그는 '성'을 형이상학적 실체로서 인정하지 않으며 이도 실재성을 거부함으로써 성리학의 체계를 근본적으로 부정하며, 그 대신 인간 생명의 실체는 심이요 '성'은 심의 선천적 속

---

124) 『여전』, 2 - 12, 2a~b, 같은 책, "彼欲此勿, 兩相交戰.", "兩者心戰.", "明正慾道, 二物心戰." 『여전』, 2 - 18, 44a, 같은 책, "天命人欲, 交戰于內."

성으로 규정하였다.

정약용은 우선 '성'을 심의 기호라고 규정한다. 허영지본체는 '대체'나 '심'이라 일컬을 수 있지만 '성'은 본체일 수 없고 선천적으로 부여된 본체의 호악(嗜好厭惡)하는 성질을 일컫는 것이다.[125] 여기서 인성의 호악하는 성질은 일단 감성적인 것이요, 정약용이 인간의 감성적인 면을 중요시하는 것이라 볼 수 있다. 그러나 인성이 심의 감각적 호악으로서만 한정되는 것은 아니다. '성'은 중용에서 제시한 대명제인 '천명지위성'(天命之謂性)이요, 하늘로부터 부여된 선천적인 것인 만큼, 대상의 자극에 따라 변하는 감각적인 것을 넘어서 근본적 속성을 가리키는 것으로 이해되었다. 정약용은 기호에는 '목하지탐락'(目下之耽樂)과 '필경지생성'(畢竟之生成)의 두 가지가 있음을 분석하고 있다.[126] 꿩이 산을 좋아하고 사슴이 들을 좋아하는 것과 같은 '목하지탐락'은 감성적인 것이지만, 벼[稻]가 물을 좋아하고 기장[黍]이 마른 것을 좋아하는 것과 같은 '필경지생성'은 감성적인 것을 넘은 선천적 자연성이요 근본 속성이라 할 수 있다. 그는 인성이 낙선치악(樂善恥惡)하는 것을 의학에서 말하는 '선천연(先天然)'이라 하고,[127] "만물이 각각 한 '성'을 가져 기호로써 살아갈 수 있게 한 것이 천명이요, 천명은 언제나 자연과 같으니 자연한 것을 천성이라 한다" 하여 기호의 '성'이 곧 천명의 선천적 자연성 내지 천성임을 제시하였다.[128] 그는 '성'이 심의 기호로서 지닌 의미를 욕·낙·성(欲·樂·性)의 세 가지 사이의 관계를 통해 보여준다. 욕(欲)은 낙

---

125) 『여전』, 2-15, 10b, 같은 책, "天於生人之初, 賦之以好德, 恥惡之性, 於虛靈本體之中, 非謂性可以名本體也, 性也者, 以嗜好厭惡而立名."
126) 『여전』, 2-2, 26b, 「心經密驗」.
127) 『여전』, 1-19, 35a, 「答李汝弘」.
128) 같은 책, 43a.

(樂)보다 천근(淺近)하고 낙(樂)이 다음이고 성(性)은 가장 깊은 것이다. 그러나 이 셋은 같은 유(類)에 속하므로 '성'을 기호라고 할 수 있다는 것이다.129) 여기서 정약용은 심의 속성으로서 '성'을 기호라고 서술하면서 '성'이 감성적 호악을 포함하면서도 선천적 자연성을 의미하고 있음을 확인할 수 있다.

다음으로 정약용은 '성'을 기호라 하고 자연이라 해명하면서 특히 인생(人生)은 낙선악악·호덕치오(樂善惡惡·好德恥汚) 등 선을 기호하는 것이라 규정하고 있음을 본다. 여기서 정약용이 지적하는 '성'은 사욕에 지배되는 인심이 아니라 대체로서의 심이 갖는 기호인 것이다. 그는 인성이 선을 기호하는 증거로서 '견재지징험'(見在之徵驗)과 '필경지공효'(畢竟之功效)의 두 형태를 들고 있다.130) 도둑이 악을 저지르고 나서도 사람들이 모르고 청렴하다고 하면 좋아하는 것이 '현재지징험'의 예이다. 벼가 물을 좋아하는 성질을 충족시켜 준다면 마침내 잘 자라게 될 것처럼 사람이 선을 쌓아 가면 마침내 훌륭한 인간이 되는 것은 '필경지공효'의 예이다. 물론 인간의 '성'이 선을 좋아하는 것이라는 신념은 일종의 독단이라 할 수 있다. 그러나 그는 이 '성'은 인간의 고유한 심에 주어진 천명임을 강조하여 인간이 천에로 지향할 수 있는 선천적 근거로 삼고 있다고 하겠다.

정약용은 인성이 선을 기호하는 것이라는 사실과 더불어 인성에는 도의와 기질의 두 요소가 결합되어 있다는 사실의 전제 위에서 기질의 요소만 지닌 동물이나 사물의 물성과 같을 수 없음을 밝히고 있다.131) 개는 도둑을 보고 짖기만 할 뿐이지만 사람은 소리를 질러

---

129) 『여선』, 2-16, 42b, 「孟子要義」.
130) 『여전』, 1-19, 42b~43a, 「答李汝弘」.
131) 『여전』, 2-6, 19a, 「孟子要義」.

쫓을 수도 있고 계교를 꾸며 잡을 수도 있다. 사람의 의지는 항상 두 갈래로 상반된 것이 작용하는 가운데 선을 기호하는 것이다. 그렇다면 인간은 본능에 따라 기계적으로 반응하는 존재가 아니라 心의 사고와 의지 작용과 더불어 선택적이고 결단적인 행동을 하는 존재이다. 이러한 인간의 '성'은 사물의 '성'과 본질적으로 구별되는 것으로 파악하여 인물(人物)의 기질적 차별을 넘어서 보편적으로 부여되는 본연지성이 있다는 성리학의 주장을 정면으로 거부하였다.132)

(3) 심(心)의 자주권과 덕

인성이 선을 기호하는 것이라 하더라도 '성'은 심의 속성인 만큼 행위의 주체는 심일 수밖에 없는 것이 된다. 그리고 여기서 인간의 심은 활동부정(活動不定)한 것으로 기계적으로 결정되어 있는 것이 아니며, 대체와 소체 내지 도의와 인욕 사이에 갈등을 하는 것이므로 인간의 性이 선을 기호한다고 언제나 선한 행위를 하는 것은 아니다. 정약용은 지금까지 인성론의 여러 입장도 인간의 심성 관계에 대해 파악하는 입장의 차이에서 오는 것이라 해명한다.133)

> 맹   자: 성선설; 도심에 근거하여 선악을 명별(明別)하고 호덕치악(好德恥惡)할 수 있음을 '성'이라 함.
> 순   자: 성악설; 인심에 근거하여 탐재호색(貪財好色)하고 회안모귀(懷安慕貴)하여 선을 하기 어렵고 악을 하기 쉬움을 '성'이라 함.
> 공손자: 성무선악설; 도심이 주체가 되면 선을 할 수 있고 인심이 주

---

132) 같은 책, 19b~20a
133) 『여전』, 2-15, 17a~b, 「論語古今注」.

체가 되면 악을 할 수 있다. 선악은 일을 행한 다음에 이루
어지니 태어날 때부터 정해지지 않은 것을 '성'이라 함.
양　웅: 성선악혼설; 도심과 인심이 교대로 발동하여 서로 싸우는 것
을 '성'이라고 함.

여기서 정약용은 인성의 고유성을 그대로 지적한 것을 맹자로 보고
다른 입장은 모두 형질적인 것과 결합시켜 '성'을 설명한 것이라 비판
하고 있지만, 그러나 심의 다양한 작용 현상에 각각의 주장 근거가
있음을 긍정하였다. 이러한 분석에서 정약용은 맹자의 '성' 개념을 받
아들이고 있지만 인간의 심이 선악으로 결정되어 있지 않으므로 가능
성 속에 열려 있다는 사실을 특히 강조하고 있다. 따라서 물이 아래
로 흐르듯이, 불이 위로 타오르듯이 일어나는 자연적 필연성은 선이
인간의 공이라 할 수 없음을 지적하였다. 그는 벌이 여왕벌을 호위하
는 것은 충일 수 없으며 동물의 고정된 심[定心]에서 나오는 것이나,
인간은 심이 개방되어 있어서[不定] 선을 할 수도 있고 악을 할 수도
있으므로 그 결정권이 자신에 있는 사실에서 동물과 결정적인 차이가
있음을 밝혔다. 이것이 곧 하늘이 인간에게 부여해 준 자주지권이며,
인간에게 심의 자주권이 있으므로 선을 한 것은 자신의 공이 되고 악
을 한 것은 자신의 죄가 된다는 사실을 강조하였다.[134] 인간의 심에
부여된 자주권은 인간존재가 본능에 의해 결정되어 있지 않는 개방성
에서 심이 자율성을 지니고 있는 것이요, 또한 의지의 자유가 주어져
있음을 말한다. 정약용은 바로 심의 자주권 속에서 인간 본질의 고유
성과 인간의 도덕적 근거를 수립하였던 것이다.

---

134)『여전』, 2-5, 34b~35a,「孟子要義」, "天之於人, 子之以自主之權, 使
其欲善者爲善, 欲惡者爲惡, 游移不定, 其權在己, 不似禽獸之有定心,
故爲善則實己功, 爲惡則實己罪, 此心之權也, 非所謂性也."

성리학에서 인간의 도덕적 근거를 내면적 본질로서의 '성'에서 찾고 인·의·예·지의 보편적인 도덕적 가치가 바로 내면의 '성'을 구성하고 있는 것으로 제시해 왔다. 이에 대해 정약용은 '성'이 심의 속성이지 본질일 수 없다는 전제 위에서 인·의·예·지가 인간의 내면 속에 선천적으로 내재되어 있는 것이 아니라 인간행동의 결과로서 획득되는 것이라 밝혔다.135) 따라서 성리학에서 이해되는 것처럼 측은지심·수오지심·사의지심·시비지심의 사단은 내면의 '성'(仁·義·禮·智)이 현상적인 심에로 나타난 단서가 아니라, 정약용은 심체의 다양한 작용 가운데 인·의·예·지라는 덕에로 지향하는 단시(端始)라 보고 있다.136) 이 사단에 대한 해석에서 성리학은 심을 통하여 내면의 '성'에로 수렴시켜 내향화하고 있다면, 정약용은 심에서 출발하여 행위의 덕에로 확산하여 외향화하는 정반대의 입장을 취하고 있다. 그는 덕이 내면 속에 선천적으로 주어진 것으로 보면 사람의 임무는 향벽관심(向壁觀心)하는 선가(禪家)적인 데 빠질 것이라 비판하였다.137)

정약용은 심에 본래적으로 덕이 내재되어 있는 것이 아니라는 입장 위에서 인간이 선을 좋아하는 '성'에 따라 직심을 행한 것이 덕이요, 덕은 행위의 결과인 것이라 보았다.138) 따라서 정약용은 행위를 중요시하며, 도덕적 실천을 강조하는 것이다. 그가 불교의 치심법(治心法)은 치심을 일삼는 것[以治心爲事業]이지만 유교에서는 행동

---

135) 『여전』, 2-5, 22a, 같은 책, "仁義禮智之名, 成於行事之後, 此是人德, 不是人性."
136) 같은 책, 22a~23a.
137) 같은 책, 22b.
138) 『여전』, 2-1, 8a, 「大學公議」, "心本無德, 惟有直性, 能行吾之直心, 斯謂之德, 行善而後, 德之名立焉."

함으로써 치심하는 것[以事業爲治心]이라 대비시키고 있는 것은 도덕의 실천적 성격을 강조하는 입장에서 나온 것이라 하겠다.[139] 그는 인간을 미결정적 가능성의 존재로서 행동 속에 그 도덕성을 발휘할 수 있는 것으로 규정하여, 도덕적 추구를 내성적인 태도로부터 행동적인 태도로 전환시킬 수 있는 인간 이해를 시도하였던 것이라 볼 수 있다.

4. 인도(人道)의 실천과 사회성

(1) 인도 - 서

『주역』(周易) 「계사전」(繫辭傳)에서 '形而上者謂之道'라 하고 '一陰一陽之謂道'라 하며, 공자가 '朝聞道, 夕死可矣'라 하여 도는 초월적이고 궁극적인 개념으로 이해되는 것이 상식이다. 그러면서 『중용』(中庸)에서 '道不可順臾離也'라 하여 인간의 삶과 떠날 수 없는 근본 개념이 되고 있다. 더구나 성리학에서는 태극·천·성·이와 더불어 도는 보편적 궁극 실재로 제시되어 왔다.

정약용에 있어서도 도는 천도와 인도로 구분되어 이해된다. 그러나 그는 천도란 물리적 자연법칙이나 질서를 뜻하는 것으로 이해하며, 그의 관심은 일단 천도에서 분리하여 인간 세계의 인도에 집중하고 있다. 그는 중용을 인도로만 규정하여 천·인에 일관하는 보편적인 도를 강조하지 않는다. 그것은 정약용이 천을 초월적 주재자로서 명

---

139) 같은 책, 9a.

령하는 존재로 파악하는 그의 천관을 배경으로 하고 있다. 물론 그에게 있어서 천과 인간의 관계는 근본적 중요성을 갖는다. 그는 도심에 천의 후설(喉舌)이 맡겨져 있어서 인간은 순간순간 천의 명령을 받는 것이라 한다.140) 다만 이 명령에 따르는 길이 인도라 할 수 있다.141) 천을 후설(喉舌)로 명령할 수 있을 만큼 인격신적 초월성을 지닌 존재로 이해될 때 인간은 인도에 충실함으로써 천을 만날 수 있는 것이다.

정약용은 도를 '이곳에서 저곳으로 가는 길'이며 '사람이 말미암는 바'라고 지적하였다.142) 그것은 도를 초월적 관념이 아니라 현실적 실천으로 끌어가는 해석이라 할 수 있다. 주자에 있어서도 '率性之謂道'를 주석하면서 '日用事物之間, 莫不各有當行之路'라 언급하였다. 그러나 그 당위적인 실천의 길을 밝히는 것을 일삼기보다 그 길을 가는 것이 실천이요 도라 할 수 있다. 정약용의 관심은 도를 그 당위성의 근거를 밝히는 데 두는 것이 아니라 실천의 규범으로서 추구하였다.

> 나도 한 사람이고 저쪽도 한 사람이다. 두 사람 사이에는 교제(交際)가 생긴다. 이 만남[際]을 잘하면 효(孝)·제(弟)·우(友)·자(慈)·충(忠)·신(信)·목(睦)·미(媚)가 되지만, 만남을 잘못하면 패(悖)·역(逆)·완(頑)·효(囂)·간(奸)·특(慝)·원악(元惡)·대대(大慝)이 된다. 우리 道(儒教)는 무엇하는 것인가. 그 만남을 잘 하는 데 지나지 않을 따름이다.143)

---

140) 『여전』, 2-3, 3b, 「中庸自箴」, "天於賦生之初, 有此命, 又於生居之日, 時時刻刻, 續有此命, 天不能諄諄然命之, 非不能也, 天全喉舌, 寄在道心."

141) 茶山은 天道와 人道를 對此聯關시키는 것이라기보다 天命과 人道를 對此聯關시키고 있는 것이라 보아야겠다.(『여전』, 2-4, 60b, 「中庸講義」, "中庸一書, 雖本之天命, 而其道則皆人道也.")

142) 『여전』, 2-3, 4a, 「中庸自箴」, "道者此至彼之路也."
  『여전』, 2-4, 4b, 「中庸講義」, "道者路也, 路者人所由也."

‘만남을 잘하는 것[爲善於際]’을 도라고 규정하는 속에서 정약용이 지향하는 인도의 성격이 단적으로 제시되고 있음을 본다. 곧 인도는 인간과 인간의 만남의 방법이요 원리인 것이다. 그러나 이 속에는 ‘성’(天命 → 道心)을 따르는 것으로서의 도가 규범으로서 놓여 있음을 인식하여야 한다.

이러한 이해 위에서 정약용은 『논어』(論語)(里仁)의 ‘일관지도(一貫之道)’ 내지 『대학』의 ‘혈구지도(絜矩之道)’를 ‘서(恕)’로서 해명하고 있다. 공자가 ‘吾道, 一以貫之’라 한 데 대하여 증자가 그 도를 ‘충서(忠恕)’라 제시하였고, 주자가 ‘盡己之謂忠, 推己之謂恕’라 주석하였다. 그래서 정약용은 ‘충’(忠)과 ‘서’(恕)를 체용(體用), 천도인도(天道人道), 본말(本末), 주객(主客) 등으로 분석하기를 거부하고 오직 ‘서’로서, 일관하는 것임을 밝히며 충서는 ‘실심(實心)으로 행서(行恕)하는 것’을 뜻하는 것으로 해석하였다.144) 그가 충서에서 ‘충’을 실심이라 하여 형용사적인 것으로 넘기고 ‘서’에 도의 핵심 내용을 담고 있는 것은 바로 도를 인간과 인간의 만남으로 파악하고 있기 때문이다. 여기서 또한 정약용은 ‘서’에 추서(推恕)와 용서(容恕)의 두 가지 종류가 있음을 지적하고 ‘서’를 주자가 말하는 용서의 뜻이 아니라 추서의 뜻임을 강조하였다.145) 용서는 감정적 포용이나 추서는 자신을 수양하는 규범으로서 중용의 ‘施諸己而不願, 勿施於人’이나 논어(顔淵·衛靈公)의 ‘己所不欲, 勿施於人’의 뜻이라 보는 것이다. 정약용은 인도를 인간과 인간의 만남이라 보면서 동시에 도심을 따르는 주체적 선의 근거를 중요시하였다. 따라서 인도로서의 ‘서’는

---

143) 『여전』, 2-13, 43b, 「論語古今注」.
144) 『여전』, 2-2, 33a, 「心經密驗」, “所謂忠恕者, 不過曰實心以行恕耳, 若盡己推己, 必當兩下工夫, 則是夫子之道, 二以貫之, 非一貫也.”
145) 『여전』, 2-1, 35a, 「大學公議」.

자수(自修)를 주장으로 삼고 자신의 선을 행하는 방법이라 하여,146) '서'의 실천과 확장을 통하여 도가 실현될 수 있는 것으로 본다.

추서로서의 도를 더욱 구체화한 것으로 대학의 혈구지도를 연관시키고 있다. 정약용은 혈구의 해석이 '척도로써 헤아린다[以矩絜之]'와 '헤아려 척도로 삼는다[絜而矩之]'의 두 가지가 있음을 지적하고, 그는 '헤아려 척도로 삼는다'는 해석을 옳은 것으로 취하였다.147) 그는 또한 혈구를 '구(矩)로써 헤아리는 것[絜之以矩]'이라고도 해석한다. 이때 혈구는 상하사방을 '서'로써 헤아리는 것이요, 곧 사람과 사람의 교제하는 것이며, 심을 '구(矩)'로 삼아 상하사방의 교제를 헤아리는 것이라 밝혔다.148) 여기서 다시 한번 정약용은 인도를 '서'로써 또는 혈구지도로써 파악함으로, 나의 도심에 근거하여 인간과 인간의 만남을 선하게 실현할 수 있는 원리를 제시하며, 동시에 인간의 윤리성을 인간관계의 사회적 영역에서 실천적으로 확립시킬 것을 추구하고 있음을 볼 수 있다.

(2) 인륜 ─ 효(孝)·제(弟)·자(慈)

정약용에 있어서 도는 곧 인도요, 선을 좋아하는 인성을 따라 인간과 인간 사이에서 실현하여야 하는 것이라 이해할 수 있다. 그에 있어서 도는 '성'에 따른 실천과정이고 덕은 실천결과라고 이해해도 괜찮을 것이다. 그렇다면 인도는 덕을 지향하는 것이며, 덕은 인간관

---

146) 같은 책, "推恕者, 主於自修, 所以行己之善也, 容恕者, 主於治人, 所以寬人之惡也."
147) 『여전』, 2-2, 7b, 「大學講義」.
148) 『여전』, 2-1, 40b~41a, 「大學公議」.

계의 규범으로서 인륜이라 할 수 있다. 중용에서 제시한 '修道之謂
敎'를 정약용의 입장에서 설명한다면 인도를 연마하는 것이 인간교
육이요, 인간교육은 인간관계의 규범으로서 인륜을 밝히고 실천하는
것으로 이해된다. 그는 "인도란 인을 추구하는 데서 벗어나지 않으
며, 인을 추구하는 것은 인륜에서 벗어나지 않는다" 하고, "모든 례
제와 천하만사가 모두 인륜에서 일어나며, '서'는 인륜에 처하는 것"
이라 하여, 인도-인-서-인륜의 연관성을 제시하였다.149) 여기서
정약용의 실천적 도는 인륜이란 규범을 요구하며, 인륜은 인간 행위
의 근본적인 규범이 되고 있음을 확인할 수 있다.

  정약용은 주자에 의하여 대학 제1장이 3강령과 8조목으로 분석되
고 있는 체계에 대하여, 명명덕·친(신)민·지어지선(明明德·親(新)
民·止於至善)의 3강령이 아니라 명덕의 1강령이 있고, 격물·치지
(格物·致知)에서 치국·평천하(治國·平天下)까지의 8조목이 아니
라 효·제·자(孝·弟·慈)의 3조목이 있을 뿐이라 주장한다.150) 대
학의 기본 체계를 재편성하려는 정약용의 태도는 도를 실천적이고
윤리적인 인도로서 파악하는 그의 기본 입장을 보여주는 것이다. 그
는 치심(治心)을 궁극적 과제 내지 도로 삼는 것이 아니라, 인륜의
실천이 바로 치심하게 되는 도라고 주장하고 있다.151) 이것은 성리
학의 형이상학적 관념 체계로부터 벗어나 현실적 인간관계 속에서
실천규범을 확립하려는 정약용의 기본 입장에서 제시된 주장이다.

  대학의 기본강령을 '명덕'이라 지적하고, '명덕'은 곧 인륜이요, 따
라서 '명덕'을 밝히는 것[明明德]은 바로 인륜을 밝히는 것이 된다.

---

149) 『여전』, 2-14, 15b, 「論語古今注」.
150) 『여전』, 2-1, 9b, 「大學公議」, "大學條例, 則綱曰明德, 目曰孝弟慈而已."
151) 같은 책, 13a~3b, "先聖之治心繕性, 每在於行事, 行事不外於人倫, ……除
    行事, 去人倫, 而求之止於至善, 非先聖之本法也."

그리고 '친민'은 '명덕' 내지 인륜을 인간관계 속에서 실천하는 것으로서, '명덕'[人倫]을 효·제·자라 할 때, '친민'은 로로·장장·휼고(老老·長長·恤孤)로서 제시되며, '지선'도 인륜의 지덕으로써 실천의 극치를 의미하는 것이다.[152] 정약용은 '명덕'을 오륜으로서도 이해하여, 부자·군신·부부·장유·붕우의 인간관계 규범인 오륜이 의·심·신·가·국·천하(意·心·身·家·國·天下)에 적용될 때 곧 성의·정심·수신·제가·치국·평천하가 성취되는 것이라 하고, 오륜은 수기와 치인을 포괄하는 것이라 언급한다.[153] 또한 그는『大學』도 태학(太學)을 가리킨다 하며, 태학이나 향교에 명륜당이 있는 것도 바로 대학의 도가 인륜을 밝히는 것임을 보여주는 예로 들고 있다.[154]

정약용이 대학의 주석을 통하여 인도를 인륜으로 밝히고, 인륜을 효·제·자의 인간관계 속에 작용하는 규범으로 파악하는 것은 그의 현실적 실천론인 동시에 결과론적인 가치론을 제시하는 것이다. 곧 그는 인간이 자율적이고 고유한 존재로서 그 인간이 자신에게 부여된 하늘의 명령을 실현하는 것이 인간의 완성이라고 한다면, 인간의 자기실현은 도덕적 성취에서 가능할 수 있는 윤리적 가치를 지니는 것으로 이해하였다. 그리고 정약용은 인간의 근본 가치로서의 인륜을 인간관계의 도덕성에서 찾고 있는 사실에서 인간존재의 본질적 성격으로 사회성을 발견하였던 것이다.

이러한 인륜의 인간관계적 사회성에서 정약용은 유교의 기본적인 덕목인 인을 재해석할 수 있게 된다. 그는 인을 '천지생물지심(天地

---

152) 같은 책, 6b~12b.
153) 『여전』, 1-18, 39b-40a, 「上弇園書」.
154) 『여전』, 2-1, 10a, 「大學公議」, "今三尺之童, 皆知太學有明倫堂, 而不知太學之道布明論."

生物之心)'이라거나 '心之德, 愛之理'라는 주자의 해석에 정면으로
반대하여, "인은 곧 인간이다"[仁也者人也]라는 『맹자』(盡心下)의 언급
을 그대로 받아들이면서 인을 고전자(古篆字)의 자형이 인인(人人)
을 중첩시킨 글자임을 지적하였다.155) 그는 인은 두 사람의 일이요,
부자·군신·부부 등 두 사람 사이에서 그 직분을 다하는 것이라
하여 한 사람으로서는 인이 나타날 수 없다고 한다.156) 다시 말하면
다른 인간과의 관계없이는 인간적 가치가 나타날 수 없다는 것이다.
인을 인간관계에서 그 직분을 다하는 것이라 할 때, 부는 자에 대해
자(慈)하고, 자는 부에 대해 효(孝)하며, 형은 제에게 우하고, 제는 형
에게 공(恭)하며, 군신·부부·붕우·민목(民牧) 등의 사이에서도 인
간관계의 갖가지 덕이 나타나는 것이다. 이러한 실천 속에 덕 내지
인이 실현되며, 인륜이 밝혀지게 된다. 정약용은 효·제·자를 인륜
의 기본 형태로 제시하지만, 인은 바로 그 전체라 하고, '서'는 효·
제·자하여 인을 이루는 것이라 하였다.157) 여기서 다시 정약용에
있어서 인도와 인륜의 일관성을 확인할 수 있으며, 그 인간관계의
사회적 실현 속에 윤리적 가치의 기반을 두고 있음을 인식할 수 있
게 된다.

(3) 치인(治人) - 친민(親民)의 추구

"인은 인륜의 성덕(成德)이라"는 정약용의 언급에서 인이 인륜 속
에서 지니는 본질적 위치를 재음미한다면, 그가 인을 '인간을 향한

---

155) 『여전』, 2-6, 48b, 「孟子要義」.
156) 『여전』, 2-12, 3a, 「論語古今注」.
157) 『여전』, 2-1, 34b, 「大學公義」.

사랑[繼人之愛]'이라고 규정한 것을 다시금 주목하게 된다.158) 곧 인륜은 인간에 대한 사랑을 본질적 내용으로 하고 있는 것이라 할 수 있다. 이 인은 효·제·자의 다양성을 통해 인간관계를 사랑으로 맺게 하는 최고의 당위 규범이다. 따라서 대학의 '명덕' 곧 인륜의 모든 인간 속에서 '친민'으로서 실현되어야 할 것으로 이해될 수 있게 된다. 정약용은 맹자가 "위에서 인륜을 밝히면 아래에서 백성이 친애한다[人倫明於上, 小民親於下]"라고 한 말을 인용하여 인륜이 백성의 친애로 현실화되는 것임을 확인하고 있다.159) 여기서 인이 근본적 도덕규범이라면 효·제·자는 친족적인 범위를 넘어서 국가의 통치 질서 속에서도 작용되지 않을 수 없다. '명덕'-'친민'의 관계가 곧 수기-치인의 관계로써 이해될 수 있다.

치인은 정약용에 있어서 본래적으로 정치적 지배행위가 아니라 인도적 자아실현이라고 할 수 있다. 중용에서 '以人治人'이라 한 속에 '치'는 치민·치죄(治民·治罪)의 경우처럼 다스린다는 권위적 의미가 아니라 치직·치사(治職·治事)의 경우처럼 임무를 해낸다는 당위적 의미임을 강조하였다. 따라서 '以人治人'은 "인도로써 사람을 섬긴다[以事人也]"는 뜻임을 밝히고 부모를 섬기고 임금을 섬기는 일이 모두 치인임을 밝히고 있다.160) 치인이 지배자의 특권이 아니라 모든 인간이 다른 인간에 대한 관계의 실천이라 한다면 정치적 지배·복종의 관계는 인간의 본래적인 인간관계가 될 수 없다. 세속적 현실 속에서는 비록 신분의 귀천이 있다 하더라도 정약용은 모든 인간의 본질적 자기중심성 위에 인도를 정립시키고 있는 것이다. 그러므로

---

158) 『여전』, 2-7, 43a 및 2-9, 14a, 「論語古今注」.
159) 『여전』, 2-1, 10b, 「大學公議」.
160) 『여전』, 2-4, 18b, 「中庸講義」.

다산에 있어서 인도로서의 '서' 내지 인륜으로써의 인은 치인에 앞서서 수기의 문제이며, 수기의 실현으로써 치인이라고 할 수 있다.

인간이 다른 인간과의 관계를 인이라는 사랑의 실현으로 추구한다면 인간의 사회적 신분의 차이는 본질적인 것이 될 수 없고 오히려 해소되어야 할 장애 요소에 지나지 않을 뿐이다. 논어에서 "백성을 따르게는 할 수 있지만 알게는 할 수 없다. [民可使由之, 不可使知之]"라고 한 말에 대하여 민중은 각성될 것이 아니라 지배되어야 한다는 뜻으로 해석하는 경우가 있다. 이에 대해 정약용은 공자 자신이 "가르치는 데 구별을 두지 않는다[有無類]"라 하였고, 맹자에서도 "사람은 모두 요순이 될 수 있다"고 한 말을 이끌어 어리석은 백성이라도 향상될 수 있는 길을 막아서는 안 된다고 강조한다. 그리고 그는 "백성을 알게 할 수 없다"는 공자의 말은 세가 그렇다는 것이지 그렇게 하겠다는 뜻이 아님을 밝히고 있다.[161] 여기서 정약용이 봉건적 신분계급을 근원적으로 부정하고 있음을 볼 수 있다. 그는 또한 국가에서 인재를 쓰는 데 서인과 중인을 버리고 서얼을 버리고 서북인을 버리고 당색이 다른 자를 버리는 당시의 폐단을 통박하면서, 사방에 구애되지 말고 친소와 귀천을 가리지 말아야 사람을 버리지 않는 것이라 주장하였다.[162]

인간사회에서 인간관계를 규정짓는 근본적 중심은 개인에게 있다. 이 개인의 중심이 사회의 제도적 중심에 의해 무시된다면 인도는 성립될 수 없으며 인륜도 실현될 수 없는 것이다. 그는 예(禮)를 효·제·충·신의 실천에 절문(節文)을 부여한 것이고, 악(樂)은 효·제·충·신의 실천을 즐겁게 한 것이요, 형정(刑政)도 효·제·충·신의 실

---

161) 『여전』, Ⅱ-10, 4b, 「論語古今注」.
162) 『여전』, Ⅰ-9, 32a, 「通塞議」.

천을 도와서 이루도록 한 것이라 지적하여 교화제도가 인륜의 실현에 목적을 두고 있음을 강조하였다.163)

정약용이 사회질서의 구현을 위한 제도의 연구를 체계화한 일표이서도 수기의 실현으로서 치인의 방법을 제시하는 것이었다. 그는 『경세유표』(經世遺表)에서 행정제도를 논하면서도 법의 본래 정신이 예에 있으며, 예란 천이와 인정에 합당한 것임을 강조하였다.164) 형률을 다룬 『흠흠신서』(欽欽新書)에서 옥사를 결단하는 근본이 흠휼(欽恤)에 있으며, 곧 일을 엄숙히 다루되 인간을 사랑하는 것임을 밝혔다.165) 그리고 『민심서』(民心書)도 치자로서의 목(牧)이 민을 위해 있는 것이지 민이 목(牧)을 위해 생긴 것이 아님을 전제하여 치자는 민속에서 민에 의해 추천된 존재임을 주장하는 민본원리 위에서 논의된 것이다.166) 따라서 정약용의 정치사상도 수기와 치인의 인도적 일관성 속에서 인륜의 실현으로서의 정치요 치민이므로 법과 제도 위에 언제나 인간이 엄연히 존재하는 것이다. 법과 제도를 수단으로 하고 인간을 목적으로 하는 가치질서를 망각한다면 법치주의는 될 수 있을지라도 인도주의에는 역행하는 것이라 하지 않을 수 없다.

(4) 다산 철학의 인간학적 의미

정약용의 사상이 내포하고 있는 철학적 기반은 인간문제의 새로운

---

163) 『여전』, Ⅰ-11, 19b, 「五學論一」.
164) 『여전』, 5-1, 1a, 「經世遺表引」, "揆諸天理而合, 錯諸人情而協者, 謂之禮, ……先王以禮而爲法."
165) 『여전』, 5-30, 1a, 「欽欽新書」, "斷獄之本, 在於欽恤, 欽恤者, 敬其事而哀其人也."
166) 『여전』, 1-10, 4b~5b, 「原牧」.

해명을 통한 인간학적 구조를 보여주고 있다. 그것은 곧 유학사상에 획기적인 업적이라 할 수 있는 경전주석의 방대한 체계를 통하여 추구되었으며, 정치제도에 관한 설계를 통하여 관철되었다.

먼저 정약용의 인간학적 관심의 사상사적 배경을 검토해 보면 유학의 근본 사상 속에 놓여 있는 중심 문제로서의 인간 문제를 명확히 파악하는 데서 연원한 것이라 할 수 있다. 여기에 그는 경전의 새로운 해명을 위해 고증학적 방법과 지식을 도입한 경전 자체에로의 복귀를 보게 된다. 그러나 비록 정약용이 성리학의 체계를 전면적으로 뒤집어 보는 전환과 극복을 수행하였지만 성리학 속에서 추구되었던 인간 본질에 대한 철학적 관심을 의미 깊게 평가했을 뿐 아니라 소중하게 계승하고 있음을 주목할 필요가 있다. 양명학의 심학적 주관론이 주자학의 이학적(理學的) 객관론을 넘어서 보다 생동하는 인격 주체에 관심을 돌렸던 것과 정약용의 인간학적 관심이 일치하는 것은 사실이다. 그러나 정약용의 철학이 주자학을 버리고 양명학을 취하는 선택적 예속으로 귀착한 것이 아니다. 그에게 있어서 인간은 관념적으로 규정될 수 있기에는 너무나 현실적 경험 속에 부딪치는 존재이고 주관론으로 규정될 수 있기에는 사회적 관계 속에서 형성되어야 할 존재이다.

정약용은 그 시대의 새로운 사조로써 기독교 교리에 깊이 접촉하였고, 그 영향은 그의 경학 체계와 인간 이해 속에 지워질 수 없는 생생한 것이다. 그는 천과 인간 사이에 놓인 수직적 간격을 깊이 인식함으로써, 인간을 인간의 한계 속에서 재발견하고, 그 고유성과 자율성을 확인한다. 또한 인간에게 주어진 천명의 당위성을 현실적으로 실감하고, 나아가서 인간의 궁극적 모습을 격인으로서의 신앙인에게 발견하였다.[167] 이러한 영향에도 불구하고 정약용은 기독교 교리를 유교 속에 흡수하면서 유교적 의식세계를 확대하였던 것이요 파괴하거나 상실한 것이 아니었다.

정약용이 제시한 인간학적 체계는 어떤 철학 체계를 위한 적용이 아니라 그의 철학 전체를 형성하는 핵심적인 것으로, 주목할 필요가 있으며, 앞으로 해명되어 가야 할 것이라 생각한다.

---

167) 『여전』, 2-25, 17b, 「尙書古訓」, "格人者, 格天之人, 凡其德行純粹, 精神專一者, 能感通于上帝, 仰承啓牖, 昭知天命, 斯之謂格人."

정약용에서의 유교와 서학

1. 문제의 성격

정약용이 활동하였던 18세기 말에서 19세기 초는 조선의 후반기도 말기에 접근하여, 수백 년의 전통으로 확립되었던 도학적 유학체계가 새로운 시대사조로부터 중대한 도전을 받는 시대라 할 수 있다. 바로 이 시기에 동양사회에 진출하던 서세동점의 조류가 한반도에도 밀어닥치기 시작하였고, 서학(천주교 신앙과 서양의 과학기술)으로 통칭되는 이 사조는 유교적 전통사회에 커다란 파문을 일으켰던 것이다. 물론 이 사실이 곧 전통의 붕괴나 근대화의 출발을 지시한다고 말할 수는 없다. 그러나 전통 질서의 절대적 권위는 이질적인 사상과 갈등, 대립을 겪으면서 보수 세력으로 한정되었고 여기에서 비판적, 개혁적인 진보 세력이 성립할 수 있는 계기를 이루게 되었다.

바로 이 시기는 다음 19세기 말에 개화운동이 일어나 근대화에로 연결되고 있지만, 서학전래기의 사회적, 사상적 상황은 전통과 근대의 만남이요 그 전환의 여명기라 일컬을 수 있다. 정약용은 이러한 시대에서 그 시대상황의 특징을 가장 잘 반영하고 있는 대표적 인물이었으며, 이 시대적 문제에 스스로 뛰어들어 진지하고 열렬하게 그

해결방향을 모색하였었다.

이 글에서는 정약용이 서학 특히 천주교사상을 어떻게 받아들였으며, 그의 유학사상 체계 속에서 서학사상이 어떠한 영향을 미치고 있는가를 검토해 보고자 한다. 이러한 문제는 한국 근세사상사에서 전통사상과 서양사상과의 접촉에 따르는 서로의 반응양상이나 발전적인 전개 양상을 이해하는 데 의미 있는 자료를 제공하는 것이라 할 수 있을 것이다.

2. 정약용의 시대와 사상적 배경

(1) 정약용 시대의 사상적 상황

조선 후기는 전기에 성장 발전을 이루었던 주자학 체계를 정통으로 하는 도학을 계승하여 사회의 정통 이념으로써 더욱 강화하였다. 병자호란 이후에 민족 감정으로 나타난 배청의식은 청나라의 문물을 적극적으로 수입하려는 태도마저 억제하고 송·명시대의 주자학만을 고수하게 되었다. 이에 따라 도학의 체계는 전기의 참신한 기풍을 잃어가고 형식주의와 현학적 이론에 골몰하여 보수적인 권위주의에 사로잡히는 침체된 분위기에 빠져가고 있었다. 이러한 후기 사회의 말기적 폐단으로 나타난 것이 당쟁과 예송에서 보는 권력투쟁이나 관료의 부패와 사회질서의 혼란인 것이다. 조선 전기 이래 노장사상과 불교 그리고 양명학을 이단으로 비판하면서 도학이 밝혀져 왔지만, 주자학도의 정통주의 내지 권위주의적 태도는 안으로 주자학의 본래적 정신을 유지할 수 없을 뿐만 아니라, 밖으로 현실의 문제에 대한 관심과 객관적인 지성의 자율성에 따른 정통체제에 대해 회의와 비판을 일어나게 하였다.

번계 유형원(1622~1673)을 선구로 하여 성호 이익(1681~1763)을 거쳐 정약용에 이르는 몇 사람의 학자들[168]은 (1) 경학, 사학을 비롯한 여러 문제를 연구함에 있어서 현실의 구체적 요구에 호응하고, (2) 경험적 내지 실증적인 입장을 취하며, (3) 권위적인 기존체제에 대해 객관적인 비판정신을 발휘하여, (4) 제도의 개혁과 산업의 육성을 주장하는 새로운 학풍을 일으켰다. 이 새로운 학풍을 오늘날 실학이라고 일컫거니와 그 발생 원인으로서 청나라의 실증적인 고증학풍과 서양문물의 전래가 학계의 일각을 자극하였던 사실을 주목하지 않을 수 없다. 물론 내부적으로 성리학풍에 대한 회의와 현실에 대한 관심에서 직접적 원인을 찾을 수 있을 것이지만, 서명응·홍양호·홍대용·박지원·이덕무·유덕공·박제가 등 실학자들은 청나라에 왕래하는 사신 행차를 통하여 청나라 문물을 적극적으로 수입하려는 북학파를 형성하였다 할 만큼 새로운 지식과 문제 해결의 방향을 찾는 데 능동적인 자세를 취하고 있다는 점에서 커다란 특징을 보여주었다. 영조·정조 시대의 학술 장려 정책으로 일어난 문화 발전의 기운은 실학이 발달할 수 있는 기반을 제공하였다. 또한 상당수의 학자들이 경학과 역사의 문제뿐만 아니라 정치, 경제, 교육, 군사, 과학 등 모든 분야에 걸쳐 실학적인 입장에서 정열적인 연구를 하며, 비판적이고 새로운 이론 체계를 저술로써 제시하였다. 그러나 새

---

168) 천관우는 "유형원이 한번 나옴으로써 실학은 학문으로서의 존재가 확인되었고, 이익이 나옴으로써 실학은 학파로서의 존재가 확인되었다 하여도 과언이 아니다"(「실학의 선구 유형원」 『조선실학의 개척자 10인』, 1974, p.15)라 하여 학풍의 계보를 보여주고 있다.

로운 사조로서의 실학이 이 시대의 학술을 전반적으로 주도하였다거
나 조선 전기 이래로 확립된 도학의 정통성과 권위에 치명적인 동요
가 일어났다고 볼 수는 없다. 사실상 실학의 학풍이 서울 지역 남인
학자들 사이에 깊이 뿌리 내려지고 있었다.[169] 그리고 이들 속에서
천주교 신앙도 발화되었다. 정약용에 이르러 남인 실학자들의 학문
적 전통은 천주교 신앙이 억압당하면서 그 학풍을 지속하지 못하는
벽에 부딪치고 말았다.

도학파에 있어서도 성리학을 깊이 천착하면서 학파의 분화를 일으
키기도 하였지만 활발하게 업적을 쌓아갔다. 따라서 도학은 조선왕
조 말기에 이르기까지 주도적 이념으로써 그 권위를 지켜왔다. 이러
한 권위적이고 정통적인 학문의 분위기는 정조 임금의 관용정책에도
불구하고 서학에 대한 배척운동과 천주교도에 대한 엄격한 탄압을
일으킬 수 있는 기반이 되었던 것이다. 정조 임금 이후 고종 때까지
의 척사론과 '사옥'(邪獄)을 이론적으로 뒷받침하는 것은 곧 도학의
벽이단논리라 할 수 있다.[170] 이 세력의 보수적이고 정통주의적 태도
는 서학은 물론이요 청나라의 문물조차 거부하는 입장을 취하였었다.

따라서 정약용을 전후한 시대의 사상적 상황을 돌이켜 본다면, (1)
도학의 전통이 사회를 지배하는 사상으로써 계속하여 군림하고 있지
만, (2) 그 폐단이 심각하게 의식되기 시작하였고, (3) 보수적 내지
폐쇄적 분위기를 비판하면서, (4) 청나라를 통한 새로운 문물의 수용
과 더불어, (5) 개혁적 이론이 제기되었으며, (6) 사상적 동요가 상당
한 부분에서 일어나고 있었음을 엿볼 수 있다. 이때에 성리학을 넘

---

169) 홍이섭, 「실학에 있어서 남인학파의 사상적 계보」, 『한국사의 방법』, 1970, p.85.
170) 금장태, 「조선시대 유학의 정통이념과 이단비판」, 『유교와 한국사상』, 1980, pp.55~92.

어서 유학적 이념마저 거부하는 세력도 등장하지만, 성리학을 이론적 기초로 하는 유학적 전통과 새로운 서양문물의 갈등이라는 시대적 문제 속에서 양자의 조화를 통하여 자신의 학문적 방향을 진지하게 모색하는 학자들의 사상은 주의를 기울일 가치가 있을 것이다. 특히 이러한 면에서 정약용의 사상은 면밀히 검토되어야 할 것으로 생각된다.

(2) 천주교의 조선 전래와 정약용

천주교 신앙에 대한 지식은 17세기 초 이수광의 『천주실의』(Mateo Ricci가 지은 가장 유명한 천주교 교리서)에 대한 소개 이후로 점차 알려졌고, 심지어 같은 시대에 허균은 천주교에 입교를 하였던 것으로 보기도 한다. 그러나 이때부터 18세기 말엽까지 거의 2세기 동안은 서양문화의 지식을 축적시키고 관심 속에 익혀 갔던 시기이다. 따라서 18세기 말엽에 한반도 안에서 천주교 신앙운동이 자생적으로 발생한 것은 결코 돌발적이라고 생각할 수 없다.

17, 18세기 동안의 천주교 신앙은 과학지식과 더불어 중국 지식인들에게 효과적으로 접근할 수 있었던 것이 사실이다. 중국이 필요로 하는 천문과 역법에 관한 합리적이고 효율적인 서양 과학지식을 제공함으로써 천주교 선교사들은 사회적인 대우를 받을 수 있었고 또한 이렇게 보장된 여건 속에서 천주교 교리의 소개를 확대해 갔다. 이 시기의 조선 사회에서도 천문, 역법(曆法)과 지도(地圖), 기기(機器) 등의 서양과학에 관한 관심이 점차 높아 효종 4년(1653)에는 '시헌력(時憲曆)[태음력의 옛 역법에 태양력의 원리를 도입한 역법]'이 시행

되기에 이르렀던 것도 그 추세의 일환이었다.

정부에서 서양 과학기술에 관심을 갖는 것을 벗어나서 일반적으로 조선 후기의 실학파들이 서양과학에 대해 다양한 관심을 적극적으로 발휘하였던 것은 지극히 당연한 현상일 수 있다. 이들 실학파의 인물들은 도학파의 성리학을 승인하기도 하고 외면하기도 하지만 공통된 입장은 실용적인 것을 존중하고 현실적 경험을 통한 효용의 입증을 중요시하는 것이었다. 여기에 과학기술에 대한 적극적 관심과 긍정적 평가가 주어질 수 있게 되는 것이다. 이러한 서양과학에 대한 긍정적 관심이 그 과학지식의 문화적 배경에로까지 확대되어 천주교 교리를 발견하는 데로 나아갔던 실학파의 학문적 전개 과정이 출현하였던 것은 주목할 만한 사실이다. 곧 성호 이익을 스승으로 하는 성호학파는 조선 후기의 여러 사상적 계통 가운데서 다른 어떤 입장보다도 서양과학과 천주교 신앙을 포함하는 영역으로서의 서학에 가장 깊이 관여하고 있다. 특히 이들에 있어서 천주교 신앙의 수용은 조선 후기 사상사의 전개 방향에 중대한 영향을 끼치는 문제를 던져주었던 것이라 할 수 있다.

이익은 이수광의 박학적이고 개방적인 관심이나 유형원의 현실제도에 대한 비판적 개혁론을 아울러 계승하면서 동시에 그 당시 풍부하게 전래된 서양문물에 관해 깊은 인식을 포함함으로써 실학파에서도 독특한 성격을 띠는 성호학파를 열었던 것이라 하겠다. 서양과학에 대한 이익의 관심은 열렬한 것이라 할 만큼 심취되어 있었다. 그는 아담 샬에 의해 제작된 시헌력이 일식, 월식의 계산에 조금도 어긋남이 없음을 인정하여 이 시헌력을 역법의 극치라 하였고 성인이 다시 태어나도 반드시 이를 따를 것이라고까지 극찬하였다. 그는 천문학에 있어서 중국이 서양을 따를 수 없다고 시인하면서 천문학의 수준에서 서양이 첫째고, 아라비아가 그 다음이라고 지적하였다.

이익은 이처럼 서양의 천문, 역법과 더불어 세계지리 및 각종 기계와 기구에 대해서도 주의 깊은 이해를 가졌고, 서양의 과학기술을 높이 평가하였다. 여기서 나아가 이익은 천주교 교리서에 대해서도 관심 깊은 이해를 보였던 것이다. 곧 그는 디아즈(Diaz)의 『천문략』(天文略) 알레니(Aleni)의 『직방외기』(職方外記), 페르비스트(Verbiest)의 『곤여도설』(坤輿圖說), 우르시스(Ursis)의 『간평의설』(簡平儀說) 등 서양과학 서적만이 아니라 리치의 『천주실의』(天主實義), 판토자(Pantoja)의 『칠극』(七克), 리치의 『교우론』(交友論), 아담 샬(Adam Schall)의 『주재군징』(主宰群徵) 등 천주교 교리서에 대해 새로운 관심의 깊이를 보여주었다. 그는 천주라는 개념이 유교에서의 상제에 해당하는 것이라 하여 기독교적 절대자의 존재를 긍정하고 있다. 그러나 다만 천주교 신앙에 있어서 천주에 대해 경건하게 섬기며 두려워하고 신망하는 형태는 유교에서 상제에 대한 태도와 구별되어 불교에서의 석가에 대한 태도에 상응하는 것으로 파악하였다. 곧 이익은 천문, 역법 등에서 서양의 우월성을 시인하면서, 천주교 교리에서는 유교와 상통하는 윤리적인 것을 긍정하지만 신비적인 것이나 천당 지옥설 등을 거부하여 유교적 입장에서 취사선택하는 수용적 태도를 지켰던 것이다.

이익의 서학에 대한 개방적인 수용태도는 그의 제자들에게 깊은 충격을 주었으며 그 파급으로써 그의 제자들 사이에 두 가지 극단적인 입장의 분열이 일어나게 됨을 볼 수 있다. 곧 서양과학에 대해 일반적인 긍정적 태도에서 한걸음 나아가 천주교 신앙문제에 접할 때에는, 한편으로 도학파의 정통적 입장과 연관되어 강력한 비판적 거부 태도가 있는가 하면, 다른 한편으로 수용적 입장을 확대하면서 천주교 교리연구에 힘을 기울이고 신앙 운동에로까지 나아간 입장이 있다. 전자의 거부 태도를 공서파(攻西派)라 한다면 후자의 수용태도를 신서파(信西派)라 부를 수 있을 것이다. 그의 제자에 신후담 (1702~1761)과 안정복(1712~1791)은 천주교 교리에 대한 비판이론을 전개함으로써 한 영역을 세웠다고 할 수 있다.

신후담은 23세(1724) 때 『서학변』(西學辨)을 저술하여 천주교 교리에 대한 비판 체계를 확립하였다. 여기서 그는 삼비아소(Sambiaso)의 『영언려작』(靈言蠡勺)을 비롯하여 『천주실의』, 『직방외기』를 들어 조목별로 비판해 가면서 천주교 신앙을 전면적으로 살기를 탐내고 죽기를 아까워하는 이기심으로 규정짓는 기반 위에 서 있다. 그는 가장 먼저 『영언려작』에 대한 비판을 선행하면서 천주교 교리에 대한 비판의 근본문제로서 영혼 개념에 대한 비판을 제기하였다.

그것은 성리학의 근본문제가 심성정론(마음, 본성, 감정에 관한 이론)에서 해명되는 철학적 문제의식과 연관된 것이라 볼 수 있으며 천주교 신앙의 비판을 성리학의 근원적 수준에까지 추구하였던 것이라 볼 수 있다. 안정복의 경우에서도 1757년 이익에게 올린 편지에서 천주교 교리서적을 검토하면서 천당 지옥설이나 영혼 개념을 중심으로 정밀하게 비판하는 태도를 제시하였다. 이러한 안정복의 비판적 입장은 1784년 신서파의 천주교 신앙운동에 대해 직접적 비판 활동으로 나타났고 이때에 『천학문답』(天學問答)과 『천학고』(天學考)의 저술을 통해 비판이론의 체계를 세우고 있음을 보게 된다.

신후담과 안정복 등 공서파의 인물도 이익을 사상적 일면에서 계승하고 있지만 서학에 대한 이익의 긍정적 관심을 보다 철저화시켰던 인물로서 권철신, 권일신, 이가환, 이벽, 이승훈, 정약전, 정약종, 정약용 등을 들 수 있다. 이들 신서파는 이익의 직접 제자와 제자의 제자 및 그의 학문을 존중하는 인물들로서 성호학파에 속하고 있다. 그들은 천문, 역법, 수학 등 서양과학에 관한 연구의 심화과정에서 천주교 교리에 대한 관심을 배양하였다.

이들의 학문 연구를 위한 공동 토론회는 마침내 천주교 교리 서적에 대한 토론을 하기에 이르렀던 것으로 짐작된다. 이들이 천주교 신앙에로까지 발전하는 과정에는 1777년에서 1779년 사이에 권철신을 중심으로 경기도 광주군에 있는 천진암과 주어사에서 모인 강학회가 중요한 계기가 되었다. 이때에 이벽의 역할이 중요한 관련성이 있음을 추측할 수 있다.[171] 그리고 이 강학회에 정약용의 둘째 형인 정약전이 참여하였다.

이벽과 정약용의 형제들이 교유하면서 1784년 무렵부터 정약용도 신서파의 교리연구와 신앙운동에 적극적으로 가담하게 되었던 것이다. 1794~1785년 무렵은 이승훈이 북경에 가서 영세를 받아오는 것을 계기로 성호 학파의 신서파 인물들에 의해 천주교 의례를 실천하는 집회가 열렸다. 그리고 이 집회가 형조에 적발되어 사회적인 물의를 일으킴으로써 천주교 신앙운동이 사회적인 문제로 확대되었던 것이요, 여기서 18세기 말엽부터 사회적으로 주요 문제로 대두되었던 천주교 신앙운동은 성호학파 안에서 발생하고 성장된 것이라는 사상적인 연원성을 주목할 필요가 있다.

(3) 정약용의 생애와 천주교 신앙

정약용은 15세에 혼인을 한 다음 서울에 와, 1777년 16세 소년으

---

171) 김옥희, 『광암 이벽의 서학사상』, 1979, pp.49~60.

로 이가환(1742~1801)과 이승훈(1756~1801)을 따라 성호 이익의 저술을 읽으면서 학문적으로 성호학파에 참여하게 되었다. 이때 36세의 이가환은 이익의 종손으로서 성호학파의 학통을 잇는 젊은 학자였고, 22세의 이승훈은 이가환의 생질이고 정약용의 매부로서 정약용과 더불어 청년 유생이었다. 그리고 이 무렵(1777~79) 이익의 문하인 42세의 권철신(1736~1801)을 중심으로 한 천진암과 주어사의 강학회에 김원성, 권상학, 이종억, 이승훈, 이벽, 정약전 등이 참여한 사실을 정약용은 의미 깊게 서술하고 있다. 여기서 18세의 정약용이 참여하였는지는 확실치 않다. 그러나 둘째 형인 정약전이 이 강학회에 참여하였고 성호의 유고를 읽으면서 이미 성호학파와 유대를 맺고 있는 만큼 정약용은 이 시기에 서양과학이나 천주교 교리에 처음 접촉하였을 가능성은 크다. 더구나 이벽(1754~1786)이 정약용의 큰 형인 정약전의 처남이라는 관계가 있으므로 이벽은 정약용보다 8세 연상이었지만 가까이 접촉할 수 있는 사이였다.

정약용이 스스로 기록한 데 따른다면 1784년 이벽에게서 처음 천주교 교리를 들었다 한다.

갑진년(1784) 4월 보름에 맏형수의 기제사를 마치고 나의 형제들은 이벽과 함께 같은 배를 타고 물을 따라 내려왔다. 배 안에서 천지창조의 시원이나 신체와 영혼 또는 삶과 죽음의 이치에 관하여 들으니 놀랍고 의아하여 마치 은하수가 무한한 것과 같았다. 서울에 들어오자 이벽을 따라가『천주실의』와『칠극』등 몇 권의 책을 보고 비로소 기뻐하여 마음이 기울어졌다.172)

정약용이 자신의 천주교 신앙에 입교하는 계기를 설명하는 말이

172) 정약용,『여유당전서』, 1-15, 42a,「선중씨 묘지명」.

다. 그는 23세의 청년 유학도로서 우주와 인간의 문제에 관한 천주
교 교리에 감동되고 심취하였던 것이다. 처음 듣는 천주교 교리는
성리학의 우주론으로 정리된 그의 의식 속에서 너무나 신속한 폭발
을 일으켰다. 그것은 한 징검다리가 다음으로 건너뛸 수 있게 해주
듯이 성리학은 천주교 신앙의 발판을 넘어서 도달된 것이었다. 그리
고 정약전도 이벽에게서 수학과 역법을 들었고 『기하원본』을 연구했
으며, 천주교 교리를 듣고 기뻐했음을 밝히고 있다. 이러한 기록으로
보아 정약용 형제가 천주교 교리에 접촉하게 된 것은 이벽을 통해
이루어졌다는 사실이 드러난다. 권철신, 권일신 형제나 이가환, 이승
훈 등도 이벽에 의해 천주교 신앙에로 이끌어졌던 사실에서 이벽은
성호학파 안에서 천주교 신앙운동에 도화선 역할을 감당하였던 선구
적 인물임을 알 수 있다. 따라서 이들 신서파의 발생 배경에는 이익
의 학문적 성격과 더불어 이벽의 신앙운동가적 활동의 복합적 작용
을 엿볼 수 있다.

　정약용이 천주교 교리에 처음 접촉한 시기가 23세 때인 1784년이
라는 자신의 기록을 일단 긍정한다면 바로 그전 해(1783)부터 그는
성균관에서 대학생으로 학업을 닦고 있었으며, 1784년 여름 정조 임
금이 대학에 내린 중용에 관한 의문점 70조에 대한 대답을 위해 서
울 시내 수표교에서 독서하던 이벽을 찾아가 토론을 하여 『중용대책』
(中庸對策)(후에 『中庸講義』로 편집됨)을 이루었다. 그만큼, 그해는
이벽과 가장 빈번하게 접촉할 수 있었던 시기이다. 또한 1784년은
이승훈이 그전 해에 북경에 사신 행차를 따라 들어가 그해에 영세를
받고 3월에 돌아옴으로써 신앙운동이 활발하게 조직되고 전개되는
시기였던 것이다. 이승훈이 영세를 받고 그로부터 풍부하고 자세한
천주교의 교리와 의례에 관한 지식을 제공받음으로써 당시의 신서파

는 신앙운동의 본격적인 활동 단계에 접어들 수 있었다.

이벽이 1784년 4월 고향 마제에서 출발하여 한강을 따라 두미협과 미호의 그림같이 아름다운 풍경을 배경으로 흘러내려오는 배 안에서 정약용의 형제들에게 천주교 교리를 설명할 때에는 이승훈을 통한 북경교회의 소식이 함께 제시되었을 것이고, 세계에 대한 새로운 시야를 열어주는 설득이 감동적으로 이루어졌을 것을 쉽게 짐작해볼 수 있다. 이벽은 권철신, 권일신 형제에게도 전교하고 이가환과도 신앙문제로 토론하는 등 활발한 전교활동을 하였으며 이에 따라 조직된 신앙집단은 정기적인 신앙집회를 가지는 데로까지 발전하였다.

이 신앙집회가 1785년 봄 명례동의 중인 김범우의 집에서 열리는 것을 형조 관리에 의해 적발되었을 때 이벽이 윗자리에 앉고 이승훈, 정약전, 정약종, 정약용의 3형제와 권일신과 그의 아들 등이 참석하고 있었다. 또한 권일신 등은 형조로 찾아가 빼앗긴 성상을 돌려달라고 요구하였고, 이 사건이 알려지자 먼저 신앙운동에 참가한 사대부 청년들은 부형들로부터 가정에서 엄중한 문책을 받자 이승훈에 있어서도 척사문(邪學 곧 천주교를 배척하는 글)을 지어 배교하는 태도를 보였지만 신앙운동이 쉽사리 소멸되지 않았다. 이에 대해 대학생들은 성토문을 돌려 신서파 인물들을 오랑캐의 경우처럼 물리칠 것을 요구하는 데 이르렀던 것이다.

1785년 형조의 적발사건 이후 천주교 신앙운동이 잠시 정지되었으나 그 이듬해 봄부터 더욱 조직적인 지하 신앙운동이 일어나 이른바 '가성직'(假聖職) 조직이 이루어졌다. 1787년 겨울 이승훈, 정약용, 강이원 등이 성균관 근처의 민가에 모여 교리 연구를 하다가 동료 대학생인 이기경, 홍낙안에게 발각되어 논란을 일으켰다. 1790년 북경교회로부터 제사를 금하는 지시를 받은 지하 천주교 신앙집단은 이듬해 전라도 진산에서 윤지충과 권상연이 부모의 제사를 폐지하고 신주를 불사른 사건이 일어남에 따라 정부에서까지 소란한 물의를 일으켰다. 이 기간에 정약용은 예문관 검열의 직위에 있다가 천주교 신앙문제로 서산군 해미로 10일간 유배를 갔었다. 그 자신의 해명에 따르면 1787년부터 1791년 진산사건이 일어나기까지 천주교 신앙에 마음을 깊이 기울였고 진산사건 이후에 관계를 끊었다고 한다. 그 자신의 기록을 인정한다면, 그는 23세(1784) 때 이벽을 통해 천주교 교리를 본격적으로 연구하기 시작하였고, 24세 때 신앙집회에 참석까지 하였으며, 26세(1787) 때부터 30세(1791) 때까지 신앙생활에 깊이 젖었다가 진산사건을 계기로 신앙생활을 떠났던 것이다.

1785년 이후 천주교 신앙운동에 대한 정부의 억압은 가속적으로 엄격화되었다. 이에 반하여 신앙운동은 점차 서민 대중층으로 확산되어 갔고, 성호학파의 신서파에 속하는 소수 청년 지식인 중심에서 벗어나고 있었다. 이승훈, 정약용, 권일신 등 초기의 신앙운동에 참여하였던 인물들 가운데는 사회적 압력에 따라 배교를 공개하여 발언하는 경우가 흔하였다. 이때 정약용은 배교를 밝혔을 뿐더러 그의 형인 정약종이 신앙 활동을 계속할 때에도 이들과 접촉을 멀리하여 혐의를 피하였다. 이기경, 홍낙안 등 남인 벽파의 인물을 비롯하여 노론 세력들이 정조 임금이 옹호하는 재상 채제공을 비롯한 그의 측근인 이가환, 정약용 등 신서파에 대한 공격이 신랄해가자, 1795년 중국인 신부 주문모가 밀입국하여 전교한 사건이 일어나자 이승훈은 예산에 유배되고, 공조판서인 이가환은 청주 목사로 좌천되며, 우부승지인 정약용은 김정역(金井驛)의 찰방(察訪)으로 좌천되기도 했다. 금정은 천주교 신앙이 깊이 침투한 곳이었다. 정약용의 임무는 이곳의 천주교도를 다시 유교인으로 회심시키는 일이었다. 그는 이 임무를 충실히 수행하여 척사계(斥邪禊)[요사를 떨어버리기 위한 제사]를 행하고 천주교도를 감화시켰다. 이 때문에 달레의 『한국 천주교회사』에서는 그가 "천주교인이었던 죄를 더 잘 보상하기 위하여 비겁하게도 몇몇 교우를 괴롭히기까지 하였다"라고 비난하고 있다. 1797년 동부승지를 사임하면서 자신에 대한 비난에 변명하는 「변방사동부승지 소」(辯謗辭同副承旨 疏)를 올리고 곡산부사(谷山府使)직의 지방 관리로 나갔다. 이러한 기간 동안 연속된 비방과 공격에도 불구하고 그는 정조 임금의 신임을 얻어 안전을 누렸다.

정조 임금이 죽고, 다음 순조 1년(1801, 신유)에 신유사옥이 일어나자, 정약용은 배교한 증거를 확고하게 제시했지만 경상도 바닷가 장기로 사형을 면하고 유배를 갔다. 이 해에 주문모 신부가 처형되고 황사영의 「백서」(帛書)(비단에 가늘게 쓴 13, 565자로 조선교회의 사정과 고난상을 알리고 도움을 호소하여 북경교회에 보낸 글)가 발각되었다. 이 사건으로 정약용은 다시 심문을 받았고, 그해에 강진으로 유배당하여 40세부터 57세까지 18년간을 전라도 남쪽 끝 바닷가 강진에서 유배생활을 하였다. 황사영은 「백서」에서 "이가환, 정약용, 이승훈, 홍낙민 등 몇 사람들은 모두 이전에 천주를 믿었으나 생명이 아까워서 배교한 사람들이라, 바깥으로는 비록 천주교를 혹독히 박해할지라도 마음에는 아직도 죽은 믿음이 남아 있었고, 같은 무리가 적어 세력은 외롭고 위태로웠다"고 언급하여 어떤 여운을 남기기도 한다.

정약용이 아무리 배교를 했을지라도 처형된 정약종의 동생이고 이승훈의 처남이며, 황사영의 처숙이었던 인연으로도 무사하기는 어려웠다. 더구나 이가환과 더불어 정조 임금의 절대적인 신임을 받던 남인 시파(時派)의 정치적 위치로서도 피할 수 없는 곤경이었다. 강진 유배생활의 18년 동안에는 역경, 시경, 춘추와 4서를 비롯한 경학의 연구와 저술에 심혈을 기울였고 『경세유표』(經世遺表)와 『목민심서』(牧民心書)를 저술하여 정치제도와 사회질서에 관한 구상에 골몰하였다. 따라서 이 유배 시기에 천주교 신앙 활동의 자취를 찾기는 어렵다. 오히려 그는 유교 경전에 관한 연구와 저술이나 유교적 정치이념의 실현 방법에 관한 연구와 저술에 방대한 업적과 창의성을 발휘하여 한국 유교사에 새로운 수준을 이룩하였다. 이처럼 그는 철저히 유학자로서의 모습을 보여주었다. 그러나 달레의 『한국 천주교회사』에서는 정약용이 "박해 중에 마음이 약해져서 배교했었으나, 진실히 뉘우치는 마음이 생겨 온 힘을 기울여 공동사업에 헌신함으로써 자기 죄를 속죄하기에 힘썼다"라고 언급하여 신앙을 잃지 않은 것으로 상반된 견해를 보이고 있다.

57세(1818)부터 75세(1836)로 죽을 때까지 고향 마재에서도 『상서고훈』(尙書古訓), 『매씨서평』(梅氏書平) 등 경학 저술과 『국조전례고』(國朝典禮考), 『흠흠신서』(欽欽新書) 등 경세론의 저술에 전념하였다. 따라서 그의 의식과 사상 속에 천주교 신앙이 어떻게 남아 있느냐 하는 것은 별도로 하고 외형적인 활동의 자취는 문헌의 증거로 찾기는 어렵다. 다만 달레(Ch. Dallet)는 그가 유배지에서 돌아온 후에 죽을 때까지 열렬한 신앙인이었음을 강조하였다.

　귀양이 풀려 돌아온 뒤, 정요한(약용)은 이전보다도 더 열심히 모든 교회 본분을 지키기 시작하였다. 1801년에 예수 그리스도의 신앙을 입으로 배반한 것을 진심으로 뉘우쳐 세상과 떨어져 살며, 거의 언제나 방에 들어앉아 몇몇 친구들 밖에는 만나지 않았다. 그는 자주 대재를 지키고 그 밖의 여러 가지 극기를 행하여 몹시 아픈 쇠사슬 허리띠를 만들어 띠고 한 번도 그것을 끌러 놓지 않았다. 그는 자주 오랫동안 묵상을 하였다. 정요한은 그의 묵상의 일부를 적어 놓았고 또 외교인들의 미신을 반박하고 신입교우들을 가르치기 위하여 지은 여러 가지 다른 서적들을 남겼다. 그의 저서 여러 권이 박해 때에 땅속에 감추어졌다가 벌레에 갉아 먹히고 썩고 하였으나, 많은 저서가 그의 집안에 보존되었다. 완전히 복권이 된 뒤에도 정요한은 생활 태도를 조금도 바꾸지 아니하였고, 날로 더 해가는 그의 열심히는 전에 그가 배교함으로 인하여 나쁜 모범을 보였던 모든 신자들을 기쁘게 하고 감화시켰다. 정요한은 1835년 빠치피꼬(유방제, 중국인) 신부가 조선에 들어온 뒤 그의 손으로 마지막 성사를 받은 후 세상을 떠났다.173)

달레는 정약용의 큰 아들 정학연(호, 유산)도 죽기 몇 해 전에 성세를 받았다고 덧붙이고 있다. 또한 달레는 정약용이 유배에서 풀린 다음 여러 종교 저서를 남겼고 특히 복음이 조선에 들어온 데 대한 수기를 남겼다 한다.174) 바로 이 수기가 달레의 『한국 천주교회사』에서 인용한 자료인 정약용의 『한국 복음 전래사』라 한다. 그리고 이승훈의 문집이라 전해지는 『만천유고』(蔓川遺稿)에 발문을 지은 무극관인(無極觀人)이 바로 정약용이라고 추정하기도 한다.175)

이러한 자료들은 정약용 자신의 저술이나 그 밖의 공식 문헌에서 보여주는 배교 사실과 극단적으로 상반되고 있다. 그러나 1791년 또는 1801년 이후 정약용의 신앙생활 여부는 그의 사상을 해석하는 데 중요한 전제적 조건이 될 수 있는 문제일지라도 불충분하거나 불확실한 사료로서 단정하기를 좀 더 보류하고, 그의 사상 특히 경학

---

173) 달레, 『한국천주교회사』, 안응렬·최석우 역, 중권, 1980, p.17.
174) 같은 책, 중권, pp.185~6.
175) 최석우, 「달레가 인용한 정약용의 한국복음전래사」, 『이해남 화갑기념 논총』, 1970, pp.205~216. 김옥희, 위의 책, pp.36~7.

사상 속에서 천주교 교리의 영향과 그 성격을 파악하는 것이 보다 확실한 접근이 될 수 있을 것이다.

(4) 정약용의 경학과 서학 사상

경학에 관한 정약용의 최초의 저작은 『중용강의』(中庸講義)이다. 그것은 대학생이던 23세(1784) 때에 초고본이 이루어졌다. 정조 임금의 질문에 대답하는 형식인 초고본(『中庸對策』)은 이벽과 토론을 통해 작성되었던 만큼, 그 당시 천주교 신앙운동에 몰두하였던 이벽의 사상적 영향이 강하게 내포되어 있다. 또한 이 『중용강의』는 초고가 이루어진 30년 후 강진에서 유배생활 중에 고쳐 1814년 『중용강의보』(中庸講義補)로 완성시켰다.

그때에도 이벽의 학덕을 회상하고 있으며, 초기사상을 지속적으로 간직하고 있음을 알 수 있다. 이 『중용강의』는 정약용의 사상 체계 속에서 유학과 서학의 이념이 조화 있게 만나는 놀라운 창의적 융화가 이루어지고 있다. 먼저 이 저술을 통하여 정약용의 사상에 있어서 유학과 서학의 만나는 양상을 검토하고자 한다.

첫째로 정약용은 『중용강의보』의 첫머리에서 주자학의 '음양(陰陽)' 개념을 비판적으로 검토하여 '음양'은 빛과 그늘의 경우처럼 서로 상대되는 형식이지 형체나 성질이 있는 것은 아니라고 밝힌다. 그는 주자학의 기본개념을 거부하는 것으로 출발하였다. 마테오리치는 태극의 개념을 홀수와 짝수의 형상을 취한 것이라 하여 태극과 함께 음양의 개념을 실재가 아니라 형식이라 규정하는 입장을 보인다.

둘째로 '오행(五行)'의 존재는 만물 가운데 다섯 가지 물건에 불과하므로 다섯 가지로서 만물을 생성할 수는 없다하여 5행설을 부정하였다. 그는 5행이 기본물질이 아니고 4행, 5행, 6행, 8행 등 어느 것으로나 기본물질을 설정할 수 있다고 본다. 그는 오히려 역학의 '사정괘(四正卦; 건, 곤, 감, 리)'에 기본구조로서의 의미를 부여한다. '건(하늘, 氣)', '곤(땅, 土)', '감(물, 水)', '이(불, 火)'는 기, 토, 수, 화(氣, 土, 水, 火)의 물질을 가리키고, 그것은 서학의 자연철학에 있어서 화, 기, 수, 토의 '사원설(四元說)'과 그 내용이 일치한다. 이 '4원설'의 문제는 신서파에 있어서 주자학의 '5행설'을 극복하는 사유형식으로서 중요시되었다. 그의 둘째 형 정약전은 과거시험에서 '5행'이라는 시험문제에 대한 답안으로 '5행'을 부정하고 '4행'을 논의하였다가 물의를 일으키기도 하였다. 결국 정약용이 '5행설'을 부정하는 것은 주자학의 자연관이 가진 기본구조를 벗어나는 것이고 그만큼 천주교 교리서와의 연결 가능성이 높아지는 것이라 할 수 있다.

셋째로 '천[하늘]'을 초월적 존재와 자연적 존재로 구분하여 파악하고 있다. 초월적 하늘은 신령스럽고 밝으며 만물을 주재하는 하늘이라 하고, 자연적 하늘은 푸르고 크게 둥근 모습이 있는 하늘이라고 언급하였다. 이러한 하늘의 성격을 구분하는 것은 신앙적 대상으로서의 '천' 개념을 제시하려는 것으로 이해될 수 있는 것이다. '천'의 존재가 신령스럽고 밝다는 것은 형체를 초월하는 존재임을 의미하며, 동시에 지각이 있는 존재임을 의미한다. 또한 이 '천'은 주재자로서의 지위를 갖는 사실이 강조되고 있다. 이러한 '천' 개념은 리치가 『천주실의』에서 제시하는 천주 개념과 상통하는 것으로서 '천'이 본성에 내재하는 것으로서 본성과 일치시켜 파악되거나 지각능력이 없는 원리로 파악되는 성리학은 '천' 개념을 벗어나고 있는 것이

라 할 수 있다. 정약용에 있어서 '천' 개념의 구분은 결국 하늘의 본
질적 의미를 신앙적 대상이 될 수 있는 신령스럽고 밝으며 만물을
주재하는 하늘에서 발견하고 있는 것이고, 푸르고 크게 둥근 모습이
있는 하늘은 물질적 형태로 한정시켜 놓게 된다.

넷째로 그는 주자학에 있어서 '물아일체론(物我一體論)' 내지 '인
물성동론(人物性同論)'의 입장을 거부하여 인간과 만물의 본질적 차
이를 주장하였다. 초목의 식물과 금수의 동물은 무한히 생산해 가는
이치에 따라 종족을 보존하는 것으로써 생명을 가질 뿐이다. 그러나
인간은 신령스럽고 밝은 덕성을 부여받아 만물 위에 뛰어나서 만물
을 향유하고 이용할 수 있는 점에서 인간은 만물과 본질적 차이가
있다고 지적한다. 곧 인간과 만물은 평등한 관계가 아니라 주종관계
라 파악하며, 인간의 본질적 품성을 신령스럽고 밝음(靈明)으로 제기
함으로써 인간의 신령스럽고 밝음이 바로 만물을 주재하는 하늘과
접근할 수 있는 통로임을 밝혀주고 있는 것이다. 여기서 천주교 교
리 속에 제시된 인간의 고유한 영혼 개념과 정약용에 있어서 신령스
럽고 밝은 본성과의 관련성을 주목할 필요가 있다. 그는 마치 천주
라는 명칭 대신에 '천(天)' 혹은 '상제(上帝)'라는 유교전통의 명칭
속에 같은 개념 내용을 계발하고 있는 것처럼 영혼이라는 명칭을 사
용하지 않고도 '영명[신령스럽고 밝은 본성]'으로서 '영혼(靈魂)'의 개
념을 담고 있다.

그는 또한 인, 의, 예, 지의 '사덕(四德)'을 본성에 선천적으로 내
재한 본질적 구성요소로 파악하는 성리학에 대립하여, 이 '4덕'은 마
음속에 있는 오묘한 이치가 아니라 인간의 행위에 따라 얻어지는 것
이라 한다. 곧 하늘로부터 부여되는 것은 '영명'일 뿐 덕을 주어진
것이 아니라 하여, 성리학에서의 신령스럽고 밝다(虛靈不昧)는 심성

이 덕과 일치하고 있는 점을 인정하지 않는다. 그는 덕이 심성의 내면 속에 선천적으로 주어진 것으로 보면 사람의 임무는 '향벽관심(向壁觀心)[벽을 바라보고 앉아 마음을 관조함]' 하는 선불교에 빠질 것이라 비판하였다.

다섯째로 그는 『중용』 제1장에서 "군자는 그 보지 않는 바에 삼가하며, 그 듣지 않는 바에 두려워한다"라는 말에서 보지 않고 듣지 않는 것을 의식작용이 발생하기 이전상태라는 종래의 해석과는 달리, 귀신이 내려와 보는 것이라 해석하였다. 곧 삼가하고 두려워할 근원적인 인간 심성의 내면에서보다도 귀신(신 또는 상제)이 내려와 감시하는 것이라 지적하는 것이요, 인간 행위의 근원적인 규제조건을 인간이 신 앞에 서는 것으로 제시한다. 그는 『주례』에서 신의 양상을 하늘의 '신'(神), 땅의 '시'(기, 示), 사람의 '귀'(鬼)라는 세 가지 형태로 제시한 데 대하여 제사의 순서에서는 세 가지 형태가 있더라도 신의 존재에 있어서는 하늘의 신과 사람의 귀만 존재하는 것이라 강조한다.

그는 하늘과 땅을 인간이 받들어야 할 신적 존재의 두 가지 모습이라 하는 전통적 견해를 부정하고 땅을 인간에 흡수시켜 하늘 아래에 인간과 땅(만물)을 위치시켜 주고 있다. 주자학에서 귀신을 해명하는 이론은 '귀'(鬼)를 '음'(陰)이라 하고 '신'(神)을 '양'(陽)이라 하여 음양론에 의해 설명하지만, 그는 사람의 '귀'와 하늘의 '신'과는 근본적으로 다르기 때문에 혼동할 수 없다고 한다. 그에 의하면 하늘[天]은 하늘의 '신[天神]' 및 귀신과 동일시하며, 보지 않고 듣지 않는 것은 귀신이 강림하는 것이고 또한 하늘의 명령[天命]이다.

정약용은 주재자로서의 하늘에 마주하여 인간을 경건한 자세로 세워 놓았다. 하늘은 신령하고 밝은 자신의 속성을 인간에게도 부여한다. 인간은 하늘로부터 '영명'(靈明)을 부여받았지만 하늘 앞에서 하늘을 주재자로 받들어야 하는 존재이다. 그것은 천주교에서 천주가 인격적인 주재자로서 인간에게 영혼을 부여하고 인간과 만물을 주재하는 존재라는 것과 같은 구조를 보여준다. 『중용』을 통해 나타나는 정약용의 경학 체계는 사실상 천주교 교리와 유교 이념의 일치를 모색하고 있다. 이러한 입장은 이벽, 이승훈, 정약용 등 초기 신서파의 사상적 기본 성격을 보여주는 것이다.

정약용은 음양오행설이라는 유교의 뿌리 깊은 자연철학 체계를 거부하면서 오히려 『주역』의 자연구조를 끌어들인 것이 서학의 자연관의 이해체계와 일치하는 사실을 몰랐다고는 할 수 없다. 그는 하늘을 초월적 측면에서 부각시켜 영명함과 주재성을 성격으로 제시한다.

인간은 하늘로부터 영명을 마치 서학에서의 영혼처럼 부여받지만 주재성은 하늘의 고유한 속성으로서 양도되지 않는다. 하늘과 인간의 관계에 대한 천주교의 교리이면서 유교의 고전 이념이라는 놀라운 양자의 조화를 보여주었다. 특히 하늘은 신의 세계에 속하고 인간은 귀로서 신과 혼동되거나 일치되지 않는다는 '신' 개념은 유교 전통으로부터 천주교에로 옮겨간 것이라 할 수도 있고, 동시에 유교에 천주교 교리를 받아들여 새로운 유교 사상을 구성하였다고도 할 수 있다.

중용의 해석에서 나타나는 정약용의 사상은 그의 경학 체계 속으로 확산되고 있다. 그는 『대학』의 강령인 '명명덕'에서 '명덕'은 인간이 하늘에서 부여받은 것이 아니라, 사람이 지켜야 할 덕목인 '인륜'이라 주장한다. 곧 '명덕'은 '효·제·자'의 3덕목으로 규정하였다. 효도, 우애, 자애의 덕목은 한 인간이 그 윗사람과 이웃과 아랫사람과 만나는 인간관계이다. 그것은 그가 '인(仁)'을 한자의 구성인

두 사람을 의미한다고 해석하는 것이요, 이 '인'도 효, 제, 자의 인간 관계를 가리킨다고 해석하였다. 인간의 덕성을 인간 내면으로 추구하는 것이 아니라 다른 인간에로 나아가는 것으로 파악하고 있다. 그것은 기독교의 사랑이 하늘로부터 받는 사랑과 또 인간이 하늘과 다른 인간을 사랑하는 타자에로의 지향성과 연관시켜 볼 수 있다.

그는 『맹자요의』(孟子要義)에서도 '사단설'과 관련하여 인, 의, 예, 지는 사람이 행위한 이후에 이루어지는 것임을 재확인한다. 성리학에서 인, 의, 예, 지를 본마음의 완전한 덕이라고 한다면 인간은 '향벽관심'(向壁觀心) 하는 것을 일삼게 될 것이라 하여 인간 내면 속에서 완결된 덕을 찾으려는 입장을 거부하였다. 여기서 또한 정자(程子)가 마음, 본성, 하늘을 하나의 이치라 한 것에 대하여 조주선사(趙州禪師)의 '만법귀일설'(萬法歸一說)과 다름이 없다고 지적하였다. 그는 여기서 성리학의 입장이 지닌 불교적 논리를 분석해 내어 비판하였다. 그것은 곧 인간의 심성과 초월적인 하늘의 관계를 엄격히 분리하여 파악하는 태도를 밝히고 있다. 그는 하늘의 주재는 '상제'라 밝히고 하늘이라 칭하는 것은 한 나라의 임금에 대한 그 나라와의 관계에 비유하였다. 그리고 푸르고 크게 둥근 모양이 있는 하늘은 사람에게 집이나 장막과 같이 흙이나 불 또는 물 등의 물질과 동등한 것이라 지적하였다. 그에 있어서 하늘은 본질적으로 주재자요, 따라서 '상제'라는 명칭에서 하늘의 본래적 성격을 발견하고 있다.

그것은 하늘이 결코 물질적 자연물이나 관념적 형식으로서의 이치에 환원될 수 없는 주재자의 모습을 강조하는 것이다.

정약용은 강진생활의 초기에 역학의 재인식을 위해 노력을 기울였다. 그는 주역을 '허물을 고치고 선한 데로 나아가기[改過遷善]' 위한 윤리적 목적을 갖는 것이라 규정하지만 그것은 하늘의 명령을 청하여 그 뜻을 따르기 위해 이루어졌다는 신앙적 성격을 발견하고 있다. '복서[점치는 방법]'는 바로 천명을 받는 방법이므로 명령을 순종하여 받아들여야 하는 것이요, 자기 의지에 따라 멋대로 할 수 없는 것이라 한다. 여기서 천명의 신성성을 통하여 '복서'의 의미도 인정하였다.

그의 『춘추고징』(春秋考徵)도 의리론에 구속되지 않고 춘추시대에 있어서 각종 제사 양식이 『주례』의 실천 증거로 파악한다. 여기서 교(郊)[하늘에 대한 제사], 사(社)[사직에 대한 제사], 체(禘)[종묘에 대한 제사], 시향(時享)[춘하추동에 조상에 드리는 제사], 묘제(廟制)[사당의 제도] 등 제사의 형태와, 상례에 있어서 어긋난 제도나 그릇된 의미 등 예법의 실제를 구명하고 있다. 또한 그는 관, 혼, 상, 제의 의례에 관해 방대한 정리를 이룬 사실은 그가 유교의례에 비상한 관심을 가졌다는 사실을 말해주는 것이며 그것은 천주교 신앙을 지닌 입장이라 보기 어렵다는 의심을 불러일으키는 요소가 될 수 있다.

실제로 천주교 신앙운동이 1791년 진산의 제사를 폐지하고 신주를 불사른 사건에서 결정적인 물의를 일으켰고, 또한 그 성격을 드러내었던 것처럼 유교의례를 정면으로 부정하는 것으로 전개되었다. 그러나 정약용은 이에 대해 자신이 천주교 신앙에 빠졌을 때에도 제사를 폐지해야 한다는 주장은 못 보았다고 언급하고 있는 것은 그의 교리지식이 예수회의 '보유론(補儒論)[천주교가 유교를 보완할 수 있다는 주장]'적 입장에 따르는 것임을 보여준다. 또한 천주교 신앙의 의례적 기능과 비중을 인식하였을 때 유교의례에 대해 새로운 관심을 자각할 수도 있을 것이다.

(5) 정약용에서 신앙과 사상의 의미

정약용과 천주교 신앙의 관계를 이해하는 데는 사실 그가 기본적으로 천주교도인가 아니면 30대 이후로는 배교하여 유교적 신념을 지켰던가라는 소박한 질문에 대한 대답이 필요하다. 이 점에서 달레의 『한국 천주교회사』와 정약용 자신의 기록과는 상반된 대답을 해 주고 있다. 어떤 면에서 그의 시대가 엄격한 천주교 금지령과 억압이 있었고 특히 그 자신은 신앙문제로 생명의 위협과 끈질긴 고통을 받아왔던 상황에 놓였기 때문에 표면적으로 자기 신앙을 감추어야 하는 '외유내야(外儒內耶)[겉으로는 유교인이나 속으로는 천주교인]'의 이중생활을 하지 않을 수 없을지도 모른다. 그러나 사실에 대한 최종적인 해답은 확고한 증거를 좀 더 기다린 다음에 내려도 좋을 것이지만, 더욱 중요한 문제는 정약용의 사상이 지닌 기본 성격과 천주교 신앙과의 관계를 해명하는 것이다.

그는 23세 때의 『중용강의』 이후 73세 때 『매씨서평』(梅氏書平)을 저술할 때까지 『중용강의』에서 제기한 문제들을 스스로 부정하는 입장을 보인 것이 아니라 지속적으로 유지하고 있다는 사실이 중요한 점이다. 물론 『중용강의』는 그가 신앙생활에 깊이 젖었을 때 이룬 것이지만 그것은 천주교 교리서가 아니라 유교 경전의 논리적인 해석 체계인 것이다. 따라서 정약용의 경학사상이 지닌 기본 특징은 유교 이념을 천주교 교리의 구조와 더불어 재해석한 것이라 할 수 있다. 그것은 마치 그가 주자학의 기본 체계를 불교적인 것으로 비판하였던 사실을 음미해 본다면 그의 경학사상이 기독교적인 변질을 시킨 것이라는 비판도 성립할 수 있다.

그러나 주자학이 불교의 영향을 깊이 받았지만 불교가 아닌 것처럼 그의 경학사상이 천주교 교리의 영향 속에 형성되었다 할지라도 기독교는 아니라 볼 수 있다. 어떤 의미에서 그의 경학사상은 천주교 교리를 흡수함으로써 유교 사상의 새로운 영역을 열어주었다고 할 수 있으며, 바로 여기에 그의 사상이 지닌 독특한 성격과 가치를 발견할 수 있는 것으로 보인다. 그것은 그의 개인적 신앙이 무엇이었느냐보다도 그의 사상이 한국 사상사를 통하여 내지 오늘에 있어서 무슨 의미를 지니는 것인가를 뜻하는 것이다.

정약용의 역학사상과 서학정신

1. 역학과 서학

『주역』(周易)은 때로 아득한 연원과 심원한 진리를 지녀 유교 경전 가운데서도 그 첫머리에 오는 것으로 존숭되지만, 때로는 많은 의문점을 내포하고 난해한 문헌으로 논란의 대상이 되기도 한다. 신화적인 인물인 복희에 의해 팔괘가 발명되었다는 전승은 곧 그 발생 연원이 역사의 시간을 초월하고 있음을 의미한다면, 공자가 「십익전」을 지었다는 주장은 『주역』이 유교의 정통에 근거를 둔다는 신념을 보여주는 것이다. 한편 공자와 맹자의 교설 속에 『주역』에 관한 언급을 찾아보기 어렵고, 이에 따라 『주역』의 「십익전」을 공자가 저술하였는지 여부에 관해 많은 고증학적인 비판이 제기되어 왔다. 그러나 사실상, 『주역』이 유교의 전통 속에 차지하는 비중은 확고부동한 것임을 아무도 부정하기 어렵다. 더구나 성리학의 발전과정에서 우주의 질서와 인간 존재의 위치에 관한 철학적 기초가 『주역』의 체계에서 도출되면서 『주역』은 유교 경전 가운데서도 두뇌를 이루는 것으로서의 지위가 확립되었다. 또한 노장 사상가에 의해서도 깊은 연구의 해석이 이루어졌고, 불교 승려나 유학자에 의해 『주역』과 불교 사상을 관련시킨 연구가 나왔다. 따라서 동양 사상의 상호 교섭이나 보편적 기반의 발견에 『주역』이 독특한 역할을 맡았던 것은 사상사에 나타난 흥미 있는 사실이 되고 있다.

16세기 말부터 예수회를 중심으로 한 천주교 선교사들에 의하여 기독교 교리를 비롯한 서양 문화가 중국 대륙에 활발히 소개됨으로써 유교 사상과 기독교 사상은 근세적인 교섭을 이루게 되었다. 이때 천주교의 중국 전교에 결정적인 공로를 세웠던 마테오리치(Matteo Ricci, 1552~1610)신부는 중국의 유학자들과 더불어 대화와 토론을 통해 기독교 교리를 설득시켜 나가는 입장에서 『천주실의』(天主實義)라는 교리서를 저술함으로써 중국, 한국, 일본의 유교 사회의 지식인들에게 막대한 영향을 미쳤던 것은 잘 알려진 사실이다. 리치가 중국 선교에서 취한 입장은 서광계에 의해 '보유역불(補儒易佛)'이라 단적으로 지적된 바 있다. 그는 유교 사회에 적응하는 방법으로써 유교 경전의 광범한 인용을 통해 천주교 교리를 논증하고 이해시켜 나감으로써 두 사상 사이의 일치성을 계발하는 데 커다란 업적을 쌓았다. 그러나 리치는 일반적으로 유교 고전을 긍정적 입장에서 받아들였지만, 성리학을 통해 전개된 주역의 근본 개념인 태극·음양 등의 궁극성 내지 실재성을 거부하는 태도를 보임으로써 유교인의 주역 이해에 하나의 도전을 제기하였다고 볼 수 있다.

이에 반하여, 천주교 전교를 위해 유교에 대한 적응적 입장은 리치 이후에 주역과 기독교 교리의 연관성을 찾으려는 노력으로 발전하였다. 명나라 말엽의 중국 천주교도인 소보충(邵輔忠)은 『천학설』(天學說)에서 정부를 건(乾; 父), 성모를 매(埋; 母), 천주성자를 진(震; 長男)의 상징에 견주었으며, 역을 천서요 天學의 시조라고까지 하여 주역을 통해 기독교 교리를 설명하고 있다. 청나라 건융 때의 여입본

(呂立本)은 『역경본지』(易經本旨)를 통하여 천주교 교리의 입장에서 주역에 대한 주석을 내었다. 또한 프레마르(J. H. M. de Premare, 馬若瑟, 1666~1735)는 삼위일체와 '태극·음양이 하나의 기운'이라는 주장이 서로 일치하는 것으로 설명하였고, 부베(J. Bouvet, 白晋, 1656~1730)의 저술로 추측되는 『주역원지탐』(周易原指探)에서는 『주역』 속에 천주의 만물을 창조하고 다스리는 권능이 나타나 있고 천주가 강생하여 세상을 구속하는 오묘한 뜻이 예시되어 있다고 보고 있다.[176] 이처럼 기독교 교리와 주역을 일치시키려는 노력은 곧 주역을 통해 기독교와 유교의 공통적 근거를 발견할 수 있는 가능성에 대한 선구적인 시도라 할 수 있다. 한국의 서학 전래 시기에 중요한 역할을 하였던 정약용에 있어서도 그의 『주역』 연구 속에 나타나는 서학, 곧 기독교 사상의 요소를 분석해 보는 것도 이러한 배경에서 비추어 본다면 중요한 의미를 지닐 수 있는 것으로 생각된다.

2. 정약용의 역학이 지닌 위치

순조 원년(1801) 정약용이 40세 되던 해에 신유년의 옥사가 일어나자 정조 시대를 통해 천주교의 교리를 연구하거나 신봉하였던 남인 학자들이 거의 투옥되어 혹은 죽임을 당하거나 혹은 귀양을 가는 수난을 겪게 되었다. 이때 정약용의 3형제도 모두 체포당하여 셋째 형인 정약종은 순교하고 둘째 형인 정약전과 정약용 자신은 유배를 당하는 비극을 맞았다. 그는 이때부터 57세가 되기까지 18년간을 주

---

176) 琴章泰, 『東西交涉과 近代韓國思想』, 1984, pp.26~27 참조.

로 전남 강진 땅에서 귀양살이를 하였지만, 이 불운 속에서도 학문
에 전념하여 유교 경전과 정치 제도에 관한 방대한 저술을 남길 수
있었다. 유배지에서 겪는 정신적 고뇌 속에서 『주역』을 손에 들자
눈으로 보고 입으로 읊고 마음으로 생각하고 손으로 기록하는 것이
오로지 『주역』뿐이었고, 모든 책을 거두어 넣고 오직 『주역』한 권
을 연구하는 데 심혈을 기울였다. 그는 『주역사전』(周易四箋)을 저
술해 놓고 여섯 해 동안 다섯 번 개고하여 1808년에 완성을 보았다.
정약용에게는 『주역사전』 외에도 그가 귀양에서 풀려난 다음인 1820
년에 탈고한 『역학서언』(易學緖言)이라는 저술이 있다. 『역학서언』
은 역대의 『주역』 연구가들의 이론을 비판적으로 검토한 점에서 중
요한 의미를 지니는 것이지만, 『주역사전』은 정약용 자신에 의해 『주
역』이 독자적인 입장에서 분석되고 체계적으로 재구성된 역작이라는
점에서 『주역』 연구의 역사에 획기적인 기원을 이루는 저술임을 인정
하지 않을 수 없다.

　유교 경전의 주석은 때로 그 입장의 정통성 여부에 대한 논쟁으로
학파의 분열이나 대립을 일으키는 매우 엄중한 제한을 받고 있다. 따
라서 경전의 절대적 권위를 존중하면서 『대학』을 장·절로 나누고
또 몇몇 글자의 의미를 새롭게 해석하였던 주자학의 입장이 양명학
파와 몇 세기에 걸친 논쟁을 불러일으키게 된 것도 유학사에서는 극
히 당연한 일이다. 그러나 『주역』에 관해서는 그 경전 자체가 상징적
표현에 차 있고 추리적 이해를 필요로 하는 만큼 비교적 『주역』의 주
석은 자유롭게 시도되어 왔다. 따라서 주자학파에서 '사문난적'(斯文
亂賊)이라 규정하는 엄격한 비판적 태도에도 불구하고, "『주역』에는
사문난적이 없다(易無亂賊)"라는 말이 통용될 정도로 자유로운 분위
기가 있었다. 여기에 정약용의 경전 연구도 다른 경전에서는 상당히

엄격한 전통을 지키는 면을 보여주었으나, 『주역』 연구에서만은 경전으로 고정된 형태의 모습을 찾아보기 어려울 만큼 과감한 재편성을 하고 있다.

건괘(乾卦)의 경우 괘사(卦辭) 아래 「단전」(彖傳)을 가져오고, 효사(爻辭)를 중심으로 「상부」(象傳)과 「효해」(爻解)를 취사선택하여 경전 본문을 삼았으며 「문언전」(文言傳)이나 「효해」의 일부는 주석으로 돌리는 경전 본문의 일대 개편 작업을 하고 있다. 또한 「계사전」(繫辭傳)의 상하편도 각 괘에 해당하는 것은 본문의 주석으로 돌리거나 「계사전」에서 빼고, 「계사전」 상편 9장의 대부분과 10장 및 11장의 몇 구절을 뽑아서 「시괘전」(蓍卦傳)으로 독립시켰다. 그 외에도 경전 본문 속의 「대상전」(大象傳)을 괘의 순서대로 뽑아 독립시키는 한편, 「서괘전」(序卦傳)과 「잡괘전」(雜卦傳)은 해체시켜 경전 본문의 각 괘에 대한 주석으로 인용하는 데 그쳤다. 또 『주역』과는 별개의 경전인 『춘추』에서 역점(易占)의 사례 19건을 뽑아 「춘추관점보주」(春秋官占補註) 한 편을 만들어 「계사전」 앞에 실었다. 이처럼 공자의 저술로 전해지는 「십익전」(十翼傳)을 자기의 견해에 따라 취사선택하고 경전 본문의 편차까지도 고침으로써 『주역』을 전면적으로 재편성하고 있는 것은 일찍이 유례를 찾을 수 없는 과감한 태도로써, 정약용은 이미 고증학적 입장을 넘어서 『주역』 연구사를 통하여 하나의 혁명을 이루었다고 볼 수 있을 것이다. 이것은 또한 유교의 정통으로서 용납할 수 있는 한계에 대한 중대한 도전이 아닐 수 없다. 다산이 20대에 서학의 연구를 통해 열렸던 정신세계가 아니라면, 『주역』의 학설에 대해 이처럼 철저한 비판 정신과 획기적인 재구성의 입장이 가능할 수 있을지 의심스러운 일이다.

3. 천명과 복서

정약용의 경학사상은 『중용강의』(中庸講義)에서도 뚜렷하게 볼 수 있듯이 주자학의 합리주의적 내지 윤리적 입장을 넘어서 신앙적 영역으로 유교 경전을 재해석하는 것이요, 바로 이 점에서 그가 서학의 영향을 강력하게 받고 있음을 엿보게 된다. 『주역』에 있어서도 정약용의 핵심적 정신은 천(上帝)의 주재자로서의 지위에 대한 신념아래 하늘과 인간의 관계를 중심으로 해명하는 것이다. 그는 「역론」(易論)에서 역이 만들어진 까닭을 '성인이 천명을 청하여 그 뜻에 따르는 것[聖人所以請天之命, 而順其旨者]'이라 규정짓고 있다. 이때 인간이 천명을 받는 방법을 밝힘으로써 역의 역할이 드러나게 된다. 곧 정약용은 『주역』이 경학가에 의하여 전해지는 방법과 복서가에 의하여 이용되는 형태가 있음을 지적하고, 주역은 본래 복서를 위한 것이요 의리는 부수적으로 결부된 것으로 명시하였다.

정자가 『주역』을 의리서로서 체계화시킨 다음에 복서의 점술을 미신적인 것으로 천시하는 입장이 확립되었으나, 정약용이 이를 복서의 체계로 조명하고 있는 것은 복서를 미신이 아니라 신앙의 형식으로 해석하는 데 논거를 둔다. 그에 의하면, "옛 사람이 천지신명을 섬김으로써 하느님(上帝)을 섬기니, 따라서 복서로써 천명을 듣는다" 하고, 또 '복서는 천명을 듣는 방법'이라 언명된다.[177] 이렇게 『주역』에 있어서 복서의 기능을 중요시함으로써 그는 『주역사전』에서 「시괘전」

---

177) 『禮記』 「曲禮上」에서도 "卜筮는 옛 聖王이 백성으로 하여금 時日을 믿게 하고 鬼神을 공경하게 하며 法令을 두려워하게 하는 것이다"라고 정의하여 神의 권위를 빌어 통치에 기능적 역할을 하는 것으로 제시하였다.

을 「계사전」으로부터 독립시켜 한 편으로 삼았고, 『역학서언』에서는 「복서통의」(卜筮通義)라는 한 편을 설정하여 복서의 의미를 해명하였던 것이다.

유교의 전통 속에서는 하늘이 인간에게 직접 말을 건네는 계시의 형태를 찾아보기 어렵다. 성리학파에서는 말할 것도 없지만 경전 속에서도 하늘의 뜻은 자연현상이나 인간 속에 내재한 덕을 통하여 이해되는 것이 일반적이다. 그러나 만물을 생성하고 주재하는 하늘의 뜻을 알고 또 그 명령을 받고자 하는 인간의 절실한 요구는 복서라는 점술을 발명하였고 『주역』의 연원도 여기에 근거하고 있다. 정약용이 『주역』을 복서의 경전으로 밝히는 것은 이러한 신앙적 성격을 천명하는 것이다. 그는 하늘의 뜻을 묻는 인간의 자세를 반성함으로써 후기의 타락한 점술과 경전 속의 순수한 신앙을 명확히 구별해 준다. 먼저 천명을 받고자 하는 경우는 "공정한 선에서 나오는 일로써 그 성패와 화복을 예견할 수 없으면서 행하게 될 것만이라" 하여, 선하지 않은 일이나 결과를 예견할 수 있는 경우에는 천명을 물을 수 없다고 하였다. 또한 "후세의 사람들 가운데 이미 일을 행하여 놓고서 복서를 하는 것은 하늘의 기밀을 탐지하고 하늘의 뜻을 시험하는 것으로 큰 죄악이다"라 경고하고 있다. 따라서 인간은 자기 능력의 한계를 자각하고 절대적인 하느님을 향한 신앙 속에서 복서의 점을 행함으로서만 천명을 받게 되는 것이다. 정약용은 괘사(卦辭) 가운데 형(亨)을 천시(天時)로, 정(貞)을 인사(人事)로 해석하며 형과 정이 역의 핵심이요 점법의 요체가 된다고 하여, 하늘과 사람이 교통하는 길을 찾는 데서 주역과 복서의 의의를 드러내고 있다. 그는 복서가 타락한 양상을 신앙의 측면에서 비판하여 "오늘날 사람들이 평소에 신을 섬기지 않다가 일을 당하면 복서를 하여 일의 성패를 탐지하는 것은 하늘을 경멸하고 신을 모독하는 것이라" 하고, 또 역사적으로 "선왕 때에는 신명을 경건히 섬겨 복서를 베풀어서 백성들로 하여금 때를 믿게 하고 귀신을 공경하게 하였으나, 춘추시대 이후로 타락하기 시작하여 주한 시대 이후에는 복서가 사술에 빠졌다"고 규정짓는다. 따라서 정약용은 경전으로서의 『주역』이 갖는 신앙적 성격과 복서의 천명을 받는 방법적 정당성을 밝히고 이를 긍정하면서도, 현재의 타락한 복서를 순화시켜 재현하고자 의도하는 것이 아니라 복서의 타락상을 비판함으로써 이 방법을 전면적으로 폐지할 것을 주장하고 있다. 그는 『예기』(禮記)「왕제」(王制)에서 "귀신을 빌어 때를 잡고 복서를 하여 대중을 의혹시키는 자는 죽인다"는 말을 인용하여 오늘의 법을 삼아야 한다고 하며, 오늘날의 사람은 비록 바른 일이라도 복서를 하지 않는 것이 옳다고 언명하여 복서의 방법을 폐지할 것을 강력히 요구하였다. 사실, 정약용 자신도 『주역』 연구에 상당한 정열을 기울였고 『주역』의 복서를 신앙적 의미 속에 진지하게 해명하면서도 일생 동안 스스로 단 한 번의 점을 치지 않았음을 고백하고 있다.

이미 정약용의 역학 사상은 유교의 전통적 유산을 계승하는 데 있는 것이 아니라 새로운 형태로 개혁을 지향하는 데 있는 것이며, 그의 근본적인 관심이 『주역』을 통하여 하늘 앞에 선 인간의 자세를 신앙적 차원에서 조명하는 것이라고 본다면, 기독교 사상의 그늘이 그의 정신 속에 깊이 드리워져 있음을 엿보게 된다.

4. 태극·음양과 역의 체계

앞에서 『주역』의 근본이념이 천명을 받는 데 있다는 정약용의 입장을 잠시 살폈지만, 그의 역학사상은 『주역』의 체계에 관한 언급 속에서 또 하나의 구체적인 특징을 찾아볼 수 있다.

『주역』「계사전」에 의하면, "역에는 태극이 있으니 여기서 양의(양과 음)가 나오고, 양의에서 사상이 나오고, 사상에서 팔괘가 나온다"는 『주역』 체계의 원초적인 전개 과정이 제시되고 있다. 여기서 태극과 음양의 개념은 모든 현상의 가장 기본적인 존재로서 역대 사상가들에 의하여 반복적으로 논란되고 천착되어 왔다. 특히 성리학을 통하여서는 우주론의 궁극 개념과 기본 구조로 확립되어 근세 유학에서는 태극과 음양의 개념을 떠나서는 거의 이론 전개가 불가능하다고 할 수 있다. 이에 반하여, 정약용은 태극을 '천지가 분리되기에 앞서서 혼돈된 형체의 시작이요 음양의 싹이며 만물의 태초'라고 정의하고, 태극의 위에 조화의 근본이 확실히 있다 하여 생성론적인 시초로 이해하지만, 주염계 이래 형체를 초월한 이치로 파악하는 성리학의 입장을 거부하였다. 그것은 형체를 초월한 궁극 존재를 태극으로 일컬을 수 없다는 그의 기본 입장을 표현한 것이다.

그는 서법에서 이용하는 50개의 산가지 가운데 빼놓고 사용하지 않는 하나가 태극을 상징하는 것이 아니라, 단지 아직 나누기 전의 50개 산가지 전체를 태극으로 보았다. 여기서도 그가 태극은 초월적 존재일 수 없고 분화 단계 이전의 통합체 내지 시원적 물질을 의미하는 것으로 해명하고 있음을 알 수 있다.

또한 정약용은 음양이 물질의 근원을 이루는 어떤 실체로 볼 것

을 거부하였다. 음양은 다만 어둠과 밝음이라는 양면적 현상의 표상
으로서 자연현상 속에 나타나는 모든 상대적 관계를 가리키는 개념
으로 이해하였다. 곧, 정약용에 의하면, 일과 월은 자연현상 가운데
서로 교대하여 바뀌어 밝음과 어둠, 낮과 밤, 더위와 추위를 가져오
는 가장 뚜렷한 현상이다. 음과 양도 바로 여기서 추상된 개념이요,
'易' 자도 日과 月의 두 글자가 결합된 것이라 하였다. 따라서 자연
현상 속에서 이원적 요소가 서로 분리·결합하고 교체하는 가운데
전개되는 변화를 통하여 파악되는 모든 이원적 대치(對峙) 관계를
음양으로 추상할 수 있는 것으로 본다. 음양은 결코 근원적 물질인
기(氣)의 구성 요소로서 만물을 형성하는 것이 아니라, 차라리 역
(易)에서 양효(陽爻)와 음효(陰爻)로 도형화된 홀수와 짝수이거나 서
법의 홀수와 짝수로 표현되어야 할 것이다. 태극을 궁극성이 아니라
만물의 통합 상태인 시원적 물질로 보고, 음양을 만물이 조화·생성
하는 근원성으로서가 아니라 대대(對待) 관계의 형식으로 파악하는
것은 태극 위에 조화의 근본이 따로 있음을 주장하는 것이며, 음양
위에 만물을 주재하는 하늘이 있음을 밝히는 것이다. 이것이 곧 정
약용에 있어서 유교의 전통 속에 깃들여 있는 관념론적이나 유물론
적인 사유를 극복하는 태도라 할 수 있다. 여기서 정약용의 「역학」
사상을 통해 주재자로서의 천의 존재에 대한 확신이 일관하고 있음
을 보게 된다.

정약용에 있어서 주역의 체계가 갖는 특징은 음양·사상·8괘·64
괘로 확대하여 전개되는 일반적 형태가 아니라, 음양의 증감에 따라
12개월에 배당되는 12벽괘(辟卦)와 5년마다 두 번의 윤달에 해당되
는, 재윤괘(再閏卦)와 이 14괘를 미루어 부연한 50연괘(衍卦)로 구성
하는 데 있다. 이것은, 주역을 일월이 바뀌어 이루어지는 역법(歷法)

의 자연 질서로 파악하는 것이다. 그는 8괘 가운데서 아래위를 뒤집
어도 모양이 변하지 않는 건(天)·곤(地)·감(水)·이(火)의 4괘를 4
정괘(正卦)로 보고 8괘의 나머지 4편괘(偏卦)도 4정괘로부터 이루어
지는 것이라 한다. 따라서 자연현상의 전체를 상징하는 64괘의 가장
기초적인 형태는 이 4정괘라 할 수 있다. 이때 '건'(乾)괘가 상징하
는 하늘은 주재자로서의 천이 아니라 땅에 상대되는 자연으로서의
천이요, 곧 기라 하고, '곤'(坤)은 토(土)라 하였다. 이 4정괘가 상징
하는 天(氣)·地(土)·水(水)·火(火)는 시원적인 상태에서 나뉘어져
스스로 형질을 이루고 있는바 만물을 이루는 가장 기본적인 물질 양
식이요, 4계절에도 배당시킬 수 있는 자연현상의 기본 구조이다.

여기서 4정괘는 서학을 통해 소개되어 마테오리치에 의해서 오행
설에 대립된 자연관으로 제시되었던 사원열의 내용과 일치하고 있음
을 보게 된다. 정약용이 얼마나 의도적으로 4정괘를 통해 사원설을
암시하였는지는 알기 어렵다. 그러나 오행설의 거부가 당시의 유교
사회에 있어서 자연관뿐만 아니라 사회질서, 윤리 체계, 행동 양식에
이르기까지 전반적인 동요를 일으킬 수 있다는 사실에서 생각해 보
면, 『주역』의 체계를 통해 사원설의 수용을 위한 유교 경전적 근거
를 제시한다는 것은 유교와 서학의 조화를 지향하는 그의 사상적 입
장을 명백히 엿볼 수 있게 한다.

5. 정약용의 역학이 지닌 의의

정약용의 경학적 입장은 성리학이나 고증학과 구별하여 수사학(洙

泗學)이라 일컬어지고 있으며, 여기서 그가 공자의 정신을 재현하는 기본자세를 확인할 수 있다. 물론, 그는 경전 주석을 통하여 후기의 사상가들을 반박하기도 하지만, 경전의 권위를 신봉하고 그 정신을 밝히는 데 정열을 기울였다. 그러나 그가 개척한 경학의 세계는 공자 자신의 세계일 수는 없다. 그를 통해 새롭게 비쳐진 경학은 유교 경전 속에 때로는 감추어지고 때로는 애매하게 표현된 초월자이고 주재자인 천에 대한 신앙을 명백하게 드러내고 강조하는 데 특징이 있다. 『주역』의 연구에 있어서도 복서를 통해 천명을 받는 원시 유교적 신앙 형태를 확고하게 제시하였던 것이며, 『주역』을 '허물을 고치고 선(善)에로 나아가는 글[改過遷善之書]'이라 하여 신앙인의 윤리적 자세까지 찾아갔다.

그러나 정약용의 이러한 경학적 입장을 가능하게 한 정신적 배경 에는 그가 진지하게 받아들였던 기독교 신앙이 중요한 역할을 하고 있음을 간과할 수 없으며, 또한 유교 경전의 정신이 서학을 수용할 수 있는 새로운 가능성을 열었다는 면에서 앞으로의 유교와 기독교 사이의 사상적 교섭에도 중대한 의의를 갖는다고 할 수 있을 것이다.

부록: 정약용의 『주역사전』(周易四箋) 이해

「주역사전」은 「역학서언」(易學緒言)과 함께 정약용의 대표적 역학 논저로써 『여유당전서』 제2집 경집에 수록되어 있다. 『여유당전서』 안에서는 8권으로 편집되어 있는 「주역사전」의 제1권 첫머리에 실려 있는 <제무신본>(題戊辰本) 속에서 이 책을 저술하고 개정하였던 경위를 기록하였다. 곧 정약용은 신유년(1801)에 경상도 장기에 유배되었다가 다시 전라도 강진으로 옮겨져서 오랜 유배생활이 시작되었다. 이때 계해년(1803) 동짓날부터 강진에서『주역』을 연구하기 시작하였다. 이듬해(1804, 갑자) 여름부터 차록을 지었고, 그해 겨울에 완성하였으니 이것이「주역사전」의 갑자본(8권)이다. 그러나 정약용은 갑자본의 내용이 소략하다고 여겨 그 이듬해 전면으로 개작하였으니 이것이 을축본(8권)이다. 그해 겨울에 아들 학가가 찾아와 보은산(報恩山)에 있으면서 을축본을 다시 개정하여 그 이듬해 봄에 병인본(16권)을 만들었다. 그리고 병인본을 다시 수정하여 1807년에 정묘본(24권)을 이루었다. 그리고 그 다음해(1808, 무진) 봄에 만덕사 서편에 있는 처사 윤박의 산정에 가서 그곳의 천여 권 장서를 이용하면서 그해 가을 다시 정묘본의 부족한 곳을 개정하여 이른바 무진본(24권)을 탈고하니 이것이 최종의 결정본이다. 이 무진본 24권이『여유당전서』안에서 8권으로 편집되어 수록되었다.

정약용은「주역사전」의 첫머리에 실린 범례 곧 <사전소인>(四箋小引)에서 자신의 역학적 기본 체계를 보여주었다. 그가 '사전'(四箋)이라 한 것은 이른바 '역의 4법'(易의 4法)이라 규정한 추이(推移)·물상(物象)·호체(互體)·효변(爻變)을 주역의 전개 원리로써 해명하는 것이다. 정약용은 <사전소인>에서 이 4법의 각 조목이 모두 주자의 뜻을 근거로 한 것임을 밝혀, 그가 주자의 입장을 거부하지 않는다는 것을 의식적으로 암시하고 있는 것 같다. 그러나 그의 역학 체계는 주자의『주역본의』나『역학계몽』에 추종하는 것이 아니라 그 자신의 독자적 입장에 서 있는 것임을 알 수 있다.

「주역사전」속에는 정약용의 역학 체계를 제시하는 <괄례표>(括例表)·<역례비석>(易例比釋)·<독역요지>(讀易要旨)·<역론>(易論)이 역경 자체를 분석하기에 앞서서 이해될 필요가 있다. 먼저 <괄례표>는 제1권(여유당전서본, 이하 같음)에 실려 있는 것과 제4권의 중간 함괘 앞에 실린 것이 상편과 하편을 나누어 볼 수 있다. <괄례표>의 상하 2편을 나누어 싣고 있는 이유는 분명하지 않다. <괄례표> (상)은 주역 64괘에 대한 해석에 앞서서 '역의 4법(추이 · 물상 · 호체 · 효변)'을 역의 기본원리로써 총괄적으로 분석하고 설명한 것이다.

'괄례표'(상)에서는 '4법'의 대의를 설명하고 나서, 먼저 '추이'(推移)의 괘도를 제시하며 한대의 순상과 우번 등에서 이 원리가 제시되었음을 지적하고 주자의 <괘변도>도 여기에 입각한 것임을 밝힌다. 그러나 정약용의 <추이표>와 <추이표직설>은 주자의 <괘변도>와는 달리 한대 유학자들의 '12소식설(消息說)'에 입각하고 있으며, 괘를 배열하는 체계도 달리하고 있음을 알 수 있다. 다음으로 '물상(物象)'에 대하여서는 <설괘전>의 대의에 따라 물상표와 방위도를 보여준다. 여기서 괘의 방위가 서경(요전 · 순전)에 일치하고 있는 사실이나 괘의 명칭이 지닌 근원성을 지적하여 <설괘전>이나 '물상'이 역에 있어서 중요함을 말하고 있다. 다음으로 '호체(互體)'의 조목에서는 한 괘에 있어서 2 · 3 · 4효와 3 · 4 · 5효가 호체를 이루고 있음을 도상으로 보여준다. 그리고 호체론(互體論)이 『춘추』의 관점에서 중시되었으나 진나라의 종회가 '무호체론'(无互體論)을 내세웠고, 왕필이 이를 따름으로서 그 뒤로는 폐지되었던 내력을 밝히고 있다. 정약용은 중형 정약전의 학설을 이끌어 12벽괘에서는 건과 곤이 호체를 이루고 있으며, 50연괘에서는 감과 리가 호체를 이루고 있음을 제시하였다. 그는 1 · 2효, 3 · 4효, 5 · 6효를 함께 묶어보는 '겸호법(謙互法)'과 1효에서 4 · 5 · 6효까지를 임의로 묶어보는 '대호법(大互法)' 및 호체를 뒤집어 보는 '도호법(倒互法)', 효의 위치에 따라 음

양을 읽는 '위복법(位伏法)', 상괘와 하괘 중에서 한쪽만 뒤집어 보
는 합법(合法)', 호체가 동일한 괘를 묶어보는 '양호법(兩互法)' 등의
호체설을 다양하게 제시하여, 역사를 해명하는 방법을 극대화시키고
있다. 마지막으로 '효변(爻變)'에 있어서는 효변표를 통하여 괘와 괘
사이에 효의 변화양식을 보여주어 한 효가 한 괘의 의미를 지님을
강조한다. 따라서 64괘의 384효는 384괘의 의미를 지니고 있다고 말
하고 있다. 그리고 효변은 『춘추』에서 인용되어 왔으나 한대 이래
전래되지 않음으로써 역을 읽을 수 없게 되었음을 지적하여, 효변이
역의 이해를 위하여 필수적인 조건임을 밝혀주고 있다.

　<괄례표>(하)에서는 (상) 편에서 '역의 4법'을 해명한 것과는 별도
로 교역(交易)・변역(變易)・반역(反易)의 '삼역(三易)'의 체계를 제
시하고 있다. 그는 이 '3역'은 '역의 삼의(三義)'로서 변역(變易)・부
역(不易)・역간(易簡)과는 달리 교역을 앞세우고 있는 것이며, '교역'
은 한 괘에서 상괘와 하괘의 위치를 서로 바꾸어 이루는 것으로써
복희의 획괘법이라 하였다. 여기서 복희의 역법이라 하는 것은 '교
역'이 그만큼 원초성을 지닌다는 말이 되면서 동시에 문왕의 역법인
주역과 방법적인 차이를 의미할 수도 있다. '변역'은 한 괘의 각 효
가 갖는 음양을 서로 바꾸어 다른 괘를 만드는 방법으로써 건괘가
곤괘로 바뀌는 예에서 볼 수 있는 것이다. 따라서 '역의 삼의' 속에
서 '변역'이 변화가 역의 본질적 성격이라 규정한 것과는 전혀 다른
맥락에서 '변역'을 말하고 있다. '반역'은 한 괘의 상하를 뒤집어서
다음 괘를 만드는 방법으로써, 정약용의 역론은 '반역'의 체계를 중
심으로 전개되고 있는 것이 사실이다. 곧 주역의 64괘가 제1괘에서
제64괘까지 차례로 나열되어 헤아려지는 것이 아니라, 상경 30괘에
서는 제1건괘와 제2곤괘는 '변역'이지만, 제3둔괘는 '제3괘의 정'(제3

괘의 正)으로, 제4몽괘는 '제3괘의 반'(제3괘의 反)으로 헤아려진다. 그리고 제25무망괘는 '제14괘의 정'(제14괘의 正)으로, 제26대축괘는 '제14괘의 반'(제14괘의 反)으로 헤아려지고 있다. 따라서 64괘 가운데 '변역'으로 이루어진 것은 상경의 건·곤·이·대과·감·리의 6괘와 하경의 중부·소과 2괘뿐이요, 나머지 54괘는 상경의 12괘와 하경의 16괘가 '반역'으로 이루고 있다. 이러한 주역의 순서는 정약용을 통하여 더욱 정연하게 드러나게 된다. 곧 상경 30괘는 변역 6괘와 반역 12괘로 구성된 18괘요, 하경의 34괘는 변역 2괘와 반역 16괘의 18괘로 이루어져 상경 하경이 18괘로 균형을 이루고 있음을 보여준다.

<역례비석>도 제1권에 실린 것과 제4권에 (하) 편으로 실린 것이 있어서 상하 2편으로 나누어진 것을 볼 수 있다. <역례비석>은 정약용이 주역을 연구하면서 64괘의 괘사와 효사 및 단사만을 전부 뽑아 내용별로 분류하여 연구자가 일목요연하게 볼 수 있도록 정리한 것이다. 이러한 분류는 보기에 편리할 뿐만 아니라 괘사·효사·단사의 성격을 비교연구하는 데 중요한 자료가 되는 것으로, 정약용의 치밀하고 조직적인 연구방법을 엿보게 한다. 이 <역례비석>에서 정약용이 추출하고 있는 괘사·효사·단사의 내용별 주제는, 상편에서 (1)원형리정(元亨利貞), (2)형리정(亨利貞), (3)형(亨), (4)이정(利貞), (5)원길(元吉), (6)정길(貞吉), (7)정흉(貞凶), (8)영정(永貞), (9)거정(居貞), (10)간정(艱貞), (11)안정(安貞), (12)여정(女貞), (13)군자정(君子貞), (14)유인정(幽人貞), (15)잡정(雜貞), (16)가정(可貞), (17)정린(貞吝), (18)정려(貞厲), (19)려(厲), (20)인(吝), (21)회(悔), (22)무회(無悔), (23)회망(悔亡), (24)회구(悔咎), (25)유부(有孚), (26)정길(征吉), (27)정흉(征凶)의 27조목과, 하편에서 (1)이현대인(利見大人), (2)

이섭대천(利涉大川), (3)이유유왕(利有攸往), (4)제사(祭祀), (5)혼구(婚媾), (6)질병(疾病), (7)복(福), (8)역월일(歷月日), (9)동서남북(東西南北), (10)무불리(無不利), (11)무유리(無攸利)의 11조목으로서 모두 38조목으로 분류되고 있다. 이러한 분류 체계를 보면 역의 괘사와 효사 및 단사에서 길흉화복의 문제가 얼마나 관심 깊이 다루어지고 있는지를 쉽게 이해할 수 있다. 여기서는 사실상 역의 전체 내용 범위가 이 38조목으로 압축되어 파악되고 있는 것이다.

<독역요지>에서는 주역을 읽는 요령을 18조목으로 분석 설명하고 있다. 그 요점을 지적하면 다음과 같다. (1) '추상(抽象)'은 역이 점서에 쓰임으로써 한 괘 한 효가 각각 만사만물의 형상을 갖추어서 점치는 것임을 말한다. 문왕과 주공이 괘사와 효사를 지을 때 만물의 형상 가운데 하나를 추출하여 상응시켰던 것이다. (2) '해사(該事)'는 비록 각 괘사와 효사가 하나의 형상을 지시하지만 역은 변통을 떠나서 이해할 수 없으므로 한 괘와 한 효가 한 가지 사물에만 적용되는 것이 아니라 여러 가지 사물에 적용될 수 있는 것을 주의하도록 요구한다. (3) '존질(存質)'에서는 한 괘와 한 효가 한 가지 사물에 국한되어 변통을 잃을까 염려하여 괘덕을 말함으로써 사물을 가리키지 않는 경우를 지시한다. (4) '고명(顧名)'은 괘의 명칭을 지을 때 때로는 괘사와 무관한 것도 있지만 괘의 덕이나 음양의 소장 내지 추이와 물상 등에 따라 명명된 것이므로 괘의 명칭을 잘 관찰하여야 한다는 것을 말한다. (5) '파성(播性)'은 효에 내려가면 괘의 성격과 다른 내용이 나타나지만 괘 전체의 성격과 기질이 바탕에 깔려 있음을 망각하면 효를 올바르게 볼 수 없음을 말한다. (6) '유동(留動)'은 한 괘의 안에서 효가 승강·왕래하는 형편에 따라 앞 괘의 효사의 의미가 존속됨을 가리킨다. 그 예로서 '지수사괘'(地水師

卦)의 구이효(九二爻)와 '수지비괘'(水地比卦)의 구오효(九五爻)의 서로 비슷함을 들 수 있다. (7) '결본(缺本)'에서는 '파성(播性)'에서 각 괘의 대의가 모든 효에 연관이 있다고 하였으나 예외로써 하나나 둘의 효가 대의를 벗어나는 변통을 보이는 경우가 있음을 말한다. (8) '용졸(用拙)'은 역의 효사가 사물의 형상에 적절히 상응하는 것을 원칙으로 하지만 때때로 졸렬한 상호 관계로써 점법에 쓰이도록 하고 있음을 주의시키고 있다. (9) '쌍소(雙溯)'에서는 한 괘가 두 가지 앞선 괘를 가지고 있을 때 그 괘에 앞서는 두 괘의 성격을 같이 내포하고 있음을 보여주고 있는 사실을 말한다. (10) '첩현(疊現)'은 서로 다른 괘가 같은 물상에 상응할 때 그 점사의 내용이 중복되는 것을 가리킨다. (11) '비덕(比德)'은 한 괘의 각 효로써 하나의 물상만 가리키기 곤란할 때 괘의 덕에서 각 단계를 2글자씩으로 제시하는 경우로써 임괘와 태괘의 예에서 볼 수 있다. (12) '영물(詠物)'에서는 역사(易詞)에 상(象)과 점(占)이 있음을 말하고, 상으로 말할 때 시의 비·흥((比·興)에서처럼 여러 가지 뜻으로 쓰일 수 있음을 보여준다. 그러나 점에 있어서는 혼인의 점이 제사에 쓰일 수 없는 것과 같이 융통성이 적은 경우도 있다. (13) '건유(建維)'는 역의 '4유'(4維)로써 건·곤·감·리의 4기본 괘를 제시하고, 이 네 가지 성격이 모든 괘에 흐르고 있음을 말한다. 음·양은 건·곤이요, 형·정은 감·리가 대표하고 있는 것이다. (14) '변위(辨位)'는 한 괘 안에 네 가지 지위가 있음을 말한다. 첫째는 '삼재의 위(位)'로서 1·2효는 지(地), 3·4효는 인(人), 5·6효는 천(天)을 가리키고, 둘째는 '이기(二氣)의 위'로서 1·3·5효는 양위(陽位)요, 2·4·6효는 음위(陰位)이다. 셋째로 '귀천(貴賤)의 위'로서 1·2효는 민(民), 3·4효는 신(臣), 5·6효는 군(君)을 가리키고, 넷째로 '내외(內外)의 위'로

서 1 · 2 · 3효의 하괘는 나[我]이며 안[內]이요, 4 · 5 · 6효의 상괘는
상대[敵]이며 밖[外]이다. 각 효의 지위가 다름으로써 물상이 같아도
다르기도 하며, 점사가 같아도 길흉이 다르기도 하는 사실을 주의시
키고 있다. (15) '우의(寓義)'에서는 역이 원래 복서에서 출발한 것이
며, 문왕 · 주공도 괘사 및 효사에서 의리는 은미하게 감추었으니 공
자에 이르러 단전 · 문언 · 대상전 등에서 역학에 의리를 주로 반영시
켰음을 말한다. 이 의리의 문제는 정자의 『역전』(易傳)에서 본격적으
로 논구되어 성리학의 역학 체계를 이루었던 것이지만, 정약용은 크
게 취급하지 않고 있다. (16) '고점(考占)'은 괘와 효의 상에서 길흉
이 고정적으로 결정되어 있는 것이 아님을 밝힌다. 점사가 괘와 효
에 따라 기계적으로 길흉을 결정해 주는 것이 아니라 인간의 상황에
따라 길흉이 유동적으로 움직임을 연구하여야 한다는 것이다. (17)
'인자(認字)'는 고전의 문헌에서 흔히 있는 일처럼 주역에서도 글자
의 뜻을 잃은 문자가 많아 이해하는 데 큰 난관이 되고 있음을 지
적한다. 따라서 글자의 뜻을 명확히 인식하는 것이 역을 읽는 데 중
요한 수단이 되는 것이다. (18) '찰운(察韻)'에서는 역사를 읽을 때
운자를 잘 살펴서 읽도록 주의시키고 있다. 역사에는 운문의 부분이
크고 이 운에 따라 끊어 읽어야 올바른 뜻을 파악할 수 있다는 것
이다. 위에서 살펴본 18조목에 걸친 <독역요지>는 정약용이 주역을
연구하는 방법론의 체계를 이룬 것으로써 여기에서 보여주는 세밀한
분석은 역학 연구의 온갖 방법을 망라한 체계화라 하겠다.

  <역론(易論)>은 제4권에 실려 있는 것으로써 정약용의 역학에 서
론의 성격을 띤 것이다. 따라서 이 <역론>은 성격상 제1권의 첫머리
에 실리는 것이 적합할 것으로 생각되기도 한다. 이 <역론>은 1806
년(병인) 봄에 저작한 것으로서 그 저작연대를 전영후(奠楹後)[공자

돌아가신 다음] 2285년이라는 독특한 연대기로 표시하고 있다. 그리고 이 글은 그의 「역사전」 병인본이 완성되었을 때 지은 것이라 짐작해 볼 수 있다. 이 글에는 정약용의 역에 대한 전체적 입장과 견해가 나타나 있으므로, 이 <역론>을 통하여 정약용 자신의 사상이 갖는 성격의 한 모습을 엿볼 수 있는 것이다. 그는 역이 이루어진 동기를 "성인이 하늘의 명령을 청하고 그 뜻을 순종하는 데 있다"고 밝혔다. 역을 통하여 천명을 묻는 상황의 조건으로서 일이 공정하고 착한 데서 나온 것이어야 하며, 성패와 화복을 인간의 지혜로는 판단하거나 예측할 수 없어야 한다고 강조한다. 성인이 역을 짓는 과정에서는 하늘을 우러러보고 땅을 굽어보는 궁리와, 천명으로 받은 영감을 통하여 기우강유(奇偶剛柔)의 형을 얻어 천지수화(天地水火)와 변화생물(變化生物)의 상을 나타낼 수 있었고, 이 음양의 진퇴소장을 기우(奇偶)(-, --)의 형(形)에 나타내어 사시(四時)를 표상하며 나아가 만물을 형상하였던 것이다. 따라서 괘와 효의 추이·변화 속에는 음양강유가 서로 조화하기도 하고 서로 상반하기도 하여 길흉을 보여주며, 이러한 괘상을 살펴서 천명을 깨닫고 길한 것은 실행하며 흉한 것은 감히 행하지 말아야 하늘에 순종할 수 있다고 한다. 이러한 <역론>을 통하여 정약용은 의리론적 역학과는 달리 복서를 중시하며 또한 역의 점사를 천명에 순종하려는 인간의 자세에서 봄으로써 신앙적 입장에 서 있는 사실을 이해할 수 있다.

정약용은 주역 상경과 하경의 경문에 대한 주석을 하면서 위에서 밝힌 역의 4법을 중심으로 하는 역학 입장에 따라 전개하고 있다. 그는 자신의 독자적인 입장을 밝히면서 주자를 비롯한 여러 입장의 역학자의 해석을 때와 곳을 따라 여러 차례 반박하였다. 그의 역경 주석편차에 나타난 몇 가지 문제점을 살펴보면 다음과 같다. 그는 주역 속의 공자 십익전 가운데 <서괘전>과 <잡괘전>은 각 괘를 주석하면서 그 첫머리에서 인용하고 별도로 편차를 주지 않았다. 또한 의리의 입장에서 설명하는 건괘와 곤괘의 <문언전>을 필요에 따라 취사선택할 뿐이요 별다르게 중요시하고 있지 않다. 그리고 각 괘의 속에 나누어 실려 있는 <대상전>은 경문과 분리시켜 별도로 기록하고 있다. 이러한 사항들은 정약용의 역학 체계에서 찾아볼 수 있는 매우 독특하고 과감한 시도라 하겠다.

정약용은 제7권에서 미제괘(未濟卦)까지 경문주석을 마친 다음에 이어서 <춘추관점보>를 기술하였다. 이것은 『춘추』와 『국어』 등에서 춘추시대의 관점에 대한 기록을 19건 뽑아서 그 점법을 주석하여 선진경학 분야에 매우 특징적이고 의미 있는 분야를 열어주었다. 정약용이 송학을 벗어나 한대에서 청대까지 여러 입장의 이론을 광범하게 수용할 뿐 아니라 고전을 통한 경전연구의 방법을 개척하는 방법적 시도로써 매우 중요한 의의를 지닌다고 하겠다.

<대상전>은 각 괘의 괘상을 제시하는 것으로써 공자의 10익에 속한 것이었으나 정현 등 한대의 유학자에 의해서 경전 본문 속의 각 괘에 분배 소속시켰던 것을 정약용이 다시 뽑아내어 별도의 편차로 삼았으며 그 의의를 강조하고 있다.

<계사전>(상·하편)은 정약용에 의하면 『사기』에서 이른바 '역대전(易大傳)'이란 명칭이 적절한 것이라 지적하였고, 공자가 문왕·주공의 뜻을 이어 역의 대의를 서술한 것이라 본다. 이에 따라 <계사전> 속에 들어와 있는 각 괘의 단사·효사는 경문의 각 괘에 중복되는 것으로 보아 빼고, 역의 대의에 관한 언급만 <계사전>에서 취하에 주석하고 있다.

<시괘전(蓍卦傳)>은 원래 주역의 편명으로 없었던 것이나, 역이

점법을 떠날 수 없다는 정약용의 입장에서 <계사전> 상편의 제9장
에 실려 있는 내용을 <시괘전>으로 독립시켜 점법에 관한 연구를
통하여 그 중요성을 강조하고 있다. 여기서 정약용 자신의 역학편차
가 얼마나 자유로우면서 고전정신을 살려 내려는 의지를 충만하게
지니고 있는지 잘 보여준다.

<설괘전>은 역의 수리를 논하고 괘와 효의 변화를 통한 상의 의
미를 설명한 것으로 설괘를 떠나서 역사를 이해하려는 것은 열쇠를
버리고 문을 열려는 것처럼 불가능한 것이라 하였다. 설괘에 대한
경시하는 태도는 한유 이래로 풍조를 이루어 왕필이 설괘를 거부함
으로써 역의 의미를 상실하게 되었다고 통박하고 있다.

위에서 살펴본 정약용 역학의 체계와 내용을 통하여 그 역학의
성격을 확인할 수 있다. 또한 그의 역학은 그 자신의 경학에 근본이
되고 있는 사실은 역경이 일반적으로 유학에 근본적 지위를 갖고 있
음에서 유추해볼 수 있다. 그러나 그의 역학이 경학에 미친 영향과
그의 사상 전반에서 갖는 위치는 아직도 충분히 밝혀지지 않고 있
다. 그의 역학사상은 또 하나의 정약용의 역학 저술인 「역학서언」과
함께 종합적으로 파악되며, 또한 그의 경학 전반과 갖는 연관성에
대한 인식도 앞으로의 과제로 남겨두어야 할 것이다.

다산예학에서의 제천의례 문제
-『춘추고징』을 중심으로 -

1. 문제의 성격

다산 정약용의 사상을 논의하면서 가장 큰 관심을 기울이는 문제는 경학과 경세론의 분야라 할 수 있다. 정약용 자신이 자신의 학문을 '수기(修己)'·'치인(治人)'의 영역에 따라 「6경 4서」와 「1표 2서」로 나눈 바 있기도 하다.[178] 그러나 유학전통의 비중에 대해 "이학(理學)이 반이요 예학(禮學)이 반이다"라는 지적도 있고,[179] 공자의 교설에서 예를 핵심의 문제라 보는 입장도 있다.[180] '예'의 문제가 곧 제사의 문제로 제시되고 제사의 문제는 제사의 대상이 되는 '신'의 문제가 되기도 한다. 바로 이런 점에서 예학의 문제는 종교사상을 이해하는 데 중요한 기반을 제공하는 것이다. 정약용의 예학을 통해 그의 종교사상도 이해할 수 있는 문제로서『추고징』「길례」(吉禮) 편에서

---

178) 『全書』, 1-16, 18a, 「自撰墓誌銘(集中本)」, "六經四書以之修己, 一表二書以之爲天下國家, 所以備本末也."
179) 李瀷, 『星湖僿說』, 下, p.56, 「儒術」, 景仁文化社.
180) 黃弼昊, 「論語와 分析啓學(上)」, 『東方思想論攷』, pp.130~136 참조.

‘교제(郊祭)[하늘에 대한 제사]’에 관한 인식내용을 파악하고자 한다.

2. 다산 예학과 『춘추고징』의 구성 체계

(1) 정약용 예학의 문제

정약용의 학문 체계에서 ‘예학’이 지닌 비중은 상당히 큰 것이라
할 수 있다. 정약용의 저작인 『여유당전서』(『다산전서』)의 대분류 체
제에 따르면 시문집 22권・잡찬집 5권・경집 48권・예집 24권・악
집 4권・정법집 39권・지리집 8권・의학집 6권으로 이루어진 가운
데 예집 24권은 경집과 정법집에 의한 경학 및 경세론의 업적 다음
으로 분량이 많은 예학의 업적이다. 여기서 ‘교제’의 문제를 다루고
있는 『춘추고징』(4권)은 경집에 들어있지만 그 내용은 정약용 자신
의 예학에 관한 중요한 업적을 이루는 것이다.

정약용이 예학에 관한 저술을 하였던 연대는 대부분 강진 유배
시기의 전기에 해당한다고 볼 수 있다. 그의 예학 저술을 연대순으
로 열거하면 다음과 같다.

① 喪禮外編(檀弓箴誤, 他篇箴誤, 弔奠考) 4권, 1803년.
② 喪禮四箋(喪儀匡, 喪具訂, 喪服商, 喪期別), 16권, 1804년(1803〜09).
③ 禮疑問答, 1권, 1805년.
④ 祭禮考定(祭法考, 祭期考, 喪服商, 喪期別), 0.5권, 1808년.
⑤ 春秋考徵, 4권, 草本 1808년, 再稿 1812년.
⑥ 嘉禮酌儀, 0.5권, 1810년.

⑦ 喪禮節要, 2권, 1815년.
⑧ 風水集議, 1권, 1825년.

위에서 제시된 정약용의 예학 관계 저술은 주자가 『의례경전통해』(儀禮經典通解)에서 제시한 분류 체계인 가례(家禮)·향례(鄕禮)·학례(學禮)·방국례(邦國禮)·왕조례(王朝禮) 등의 5례에 따르면 향례와 학례에 관한 것은 없고 가례와 왕조례에 관한 것만 있다. 정약용의 예학 저술 가운데 왕조례에 관한 체계적 저술은 『춘추고징』뿐이요, 『예의문답』에서는 왕조례와 가례의 문제가 섞여서 고증되고 있다. 나머지는 그 다음 모두 가례에 관한 저술이다. 가례에서 관례(冠禮)·혼례(婚禮)·상례(喪禮)·제례(祭禮) 등의 4례에 따라 정약용의 예학 저술을 분류해보면 다음과 같다.

① 관례·혼례-嘉禮酌儀(0.5권)
② 상례-喪禮外編·喪禮四箋·喪禮節要·風水集議(25.5권)
③ 제례-祭禮考定(0.5권)
④ 가례일반-禮疑問答(0.5권)

여기서 보면 정약용이 예학의 저술을 하였던 시기는 강진 유배 시기 속에서도 전반기에 경학 저술을 하던 기간과 거의 일치하면서도 약간 앞섰다고 할 수 있다. 곧 주역과 시경에 관한 주석과 예학에 관한 저술이 병행되었고 4서에 관한 주석(1813~14)보다는 시기적으로 앞섰다. 그의 예학 저술은 『상례외편』의 경우에서처럼 경전의 엄격한 고증적 검토를 추구하는 것과 『장례 4전』이나 『제례고정』의 경우처럼 엄밀한 체계로 예학의 체계화를 수준 높게 제시하는 것이 있다. 또한 가례에 관한 저술 속에는 상례에 속하는 것이 압도적으로 많은 사실은 그의 예학에 나타난 특징이다. 그는 「사상례」(士喪禮) 편을 "여러 성인의 손을 거쳐서 성인에서 이루어지고 천지와 함께 수립된 것이라"[181] 하여 상례의 중요성을 특히 강조하였고 강진에 유배를 가자『의례』의 「사상례」 편과 「상복」 편 등을 연구하여 상례에 관한 체계적 주석을 시작한 것이다.

(2) 「춘추고징」의 구성 체계

정약용은『춘추』가 좌사(左史)의 기록이요 역사서라 할 수도 있지만 왕도가 시행됨으로써 우사(右史)의 기록인『상서』와 함께 경전으로 높여진다고 보았다. 따라서 '경'(經)이 '사'(史)와 분리되는 것을 왕도가 소멸된 이후의 일이라 본다. 유교적 의미에서 '경'과 '사'가 통합되는 것이 가장 바람직한 조건이요, 이것을『춘추』에서 확인하는 것이다. 정약용은『춘추』의 의례(義例)가 사실에 의거하여 그대로 씀(據實直筆)으로써 선과 악이 스스로 드러나게 하는 것이요, 칭찬과 나무람을 내릴 것인가 아닌가는『춘추』의 집필자인 공자가 마음대로 신축성 있게 조종할 수 있는 것이 아니라 하였다. 따라서 그는 앞선 유학자들이 글자나 구절마다 공자의 미묘한 뜻(微言大義)이 함축되어 있다 하여 천착하던 태도를 반대하며, 좌전(左傳)·공양전(公羊傳)·곡량전(穀梁傳)과 호안국(胡安國) 등의 입장에도 폐단이 있음을 지적하면서, 주자의『어류』(語類)에 나타난 설명을 진실하고 공평하다고 인정하고 있다.[182]

---

181)『書』, 3–1, 1a, 「四禮四箋序」. 여기서 茶山은 「儀禮」의 <士喪禮> 편에
    <旣夕禮> 편 및 <士虞禮> 편을 합쳐 <士喪禮> 3편이라 지적하기도 한다.
182)『書』, 2–33, 1a~2b. 「春秋考徵·題辭」.

그는 『춘추』를 『주례』의 증거로 보고 『주례』를 알려면 『춘추』를 연구하여야 할 것을 강조하고 있다. 『좌전』 「소공 2년」에서 한선자가 노나라에 방문을 가서 『역상』(易象)과 『춘추』를 보고서 '주례'가 노나라에 모두 있다고 말한 것을 근거로 하여 『춘추』를 역사적 사건의 기록임에 앞서서 『주례』 곧 주나라의 의례를 간직한 것으로 파악하였다. 정약용은 『주례』에 관해 옛사람들이 믿지 못하고 왕안석이 깊이 알지 못하며, 주자가 알기도 하고 믿었으나 정현의 10중 6·7의 오류까지 아울러 믿었던 점을 지적하였다. 그리고 자신이 병들지 않고 오래 살 수 있다면 『주례』를 온전히 주석하겠다는 의도를 밝히고 있다. 또한 그는 하·은·주 3대의 정치를 회복하고자 한다면 반드시 '주례'에서 착수할 수밖에 없음을 강조하고 있으며, 『주례』가 주공이 직접 기록한 것임을 확실히 말할 수는 없다고 인정하지만 주나라가 동쪽으로 천도한 동주 이후에 나왔다는 논증은 결코 받아들일 수 없음을 확언하였다.[183] 정약용이 『주례』를 존중하여 신봉하는 것은 그의 경세론에 관한 대표적 저술인 『경세유표』(經世遺表)와 『목민심서』(牧民心書)가 『주례』의 6관에 기초하고 있는 사실에서도 확인된다. 여기서 그의 『춘추고징』은 『춘추』에서 『주례』의 의례 체계를 왕조례(및 방국례)의 체계에 따라 확인하고 고증하는 작업이다. 그는 『예기』와 역대의 사전(祀典)을 비교 평가하고 주나라 시대의 의례를 밝혀내는 데 관심을 집중하고 있다.

『춘추고징』은 완성된 것이 아니라 할 수 있다. 『주례』 「춘관 대종백」에서 왕조례(및 방국례)를 구성하는 체계로서 길례(吉禮)·흉례(凶禮)·빈례(賓禮)·군례(軍禮)·가례(嘉禮)의 5례에 의하면 『춘추고징』은 길례와 흉례의 문제만을 전개하고 있다. 정약용 자신이 나머지 빈례·

183) 『書』, 1-20, 15b, 「答仲氏」.

군례·가례의 부분은 다른 사람이 보완을 하도록 맡겨둔다고 밝히고 있다. 현재 『춘추고징』은 여유당전서 속에서는 4권으로 편집되어 있으나, 규장각 소장의 필사본에는 12권으로 편집되어 있다. 이제 분량의 비중을 좀 더 잘 보여주는 규장각본의 편차에 따라 『춘추고징』의 구성 내용을 분류해 보면 다음과 같다.

(권 1)	길례	┌郊.	1~3 (편)	(권 9)	흉례 ──書紼	4(조)
(권 2)	길례	├郊.	4~5 (편)	(권 9)	흉례 ┌紼少君.	3(조)
(권 3)	길례	└郊.	6~9 (편)	(권10)	흉례 └紼少君.	13(조)
(권 3)	길례	┌社.	1 (편)	(권10)	흉례 ──紼天王.	4(조)
(권 4)	길례	└社.	2~3 (편)	(권10)	흉례 ──紼諸侯.	1(조)
(권 4)	길례	┌榜.	1~4 (편)	(권10)	흉례 ──賵遂.	2(조)
(권 5)	길례	└榜.	5~12(편)	(권11)	길례(1826년 첨부)	
(권 5)	길례	┌時享.	1~3 (편)		鄭氏六天之辨	
(권 6)	길례	└時享.	4~7 (편)		先儒論辨之異	
(권 6)	길례	──朔祭.	1~3 (편)		鄭氏榜祭之辨	
(권 6)	길례	──廟祭.	1~5 (편)	(권12)	잡례(5례, 원제목 「魯禮考」,	
(권 7)	흉례	──違制.	1~12(편)		1821년 첨부) 길례 / 흉	
(권 8)	흉례	──謬義.	1~15(편)		례 / 군례 / 빈례 / 가례/재	
(권 8)	흉례	──駁義.	1~5 (편)		이(災異).	
(권 8)	흉례	┌卽位	2(조)		(附見): 「左傳小箋」(1808)	
(권 9)	흉례	└卽位	10(조)			

※ '禘'(권4)의 첫머리에는 발문의 성격인 '禘之說'이 수록되어 있는데, 1830년 기록과 1833년 기록의 2종이 있다.

※ 『雜禮』(『魯禮考』)에서는 5례를 모두 다루려고 시도하였던 정약용의 예학적 규모를 알 수 있고, 『魯禮考』는 『춘추고징』에 선행한 작업이라 볼 수 있을 것이다.

『춘추고징』에서는 『춘추』와 『주례』가 기본 자료가 되고 있음은 물론이고, 『춘추 3전』과 『예기』 등 경전 및 주석들을 비판적으로 검토하여 인증하고, '대대례(大戴禮)', '국어(國語)' 등과 두우(杜佑)의 '통전(通典)'을 비롯하여 정현·왕숙의 설명을 비판하면서 주나라 시대의 의례를 확인하고 있다. 또한 정약용은 진혜전의 『길례통고』(吉禮通考)에 대하여도 비판하였고, 선진 이래의 경전과 주석 논설 및 관습적 전통에 대하여 전면적으로 재검토하면서 비판하고 있는 것은 그의 고증학적 입장을 확고하게 정립시켜 주는 사실을 말한다고 할 수 있다.

여기서는 위의 『춘추고징』 가운데 권 1에서 3에 걸쳐 있는 '교제'를 중심으로 분석해 보고자 하지만, '교제'가 들어 있는 '길례'의 체계를 다시 정리하면 다음과 같이 4대분 해 볼 수 있다.

> ① 교제 - '郊' 9편.
> ② 사직제 - '社' 3편(五祀포함).
> ③ 체제 - '禘' 12편.
> ④ 종묘제 - '時享' 7편, '朔祭' 3편, '廟祭' 5편.

3. 교제(郊祭)의 체계와 성격

(1) 교제의 대상

정약용은 '교'(郊)를 옛날의 '천'(天)에 제사하는 의례 가운데서 정제(正祭)[본제사]를 일컫는 것으로 규정한다.[184] '교'에서 제사 대상은 '천(또는 '상제')'으로 파악되는 것은 당연하다. 그러나 정약용은 『주례』 속에서는 '교'를 '천'에 대한 제사로서 뚜렷하게 언급한 곳이 없

---

184) 『書』, 2-36, 16b, 「春秋考徵 · 鄭氏六天之辨」, "古者祭天之禮, 其正祭 日郊."

음을 지적하고 있다. 『춘추』에서는 '교'에 관한 확실한 기록이 있지만 그중에 노(魯)에서 '교'제사를 지내는 사실의 기록이 문제가 된다. 곧 '교'제사는 천자의 의례인데 제후국인 노나라에서 '교'제사를 드리게 된 이유와 시기의 사정에 관한 문제이다. 『예기』「명당위」에서도 주나라 초기 성왕이 주공의 공훈을 기려서 곡부에 주공을 봉하였으며 주공의 계승자인 노공들이 천자의 예악으로 주공을 제사하도록 허락하였고 이에 따라 노공들이 '교'제사를 드렸던 것으로 지적한다.

또한 송대의 정자도 "주나라 성왕이 주공의 아들 백금에게 천자의 의례인 '교'와 '체(禘)'의 제사를 허락한 것은 예법에 어긋나며 백금이 이 허락을 받아들여 실행한 것도 예법을 어긴 것이라" 언급하였다. 그러나 그는 『춘추』의 기록을 정밀하게 검토하면서 노나라에서 '교'제사를 처음으로 시행한 기록이 주공으로부터 18대가 되는 희공(僖公) 31년(기원전 630)에서 시작되고 있음을 주목한다. 따라서 정약용은 천자의 의례인 '교'가 희공 이후 노나라에서 행해진 것이요, 처음부터 거행되던 것은 아니라 보고 있다. 그는 노나라가 천자의 의례를 행한 것이 주왕실이 쇠퇴한 중엽 이후임을 '춘추'의 기록에 의하여 입증하면서 『예기』의 「명당위」 및 「제통」 편의 기록을 비판하고 있는 것이다.[185]

그는 '교'제사의 대상은 유일의 궁극존재인 '천(또는 '상제')'이라 확인함으로써 『예기』「제의」 편에서 태양[日]을 주장으로 삼는다는 의견이나, 후한 때 정현의 오제설(또는 육제설)을 비판한다. 「제의」 편에서는 '교'제사는 '천'에 대한 큰 보답이며, 태양을 주장으로 삼고 달을 배향한다"라는 언급이 있지만, 정약용은 제사가 지향하는

---

185) 『書』, 2-33, 3a~4b, 「春秋考徵・郊 1」.

것은 제사에서 주장으로 삼는 존재에 의해 결정되는 것이므로 태양을 주장으로 삼는 것은 제일(祭日)이요 제천(祭天)이 아니라 지적하였다. 여기서 정약용의 '천' 개념이 태양과 연관시킬 수 없는 확고한 입장을 제시하고 있다. 곧 그는 '帝(상제)'를 '천'이라 하는 것도 마치 임금을 나라 이름으로 일컫는 경우와 같은 것으로 보았으며, 눈으로 볼 수 있는 푸른 하늘을 상제와 같은 존재로서 '천'을 가리키는 것이 아니라 밝혔다. '천'을 아무 작용이 없는 것이라 규정하고 태양을 하늘의 주인공으로 삼아 제사를 태양에게 드리는 것은 온 세상의 백성들을 아무 신령함도 없는 물건에 지나지 않는 태양에게 머리를 숙이고 몸을 굽히게 하는 그릇된 것이라 하며 이러한 의견은 추연(鄒衍)과 여불위(呂不韋)에 의하여 제기된 것이라 지적하였다.[186] 정약용은 여기서 푸른 하늘이나 태양을 하나의 자연적 존재로 파악하고 상제는 자연적 사물을 초월하는 주재자로 파악하는 입장을 보여주고 있다.

정약용은 후한의 정현이 상제를 오행론의 체계에 따라 '5제' 또는 '6제'로 파악하는 상제의 존재양상에 대한 해명을 자신의 유일신관적 상제관에 따라 예리하게 비판하였다. 정현은 『주례』「춘관·대사악」의 주석에서 "천신은 '5제' 및 일·월·성·신을 말한다. 임금은 하력(夏曆)정월에 자신이 명을 받은 상제에게 남교(南郊)에서 제사를 드려 존숭한다"라 언급한 데 대하여 정약용은 호천상제(昊天上帝)는 유일무이하며 여럿이 있을 수 없다고 확인하고 정현의 '오제'(五帝)설은 진나라 때의 그릇된 주장을 계승한 것이라 비판하였다. 정약용에 의하면 오방천제(五方天帝)는 진나라 때에 대두되어 그 뒤로는 이를 받들어 경전적인 권위를 갖게 되었고 남교(南郊)와 북교(北郊)

---

186) 같은 책, 12b~13b, 「郊 3」.

에서 선조를 '천'에 배향하고 선후(先后)를 '지'에 배향하는 것은 왕망으로부터 일어나 후세에 기준의 법전이 되었다고 밝힌다. 그는 정현의 '천정오제설(天庭五帝說)'도 첫째 유일존재인 상제에 대한 명칭에 어긋나고[名誤], 둘째 하늘에는 동쪽과 서쪽이 나누어지지 않는다는 이치에 어긋나고[理誤], 셋째 '5제' 가운데 중앙의 '황제(黃帝)'를 남교에서 제사하는 것은 법칙에 어긋난다[法誤]라고 비판하였다.

정현은 '5방천제'에다 '천황대제'를 합하여 '육제설(또는 '六天說')'을 제기하기도 하였지만 이에 대하여 이미 가규(賈逵)·마융(馬融)·왕숙(王肅)의 비판이 있었고 또한 정자(程子)·양부(楊復)·진씨예서(陳氏禮書)·방관승(方觀承)·진혜전(秦蕙田)·마단임(馬端臨)·주자(朱子) 등의 비판이 있었다. 그러나 정약용은 이들의 비판이 불완전함을 지적하고 엄격하게 재비판하고 있다. 여기서 '5행설'에 기초하여 동방 청제·서방 백제 등 '5방천제'는 본래 위서에서 나왔다고 지적하여 비판한다. 그리고 모든 성신이 신령함도 없고 지각능력도 없는 물건인데, 자미성(紫微星)의 한 별을 천황대제라 하고 태미성(太微星)의 다섯 별을 5방천제라고 정현이 설명한 것은 지극히 존귀한 상제를 속인 것으로서 그 죄를 용서할 수 없다고 문책하고 있다. 사실상 역사적으로 진나라·한나라에서 명나라·청나라까지 하늘에 제사를 드리는 '교사(郊祀)'의 의례는 이미 상제를 속였던 것이니 상제가 그 제사를 흠향하지 않았다고 언급하여 유교의 '제천(祭天)' 의례의 역사적 전통을 근본적으로 비판하고 있는 것이다.

정약용은 '교'제사의 대상인 '천(상제)'의 개념에 대한 자신의 명확한 인식을 기초로 하여 기존의 이론들을 비판하여 바로잡으려고 하였던 것이다. 여기서 나타난 정약용의 상제개념은 "천지와 신과 인간의 밖에서 천지와 신과 인간과 만물의 온갖 종류를 조화(창조)하며 이들을 재제(宰制)(주재)하며 안양(安養)(배양)하는 자"라 언명되고 있다.[187] 여기서 상제는 초월성과 창조성·주재성을 갖는 존재임을 확인할 수 있다.[188]

(2) 교제의 시기

정약용은 『춘추』의 기록 가운데 희공 31년조와 성공 10년조·양공 7년조·애공 1년조에서 '복교'(卜郊)라 쓴 것 4곳이 있고 '교'(郊)라 쓴 것이 1곳 있는데 모두 시기가 주력(周歷)의 '夏 4월(健卯之月)'이라는 사실에 주목하였다. 이에 따라 정약용은 '묘월(卯月)(夏曆의 2월, 곧 춘분의 달)'을 '교제'의 정해진 시기라 확인하였다. 이에 비해 「춘추 3전」 가운데서 『좌전』과 『공양전』은 '인월(寅月)(하력의 1월, 맹춘)'을 교제의 시기라 하고, 『곡량전』에서는 '子月(하력의 11월, 중동, 동지의 달)'이라 하였으나 정약용은 자신의 고증을 내세워 '춘추 3전'의 주장을 인정하지 않았다.[189] 『좌전』 환공 5년조에 "계칩(경칩)에 '교'제사를 드린다"라 한 기록도 교제의 시기가 춘분이 드는 달의 계칩(啓蟄) 때임을 확인하는 것으로 지적된다. '좌전' 양공 7년조에 맹헌자의 말을 인용하여 "계칩에 '교'제사를 드리고 '교'가 끝난 다음에 경작을 한다"[啓蟄而郊, 郊而后耕]라고 한 2귀 8자의 말은 3대 시대의 남은 글이라 존중하였다. 다만 맹헌자가 하늘에 교제를 드리는 큰 제사를 오로지 농사에 풍성을 비는 것을 위주로 설명하고 있는 것은 잘못이라 비판한다.

---

187) 『書』, 2~36, 24a, 「春秋考徵」 <先儒論辨之異>.
188) 본서 pp.148~156 참조.
189) 月曆의 對照表를 만들어 보면 다음과 같다.

교제의 시기와 관련하여 교제에 바쳐질 희생물의 소 곧 '교우(郊牛)'를 점치는 것은 교제의 시기인 '묘월'의 3개월 전인 '자월(하력의 11월)'이라 확인한다. 『춘추』의 선공 3년조·성공 7년조·정공 15년조·애공 1년조의 네 곳에서는 '교우'를 점쳤는데 그 시기는 모두 주력의 춘 정월(자월, 동지의 달)이었다는 사실에서 근거한 것이다.

'교제'를 지내는 시기가 달은 '묘월(하력 2월)'이지만 날자는 '신일(辛日)'이었다고 고증한다. 따라서 정약용은 '교제'의 정해진 시기는 춘분이 드는 달에 계칩 때이며 '신일'을 택하였던 것으로 본다. 『공양전』과 『곡량전』이 '교제'를 드리는 달을 각각 다르게 지적하면서도 날짜는 공통적으로 '신일'을 제시하고 있는 것도 그 증거로 삼는다. 또한 『춘추』의 성공 17년조와 정공 15년조 및 애공 1년조에서 각각 9월 신축·5월 신해·4월 신사로 달은 다르게 나타나고 있지만 날짜는 공통적으로 '신'일임을 주목하였다.

정약용은 자신이 '교제'의 시기를 일년에 한 번 '묘월' 계칩 때 신일로 고증하면서, 지금까지 일반적으로 받아들여진 동지 또는 동지와 하지에 '교제'를 드린다는 입장을 엄격히 비판하고 있다. 공영달(孔穎達)이 『좌전』 환공 5년조의 주석에서 천자는 동지에 제천한다

月曆 \ 現陽曆	1月	2月	3月	4月	5月	6月	7月	8月	9月	10月	11月	12月
夏曆	12	1	2	3	4	5	6	7	8	9	10	11
殷曆	1	2	3	4	5	6	7	8	9	10	11	12
周曆	2	3	4	5	6	7	8	9	10	11	12	1
秦曆	3	4	5	6	7	8	9	10	11	12	1	2
四時	季冬	孟春	仲春	季春	孟夏	仲夏	季夏	孟秋	仲秋	季秋	孟多	仲多
12支	丑	寅	卯	辰	巳	午	未	申	酉	戌	亥	子
12卦	臨	泰	大壯	夬	乾	姤	遯	否	觀	剝	坤	復
24節			春分		夏至			秋分				冬至

는 주장을 한 데 대하여 반박하는 논증을 전개하고 있다. '동지제천설'(冬至祭天說)의 출전으로 『예기』「교특생」(郊特牲) 편이 있지만 정약용은 「교특생」편을 후세 사람의 기록이므로 증거로 삼기에 부족한 점을 지적하고 있다. 또한 공영달이 천자의 교월은 동지였고 제후인 노나라의 교월은 정월(주력 정월, 동지의 달)이었다는 지적을 한 데 대하여 그는 '교제'를 지내는 시기가 천자와 제후 사이에 달라질 수 없다는 사실을 강조한다. 동지에 제천의례를 행한다는 기록이 『예기』에서는 나오지만 『주례』에서는 나오지 않으므로 『주례』의 언급과 다른 『예기』의 언급은 비판되지 않을 수 없음을 지적하였다. 곧 '동지제천설'은 『주례』「춘관·대사악」에서 나오는 "원구에서 주악을 한다[圜丘奏樂]"라는 구절을 근거로 하는 것이라 지적하고, 이 '원구에서 주악하는 것'은 상제에 제사를 드리는 것이 아니라 '푸닥거리(禬除之禮)'라고 밝힌다.

정약용은 제사와 푸닥거리의 의례인 '주악(奏樂)'과의 차이를 규명하는 데 예리한 관심을 보여 양자 사이를 다섯 가지로 구별하였고 결코 서로 혼동할 수 없는 것이라고 강조한다. 그 구별은 첫째, 천신에 제사를 드릴 때는 음악에 '황종(黃鍾)'과 '대려(大呂)'를 쓰지만, '주악'에서는 '환종(圜鍾)'·'황종(黃鍾)'·'대족(大蔟)'·'고세(姑洗)'의 4음을 갖추어 쓴다는 사실이요, 둘째, 하늘에 대한 제사나 땅에 대한 제사에서는 제사 드리는 달만 정해지고 날짜는 정해지지 않는데 '주악'에서는 동지 또는 하지 등으로 날짜가 정해져 있다는 사실이며, 셋째, '원구(圜丘)'는 '교'(郊)가 아니요, '방구(方丘)'는 '사'(社)가 아니라는 사실이며, 넷째, 제사에서는 하나의 '신'이나 하나의 '示(기)'를 위주로 삼지만 '주악'에서는 천신이 모두 내려오시는 사실이고, 다섯째, 동지와 하지에서의 '주악'은 푸닥거리(禬除之禮)이므로 교·사·체·상(郊·社·禘·嘗)의 정식 제사와는 판연히 다르다는 사실을 들고 있다.

정약용은 '교제'가 타락하고 오도되는 과정을 검토하고 있다. 곧 '교제'를 어지럽히는 것은 진나라시대 이후로 계속되었다고 본다. 진 나라 말기에 통속적인 유학자들이 『주례』를 잘못 읽음으로써 지금 「예기」에 수록되어 있는 「교특생」(郊特牲) 한 편을 지었다고 보았다. 이 때 맹헌자의 말을 위조하며 「잡기」(雜記) 편에 삽입시켰다고 밝힌다. 또한 노나라 임금이 맹춘(孟春)에 '교'에서 하늘에 제사 드렸다는 주 장으로 「명당위」(明堂位) 한 편을 장식하였다고 본다. 여기서 나아 가 신한시대 왕망의 때에 이르러서는 동지에 남교(南郊)에서 제사하 고 하지에 북교(北郊)에서 하늘에 제사하였던 것이다. 후한 말에 정 현이 참위설을 깊이 믿어 3례(『주례』·『의례』·『예기』)를 주석하면서 동지와 하지에 남교와 북교에서 하늘에 제사지내는 법을 확립하였다 고 본다. 이에 따라 정현 이후로 2천년 동안 준행해옴으로써 깎아낼 수 없는 법전이 되었다고 규정한다.

정약용은 『예기』의 「교특생」·「잡기」·「명당위」의 3편을 비판하면 서 『주례』를 잘못 읽는 데서 온 것으로 지적하고, 『주례』의 권위를 높이며 동시에 공자가 친히 손으로 쓰신 『춘추』의 경문을 의례의 기 준으로 삼아야 할 것을 강조하였다. 또한 동지와 하지의 '주악'은 푸 닥거리(禬禳之禮)라 규정하고 이 푸닥거리의 근거를 『주례』 「춘관」의 끄트머리에 보이는 '회례(禬禮)'를 제시하였다.[190] 이와 더불어 유현 (劉炫)이 "하력 정월에 하늘에 '교제'를 지내는 데 직(稷)을 배향하 고, 동지에 원구에서 하늘에 제사하는 데 곡(嚳)을 배향한다"라고 한

---

190) 『周禮』「春官·家宗」, "以冬日至致天神人鬼, 以夏日至致地示物魅, 以 禬國之凶荒民之札喪."

말에 대하여 정약용은 하늘에 '교제'를 드릴 때 배향하는 것은 유우씨(有虞氏) 때는 요임금을 교제에 배향하고 하후씨(夏后氏) 때는 곤(鯀)을 배향하며, 은나라 사람은 명(冥)을 배향하고 주나라 사람은 직(稷)을 배향하는 것처럼 한 시대에 한 사람을 배향할 뿐이라 하여 무근거한 주장으로 비판하였다.

(3) 교제의 장소

『시경』「주송·호천」의 소서(小序)에서는 "교에서 천지에 제사한다"라 하였고, 이에 대해 공영달의 소(疏)와 주자의 주(註)는 "남교(南郊)에서 하늘에 제사하고, 북교(北郊)에서 땅에 제사한다"라 하여 천지를 천과 지로 구별하고 '교'를 남교와 북교로 구별하고 있다. 그러나 정약용은 '정월 상제(上帝)(그달에 첫 辛日)에 남교에서 천지를 함께 제사 지내는 것'은 왕망의 법도라 하여 비판할 뿐이요 주자의 설에는 구체적인 동의나 비판을 피하고 있지만 실질적으로 주자의 입장도 거부하고 있는 것이다.

『주례』「춘관·소종백」에서 "4교에 5제의 단역(壇域)을 만든다"[兆五帝於四郊]는 구절을 해석하면서 '5제'를 정현은 '5방천제'라 하였는데 정약용은 '5제'가 복희 신농 등 인간인 옛 제왕이라 보았고, '4교'는 '5제'를 '4교에서 조(兆)하에 합제(合祭)하는 것으로 보았다. 곧 천자가 동방에 일이 있으면 동쪽 '교'에서 합제하고, 서방에 일이 있으면 서쪽 '교'에서 합제하였던 것이요, 한 천신이 한 방위를 맡아 주장하는 것이 아니라 하였다. 하늘에 교제를 드리는 것도 교특생편에 "남쪽 '교'에 단역을 만든다"[兆於南郊]라는 말이 있을 뿐 옛 경전에는 남교에서 하늘에 '교제'를 반드시 드려야 한다는 구절이 없음을 주장하고 '교'도 정해진 방향이 없는 것이라 보았다.

'교'와 '원구'의 관계에 대해서 왕숙(王肅)은 「성증론」(聖證論)에서 "교는 곧 원구요, 원구는 곧 교이다"라 언급한 것을 정약용은 비판하지 않고 받아들인다. 그것은 정약용이 원구와 교를 구별할 때 원구에서 하늘에 제사 지내지 않는다고 하지만, 원구와 교를 동일시하여 유일존재인 하늘에 제사 드린다는 것을 반대하지는 않는다.

『예기』「제법」편에서는 "태단(泰壇)에서 번시(燔柴)하니 하늘에 제사 드리는 것이다"라고 하였는데, 정약용은 태단(泰壇)을 '교'의 단(壇)이라 해석하여 받아들이고 있으며, 「이아」(爾雅)에서 "하늘에 제사 드리는 것을 번시(燔柴)라 한다"라고 언급한 말을 인용하여 '번시'를 '교제'의 방법으로 보고 있다. '명당(明堂)'과 제천의례의 관계를 밝히면서 '명당구구지법(明堂九區之法)'이나 '구구(九區)'의 한 당에서 호천상제를 받든다는 설은 추연과 여불위의 그릇된 설이라 부정하고 있다. 정약용은 '명당'을 '嚮明之堂[밝음을 향한 당]'의 뜻이라 보았으며, 「명당위」편에서 제후를 조회하는 곳이라 설명한 것을 취하여 정사를 보는 집이라 보고 있다.

(4) 교제(郊祭)의 요소와 관련제사(여(旅)・사망(四望)・ 우(雩)・유요(楢燎))

교제(郊祭) 복제(服制)로서 『주례』「춘관・사복」에서는 호천상제(昊天上製)에 제사드릴 때의 제복을 '대구이면(大裘而冕)'이라 한 데서 취하여 제천 예복을 구면(裘冕)이라 하였다. 정약용은 여기서 선왕의

제향에는 곤면(袞冕)의 제복을 쓰고, 선공(先公)의 제향에는 별면(驚
冕)의 제복을 쓰며, 사망(四望)과 산천의 제사에는 취면(毳冕)의 제
복을 쓰고, 사직과 오사(五祀)의 제사에는 희면(希冕)의 제복을 쓰며,
군소 제사에서는 현면(玄冕)의 제복을 쓰는 것으로 구별하여 제사에
따른 제복의 차이를 해명해 주었다.

귀신의 제사에는 '시동(尸童)'을 세우는데 상제에 대한 제사에서
'시동'은 없다고 주장한다. 『주례』「하관·절복씨」에서 "교제사에 구
면(裘冕)을 입고 두 사람이 창을 잡고서 시동을 맞이하고 전송한다"
라 한 구절에 대해 정약용은 상제에 대한 제사에는 시동이 없으므로
여기서의 시동은 상제에 배향된 선성(先聖)을 위한 시동이라 밝혔다.
『주례』「천관·장차」에서 "임금이 상제에게 대여(大旅)를 드리는데
전안(氈案)을 펼쳐놓고 황저(皇邸; 병풍)를 설치하며, '5제'에 제사할
때는 대차(大次)와 소차(小次)를 설치하고 중역(重帟; 장막)과 중안
(重案)을 설치한다"라 한 구절에 근거하여 상제에 '여(旅)'할 때에는
장막이 없으나 '5제'에 제사할 때에는 대악(大幄)과 소악(小幄)의 장
막을 설치함을 대조시켜 볼 수 있다. 따라서 하늘에 제사하는 의례
에서는 아래로는 다만 땅을 깨끗이 쓸고 위로는 하늘을 가리지 않는
것이라 밝혀진다.

정약용에 의하면 '여(旅)'는 제사가 아니요 '여(臚)'와 뜻이 통하고
벌여놓는다는 뜻을 갖는 것이라 한다. 나라에 큰 변고가 있으면 상제
에게 '여(旅)' 하고 '사망(四望)'에 '여(旅)' 하여 급함을 고하는 의례
로 보았다. 또한 정약용은 '사망(四望)'을 산천에 '요제(遙祭)[멀리서
제사지냄]' 하는 것이라 한다. 그러나 천자국인 주나라에서의 '4망'이
나 제후국인 노나라에서의 '3망'의 제사 대상이 산천을 가리키는 것
은 아니라 한다. '망(望)'의 대상은 천지와 사방의 신이다. 상제가 여

러 신들로 하여금 천우(天宇; 우주)를 맡아서 알선 운행하게 하고 지
구를 맡아서 안정되게 보존하게 하여 사방에 '명신(明神)'이 벌려 있
는 것을 '4망'이라 하였다. 정현이 『주례』 「춘관・소종백」의 주석에
서 오악(五嶽)・사진(四鎭)・사독(四瀆)을 '4망'이라 하거나, 정사농
(鄭司農)이 일・월・성・해(日・月・星・海)를 '4망'이라 한 것은 거
부되고 있다. 『주례』 「춘관・대종백」에서 '육기(六器)'를 만들어 천
지와 사방에 제사한다는 것도 천지와 사방을 맡은 신들을 가리키는
것이지 어떤 공간이나 물건을 가리키는 것은 아니라고 본다. 여기서
'육기(六器)'는 옥기(玉器)이다.

　『의례』 「근례」에서 제시된 '방명(方明)'의 나무는 사방 4척의 크기
로 6면에 천지와 사방의 색을 칠하고 (上玄・下黃・東靑・南赤……)
가운데 '6옥(玉)'을 설치한 것으로서 천지와 사방의 신을 상징한 것
이라 한다. '4망'은 '방명(方明)'의 제도처럼 합하여 있는 것이요 사
방에서 제사 드려지는 것은 아니다. 다만 '교'와 '4망'은 빈번히 함께
열거되고 있는 사실에서 '교'에서 제사 드려지는 것이라 밝히고 있다.

　『춘추』 환공 5년조에서 "계칩(啓蟄)에 교제사를 드리고 용이 나타
나면 '우(雩)' 제사를 드린다"라는 구절을 정약용은 고전의 말씀이라
보았다. 따라서 '우(雩)' 제사의 시기는 '사월(巳月; 하력 4월)'에 가
물면 묘목이 시드는 환란이 있으므로 '용현(龍見)' 이전에는 '우(雩)'
제사를 지내지 않는다고 하여 진정한 제사의 시기를 6월 이후로 보
고 있다. 그러나 '우제(雩祭)'는 가뭄의 재난이 있을 때라야 드려지
는 제사이니 일정한 제사가 아니라 보아서 좌구명(左丘明)이 일정한
제사로 보고 있는 것을 거부하였다. 『춘추』에는 '우(雩)'를 기록한
곳이 21곳 있는데 추(秋)라 밝힌 것이 7곳, 7월이 2곳, 8월이 4곳, 9
월이 7곳이 있어서 6월 이후임을 증거로 삼는다. '우(雩)' 제사에는

그 대상에 따라 상제에게 도(禱)하는 것을 '대우(大雩)'라 하고, 우사(雨師)에게 기(祈)하는 것을 '우(雩)'라고 구별한다. '우(雩)'의 날짜는 '교(郊)'와 같이 '상신일(上辛日)'을 쓴다고 밝혔다. 따라서 교제사와 우제사는 상신(上辛), 사(社)제사는 상갑(上甲), 학궁(學宮)은 상정(上丁)에 제사 드리는 것을 알 수 있다.

'우' 제사에서 제관은 '사무(司巫)'라 볼 수 있다. 정약용은 『주례』「춘관·사무」를 이끌어 옛사람들은 신을 섬기는 데에 힘써서 정기가 순수한 사람을 선별하여 도사(禱祠)를 관장하게 하는데 이 사람을 '사무(司巫)'라 보았다. '사무'가 고대에 '우' 제사를 맡은 제관임을 밝힌다. 정약용은 여기서 후세로 내려갈수록 '무(巫)'의 타락현상을 지적하고 비판한다.[191] 당나라의 제도는 기우(祈雨)에서 먼저 악독(嶽瀆)에 제사하고, 다음에 사직에서 빌며 그다음에 종묘에서 빌면서 7일을 한도로 하며, 한 번 빌어서 비가 오지 않으면 다시 시작한다고 밝힌다. 그는 또한 우리나라에서도 기우제는 당나라 제도를 따른다고 지적하고 있다. 이에 대해 그는 고전에서는 사직이나 종묘에서 '우(雩)' 하는 일이 없음을 밝히고, 산천에 '우' 제사하는 것도 원문에는 없음을 강조하였다.

정약용은 『주례』「춘관·대종백」에서 "'유요(燻燎)'로 사중(司中)·사명(司命)·풍사(風師)·우사(雨師)에 제사한다"라고 하는 데 근거하여, 정사농이 사중(司中)은 삼능삼계(三能三階)요 사명(司命)은 문창궁성(文昌宮星)이라 해석하고 정현의 '사중'과 '사명'이 문창성(文昌星)의 제5 및 제4의 별이라 해석한 것을 비판한다. 정약용은 별이란 신령이 없는 물건임으로 신이 아니라 하여, 문창성의 2별과 '사중' 및 '사명'은 관계없이 천신에 속하는 것이라 강조한다.

---

191) 拙稿, 「儒敎와 巫俗의 相關關係」, 『宗敎學硏究』 제4집, 1981, p.44 참조.

4. 다산예학의 의의

『춘추고징』의 「길례」 속에서 상제에 대한 제사인 '교제'(郊祭)를 중심으로 정약용의 예학에서 나타난 특징을 다음의 몇 가지 점으로 요약해 볼 수 있다.

첫째, 정약용은 난마처럼 얽힌 예경과 그 주석 및 각 시대의 의례 전통에 대해 『춘추』의 경문과 『주례』를 근거로 정연하게 체계화시켜 주고 있다.

둘째, 그의 고증적 정밀성과 논리적 일관성을 『춘추고징』에서 매우 설득력 있게 잘 발휘되고 있다.

셋째, 『주례』의 재확인과 복원을 추구하면서도 정약용 자신의 예학 체계가 선명하게 드러나고 있다고 보겠다. 그것은 근대적 세계관에 근거하고 있음을 드러낸다.

넷째, 정약용의 예학은 명확한 신앙적 신념 체계요 의례의 기준을 밝힘으로써 그의 경학 및 경세론과 더불어 그의 사상을 정립시켜 주는 것이라 하겠다.

정약용의 사회사상

1. 정약용의 사상 체계와 사회사상

정약용이 활동하였던 18세기 초엽의 조선 후기 사회는 한편으로 왕조의 전통 체제가 고식적인 타성 속에 힘겹게 유지되어 갔지만, 다른 한편으로 이 백성과 역사를 질곡과 침체에서 구해내기 위해 새로운 개혁이 있어야 한다는 절실한 요구가 제기되고 있었다. 여기서 정약용은 실학파의 큰 봉우리를 이루는 사상가로서 이 시대에 개혁론을 주장하였던 대표적 인물이었다. 그의 개혁론이 우리 역사의 주체적 자각 속에서 발생하였던 사실을 주목한다면, 그리고 뒤이어 19세기 말엽에 세(勢)의 압력을 받으며 경장(更張)을 시도하지 않을 수 없었던 상황과 비교하였을 때, 외(外)의 개혁론이 받아들여지지 못한 좌절은 곧 근대에 있어서 우리 역사의 자주성이 겪어야 할 좌절을 예고해 주는 것으로 이해할 수 있다. 한 시대 사회를 이끌어가는 이념과 제도가 그 사회의 현실에서 합리성과 정당성을 확보하지 못하면서 스스로의 개혁 의지를 상실하였을 때 비록 엄격한 강압으로 유지해간다 하더라도 결국 그것은 더 큰 역사적 비극의 씨를 뿌리고 마는 결과를 초래하는 것이다.

정약용의 사상이 지닌 일반적 특성으로서 개방성·종합성·현실성을 들어볼 수 있다. 그는 조선시대의 정통 이념인 주자학 내지 도학을 맹목적으로 추종하는 태도가 아니라 그 시대에 받아들일 수 있는 다양한 사상 체계를 폭넓게 수용하고 있었던 것이다. 곧 주자학에 반대되는 양명학을 비롯하여 청조의 고증학은 물론이고 서양과학과 그 시대에 이단사설로 금지된 기독교사상까지 적극적으로 받아들이는 개방성을 보여준다. 그것은 정통적·폐쇄적·권위적 사고방법이 지닌 보수적 태도를 벗어나 객관적이고 합리적이며 진보적 입장을 확립하는 것이라 할 수 있다. 그러면서도 정약용은 잡다한 지식의 집적에 빠지지 않고 하나의 통일된 사상 체계로서 종합시키고 있는 주체적 창의성을 발휘하였다. 그는 방대한 주석을 남겨 경학 체계를 수립하였지만, 그것은 어느 한 학파의 철학적 입장에 치우치지 않고 자유로운 취사선택을 통하여 자신의 철학적 입장을 확립하는 것이었다. 이러한 개방성과 종합성의 준거는 곧 현실성이라 할 수 있다.

그는 기존의 권위나 관념 체계에 구속되지 않고 언제나 문제를 현실 속에서 검토하며 현실을 통하여 그 적합성과 정당성을 확인하였던 것이다. 현실적 효율성과 타당성이 없는 모든 형식적 규범을 과감하게 비판하고 재구성하는 합리적 현실적 정신이 성리학·훈고학·문장학·과거학·술수학 등 기존 학풍을 비판하는 「오학론」(五學論)에서도 예리하게 드러나고 있음을 보게 된다. 정약용의 학문적 내지 사상적 체계의 통일성은 그의 저술과 연관하여 "육경사서(六經四書)로써 수기(修己)하고 일표이서(一表二書)로써 천하국가를 위한다"라고 그 자신이 언급하고 있는 것처럼 개인 인격의 연마와 국가사회의 질서를 본말 내지 표리의 관계로 일관시켜 추구하였던 것에서 찾아볼 수 있다. 그것은 곧 윤리와 정치의 연관성을 밝히는 것이다.

일표이서(經世遺表·牧民心書·欽欽新書)를 통하여 제시한 정약용의 정치사상은 단순히 행정제도나 정치기술을 추구하는 것이 아니다. 『경세유표』(經世遺表)는 『방례초본』(邦禮草本)이라고도 하여 법의 본래적 정신을 예와의 일치에서 찾고 있으며, 『목민심서』(牧民心書)에서도 육전에 앞서서 자신을 신칙하고[律己]·공무를 받들며[奉公]·백성을 사랑하는[愛民] 삼강을 목민관의 정신자세가 지녀야 할 기본원리로 제시하였다. 그가 33세 때 경기지방의 어사로 나가서 백성의 실정을 돌아보고 왔을 때 강조하였던 것도 '민생을 중히 여기고 국법을 준수해야 한다[以重民生·以尊國法]'는 것이었으며 「원목」(原牧)에서도 민이 목(牧)을 위해서 있는 것이 아니라 목(牧)이 민을 위해서 있는 것임을 강조하여 백성을 소중히 하며[重民]·백성을 사랑하고[愛民]·백성을 보호하는[保民] 민본(民本) 원리를 관철하고 있다.

2. 민중의 발견

도학의 전통적 정치원리는 고전의 민본사상을 계승하고 있다. 그러나 정치의 근본으로서 '민(民)'은 곧 신분계층으로 분해되고 예법의 절도가 사이를 점점 상하로 갈라놓고 만다. 또한 수양론적 목표를 성인에 둘 때에는 "선비는 현인을 바라고 현인은 성인을 바라고 성인은 하늘을 바란다"는 위로 향하는 상승운동의 대열에서도 '민'은 돌덩이처럼 땅에 붙어서 높이 올라갈수록 개미처럼 작아질 뿐이다. 그러나 정약용은 '민'을 선명하고 신선한 의미로 재확인시켜 주고 있다.

수령이 민을 위하여 있느냐, 민이 수령을 위하여 사느냐. 민은 곡식
과 베를 바쳐서 수령을 섬기고, 민은 수레와 말을 바치고 따라가서
수령을 전송하고 맞이하며, 민은 고혈과 진수를 다하여 수령을 살찌
게 하니, 민이 수령을 위하여 사느냐. 대답하기를 결코 그렇지 않다.
수령이 민을 위하여 있다.(原牧)

정약용이 이렇게 절실하게 묻고 대답하는 이 구절들은 그의 독창
적인 주장이 아니다. 그 당시에 어떤 수령을 붙잡고 물어도 의당 "수
령이 민을 위해 있다"라고 대답할 것이다. 그런데도 그의 이 자문자
답은 중요한 의미가 있다. 그것은 너무나 당연한 기본원리가 정치현
실에서 완전히 무시되고 정반대로 나타나고 있음을 고발한 것이다.
그는 백성을 위하여 있는 수령이 도리어 백성들의 재물을 갈취하고
백성들의 받듦을 받고 있는 역리를 폭로하고 있다. 여기서 정약용은
수령이 민을 위해 있어야 하는 상호 연관적 관계를 확인하면서도 동
시에 민과 수령은 고통을 주고 고통을 당하는 관계 곧 일방피해적
관계를 드러낸다. 그는 관료기구가 민을 위한 봉사의 도구인데도 민
을 억압하고 수탈하는 수령과 관료를 도둑으로 규정하기도 한다.

여기에 큰 도적이 있는데, 큰 깃발을 세우고 큰 일산으로 옹위하고
큰 북을 치고 큰 태평소를 불게 하고 쌍가마를 타고, ……이 도둑은
야경꾼이 감히 심문하지 못하고, 의금부 금오랑이 감히 잡지 못하고,
어사가 감히 공격하지 못하고, 재상도 감히 성토하는 말을 못한다.(監
司論)

정약용은 관료의 통치권력이 백성을 착취하는 현실을 도적이라 규
정하고, 또한 이 도적은 법의 처벌 밖에 있는 존재임을 지적하였다.
그는 당시의 관리들은 물론 지식인들도 언급하지 않는 고통 받는 하

층 민중의 비참한 현실을 직시하여 이를 각성하고 시와 글로 표현하는 민중 발견의 작업을 수행하고 있다.

> 걷고 또 걸어서 고을 문에 닿고 보니 / 옹기종기 입만 들고 죽솥으로 모여든다 / 개, 돼지도 버리고 돌아보지 않을 음식 / 굶주린 사람 입엔 엿처럼 달구나 /······관가의 돈궤짝 남이 볼까 쉬쉬하니 / 우리들 굶게 한건 이 때문이 아니더냐 / 관가 마굿간에 살찐 저 말은 / 진실로 우리들의 피와 살이네.(飢民詩)

권력 앞에 착취당한 민중의 암흑상은 권력에 대한 적대감을 각성하는 데로 나간다. 수령을 백성의 부모라 하여 백성의 모든 고통을 돌보아 주고 어루만져 주는 것이라고 가르친다. 그러나 이러한 명분은 철저한 허위로 확인되고 폭로된다.

> 백성들 이리저리 유랑하다가 / 시궁창 구덩이를 가득 메우네 / 아비여 어미여 / 고기먹고 쌀밥먹고 / 사랑방에 기생두어 / 연꽃같이 곱구나.(豺狼)

민중이 관리 수령을 자신의 보호자라 믿지 않는 거부의 선언에서는 이제 더 이상 백성을 사랑하고 백성을 보호하는 부모의 역할을 담당한다는 수령부모론을 인정하지 않는다. 차라리 민중이 탐학하는 수령과 아전 등의 관권에 항거하려는 자세를 확인하고 있다. "근래에 와서 세금과 부역이 번잡하고 과중하며 관리들의 약탈이 혹심하여 백성들이 살아 나갈 수 없게 되었다. 그래서 모두다 난리를 일으킬 것을 생각한다."(牧民心書) 민중은 권력의 착취에 맞서 저항할 권리를 인정받을 수 있다. "큰 도적을 없애지 않으면 백성을 다 죽이게 된다."(監司論)

3. 민중의 권리

정약용은 복명상소에서 「민생을 소중히 하고, 국법을 존중할 것」을 당부하여 국가의 기강은 권력이 법을 스스로 존중할 수 있어야 함을 강조하였다. 동시에 민생은 국가의 기반이요 목표를 이루는 것이므로 백성의 권리요 정부의 책임이라 할 수 있다. 민생은 백성의 생존권이요, 인간답게 살 수 있는 권리를 포함할 수 있다. 정약용은 백성의 생존에 가장 장애가 되는 것이 백성을 착취하는 권력임을 그 시대에서 확인하고 또한 역사를 통하여 입증할 수 있었다. 그에게서 권력으로부터 침탈당하는 백성의 권리를 확보하기 위해서는 무엇보다 '민'과 수령 또는 임금의 관계에서 주도권과 복종의 의무관계를 해명하는 일이 중요하였다. 「원목」(原牧)에서 그는 "수령이 민을 위하여 있다"라 하여 민의 주도적 지위를 제시하면서, 원래 백성만 있었을 뿐이요, 지혜로워 모든 사람들이 따르면 밀어 올려 존중할 때에 이정(里正)이 출현되고 이정에서부터 점점 높은 자리로 올려 가면 황제도 나오게 된다는 것이다. 그렇다면 임금이나 수령이 민의 부모가 아니라 민이 수령과 임금을 낳는 부모의 역할을 한다고 볼 수 있다.

정약용이 가장 선명하게 제시한 민중의 권리는 민이 모든 관료계급의 상급자들을 자신을 위하여 봉사하도록 만들었다고 이해하는 입장이다.

「탕론」(湯論)에서도 "천자라는 것은 대중이 추대하여서 되는 것이다"라 하여 천자가 대중, 곧 민의 손에 의해 나오게 되는 것임을 말한다. 그렇다면 백성이 임금의 은혜로 사는 것이 아니라 임금이 백성의 은혜로 존속할 수 있는 것이라 하여야 할 것이다.

그만큼 민을 정치의 주도적 존재요 지도자에 대한 선출권이 있다고 볼 수 있다. 그는 아래의 민중으로부터 위로 선택해 가는 것이 옛 법도라 하고 그것을 순행이라 하였으며, 위의 임금으로부터 아래로 벼슬을 임명해 내려오는 것을 당시의 법도로서 역행이라 규정하고 있다. 그의 논리는 미래의 이상이 되는 민중의 선거권을 고대의 법도에 투영하여 제시하고 있으나, 민을 정치의 객체로 규정하여 보호하고 사랑하는 대상으로 파악하는 입장과는 분명하게 결별하고 있는 것이다. 정약용에 앞서서 명나라 말기에서 청나라 초기에 걸쳐 활동한 황종희(黃宗羲)도 『명이대방록』(『明夷待訪錄)에서 "옛날에는 천하가 주인이라면 임금이 손님이어서, 무릇 임금이 일생 동안 경영하는 것은 천하를 위하여 하는 것이다. 지금은 임금이 주인이고 천하가 손님이 되어 무릇 천하가 어디든지 안녕을 얻지 못하는 것은 임금 때문이다"라 한 것도 정약용과 일치된 사상이다.

정약용이 황종희의 영향을 받았다고 본다면, 이러한 민중주인론은 전제군주주의에 대한 명백한 대립적 입장을 선언하는 것이라 볼 수 있다. 정약용은 민이 임금까지도 뽑아 올린다는 선출권 내지 추대권만을 인정하는 것이 아니라 한걸음 나아가 민에 의한 임금의 축출권마저도 뚜렷하게 암시하고 있다. 그것은 왕권에 저항한 혁명권을 의미한다. 그는 탕 임금이 걸 임금을 축출한 것을 인정하고 있을 뿐만 아니라, 팔일무에서 춤추는 사람들이 한 사람을 선출하여 우보(羽葆)[새깃으로 엮은 것. 춤추는 자가 갖는 도구]를 잡고서 자신들을 인도하게 하는데 그 인도가 좌우 절차에 맞추지 못하면 여러 사람이 잡아 내려서 대열에 복귀시키고 다시 선출한다고 하였다. 백성이 임금에 지지와 거부를 선택할 수 있는 것은 임금에 대하여서는 신민으로서 무제한 충성을 바쳐야 하는 입장과 확연히 구별된 사상이다.

그것은 또한 제후나 귀족들 사이에서 역성 혁명을 하는 맹자의 혁명론보다도 한걸음 나아간 근대적 국민주권론에 속한다고 하겠다.

4. 신분적 평등과 경제적 평등

조선 후기 사회는 신분적 갈등이 더욱 심하여져서 많은 문제를 낳았다. 박지원은 『양반전』(兩班傳)에서 양반의 형식주의에 빠진 측면과 수탈적 측면을 풍자하였고, 도학자의 위선적 성격과 천인들의 진실한 인간적 면모를 보여주는 소설들을 많이 썼다. 예법의 형식주의적 타락은 인간관계의 자유롭고 인간적인 소통을 모두 차단하고 말았다고 할 수도 있다.

이러한 신분적 분열과 갈등에서 이익을 누리는 사대부측은 신분을 인륜의 강상적인 것으로 고수하려는 의지를 지녔지만, 혁신적인 실학자로서 정약용은 과감한 신분 타파를 통한 평등론을 제시하였다.

또한 『통색의』(通塞議)에서 문벌·지방·당색의 타파는 물론이고 서얼(庶孽)과 천민(賤民)에 이르기까지 능력에 따라 인재를 등용할 것을 요구하며, "그 신분이 관리인가 백성인가를 하늘은 묻지 않는다"라 하거나 "나의 소망은 온 나라 안을 모두 양반이 되게 하고 싶다"라 하여 인간의 평등에 대한 신념을 밝혔다. 그는 분명히 당당한 문벌의 양반이었지만, 누구보다 상민과 천인들이 양반에 억눌려 하는 고통을 절실하게 체험하고 인식하였다고 할 수 있다. 이러한 그의 신분적 평등론은 모든 인간을 평등한 이웃으로서 하늘 앞에 서게 한다. "위에 존재하는 것은 하늘이요, 아래에 존재하는 것은 민중이다"라는 언명은 그의 신앙이요 동시에 사회사상이었음을 알 수 있다.

백성을 근본으로 하는 민본 정신에서 정부와 백성의 관계를 심장과 사지의 유기적 생명체에 비유하기도 한다. 따라서 그의 사회사상에 있어서는 신분이나 계급적 차별이 폐지된 평등하고 균형 있는 조화가 강조되고 있으며, 그의 경제사상도 합리적 능률과 더불어 균평성이 중요시되었다.

정약용에 있어서 민중의 평등은 신분적인 혹은 이념적인 차원에서만 이루어지는 것으로도 부족하다. 그것은 경제적 균형을 통하여 평등의 실질적 효과가 확보될 수 있다고 파악한 것이다. 그는 "재산을 고르게 마련하여서 다 함께 살린 자는 임금과 수령 노릇을 제대로 한 자이다"라 하여 분배의 균형이 정치의 본질적인 조건이라 지적하였다. 조정의 역할을 "부지런하게 급급히 서둘러서 부자의 것을 덜어내어 가난한 자에게 보태주어 그 살림을 고르게 하는 것"을 강조한다. 사실상 성호 이익이 언급하였던 것처럼 가난한 자는 송곳 꽂을 땅도 없는데 부자의 땅은 끝이 없이 이어져 있는 현실은 그 시대나 오늘의 시대나 큰 차이가 없다. 또한 가난한 자의 재산을 부자들에게로 모아주는 역할을 하는 것이 정부의 위치라는 점에서도 어제 오늘의 문제가 아니다.

경제적 균평의 추구를 통해 평등의 기반을 확보하는 문제는 곧 복지사회의 이념에 통할 수 있을 것이다.

이러한 재화의 균평한 분배를 추구하고 민중의 생존권을 보장하기 위하여 정약용은 제도적 장치를 확보하고자 하였다.

그는 민생을 위해 토지소유제도의 개혁론을 추구하면서 재산을 고르게 하여 백성을 다 함께 살려야 한다는 원칙 아래 농민이 농지를

소유하게 하며 협동으로 영농하게 하는 여전제(閭田制)를 제시하였
다. 그리고 조세와 부역이 균평하고 정당할 것을 강조하면서 "조세"
의 균형이 이루어지지 않으면 정치라 할 수 없다"고 준엄하게 지적하
고 있다.

또한 그는 농업생산을 증대하기 위한 방법으로 「응지론농정소」(應
旨論農政疏)에서 기술도입과 개량을 통한 편농(便農), 행정이 농민
을 보호하는 후농(厚農), 농민의 사회적 대우를 높여주는 상농(上農)
의 3원칙을 제시하였다. 농업을 넘어서 적용한다면 모든 생산활동을
향상시킬 수 있는 원리로써 확대시킬 수도 있다. 곧 생산기술의 도
입과 계발을 통해 편리와 능률을 높이고, 생산활동과 그 이익을 보
호하는 행정이나 생산자가 사회적으로 존중되는 의식의 개혁을 추구
하는 경제원리의 구체적 제시이다. 사실상 그는 공장(工匠)의 우대와
수레 및 도로의 정비를 통한 유통시설에 이르기까지 경제활동의 증
대를 국가의 부강과 민생의 향상을 위한 방법으로써 세심하고 진지
하게 배려하였던 것이다. 그러면서도 그가 언제나 모든 정치와 경제
의 현실적 문제를 윤리적 정당성과 성실성의 근원적 문제와 일관성
속에 해명하고 있다는 것은 고전으로서의 정양용 사상이 오늘에 던
져주는 의미 깊은 시사임을 다시금 음미해 볼 필요가 있을 것이다.

제3부 혜강 최한기의 실학사상

최한기의 생애와 저술

1. 최한기의 생애

　혜강(惠崗) 최한기(崔漢綺)는 그 사상사적 비중이 매우 높고 또한 최근세의 인물임에도 불구하고 그의 행적과 생애에 관한 전기적 기록이 거의 알려지지 않고 있는 인물이다. 『오주연문장전산고』(五洲衍文長箋散考)에 의하면 그의 자는 지로(芝老; 족보에는 芝齋라 함)이다. 그의 호는 혜강(惠崗) 또는 패동(浿東)이 쓰였고, 당호(堂號)로도 혜강유거(惠崗幽居)·가산제경루(舸山霽景樓)·기화당(氣和堂)·명남루(明南樓) 등이 쓰였다. 그가 50세 때 자신의 집에 있던 정자에 양한정(養閒亭)이라 편액을 달고 「양한정기(養閒亭記)」를 지었다.

　그는 삭녕(朔寧) 최씨로서 1803년(순조 3년)에 아버지 치현(致鉉; 1786~1812)과 어머니 청주 한씨 사이에 외아들로 태어났다. 10세 때 아버지를 여의고 큰집 당숙인 광현(光鉉)(1760~1837)의 양자로 갔다. 그의 생부 치현(致鉉)은 벼슬이 없었으나 감찰(監察)에 증직되었고 시고(詩稿)가 10권이 있었다. 그의 양부 광현(光鉉)은 무과 출신으로 곤양(昆陽)군수를 지냈으며, 문집 1권이 있다. 『오주연문장전산고』(五洲衍文長箋散考) 「석흑전화변증설」(石黑鐫華辨證說)에 의하면 광현이 중국의 옛 서첩(書帖)을 모으는 취미가 있어서 직접 여러 첩자 (帖子)를 베끼고 각 서체를 자전(字典)처럼 분류하여 판각을 해두었 다 한다. 이규경(李圭景)은 최한기에게 당시 판각을 간직하고 있으 면서 아직 간행하지 못하였던 사실을 확인하였다. 그의 여러 대 선 영은 개성에 있고 그 자신도 개성(동면 적전리 세곡) 선영 아래에 묻 혔다. 그러나 생가의 조부가 충주에 무덤이 있고, 큰 아들은 고양에, 손자는 개성에, 증손자는 충주에 무덤이 있는 것으로 보아 그의 연 고지가 개성·고양·서울·충주에 걸쳐 있음을 알 수 있다.

최한기의 출생지는 알 수 없으나 서울에서 주로 살았었고, 30대 초반에는 남촌창동(南村倉洞; 남대문 부근)에 집이 있었고, 49살(1851) 때부터 송현(松峴)의 상동(尙洞; 한국은행 뒷쪽)에 집을 가졌다. 그의 호와 집을 나이에 따라 연관시켜 보면, 34세(1836) 때 그는 처음으로 가산제경루(舸山霽景樓)와 혜강유거(惠崗幽居)를 당호로 쓰고 패동 을 호로 썼다. 남촌 창동의 집이 혜민국에 가까웠고 남산도 가까우 니 혜강유거라 썼던 것 같다. 가산제경루는 창동집에 있던 누의 이 름이라 보이는데 남산에 아주 가깝고 전망이 툭 터진 누였던 것 같 다. 패동은 대동강 또는 압록강의 동쪽으로 우리나라를 가리키는 말 이다. 『기측체의』(氣測體義)를 북경 정양문 안의 인화당에서 인쇄하 였으므로 특히 자신이 조선인임을 드러내려는 의도에서 호를 삼았던 것이 아닌가 짐작이 된다. 패동이란 호는 65세(1867) 때 『성기운화』 (星氣運化)를 저술할 때도 서문에 썼다. 37세(1839) 때의 저술인 『의 상리수』(儀象理數)에서부터 혜강(惠崗)을 호로 분명히 쓰기 시작하 였다. 그는 혜강이라는 호를 쓴 이후에도 '혜강유거(惠崗幽居)'라는 호를 1843년에도 쓰고 있다. 상동(尙洞)의 집으로 이사한 뒤인 55세 (1857) 때의 저술 『지구전요』(地球典要)의 서문에서는 혜강이라는 호와 함께 기화당(氣和堂)이라는 당호를 쓰기 시작하였다. 또한 64세 (1866) 때의 『신기천험』(身機踐驗) 서문에서는 명남루(明南樓)라는 누호(樓號)를 쓰기 시작하였고 자신의 문집을 스스로 편찬하면서 『명남루문집』(明南樓文集)이라 제목을 붙였다. 이때까지 상동의 집에서 살고 있었다면, 이 집에는 기화당이라는 서재가 있었던 것으로 보인다. 『양한정기』(養閒亭記)에 의하면 "집의 동쪽 뜰에 있는 작은 정자에는 방이 둘이고 누(樓)가 하나이다"라 하였으니, 이 정자의 이름은 양한정(養閒亭)이지만 누의 이름은 명남루로 한 것이 아닌가 한다. 기화당이라는 명칭이 55세 때 『지구전요』와 『기학』(氣學)을 저술하면서 밝힌 당호이므로 이 시기에 그의 철학적 입장인 기철학을 당호에까지 붙인 것이라 할 수 있다. 64세 때 명남루의 누호를 쓰면서 그는 자신의 문집을 정리하는 작업을 시작하고 있다. 현재로서는 저작연대가 밝혀진 저술로서 『신기천험』(1886)과 『성기운화』(1867)는 『명남루문집』이라 板心에 적힌 원고지를 썼으며, 그 이후의 저술이 아직 발견되지 않고 있다. 다만 저술연대가 확실하지 않은 『명남루수록』(明南樓隨錄)의 경우도 동일한 『명남루문집』의 원고지를 사용하고 있는 점으로 보아서 1866년 전후한 시기의 저술로 볼 수 없을까 추측해 본다. 따라서 패동과 혜강이라는 호는 초년부터 만년까지 계속 사용되고 있는 것이지만, 기화당과 명남루의 당호는 만년에 사용하게 된 것이라 할 수 있다.

그와 교우를 가진 사람은 너무나 드물다. 현재로서는 김정호(古山子, ?~1864)와 이규경(五洲, 1788~1860?)을 찾아볼 수 있다. 그는 32세(1834) 때 남촌 창동의 자기 집에서 장정부(莊廷尃)의 「지구도」(地球圖) 탑본을 대추나무판에 판각하여 「만국경위지구도」(萬國經緯地球圖)를 간행할 때 김정호가 판각을 맡았었다. 또한 같은 해 김정호

가 「청구도」(靑丘圖)를 만들었을 때 그는 서문으로 「청구도제」(靑丘
圖題)를 지었다. 여기서 그는 김정호를 벗이라 한 것으로 보아 매우
가까운 교우관계를 맺었음을 알 수 있다. 또한 이규경은 그의 『오주
연문장전산고』(五洲衍文長箋散考)에서 4항목이나 최한기에 관한 언
급을 하고 있다.

그 첫째는 「만국경위지구도변증설」(萬國經緯地球圖辨證說)의 항
목에서 그와 김정호와의 관계를 밝혀주었고, 둘째는 「중원신출기서
변증설」(中原新出奇書辨證說)의 항목에서 그의 소장도서를 소개하고
있다. 여기서 최한기가 『해국도지』(海國圖志)(魏源) · 『원씨전서』(阮氏
全書)(阮元) · 『우산각총서』(宇山閣叢書)(錢熙祚) · 『영환지략』(瀛圜志
略)(徐繼畬) 등 귀중 희귀도서를 많이 소장하였던 사실을 밝혀주고
있다. 셋째는 「사소절분편각본변증설」(士小節分編刻本辨證說)의 항
목에서 이규경과 최한기가 교유한 사실을 확인시켜 준다. 곧 1853년
(당시 이규경 76세, 최한기 51세) 가을에 서울에 사는 최한기가 충주(덕
산 삼전리)에 살고 있는 이규경을 찾아와 이규경의 조부인 이덕무(炯
菴, 1741~93)가 편찬한 「사소절」을 서울에 사는 도사 최성환이 간행
한 사실을 알려주고 이듬해 봄에는 그 책을 보내주었다는 사실을 기
록하였다. 이규경은 이 항목의 끝에다 최한기에 관한 인적사항을 다
음과 같이 기술하였다.

"최한기의 자는 지로(芝老)이고 본관은 삭녕(朔寧)이다. 사마시의
진사로서 재주가 뛰어나 일찍이 통경(通經) · 통사(通史) · 예서(禮書) ·
율려(律呂) · 수학(數學) · 역상(曆象) 등의 서적과 『회집휘고』(匯集彙
攷)를 저술하였다. 많이 기억하고 넓게 공부하였으니 범속한 선비에
비할 바가 아니다."

넷째는 「석흑전화변증설」(石黑鐫華辨證說)로서 최한기의 양부 광

현이 중국의 옛 서첩을 수집하고 분류하여 판각한 것을 소장하고 있었음을 최한기에게서 확인한 사실을 언급하고 있다.

이러한 최한기와의 교우는 자료가 너무 불충분한 것이라 할 수 있다. 한 학자가 일생 동안 단지 두 사람과 교유하였다는 것은 전기적 자료가 결핍된 데 이유가 있다. 그래도 그가 교유한 두 인물만을 본다면 김정호는 신분적으로 중인이요, 이규경은 이름난 학자라 하지만 조부 이덕무도 서얼 출신으로 신분적 제약을 받았던 사실이 있다. 여기서 최한기의 신분적 위치를 추리해 본다면 그 자신도 드러난 가문이 아니라 몰락한 사대부로 궁반한족(窮班寒族)이었다고 보게 된다. 더구나 그의 가까운 선조에 뚜렷한 관직이 없고, 그의 양부는 무반이라는 점에서 사대부의 대열에 뒤처질 수밖에 없는 것이 사실이다. 그러나 그가 많은 희귀 도서를 소장할 수 있었고 자신의 경비로 「만국경위지구도」를 판각한 사실 등을 본다면 그의 집안이 경제적으로는 매우 여유 있는 집안이었음을 알 수 있다. 그의 상동 집은 넓은 정원에 정자도 따로 있고 온갖 화초를 심었으며 숲에 둘러싸여 있는 분위기를 보아서 매우 부유한 생활을 하였던 것만은 확실하다. 더구나 34살 때 저술한 『기측체의』는 당시 우리나라 선비들로서 매우 드물게 중국 북경에 보내서 간행하는 사실도 그가 재산에 여유가 있음을 보여주는 증거가 된다.

그러면서도 그가 폭넓게 교유한 자취를 남기지 않은 이유를 생각해 볼 필요가 있다. 그의 저술에 서문은 모두 자신이 직접 지은 것이고, 발문으로 『강관론』(講官論)·『기학』(氣學)·『인정』(人政)에 붙은 것이 모두 아들 병대(柄大)가 지은 것뿐이다. 그만큼 그는 자신의 저술을 세상에 공개하지 못한 사실을 엿볼 수 있다. 당시 도학파의 강경한 척사론이 압도하는 상황에서 그가 서양학문을 적극적으로 긍정하고 전통학문의 권위를 별달리 추종하지 않는 사실은 그의 저술이 당시에 알려지기 어려운 점을 말한다. 더구나 그의 아들 병대가 관직에 나가 있었으므로 더욱 자신의 처신을 조심할 필요가 있었을 것이다. 그와 동시대에 살았던 전우(田愚; 艮齋, 1841~1922)에 의하면 그는 양명학 추종자로 알려져 있다. 곧 「간재집」(艮齋集)의 연보(1863년 당시 최한기는 61세요 전우는 23세) 10월조에 의하면 전우는 "최한기가 육왕학(陸王學)을 칭송하고 심지어 일본인 유정(維楨)[이등인재(伊藤仁齋)(1627~82)의 이름]이 주자의 학설을 비판한 것을 그릇되게 여기지 않으므로 3절구의 시를 지어 깨우치게 하였다"라고 말하고 있다. 이처럼 당시에 두 사람이 모두 서울에 살고 있었지만 성리학의 정통적 입장을 계승하고 있는 청년학자인 전우에게 최한기는 엉뚱하게 양명학을 옹호하는 인물로 묘사되고 있는 사실에 유의할 필요가 있다.

최한기가 당시 중국에서 새로 간행되는 귀중 도서를 많이 소장하고 있는 사실과 자신의 저술인 「기측체의」를 북경에서 간행하였던 사실에서 그가 중국에 왕래하는 무역활동과 깊이 연결되고 있었던 것으로 추측해 볼 수 있다. 그의 양부인 광현도 중국의 옛 서첩들을 수집하는 취미를 가졌던 사실은 북경 무역과 연관을 가질 수 있을 가능성이 크다.

특히 그의 선영이 개성에 있는 사실은 송상(개성상인)과 관련성을 생각해 볼 수도 있다. 그것은 그가 신분적으로 드러나지 않았지만 부유한 생활을 할 수 있던 사실을 설명해 줄 수 있을 것이다.

최한기가 외아들인데도 입양하였던 것은 그의 생부 치현이 그가 10세 때 27세의 젊은 나이로 요절하였기 때문이었던 사정으로 알 수 있다. 그는 번남 박씨 종혁(宗爀)의 딸을 아내로 맞아 17세 때 큰아들 병대(柄大; 1819~88)을 낳았다. 그가 60세(1862) 때 병대는 문과에 합격하여 고종의 시종신이 되었고, 그가 70세(1872) 때에는 조정에서 시종신의 아버지가 70세에 이르면 당상의 품작을 내리는 전례에 따라 그를 통정대부에 올리고 첨지(僉知)의 직첩을 주었다. 아들 병대는 그의 저술에 발문을 짓고 그의 학문을 가장 가까이서 가장 깊이 이해해 준 지기이기도 하다. 그는 죽은 뒤인 1891년 학행(學行)으로 조정에 계문(啓聞)되었고 그 이듬해에는 도헌겸제주(都憲兼祭酒)로 증직을 받았던 사실은 아들 병대의 관직에 힘입은 것이었다 하더라도 세상에 잊혀지지 않았음을 말해준다. 그러나 그의 후손이 어떤 이유에서인지 세상에서 잊혀지게 되었다.*

　최한기의 묘는 개성에 있는데 현재로서는 정확한 위치를 확인할 길이 없고, 그의 아들 병대의 묘가 고양(원당읍 원흥 2리, 자연부락명 나무드머리)에 있었으나 아직 묘의 소재와 묘비를 발견할 수 없으니 별다른 실마리를 찾지 못하고 있는 형편이다. 그의 증손 성학(成學; 1862~1914)의 묘가 충주(호암동 貫珠부락)에 있는 것으로 족보에 기록되어 있으나 이 묘조차 찾을 수가 없어서 별다른 도움이 되지 못한다. 따라서 최한기의 행적이나 유물에 관해 사실을 알기가 아직은 매우 어려운 숙제로 남아 있다. 다만 현존하는 그의 방대한 저술을 통하여 그의 사상이 지닌 특성과 의미를 이해하는 것이 지금에 주어진 과제이다.

---

* 최한기의 4대손 宅起(1882~?)의 아들 度亨(~?) 등과 容起(1892~?)의 아들 度益(~?)의 이름까지 족보에 나오는 것으로 보아 5대손들은 최근까지 살았을 가능성이 있지만, 이름만 알 수 있을 뿐 이들의 행적이나 소재를 알 수 없으며, 6대 이후는 완전히 이름조차 전하지 않는다.

2. 최한기의 저술

최한기의 저술은 족보에 의하면 "유집(遺集)에 천문·지리·농학·의학·수학 등 1천여 권이 있었다"고 기록하고 있다. 그러나 그의 저술목록을 소개한 박종홍의 「최한기의 경험주의」(『아세아 연구』, 통권 20호, 1965. 12)의 부기에 15종이 저작연대순으로 다음과 같이 제시되어 있다. ①『농정회요』, ②『육해법』, ③『청구도제』, ④『만국경위지구도』, ⑤『추측록』, ⑥『강관론』, ⑦『신기통』, ⑧『감평』, ⑨『의상리수』, ⑩『심기도설』, ⑪『소차유찬』, ⑫『습산진벌』, ⑬『우주책』, ⑭『지구전요』, ⑮『인정』. 또한 박종홍은 『기측체의』(『신기통』과 『추측록』을 합쳐서 간행한 책이름)를 해설하면서 (『한국의 고전 100선』, 신동아 1969년 1월호 부록) ⑯『성기운화』를 소개하였다.

그다음 성균관대학교 대동문화연구소에서 이우성이 편집하여 간행한 『명남루총서』(1971년 11월 발행)에는 ⑯『신기천험』과 ⑰『명남루수록』을 새로 수집하여 간행하였다. 그 뒤 아세아문화사에서 ⑱『농정회요』를 영인하였고, 최근에 다시 ⑲『기학』과 ⑳『운화측험』이 발견되었고, 또한 이우성은 ㉑『양한정기』를 소개하였으며, 이규경의 『오주연문장전산고』에는 ㉒『회집휘고』의 책명이 보인다.

이처럼 그의 저술은 계속하여 새로 발굴되고 있는 과정이다. 족보에서 말한 것처럼 1천여 권과 현재 발굴된 1백여 권과의 사이에는 엄청난 차이가 있어서 족보의 기록이 과장된 것이 아닌지 의심스러운 점도 있다.

그러나 앞으로도 몇 가지 새로 발굴될 가능성은 매우 크다. 이미 제목만 확인된 저술 가운데서 ④『만국경위지구도』와 ⑬『우주책』과 ㉒『회집휘고』는 제목만 알려졌을 뿐이고, 그 현존 여부는 확인되지 않았다. 또한 ⑨『의상리수』는 3권 3책 중에서 제3권 1책만 남아 있을 뿐이다. 또한 ⑧『감평』은 ⑮『인정』의 제7권에 수록되어 있음으로 종목 수를 하나 줄일 수도 있다. 이 22종의 제목 이외에 『기측체의』는 다만 ⑦『신기통』과 ⑤『추측록』을 합쳐서 하나의 책으로 묶은 제목인 만큼 제목 수를 하나 늘일 수 있지만 내용에는 늘어나지 않는다.

이제 최한기의 저술을 연도별로 정리하고 또 내용 분야별로 정리하여 목록을 작성해 본다면 아래와 같다.

최한기 저작 연도별 목록

(1) 1830(28세) — 『農政會要』: 20권 10책 중에서 제1 · 2권 1책이 결본, 일본경도대학소장. 아세아문화사에서 『農書』(11~13권)에 수록 영인함.

(2) 1834(32세) — 『陸海法』: 2권 1책, 활자본, 서울대 도서관. 국립도서관 소장.

(3) 1834(32세) — 『靑丘圖題』: 2쪽 1장, 필사본, 서울대 규장각 도서관 소장.

(4) 1834(32세) — 『萬國經緯地球圖』: 권질 미상, 현존 여부 미상, 模刻本.

(5) 1836(34세) — 『推測錄』: 6권 3책, 활자본, 이병도박사 소장, '기측체의'에 수록.

(6) 1836(34세) — 『講官論』: 4권 1책, 인쇄본, 서울대 도서관 · 성균관대 도서관 소장.

(7) 1836(34세) — 『神氣通』: 3권 2책, 활자본, 이병도박사 소장, '기측체의'에 수록.

(8) 1838(36세) — 『鑑枰』: '인정' 권 7에 수록됨.

(9) 1839(37세) — 『儀象理數』: 3권 3책, 현재 제3권 1책만 있음, 필사본, 영남대 동빈문고 소장.

(10) 1842(40세) — 『公器圖說』: 불분권 1책, 필사본, 서울대 도서관 · 종로 도서관 소장.

(11) 1843(41세) — 『疏箚類纂』: 2권 1책, 필사본, 성균관대 도서관 · 국립도서관 소장, 서울대 규장각 도서의 『章疏類纂』(2책)이 같은 내용임.

(12) 1850(48세)-『習算津筏』: 5권 2책, 필사본, 성균관대 도서관 소장.

(13) 1852(50세)-『養間亭記』: 친필판각의 인쇄, 이우성교수 소장.

(14) ? (?)-『宇宙策』: 12권 6책, 현존 여부 미상, 저작연대 미상이나 '지구전요'에 앞서는 것으로 보임.

(15) ? (?)-『匯集彙攷』: 권질 미상, 현존 미상, 「오주연문장전산고」(상 p.704)에 책 이름이 보임, 내용 미상, 51세 이전 작품임.

(16) 1857(55세)-『地球典要』: 13권 6책, 필사본, 숭실대 도서관·국립중앙 도서관 소장.

(17) 1857(55세)-『氣學』: 2권 1책, 필사본, 소장처 미상.

(18) 1860(58세)-『運化測驗』: 2권 1책, 필사본, 정신문화연구소 장서각 소장.

(19) 1860(58세)-『人政』: 25권 12책, 필사본, 일본 동양문고 소장.

(20) 1866(64세)-『身機踐驗』: 8권 8책, 필사본, 고려대 아세아문제연구소 소장.

(21) 1867(65세)-『星氣運化』: 12권 2책, 필사본, 고려대 아세아문제연구소 소장.

(22) ? (?)-『明南樓隨錄』: 불분권 1책, 필사본, 김영호교수 소장, 저작연대 미상, 1866년 전후한 시기로 보임.

최한기 저작 내용 분야별 분류

(A) 자연과학

가) 농업·농기계 ── ┌─ (1) 『농정회요』(1830)
                   └─ (2) 『육해법』(1834)

나) 기계일반 ── (10) 『심기도설』(1842)

다) 지리·지도 ── ┌─(3) 『청구도제』(1843)
                 ├─(4) 『만국경위지구도』(1834)
                 └─(16) 『지구전요』(1857)

라) 천문 ── ┌─ (9) 『의상리수』(1839)
            └─ (21) 『성기운화』(1867)

마) 수학 ── (12) 『습산진벌』(1850)

바) 과학일반 ── (18) 『운화측험』(1860)

사) 의학 ── (20) 『신기천험』(1866)

(B) 철학

┌─(7) 『신기통』(1836)
├─(5) 『추측록』(1836)
├─(14) 『우주책』(?)
├─(17) 『기학』(1857)
└─(22) 『명남루수록』(?)

(C) 사회사상 및 제도

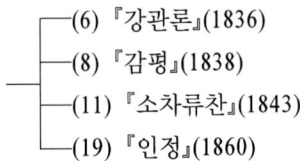

  (6) 『강관론』(1836)
  (8) 『감평』(1838)
  (11) 『소차류찬』(1843)
  (19) 『인정』(1860)

(D) 기타

  (13) 『양한정기』(1852)
  (15) 『회집휘고』(?)

 위의 목록을 음미하면 그의 저술은 자연과학에 관한 것이 종목으로는 11건으로 반수에 해당한다. 그만큼 자연과학에 관한 관심이 매우 높았음을 알 수 있다. 또한 그의 가장 초기 저술 4종목이 자연과학에 해당하는 사실은 그가 서양과학 지식에 청년기의 학문적 관심이 크게 자극되었음을 엿볼 수 있게 한다.

 다음으로 (21)『성기운화』나 (18)『운화측험』의 경우는 사실상 그의 철학적 기 개념인 '운화기(運化氣)'의 개념을 활용하고 있는 것으로 그의 철학과 자연과학은 학문적으로 상호근거를 이루는 매우 깊은 연관성을 확보하고 있는 것이라 할 수 있다.

 그의 철학적 저술과 사회사상적 저술을 비교해 본다면 철학적 대표작인 (7)『신기통』과 (5)『추측록』은 34세의 청년기에 이룬 작품이고 사회사상의 대표작인 (19)『인정』은 58세 때의 노년기 작품이라 할 수 있다. 곧 그의 사회사상은 철학적 체계를 기초로 하여 전개한 것으로 이해할 만하다.

 결론적으로 말하면 그의 학문은 자연과학에서 발단하고 철학에 기초하면서 철학과 과학의 통일을 추구하며, 이러한 기반 위에서 사회사상의 체계적 구성을 시도하고 있는 것이라 파악해 볼 수 있을 것이다.

최한기의 인간관

1. 최한기 철학의 성격

(1) 문제의 성격

혜강 최한기(1803~1877)의 철학에 있어서 인간의 문제는 그의 철학 체계 속에 핵심을 이루고 있는 것이라 할 수 있다. 그것은 그 자신이 유학자의 한 사람이었으며, 유학적 사유 체계는 인간의 문제를 근원적인 것으로 중요시하는 전통을 특성으로 지니고 있다는 일반적 사실에서도 쉽게 유추해 볼 수 있다. 또한 최한기 자신의 철학적 논의 속에 나타난 문제의식은 언제나 인간의 문제에 집중되고 있다는 사실이 그의 저술 속에서 선명하게 확인될 수 있는 것이다. 그의 철학사상을 엿볼 수 있는 대표적 저술로서 『신기통』(神氣通)과 『추측록』(推測錄)(이 둘은 1836년작으로서 『氣測體義』라는 표제로 합책되어 간행됨)이나 『인정』(人政)(1860년작)은 그의 철학 체계에서 제시된바 우주와 인간을 일관시킬 수 있는 근원적 존재로서 '신기'(神氣)의 개념을 통해 인간과 우주, 인간과 사물, 인간과 사회 등 현실세계의 상호 관계와 작용에 관하여 인간을 중심으로 해명하려고 하였다. 따라서 최한기의 인간관을 이해하려고 시도하는 작업은 곧 그의 철학 체계의 전반에 관련하는 것이고, 하나의 부분적 문제에 그치는 것은 아니다. 물론 그는 천문학·의학·수학·지리·기계·행정 등에 관한 연구도 하였지만, 그의 철학적 관심은 기본적으로 인간에서 출발하고 인간에로 지향된 것이라 규정해 볼 수 있을 것이다.

최한기는 한국철학사 속에서 독특한 위치를 지니고 있는 인물이라 할 수 있다. 그는 성리학의 철학 체계와 뚜렷하게 구별되는 자신의 철학적 입장을 제시하고 있으며, 어떤 전통적 기존철학의 입장과도 직접적으로 연결되지 않는 독창성을 보여준다. 사실상 그는 경전적 근거를 부정하거나 이탈하려는 의도를 보이지는 않지만 경전에도 심한 구속을 받지 않는 자율성을 보여주고 있다. 물론 장차, 그의 사유에 영향을 준 철학사상의 연원을 밝혀내는 연구가 있어야 하겠지만, 현재로서는 그의 철학 체계가 지닌 기본내용의 이해와 더불어 그의 인간관을 해명해야 할 것이다. 그리고 그는 조선 후기 실학파의 인물로 분류되고 있지만 그의 철학 체계가 지닌 성격의 이해는 한국철학사의 맥락 속에서 보다 뚜렷하게 드러날 수 있다. 곧 최한기의 인간관을 해명하는 문제는 그의 철학 체계 그 자체를 이해하는 문제이고, 동시에 한국철학사의 한 시대에서 전개되는 철학사적 의미를 이해하는 문제이기도 한 것이다.

(2) 최한기의 한국철학사적 위치

한국철학사에서 불교철학이나 도가철학을 제외하고 유교철학을 중심으로 본다면, 조선시대는 주자학을 정통으로 하는 도학파가 주류를 이루고 시대이념을 주도하였다고 할 수 있다. 그러나 17세기 이후의 조선 후기에서는 성리학적 철학 체계를 기반으로 한 도학파가 사회이념을 주도하고 있었지만, 다른 한편으로 양명학의 전래와 서학(서양과학기술 및 기독교교리)의 전파, 그리고 청나라 실학 내지 고증학의 도입 등으로 철학적 사유 체계가 다변화하게 되었다. 따라서 이 시기에는 도학파의 정통주의도 퇴계의 성리설을 따르는 영남학파와 율곡의 성리설을 따르는 기호학파 사이에서 성리학의 개념문제와 체계에 관한 논쟁으로 분열되어 다양한 전개를 지속하고 있지만, 더구나 양명학·고증학·서학 등의 수용에 따른 철학사상의 다변화는 정통적 도학파에 대한 도전이 되었다고 할 수 있다. 조선 후기 사회의 현실적 모순이 심각함에 따라 이에 대한 해결을 탐색하고 개혁을 추구하는 새로운 철학적 관심에서 이른바 실학사상이 대두하였고, 18세기의 실학사상으로써 성호학파나 북학파의 실학자들은 다소간 그들의 철학기반에 성리학과 관련을 갖고 있었지만 뚜렷하게 성리학으로부터 이탈된 철학적 입장을 드러내기에 이르렀다.[1]

19세기에 접어들자 정약용(1762~1836)·김정희(1786~1856)·최한기(1803~1877)에 있어서는 성리학으로부터 독립된 철학적 입장을 확고하게 제시하고 있다. 여기서 19세기의 이들 실학파 인물들이 공통된 철학적 입장을 형성한 것은 아니다. 오히려 이들은 서로 상당히 이질적인

---

1) 實學의 개념에 관한 역사학자들의 논란이 1950년대에 있었을 때 크게 보아 性理學과 實學을 연관시키는 입장과 性理學에서 實學을 분리시키는 입장이 구별될 수 있다. 그러나 千寬宇 씨의 분석에 따르면 1934~5년경부터 조선 후기의 新學風을 實學의 새로운 개념으로 재구성하였던 사실에서 實學은 性理學에서 이탈되는 철학적 입장으로 규정될 수 있음을 인정할 수 있다. (千寬宇,「實學槪念 成立에 관한 史學史的 考察」,『近世朝鮮史研究』, 1979, pp.407~410 참조)

성격을 지니고 있다. 곧 정약용은 서학의 영향 속에 주자학을 벗어나 경전을 재해석하고 있으며, 주재자로서의 천·상제 개념을 강조하면서 인간의 본성을 선천적 실재가 아니라 기호로서의 경향성으로 이해하여 의지의 자유로운 결정과 노력을 통하여 도덕의 실현을 추구하였다. 또한 김정희는 청나라 고증학의 영향 속에서 실증적 증거를 중시하는 입장에 섰다. 이에 비교하면 최한기는 기학의 체계를 확립하여 성리학상의 이기론을 벗어난 독특한 존재론적 근거를 제시하면서 경험적 인식을 중시하고, 하나의 통일된 우주와 사회의 질서 체제를 구성하였다. 여기서 최한기의 철학은 그가 실학파의 말기에 속하는 인물로서 '실학사상과 개화사상의 가교자'라는 지적도 받고 있으며,[2] 조선조 성리학에서 주기론의 계열을 계승하면서 실학파에서 경시된 인식론적 문제까지 제기하여 성리학과 실학의 지양(止揚)으로 파악하려는 견해도 나타난다.[3] 그러나 무엇보다 중요한 사실은 그의 철학 체계가 기존의 사유 체계에서 뚜렷하게 독립된 독자적 특성을 지니면서도, 인간과 우주·사회의 모든 존재영역을 통일시키려는 강한 종합적 특성을 지녔으며, 한편으로 전통의 사유 체계에 대한 인식과 계승의 측면을 내포하면서, 동시에 이를 극복하고 새로이 확대된 세계와 절박하게 부딪쳐 오는 현실상황에 대한 대응을 철저하게 추구하고 있다는 점이다.

(3) 최한기의 철학적 기본개념

최한기의 철학 체계를 구성하고 있는 몇 가지 기본개념을 이해하는 것은 그의 철학적 입장이 지닌 성격을 명백하게 하고 나아가 인

---

2) 이우성, 「명남루총서서전」『명남루총서』(일)」, 1971.
3) 李敦寧, 「崔漢綺의 明南樓集」, 『實學研究入門』, 1973, pp.364~371.

간관의 내용을 해명하는 데에도 중요한 의미를 가질 것이다. 그는 무엇보다 먼저 궁극적 존재를 '기(氣)'로 규정하고 이 기를 특히 '신기(神氣)'로 명명하고 있다. 그는 기를 '한 덩어리의 살아 움직이는 것[活物]으로서 본래부터 순수하고 담박하여 맑은 바탕을 가지고 있는 것'이라 하고, 신(神)을 '기(氣)의 전체에 있어서 무한한 공용의 덕을 총괄한 것'이라 정의하였다.[4] 여기서 기는 모든 사물의 근거를 이룬다. 그러나 기는 단순히 기본물질이라는 존재양상을 밝히는 것으로 충분하지 않으며 살아 움직이는 것이라는 기의 본성을 통하여 이해되어야 할 것이다. 살아 움직이며 무한한 작용 능력을 지닌 기는 그 자체가 신기이다. 따라서 이에 상응하는 기로서 이기론의 기와는 기본적으로 구별되어야 할 것이다. 이러한 작용 속의 기 곧 신기는 본체와 현상 내지 체와 용을 통일하고 있는 존재라고 할 수 있다.

또한 그는 신기의 작용현상을 '운화(運化)'와 '추측(推測)'으로 드러내고 있는 것으로 파악하고 있다. 신기는 고정된 물질의 개체를 형성하는 것이라기보다는 변화하는 작용으로 자신을 드러내기 때문에 개체는 신기가 변화작용하는 한 단계의 현상이라 이해될 수 있다. 모든 개별존재를 형성하고 있는 신기는 신기 자체의 본래적 존재양상에 따라 '운화' 하는 것이다. 그리고 이 신기로 이루어진 인간은 특히 신기의 독특한 운화작용으로써 '추측'을 하고 있다. 여기서 운화가 신기일반의 작용이라면, 추측은 인간의 신기가 작용하는 운화의 독특하고 의미 깊은 작용이다. 운화란 변화작용을 총괄하는 명

---

4) 『明南樓叢書(一)』, 『神氣通』, 氣之功用, 大東文化硏究院刊, p.9(以下 『明叢』, Ⅰ-9의 형식으로 略記), "氣之爲物, ……大凡一團活物, 自有純澹瀅澈之質, 縱有聲色臭味之隨變, 其本性則不變, 擧其全體無限功用之德, 總括之曰神"

칭이지만 운화의 양상은 맹목적인 변화가 아니라 신기의 목적적이고
통일된 자기변화라 할 수 있다. 따라서 운화는 합리성과 목적성을
내포하는 통일성을 본질적으로 지니고 있는 것이다. 그리고 추측은
인간의 운화로서 변화과정의 개별화와 다양화에 따른 차이와 단절을
연관시키며, 통일시키는 작용이라 할 수 있다. 인간의 인식과 판단활
동으로써 추측은 그 자체가 운화이면서 운화의 목적을 성취시키는
것이다. 그것은 곧 추측이 개별적 존재의 단절과 이질성을 소통하게
하는 것이며, 통한다는 것은 신기의 운화작용이 갖는 목적의 성취요,
합리성과 통일성의 실현이라 할 수 있다. 여기서 '통'은 신기가 근원
적으로 일원적인 통일적 존재이므로 그 운화의 전개과정에서 일어난
모든 다양성은 서로 소통되어야 한다는 당위원리인 것이다. 또한 신
기는 운화 속에서 스스로 드러나는 것이고, 운화와 추측은 통하여야
하는 것이므로 신기 자체가 곧 통하는 것이라는 존재양상이기도 하
다. 따라서 우주와 인간은 공통의 신기에 근원하고 운화와 추측의
작용 속에서 통하고 있으며, 통하여야 하는 것이다. 통한다는 것은
바로 신기의 진실성이요, 통하게 하는 것은 진리의 구현이라고도 할
수 있다. 이러한 최한기의 철학적 기본개념이 지닌 구조를 다음 도
식으로 표현해 볼 수 있을 것이다.

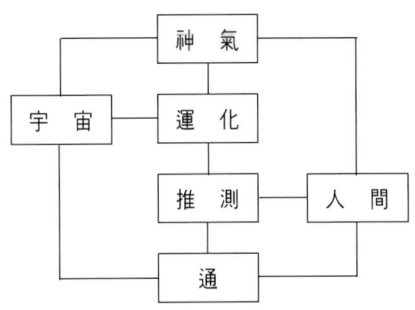

2. 우주와 인간의 관계

(1) 우주와 인간을 일관하는 신기(神氣)

우주의 궁극적 실재를 기(氣)라고 파악하는 입장은 성리학의 이기설에서도 주기론 내지 유기론의 입장을 통하여 뚜렷이 드러난다.5) 주리론의 경우에서는 이가 모든 존재의 보편적 근원이지만 기는 개체적 차별현상의 원인으로 지적될 것이다. 그러나 주기론의 경우에서는 이란 단순히 기의 법칙으로써 조리의 뜻으로 이해되지만 기는 모든 존재에 전반적으로 침투되어 있으며, 또한 이 개별존재들을 형성하는 공통의 기반을 이루는 것으로 파악된다. 최한기에 있어서도 "이는 기의 조리요 이 조리는 곧 기"6)라 하여 이를 기 속에 흡수시켰으며, 이 기는 우주를 완전히 충만시키고 있는 것으로 파악하여 기 밖에 어떤 존재도 배제함으로써 기의 편재성과 근원성이 강조되고 있다.

　천지를 꽉 채우고 물체를 푹 적시어, 모이고 흩어지는 것이나 모이지도 않고 흩어지지도 않는 것으로 기 아닌 것이 없다.7)
　기라는 것은……어떤 형체이거나 침투하지 않은 것이 없고 어떤 사물이거나 적시지 않은 것이 없다. 빈틈을 남기려 해도 남길 수 없으며, 없애버리려 해도 없앨 수 없다.8)

5) 조선시대에 唯氣論의 입장을 대표하는 인물로서 徐敬德(1489~1546)과 任聖周(1711~1788)를 들 수 있다.
6) 崔漢綺, 「氣學」(以下 「氣學」으로 略記), 1~13b, "氣之條理爲理, 條理卽氣也."
7) 『明叢』, 1-9, 『神氣通』, 天人之氣, "充塞天地, 漬洽物體 而聚而散者, 不聚不散者, 莫非氣也."
8) 『明叢』, 1-9, 『神氣通』, 氣之功用, "氣之爲物, ……無體不透, 無物不洽,

기의 성질은 원래 활동·운화하는 것이다. 우주 안에 충만하여 털 끝만큼의 빈틈도 없으며, 모든 천체를 운행시켜 造物의 무궁함을 드 러낸다.9)

기가 우주를 충만시키고 있어서 털끝만큼의 빈틈도 없다는 명제에 따르면, 크게는 천·지에서부터 인간과 만물이 기로 이루어졌고, 기를 떠나서 존재할 수 없다는 것을 확인할 수 있게 된다. 그것은 곧 우주와 인간이 공통의 기로 이루어졌다는 주장이고, 유가철학의 고전적인 신념인 천인합일론을 유기논적 입장에서 재확인한 것이다. 이렇게 기가 우주의 전체를 이루는 궁극적이고 포괄적인 실재라고 한다면, 기는 본질적으로 분할되지 않는 통일성과 동질성을 지닌 것이라야 한다. 따라서 기일원론의 형이상학적 입장을 취하고 있는 것이다. 그러나 현상세계의 다양성을 설명하는 것도 기를 떠나서 할 수 없다. 기를 떠나서 다양성의 원인이 따로 있다면 기일원론이 성립되지 않을 것이다. 그렇다면 우주 안의 모든 개별적 다양성은 곧 기의 다양성이 되지 않을 수 없다. 여기서 최한기는 성리학의 기본논리에 따라 일이이(一而二)·이이일(二而一) 또는 일이다(一而多)·다이일(多而一)로써 기가 일원적인 본질을 가지면서 다원적인 현상을 드러내는 것으로 설명하고 있다.

기는 하나이지만 그 있는 곳을 가리켜 명칭이 각각 다르다. 그 전체를 가리켜 천이라 하고, 그 주재를 가리켜 제라 하고, 그 유행함을 가리켜 도라 하고 사람과 사물에 부여되는 것을 가리켜 명이라 하고,

---

欲要有空隙而不可得, 欲使撲滅而不可得."
9) 「氣學」, 序, "夫氣之性, 元是活動運化之物, 充滿宇內 無絲毫之空隙, 推轉諸曜, 顯造物之無窮."

사람과 사물이 받은 것을 가리켜 성이라 하고, 몸을 주장하는 것을 가리켜 심이라 한다. 또 그 움직임을 가리켜 각각의 명칭이 있다. 기가 펴지면 신이 되고 굽어지면 귀가 되며, 창달하면 양이 되고 거두어지면 음이 되며, 가면 동이 되고 오면 정이 된다.10)

최한기 자신이 비유하는 것처럼 물은 하나이지만 바다·강·시내·우물의 명칭이 다르고, 사람은 하나이지만 주인(主人)·유객(遊客)·경재(卿宰)·농부(農夫)로 불리게 되듯이 하나의 기가 위치와 작용에 따라 온갖 다양성을 전개하는 것이다. 이러한 기 개념에 따르면 인간과 우주는 근원적인 동질성을 기반으로 하고 있다. 따라서 그는 "하늘의 신기와 사람의 신기는 본래 하나이다"라 하고 천지나 인간이 신기를 담은 그릇[器]이라는 점에서도 한가지임을 밝혔다.11) 또한 "같은 기가 사람에 부여되면 자연히 사람의 신기가 되고, 사물에 부여되면 자연히 사물의 신기가 된다"12)고 한 것도 사람과 사물 사이의 근원적 동질성을 지적한 것이다. 여기서 우주와 인간과 만물이 기에 근거한 동질성을 전제적으로 밝히는 것은 무분별한 혼합이나 신비주의적 일치를 추구하는 것이 아니다. 그것은 최한기가 인간이해와 세계이해를 위해 형이상학적 근원과 궁극적 목적을 제시하는 것이라 할 수 있다. 곧 인간이나 세계의 모든 다양성이 우연적이 아니라 필연적인 동일성에 근원하는 것이며, 또한 그 다양성은 궁극적

---

10) 『明叢』, 1−120, 「推測錄」, 一氣異稱, "氣卽一也, 指其所而各各殊焉, 指其全體謂之天, 指其謂之帝, 指其流行謂之道, 指其賦於人物謂之命, 指其人物禀受謂之性, 指其主於身謂之心, 又指其動而各有稱焉, 伸爲神, 屈爲鬼, 暢爲陽, 斂爲陰, 往爲動, 來爲靜."

11) 『明叢』, 1−69, 「神氣通」, 器可變通 氣不可變通, "天之神氣, 人之神氣, 本是一也, 天地之爲器, 人形之爲器, 亦是一也."

12) 『明叢』, 1−12, 「神氣通」, 氣質各異, "氣是一也而賦於人則自然爲人之神氣, 賦於物則自然爲物之神氣."

으로 통일성을 지향하도록 정위된 존재라는 것을 확인하기를 추구하는 그의 철학 체계 내지 철학적 신념을 밝히는 것이라 하겠다.

(2) 형질과 추측을 통한 인간의 특성

우주 속에 존재하는 인간과 만물은 근원적으로 공통의 기에 근거하고 있지만, 현실적으로 개체적인 차별성이 있는 것은 가장 구체적 사실이다. 이러한 개체의 다양한 차별성을 설명하면서도 기의 근원적 통일성과 모순되지 않기 위하여 기(氣)·질(質)의 개념이 제시된다. 구체적으로 인간이나 만물은 신체 내지 형체를 가지고 있다. 이 신·형의 다양한 차이는 근원적 통일 존재로서 기에 의해 설명되기보다 차별성의 근거로서 질에 의하여 설명된다. 기와 질의 관계에 대해 최한기는 양자를 별개의 이질적 존재가 아니라 동일한 존재의 다른 양상으로 제시하였다. 곧 기가 굳어져 응결되면 질이 되고, 질이 풀려서 부서지면 도로 기가 된다고 지적하고, 이를 비유하여 기가 물이라면 질은 얼음에 해당시킬 수 있다고 보았다.13) 또한 기는 비록 사람과 사물 사이에 근원적인 통일존재이지만 이 하늘과 사람과 사물의 현실적인 차이는 기가 아니라 질에 있음을 명백히 지적하고 있다.14)

기가 질과 동일한 존재이면서 통일성으로서의 기가 다양성으로서의 질로 나타나고 있는 이유는 기 자체의 성질에 원인이 있는 것으로 설명된다. 그것은 기가 본질적으로 활동하는 존재이므로 변화를

---

13) 『明叢』, Ⅰ-125, 「推測錄」, 氣有凝解, "氣之堅凝爲質, 質之解渤還爲氣, 以氣譬於雨, 而以質譬於冰."
14) 『明叢』, Ⅰ-12, 「神氣通」, 氣質各異, "人物之神氣不同, 在質而不在氣." 『明叢』, Ⅰ-23, 「神氣通」, 四一神氣, "神氣則天地人皆同, 形質則天地人各不同."

통해 자체의 다양성을 드러내고 있는 것이기 때문이다. 여기서 기는 활동하는 작용의 측면과 구체적 다양성을 구성하는 형태의 측면으로 분석될 수 있다. 이것이 기(氣)의 두 가지 존재양상으로써 '운화(運化)의 기(氣)'와 '형질의 기'로 구분되는 것이다.[15] 그리고 형질의 기는 개체를 구성하고 있는 실질적 조건이지만 운화의 기는 기 자체의 본질적 성격이고 또한 형질의 기가 가능할 수 있는 근거가 된다고 이해할 수 있다. 나아가서 기는 운화하는 활동을 통하여 형질을 생성하게 되고, 이때에 형질로 구성되는 사물의 작용도 결국 기의 운화에 속하지 않을 수 없는 만큼 운화와 형질은 서로 떠날 수 없는 표리를 이루는 것으로 이해된다.

> 천하의 온갖 사물의 차이는 기와 질이 서로 합하는 데 달려 있다. 처음에는 질이 기로 말미암아 생성되지만, 다음에는 기가 질로 말미암아 스스로 그 사물을 형성하여 각각의 기능을 드러낸다. 하늘의 신기는 땅에 밀착하여 땅의 증발하고 내뿜는 것과 더불어 서로 물들이고 섞이어 천지의 신기를 이룬다. 이 신기는 토석에 부여되면 굳고 무거운 것이 되고, 초목에 부여되면 가지·잎·꽃·열매로 씨를 전하는 것이 되고, 꿈틀거리거나 움직이거나 공중에 날거나 물속에 잠기며 피가 도는 무리에 부여되면 보고 듣고 지각하는 것이 되고, 사물에 부여되지 않으면 바람·비·구름·안개·추위·더위·건조함·습함이 되어 두루 돌고 충만하여 우주 공간을 지탱한다.[16]

이것이 형질의 차이에 따른 사물의 다양한 차이다. 그리고 최한기는 토석(土石)·초목(草木)의 무리는 형질의 차이로 구분되지만, 피

---

15) 「氣學」, 1~6b, "氣有形質之氣, 有運化之氣."
16) 『明叢』, Ⅰ-12, 「神氣通」, 氣質各異, "天下萬殊, 在氣與質相合, 始則質由氣生, 次則氣由質而自成其物, 各呈其能. ……"

가 되는 동물의 무리에는 장부(臟腑)와 지체(肢體)가 있어서 보고 듣고 행동하는 기괄(機括)[機關]을 이루어 밖에 있는 소리·빛·냄새·맛과 통할 수 있다는 사실과 이 기괄이 갖추어지거나 못 갖추는 차이가 있다는 사실에 따라 청·탁(淸·濁)과 강·약(强·弱)의 구별이 있음을 지적하고 있다.17) 여기서 인간은 기와 질의 결합과 상호 작용으로 이루어진다는 점에서는 다른 사물과 동일한 평면에 놓이는 존재이지만, 형질이 다르다는 사실을 넘어서 지각하고 행동하는 기관의 갖추어진 수준에서 무생물이나 식물은 물론 동물 가운데서도 가장 높은 단계에 놓여 있는 존재로 파악될 수 있는 것이다. 그리고 이 인간의 기관은 형질이 다르다는 양상의 차이에 머무르지 않고 밖에 있는 대상세계와 통하는 기능, 곧 세계에로 열려 있는 형질적 기능의 차이를 갖는 것이며, 동시에 가장 맑고 강하게 개방성 내지 소통성의 기능을 발휘할 수 있도록 기관을 완비하고 있다는 점에서 인간존재의 특성과 지위가 드러난다고 할 수 있다.

인간은 독특한 기능을 지닌 형질로 구성되어 있다는 조건에서 기의 전체성 내지 우주의 본체와 구별되지 않을 수 없다. 기의 본질적 자기표현에 따른 전개과정에서 형질로 나타나거나 운화로 작용하는 것은 사물을, 포함한 전체적 우주의 현상이다. 따라서 형질과 운화의 표리를 이루는 연관성을 설명하여 '기질(氣質)의 이(理)는 곧 유행(流行)의 이(理)'라 할 수 있다. 기의 활동운화를 유행하는 현상으로 파악한 것이다. 여기서 인간도 형질을 갖고 있으며, 우주의 한 부분이고 사물과 공통성을 갖고 있다는 점에서는 기의 운화 내지 유행에 속한다. 그러나 인간은 형질의 독특한 양상과 인간의 형질을 이루고 있

---

17) 같은 책, "血液之類, 形質旣異, 又有臟腑肢體爲視聽行動之機括, 能通在外之聲色臭味, 又有機括有備不備之異, 備不備之中, 各有淸濁彊弱之殊."

는 기관의 특수한 기능에서 형질과 유행 속에 매몰되지 않고 대상세
계와 통하는 기능을 갖고 있으며, 그것은 인간을 이룬 기관의 지각능
력으로서 추측이라는 특수 기능이다. 따라서 형질과 유행에서 구별하
여 '추측의 이(理)는 자득의 이"라 지적하게 된다. 그리고 "유행의 이
는 곧 천도이고 추측의 이는 곧 인도"라고 하여 천과 인을 유행과 추
측으로 대응시키고 있으며, "추측의 이가 유행의 이에서 나온다고 말
하는 것은 가능하지만 추측의 이가 곧 유행의 이라고 말하는 것은 불
가하다"고 하여 인간의 기능이 우주의 현상에 근거하면서도 우주와
구별되어야 하는 인간의 특성을 밝히고 있는 것이다.18) 또한 최한기는
천·지·인이 신기에서는 동일하다는 근원적 통일성을 전제하면서도
인간존재의 특성을 인간의 신기(神氣)가 지닌 성격에서 추구하고 있
다. 곧 인간의 신기가 생성되는 유래를 하늘·풍토·부모의 정혈(精
血)·듣고 보아서 얻는 습염(習染)이라는 네 가지로 분석하고 하늘·
풍토·부모의 정혈(精血)[遺傳]의 세 가지는 고칠 수 없는 조건이지
만 '듣고 보아서 얻는 습염[習慣]'은 변통할 수 있는 공부라 하여 인
간이 자연으로서 결정된 존재가 아니라 변화 가능성의 자율성을 지
닌 존재로 파악하였던 것이다.19) 따라서 인간은 자연의 필연성에 구
속되어 있으면서 필연성으로부터 벗어난 자유를 그 본질적 특성으로
갖는 존재라 할 수 있다.

---

18) 『明叢』, 1-127, 「推測錄」, 天人有分, "氣質之理, 流行之理也, 推測之
理, 自得之理也, ……若謂推測之理, 出於流行之理則可, 若謂推測之理,
卽是流行之理則不可, ……流行之理卽天道也, 推測之理 卽人道也."
19) 『明叢』, Ⅰ-24, 「神氣通」, 四一神氣, "人身神氣 生成之由有四, 其一天
地, 其二土宜也, 其三父母精血也, 其四聞見習染也, 上三條, 旣有所稟,
不可追改, 下一條, 實爲變通之功夫."

(3) 생사의 근원과 생의 의미

인간은 우주와 공통의 신기 곧 기에 근거를 두고 있으면서 인간으로서 개체적인 형체를 갖고 있다. 따라서 인간이 태어나고 성장하고 노쇠하고 죽는 과정의 변화는 이 우주의 기와 관계에서 설명될 수 있는 것이다.

> 내가 태어나기 이전에는 천지의 기만이 있고, 내가 처음 생길 때 비로소 형체의 기가 있으며, 내가 죽은 뒤에는 도로 천지의 기가 된다. 천지의 기는 크고 영원히 존재하며, 형체의 기는 작고 잠시 있다가 소멸한다. 그러나 형체의 기는 천지의 기에 힘입어서 태어나고 자란다.[20]

그렇다면 인간의 생명이 출현하고 영위되는 것은 기의 운화 내지 유행에서 결정되는 것에 불과하다고 볼 수 있다. 그것은 사람이나 사물의 생성이 기의 모이고 흩어지는 취산작용의 과정에서 나타난다는 성리학적 입장을 받아들이고 있는 것이기도 하다.[21] 인간 생명의 근거에 관한 이러한 주기론적 입장은 생명의 출생에서 죽음까지의 모든 과정이 기의 자연적 필연성에 지배되고 있다는 사실을 강조하는 것으로 이해할 수 있다. 따라서 최한기는 출생 이전이나 사망 이후의 단계는 우주적 기의 상태가 아닌 어떠한 인간 생명의 지속적 개체로서 존재할 수 있다는 신념을 전면적으로 부정한다.

---

20) 『明叢』, Ⅰ-9, 「神氣通」, 天人之氣, "我生之前, 惟有天地之氣, 我生之始, 方有形體之氣, 我沒之後還是天地之氣, 天地之氣, 大而長存, 形體之氣, 少而暫滅, 然形體之氣, 資賴乎天地之氣而生長."
21) 『明叢』, Ⅰ-118, 「推測錄」, 氣聚生散死, "人物之生, 得天之氣, 禀地之質, 質者氣之成形也, 生氣之聚, 死氣之散."

출생·성장·노쇠·사망은 대기(大氣)가 운화(運化)하는 것이니 도피할 수 없다. 외도(外道)의 학문은 사람이 삶을 좋아하고 죽음을 싫어하거나 길한 것을 추구하고 흉한 것을 피하려는 감정에 근거하여, 장생구시(長生久視)의 술법(術法)이나 윤회보응(輪廻報應)의 담론(談論)이나 영혼불멸(靈魂不滅)의 언설(言說)을 베풀어 자신이 실행하고 남에게 전파하지만, 죽은 다음에 이르러서는 물어 볼 증거가 없고 눈으로 볼 수 있는 경험이 없으니 이런 술법을 닦아 실행하거나 그 주장을 배척하거나를 막론하고 마침내 함께 대화(大化)의 기에로 돌아가 출생 이전의 때와 다름이 없다.[22]

최한기의 이러한 사생관에 따르면 전생도 내세도 부정되고 오직 현세만이 인간의 삶의 세계일뿐이다. 그는 이 현세의 수명에 관해서도 그 장단은 기의 운화에서 이루어지는 자연현상이라 보았으며, 어떤 초월적 의지에 따라 지배되므로 초월적 존재에 귀의하여야 한다는 신앙적 귀명론(歸命論)을 무근거하다고 반대하였다.[23] 이것은 생명현상도 신비화하거나 숙명론의 입장에서 설명하는 신앙적 입장에 전제되어 있는 초월적 존재나 절대자의 의지를 부정하면서 끝없이 운화해 가는 기의 자연현상을 근원적인 것으로 내세우고 있는 것이다. 이처럼 인간의 삶을 철저히 출생에서 시작하여 죽음으로 끝난다는 신체적이고 자연적 생명의 범위에 한정시키는 이해는, 생명을 유한적이고 일시적인 것으로 파악하는 데 머무르지 않고 오히려 구체

---

22) 「氣學」, 1-14b, "生長老死, 大氣所運, 逃避不得, 外道之學, 因人之好生惡死, 趨吉避凶之情, 設長生久視之術, 輪廻報應之談, 靈魂不滅之言, 行之於身, 傳之于人, 及其死後, 更無何問之證, 亦無可見之驗, 無論修此術 行彼法 毀其言 斥其說, 畢竟同歸於大化之氣, 與未生之時無異.

23) 『明叢』, Ⅱ-233, 「人政」, 生死運化, "雖若鷄羊, 自有長短之命, 究其所由, 或肥腯雌雄擇執之, 或因易捉機會而攫取之, 是亦運化所致也, 歸命之論, 無可尋之緒, 運化之學, 有可求之端, 推乎測此擴充, 事事物物, 皆有可測之條理, 所謂命者, 馳入晦昧之域, 令人不可知."

적이고 진실한 삶을 확고하게 확보하려는 태도로서 제시된다.

> 이 몸이 있으면 이 마음이 있게 되어, 있고 없는 모든 일을 추측할
> 수 있으며 있는 것을 미루어 없는 것을 헤아리고 없는 것을 미루어
> 있는 것을 헤아릴 수 있다. 그러나 만일 이 몸이 없으면 이 마음이
> 없어 추측도 없다. 그러므로 추측의 유무로 진실한 유무를 삼아야 한
> 다. 추측이 있으면 있다고 인정하고 없으면 없다고 인정하는 것이 곧
> 성실하고 정대한 도리이다. 죽은 뒤의 아무 자취도 없는 것을 가지고
> 헛되이 사특한 교설을 만들어서 우매한 사람에게 큰 해를 끼쳐서는
> 안 된다. 무릇 있는 것을 없다 하고, 없는 것을 있다고 하는 것은 우
> 스갯소리로나 적합할 뿐이다.[24]

최한기는 먼저 인간이 현세에서 살아 있는 동안만이 실제로 살아
있다는 사실을 소박하게 받아들일 것을 요구하고 있다. 현세의 삶을
넘어서 실재로서의 삶이 있다는 신념은 거짓된 것이고 따라서 해로
운 것일 뿐이라는 확신을 주장하였다. 그러나 동시에 그는 인간의
길거나 짧은 현세에서의 생명이 기의 운화에 의해 결정되는 것임을
받아들임으로써 인간으로서의 도리 곧 인도운화(人道運化)를 실현할
수 있는 길이 드러나게 되는 것이며, 이 운화에 따라 태어나서 운화
를 따라 죽을 때라야만 헛되이 나고 헛되이 죽는 것이 아님을 밝혔
다. 죽음을 두려워하고 삶을 탐욕하는 데에서 온갖 푸닥거리의 행동
이 나오지만 끝내는 죽음을 초탈할 수 없는 것이요, 도리어 죽음을
받아들이고 죽은 뒤에 사업을 계승시킬 때 죽어도 죽지 않는 초탈이

---

24) 『明叢』, I-152, 「推測錄」, 生有死無, "有此身, 則有此心, 而推測有無
諸事, 推有測無, 推有, 若無此身, 則無此心, 而推測亦無, 故以推測之有
無, 爲眞有無, 有則認有, 無則認無, 乃誠實正大之道也, 不可以死後之
滅跡, 徒費邪說, 貽鉅害於愚迷之人, 凡以有謂無, 以無爲有, 適足爲滑
稽供笑之資."

가능하다는 것이다.25) 따라서 최한기에 있어서도 인간의 생사가 기의 운화에 연원하고, 또 그 기에 귀결되는 것이라면 인간은 이 운화를 파악하고 운화에 일치함으로써 100년이라는 인간의 유한한 생명을 넘어설 수 있다는 신념을 엿볼 수 있다.26) 이처럼 그가 신앙적 영생열을 거부하지만 신체적 생명의 유한성을 적극적으로 긍정하고 인간을 우주의 신기 내지 기와 일치시킴으로써 삶의 의미를 유한성으로부터 초월화시키고 있는 것은 그의 신기개념 속에 상제 내지 주재자의 개념을 독특하게 재규정하여 내포하고 있는 사실에서도 확인할 수 있는 것이다.27)

3. 인간의 근본기능으로서 추측과 변통

(1) 인간의 주체와 그 기능

인간은 형질로 구성되어 있지만 그 형질은 감각하고 행동하여 대상세계와 소통할 수 있는 기괄[기관]을 이루고 있음으로써 인간의

---

25) 『明叢』, Ⅱ-176~7, 「人政」, 生死, "人生修短, 自有運化之稟賦, ……旣乘運化而爲人, 當盡人道運化, ……旣乘此而來, 當抱此而往, 不爲虛生虛死, ……是以流傳於身後者, 無論大小事業, 死而不死."

26) 「氣學」, 권1, "苟能通達宇宙諸人爲一體, 上古卽我之初生, 中古卽我之幼穉, 近古卽我之少壯, 以今爲我之方長, 勿以百年死爲始終, 則長生久視・輪廻報應・靈魂不滅之說, 實有可據也, 究其流傳之書, 多以一身生死勸誘後人, 豈其立言者之本意."

27) 『明叢』, Ⅰ-10, 「神氣通」, 天地通難易, "所謂上帝云, 主宰云者, 特指其神氣發用之德而已, 非擧其全體有主宰, 如一家之內有主人, 一國之內有人君也."

독특한 기능을 발휘하고 있다. 여기서 장부(臟腑)·피부(皮膚)·근육
(筋肉)·혈액(血液) 등으로 이루어진 인간의 신체도 그 전체를 통괄
하고 조종하는 것은 신기라고 밝혀진다.

> 신기라는 것은 여러 감각기관과 사지 등 신체를 통괄하고 생성하는
> 것이다…… 신기는 처음부터 끝까지 일신을 주장하여 밖으로 나가지
> 않는 것임을 알 수 있다.28)
> 장부와 백해(百骸)는 각각 형질을 갖추고 있는데, 서로 연락하여 그
> 사이를 두루 흐르는 것은 혈액과 맥락이요, 그것을 통섭하여 조종하
> 는 것은 신기이다.29)

이처럼 신기는 인간의 형질적 신체를 주재하는 지위를 갖고 있는
것이다. 물론 우주의 신기에 비하여 인간의 신기는 근원적으로 동질
적이지만 실제에서는 인간의 신체에 국한된 것이라는 존재양상의 차
이를 가지고 있다. 따라서 신기는 천의 신기, 인간의 신기, 사물의
신기로 구분해 볼 수도 있고, 오직 신기의 본질에 있어서 하나일 뿐
이라 통합해 볼 수도 있는 것이다. 이렇게 인간의 주체를 이루는 신
기를 독립시켜 명명하였을 때 마음[心]이라 일컬을 수 있을 것으로
보인다. 최한기는 "옛 사람이 말하는 심체가 곧 신기이다"[古所謂心
體卽神氣也<『人政』, 善惡虛實生於交接, 2-171>]라 지적하였으며,
또한 그가 마음을 '일신을 주재하는 기(氣)'(心乃一身之主氣<『推測錄』,
積漸生力, 1-128>)라 정의하고 있는 경우에서 마음은 신기와 동일한
의미로 인간의 주체를 가리키고 있음을 알 수 있다. 동시에 그는 마

---

28) 『明叢』, Ⅰ-14, 「神氣通」, 氣通而未嘗出入, "神氣者, 諸竅肢體, 集統
   而生成者也……是知神氣, 終始主身, 未嘗出外也."
29) 『明叢』, Ⅰ-14~5, 「神氣通」, 氣質相應相援, "臟腑百骸, 各具其質, 自
   相聯絡, 而周遍流注者, 血液脈息也, 統攝操縱者, 神氣也."

음을 고정된 실체라거나 보편적 실재로 파악하는 것이 아니라 인간
신체의 독특한 기능에 있어서 그 자체의 주체성을 가리킴으로써 신
기의 보편적 근원성과 연관시켜 설명해 보이기도 한다.

> 마음은 일신을 주재하는 것이므로 모든 이치와 모든 일이 심에 근
> 본을 두고 있다. 그래서 익히고 물들여지는 추측이나 스스로 얻는 지
> 각으로 마음을 삼는 것이지, 처음부터 끝까지 하늘이 부여한 신기로
> 근본과 말단이나 이것과 저것을 통달하는 것이 마음이라는 이름을 따
> 라 알맹이를 갖추고 있는 것이 아니다.30)

따라서 마음[心]을 기로 규정하는 성리학의 입장은 이·기의 상대
적 이원성에 의해 마음을 분속시키는 것이라 한다면 이에 비하여 그
자신의 신기개념은 인간의 신기란, 천지의 신기에서 얻어 온 것으로
저것과 이것을 서로 비교 증험하여 그 사이에서 모든 이치를 추측하
는 것이 생기는 것이라 하였다.31) 이처럼 인간의 마음 내지 인간의
신기는 구체적이고 독특한 인간의 기능과 작용을 총괄하는 인간의
주체를 말하며, 그리고 이 기능은 곧 추측하고 변통하는 작용이라
할 수 있다.

주체로서의 마음과 그 기능으로서의 추측은 별개의 영역이 아니
다. 인간의 주체는 그 기능을 통하여 드러날 수 있는 것이기에 "마
음은 실체가 없고 사물의 이치를 추측하는 것이 마음이다"32)라 하여

---

30) 『明叢』, Ⅰ-11, 「神氣通」, 心性理氣之辨, "心主於身, 則衆理萬事, 皆
本於此, 是乃習染之推測自得之知覺 以爲心也, 非自初至終, 天賦之神
氣, 通源委遠彼此者, 循名而賅實也."
31) 같은 책, "古人有言心氣也, 泛看雖若近之, 其實對性理而分屬理與氣也,
非謂在我之神氣, 得來於天地之神氣, 而擧彼較此, 將此驗彼, 推測諸理
生於其間者也."
32) 『明叢』, Ⅰ-130, 「推測錄」, 氣生馨色, "光無體, 以氣閃爲光, 聲無體,

추측의 기능을 통해 심의 존재가 확인될 수 있는 것임을 밝혀준다. 인간의 주체가 그 기능적 작용을 통해 드러나는 것이라면 인간존재도 인간의 기능과 활동을 통해서 파악될 수 있는 것이라 할 수 있다. 그만큼 인간 주체의 기능으로서 추측과 변통의 작용이 인간을 이해하는 데 중요한 의미를 갖는 것이 된다. 여기서 추측은 인간의 주체적 바탕으로서 신기 내지 마음이 대상세계를 경험하면서 그 관계를 이해하고 질서를 구성하는 활동이라고 본다면 주로 지각능력에 관련된 것이다. 이에 비하여 변통은 이 세계의 형질적 다양성에 따른 개별적 분열을 넘어서 근원적인 신기의 보편성에 따라 세계와의 관계를 재결합시키고 조화시키는 활동이라 본다면 주로 삶의 실천적인 영역에 관련된 것이라 할 수 있다. 따라서 변통은 인간존재의 현실적 근거와 목표를 이루는 것이라면, 추측은 변통을 가능하게 하는 방법과 과정을 밝혀 주는 것이 된다. 우주의 신기가 운화하고 유행하는 활동 속에 자신을 드러내는 것에 상응하여, 인간의 신기는 추측하고 변통하는 활동 속에서 인간존재를 드러내는 것이라 할 수 있다.

(2) 추측의 절차와 지각

최한기는 추측을 정의하여 "하늘을 이어받아 이루어진 것이 '성'(性)이고, '성'을 따라 익힌 것이 '추'(推)이며, '추'로 인하여 마땅한 것을 재는 것이 '측'(測)이다. '추측'(推測)의 방법은 예로부터 모든 백성이 함께 말미암는 대도이다[33]라 하였다. 곧 추측은 인간이 부

以氣擊爲聲, 心無體, 以推測事理爲心."

33) 『明叢』, Ⅰ-79, 「推測錄」序, "繼天而成之爲性, 率性而習之爲推, 因推而量宜爲測, 推則之門, 自占蒸民所共由之大道也."

여받은 조건에 따라 활동하는 작용이다. 그는 『신기통』(神氣通)과 『추측록』(推測錄)을 저술하여 이 둘을 『기측체의』(氣測體義)라는 제목으로 묶으면서 『신기통』(神氣通)은 기의 본체를 논한 것이고, 『추측록』(推測錄)은 기의 작용으로 밝혀서 서로 표리를 이루게 하였다고 언급하였다.[34) 여기서도 추측의 작용은 신기의 본체에 근거하고 있으며, 신기도 추측을 통해 전개되는 것임을 밝혀 주고 있다. 그리고 이 신기와 추측의 상호 필수적인 관계를 밝혀 "기는 실리의 근본이고, 추측은 지각을 확충하는 요령이다. 이 기에 연유하지 않으면 궁구한 것이 모두 허망하고 괴탄한 이치일 것이요, 추측에 말미암지 않으면 지각한 것이 모두 근거 없고 증험할 수 없는 것일 것이다"[35) 라 하여 지각의 확충으로서의 추측은 기의 실재에 근거하는 것임을 명백히 지적하고 있다.

추측을 추(推)와 측(測)으로 분석하여, "인·이·유·수(因·以·由·遂)의 글자가 추(推)의 뜻이 있고, 양·도·지·이(量·度·知·理)의 글자가 측(測)의 뜻이 있다"(「推測錄」, 聖學及文字推測, Ⅰ-87)고 해명한다. 미룬다[推]는 것은 원인이 있고 방법적 절차를 따라야 하는 것이요, 헤아린다[測]는 것은 '추'를 기초로 판단하는 지각의 작용을 말하는 것이라 볼 수 있다. 추측하여 지각한 것은 선천적으로 주어지는 것이 아니라, 인간의 신기가 경험을 통하여 얻은 것이라는 사실이 최한기에 있어서 추측설의 기본 전제를 이룬다. 여기에 그의 인식론은 철저히 경험주의적 성격을 지닌 것으로 인정할 수 있다.[36) 인간의 신기 내지 마음이 대상세계를 경험하지 않은 상태는

---

34) 『明叢』, Ⅰ-2, 「氣測體義」序, "論氣之體而著神氣通, 明氣之用而撰推測錄, 二書相爲表裏."
35) 같은 책, "氣爲實理之本, 推測爲擴知之要, 不緣於是氣, 則所究皆虛妄怪誕之理, 不由於推測, 則所如皆無據沒證之言."

거울이나 샘물[井泉] 또는 흰 비단[素帛]에 비유할 수 있듯이 순수하고 깨끗하며 대상을 그대로 받아들일 수 있는 것이다.

거울이 사물을 비추는 것은 먼지나 때가 가리지 않으면 천하의 모든 사물을 다 비추어 부족함이 없을 것이다. 이것은 어찌 만물의 상이 거울 속에 갖추어 있는 것이겠는가? ……마음이 사물에 대하여서도 이와 같다. 다만 일을 끌어들여 헤아리는 것이요, 만물의 이치가 본래 마음에 갖추어 있는 것은 아니다.37)

마음의 본체는 비유하면 순수하고 깨끗한 샘물과 같다. ……순수하고 깨끗한 것은 샘물의 본색이고, 색깔을 첨가하는 것은 샘물의 경험이다. 첨가한 색깔이 없어지더라도, 순수하고 깨끗한 가운데 경험이 자재로운 것이며, 경험이 거듭 쌓이는데 이르면 추측이 저절로 생긴다.38)

이처럼 인간의 마음은 본래 순수하고 깨끗하여 그 속에 아무 사물이나 이치를 갖추고 있지 않지만 신체적 감각기관을 통해 대상을 경험함으로써 그 보고 듣고 겪는[見聞閱歷] 경험이 마음 곧 신기에 물들고 익숙해져서 [染習] 추측의 지각이 일어나게 되는 것이라 할 수 있다. 따라서 추측의 작용은 경험의 점진적인 단계와 더불어 심화되고 확장되는 것이고, 지각도 추측의 결과로서 얻어지는 것인 만큼 경험의 축적과 추측의 확장에 따라 정밀하고 풍부해질 수 있는

---

36) 崔漢綺의 認識論이 지닌 經驗主義的 성격에 관하여는 朴鍾鴻教授의 「崔漢綺의 經驗主義」(『亞細亞研究』, 통권 35호, 1969. 9)에서 면밀하게 검토되었다.

37) 『明叢』, Ⅰ-86~7, 『推測錄』, 如鏡如水, "鏡之照物, 不爲塵垢所蔽, 照盡天下之物未見其不足也, 是豈萬物之像 具在鏡中耶, ……心之於物, 亦猶乎是, 但能引事類而測度, 非萬物之理素具于心也."

38) 『明叢』, Ⅰ-92, 『推測錄』, 本體純澹, 心之本體, 譬如純澹之井泉, ……純澹者井泉之本色也, 添色者井泉之經驗也, 添色雖泯, 純澹之中, 經驗自在, 至于積累, 推測自生."

것이다. 추측에는 그만큼 인간이 대상세계와 현실적으로 접촉하는 경험이 중요한 것이요, 동시에 인간의 삶도 경험과 추측을 통하여 성실하고 의미 있는 것으로 확보될 수 있다. 여기서 추측의 기본법칙으로 하늘과 땅의 범위 안에 있는 모든 현상을 관찰하더라도 가까이는 자기 몸에서 취하고 멀리는 사물에서 구하여 우주를 통달하는 것이라 제시하는 것도 대상세계와의 경험적 관계를 중요시하는 태도를 보여준다.[39] 이것은 실학적인 구체적 현실성의 존중태도라 할 수 있고 경험주의적인 철학적 근거를 밝히는 것이라 볼 수도 있다. 그리고 기를 미루어[推] 이를 헤아리고[測], 정을 미루어 성을 헤아리고, 동을 미루어 정을 헤아리고, 자기를 미루어 남을 헤아리고, 물(物)을 미루어 사(事)를 헤아리며, 가깝고 경험할 수 있는 것을 미루어 멀고 경험할 수 없는 것에까지 미루어 가는 추측의 방법과 체계는 곧 신기 내지 마음의 기능과 더불어 삶을 진실하게 실현시키는 방법과 과정이라 할 수 있을 것이다. 따라서 추측이 증험에 의거함으로써 허망하고 잡박(雜駁)한 데 빠지는 것을 막을 수 있다 하여 증험을 통한 진실의 확인을 요구하게 된다.[40]

(3) 변통(變通)과 신기(神氣)의 실현

우주 안에 존재하는 만물과 인간이 공통의 신기를 근거로 하면서 형질의 차이에 따라 개별적 존재로 분열되어 있는 것이 현실적 세계

---

39) 『明義』, Ⅰ-79, 「推測錄」, 序, "奧自太昊仰觀天俯察地, 近取身遠取物, 卽洞宙達宇, 推測之宗詮也."
40) 『測錄』, Ⅱ-177, 「人政」, 依據證驗, "心之推測, 不有依據證驗, 易入虛雜, 推依據測可依據者, 推證驗測可證驗者, 是乃有準的推測也."

라 할 때, 인간의 신기는 경험에 따라 추측하고 지각함으로써 대상
세계와 관계를 맺고 소통할 수 있게 된다. 또한 인간이 출생할 때부
터 부여받은 신기와 형체는 고립된 개별존재로서가 아니라 대상세계
와 다양하게 소통할 수 있게 이루어져 있다. 곧 눈·귀·코·입·피
부·손·발 등 신체의 기관은 외부의 대상세계와 교섭하는 도구로서 인
간의 신체가 바로 신기를 통하게 하는 기계를 이루고 있다는 것이다.

　　하늘이 낸 사람의 형체는 온갖 용도(用途)에 마련이 되어 있어서
　　신기(神氣)를 통하는 기계이다. 눈은 빛깔을 드러내는 거울이고, 귀는
　　소리를 듣는 대롱이고 코는 냄새를 맡는 통(筒)이고, 입은 내뱉고 거
　　둬들이는 문(門)이고, 손은 붙잡는 기구이고 발은 굴러다니는 바퀴이
　　니, 통틀어 한 몸에 실려 있으며 신기(神氣)가 이들을 주재한다.[41]

따라서 인간에게 있어서 대상세계는 소통되어야 할 대상으로서의
사물이고, 인간이 사물과 소통할 수 있는 도구는 인간의 형체가 갖
춘 기관이지만 소통하게 하는 능력은 기의 힘이라 한다면, 인간은
그 바탕을 이루는 신기 내지 기에 의해 대상세계와 소통할 수 있고
소통되어야 할 존재로서 본질적 특성을 지니고 있는 것이라 할 수
있다.[42] 물론 신체의 조건에 따라 본능적인 활동으로서 대상과의 소
통을 형질통(形質通)이라 하고, 인간의 신기가 지닌 신명함을 발휘
하여 통하지 않는 것을 통해 가는 지각과 판단의 활동을 추측통(推

---

41) 『明叢』, Ⅰ-4, 「神氣通」, 序, "天民形體, 乃備諸用, 通神氣之器械也,
　　目爲顯色之鏡, 耳爲聽音之管, 鼻爲嗅香之筒, 口爲出納之門, 手爲執持
　　之器, 足爲推運之輪, 總載於一身而神氣爲主宰."
42) 『明叢』, Ⅰ-9, 「神氣通」, 通有相應, "盖能通之者, 氣之力也, 所欲通者,
　　障蔽之事物也."
　　『明叢』, Ⅰ-12, 「神氣通」, 通有源委, "一身之上, 旣有所通之神氣, 又
　　有可通之諸竅, 一身之外, 又有驗通之萬物, 各以其神氣呈露."

測通)이라 한다면, 수동적인 형질통을 기반으로 하여 능동적인 추측통이 일어나는 것이다. 또한 형질통은 기가 거칠게 통하는 상태인데 대하여 추측통은 정력을 기울여 철저하게 궁구하여 통하게 하는 수준으로서 인간의 신기가 지닌 탁월한 가치를 실현하는 것으로 대비시킬 수 있다.[43] 여기서 추측은 인간의 신기와 신체가 본래적으로 소통하는 기능을 지니고 있다는 사실에 근거하고 있으면서, 동시에 추측도 인간과 세계의 소통을 확장하고 심화시키는 작용이라는 그 의미를 확인할 수 있게 된다. 따라서 인간은 감각기관의 수동적인 경험의 축적과 추측활동에 의한 능동적인 소통을 수행함으로써 이 세계와 더욱 깊이 그리고 더욱 넓게 소통하게 되며, 이를 통하여 세계와 일치하게 됨으로써 신기의 본래적인 보편적 근원성을 실현할 수 있는 것이다.

이처럼 인간이 대상세계와 소통하여 일치와 조화를 성취한다는 것은 곧 신기의 진정한 본질을 실현하는 것이요 인간존재의 자기완성을 이루는 것이라 할 수 있다. 따라서 인간에게 있어서 세계와의 소통은 세계와 인간을 포함하고 있는 우주의 존재양상이면서 동시에 인간존재가 추구하여야 할 목표요 당위성의 근본적 규범을 이루는 것이라 하겠다. 인간존재의 신체적 조건에 따른 형질통은 개인의 타고난 형질에 따라 차이가 있을 수 있지만 그것은 극히 한정된 것이라 할 수 있다. 이에 비교하여 사람마다 경험하고 지각하는 활동에

---

43) 『明叢』, Ⅰ-21, 「神氣通」, 通之所止及形質通推測通, "且於事物, 屢經屢接, 慣熟於耳目, 則雖若通之, 究其實, 自有不通者多, 是皆以人功推測之通言而之也, ……天之生物, 各具形質, 色通于目, 聲通于耳, 味臭通于口鼻, 是乃形質之通也, 從其形質之通而推測之通生焉."
『明叢』, Ⅰ-12, 「神氣通」, 通有不同, "所云通者指其通氣之大略也, 通之者指其精力鑽究期達於彼也."

따른 추측통은 개인의 노력이나 판단에 따라 무한한 차이를 가능하게 한다. 여기에 소통하는 것도 치우친 경우와 균형 있는 경우가 다르고, 양적인 차이와 깊이의 정도에 따른 차이도 다르며, 올바른 경우와 그릇된 경우가 다르게 되는 온갖 차이가 나타난다. 그리고 이러한 소통의 양상에 따라 인간의 삶에 진실과 허위나 선하고 악한 것이나 충실하고 공허한 차이를 보이는 가치의 영역이 형성되는 것을 알 수 있다.

소통의 궁극적인 과제는 우주와 인간이 소통하는 것이며, 이때 우주는 고정된 대상이 아니라 기의 운화를 따라서 끊임없이 유행하고 변화하는 것이다. 여기서 우주와 인간의 만남은 고정된 형식으로 해결되는 것이 아니라 변화와 운행의 시간적 계기에 적응하는 것이라야 한다. 시간의 의미는 곧 기의 운행을 가리키고 있으며, 시와 기는 언제나 결합시켜 이해되어야 한다는 것이다.[44] 이처럼 운행하고 변화하는 우주와 소통하기 위하여 인간은 더욱 경험과 추측을 통해 끊임없이 스스로 변화하는 가운데 활동을 해가야 하는 것이며, 이것이 곧 변통으로서 소통의 기본적 형식을 이루는 것이라 할 수 있다. 그러나 이러한 변통도 주관의 자의성을 견제하고 대상의 객관성을 높여야 진실성이 확보될 수 있으며,[45] 모든 경험과 추측을 더욱 심화시켜 체인(體認)의 깊이에 나아가야 하고 부분적 소통이 전체적 조화와 통일을 이루는 주통(周通)의 수준에까지 나아가야 소통의 성

---

44) 「氣學」, 1~24a, "人與人交, 事與事接, 紛紜未已者, 實由於人氣運化, 有不逮之力則求之于人, 有旣受之力則報之於人, 其所和與不和, 得與不得, 皆有時焉, 時者天人氣化所會之機也."
『明叢』, Ⅰ-71, 「神氣通」, 時是氣運, "氣必有運行, 未有不運之氣, 古今文蹟凡言時字, 皆指氣之運行也, 以時字常帶氣字觀之."

45) 『明叢』, Ⅰ-21, 「神氣通」, 形質推測異通, "因形質之通而達之于推測之通, 主我者輕, 主物者深, 庶幾通天人而少差謬."

취가 가능하고 이를 따라 신기의 온전한 실현이 이루어질 것이다.

4. 행위의 도덕적 규범 체계

(1) 선의 개념

인간은 지각하고 추측함으로써 우주와 소통할 때에 인간의 자기실현을 성취할 수 있다면, 여기에 인간의 행위규범도 드러날 수 있게 된다. 곧 인간이 우주의 신기에 일치하도록 행동하였는가, 어긋나도록 행동하였는가를 밝히면, 그 행위가 선한 것인지 악한 것인지를 알 수 있다. 따라서 인간의 삶과 행위를 규제하는 기본가치로서 선이란 기의 운화에 순응하고 일치하는 것이다.

> 성(性)에 있으면 순(順)·역(逆)이라 하고, 정(情)에 있으면 선(善)·악(惡)이라 한다. 그러므로 정의 선한 것은 그 성에 순하는 데 말미암고, 정의 악한 것은 그 성에 역하는 데 말미암는다. ─순·역이란 감동하는 기미요, 선·악이란 순·역에 따른 길흉이다, 정의 선·악은 그 성의 순·역에 말미암고, 그 성의 순·역은 정의 선·악으로 나타난다.[46]

최한기도 인간을 본성과 감정의 결합으로 파악하는 성리학의 성정

---

46) 『明叢』, Ⅰ-140, 「推測錄」, 性順逆情善惡, "在性曰順逆, 在情曰善惡, 故情之善者, 由於順其性, 情之惡者, 由於逆其性, 一順逆者, 感動之幾微也, 善惡者順逆之休咎也, 情之善惡, 由於順逆其性, 順逆其性, 發爲情之善惡."

설을 형식적으로는 받아들이고 있다. 그는 성을 정의 본체라 하고 정을 성의 발용이라 규정하여 성리학의 기본입장을 따르지만 "천명지위성(天命之謂性)의 성(性)은 천기(天氣)를 받은 것을 가리킨다"<「推測錄」, 性習有遷, Ⅰ-138> 하여 성도 기임을 명확히 지적하였다. 그리고 성이 본체요 정이 그 발용이라 한다면, 선·악은 정의 단계에서 나타나는 발용의 현상이 된다. 또한 성의 단계에서는 기에 순하는지 역하는지의 여부만 결정될 뿐이요, 그 현실적 효과가 선한지 악한지의 여부는 아직 평가될 수 없는 것이다. 따라서 인간의 본성이 본래적으로 선하다는 맹자의 성선설이나 악하다는 순자의 성악설은 모두 거부될 수 있다. 다시 말하면 선·악은 인간 본성의 고유한 속성이 아니라 인간이 지각하고 추측하는 활동을 통하여 본성이 기에 순응하여 실현될 때에 선으로 나타나고 본성이 기에 어긋나게 실현될 때에 악으로 나타나는 것이다.

여기서 최한기는 선·악과 성·정의 문제에 대한 논의를 "성(性)에는 선·악이 없지만 정(情)에 선·악이 있다"는 입장과, "성(性)은 근원(根源)이고 정(情)은 유행(流行)이니, 성(性)에 선악이 없다면 정(情)에도 선악이 없고, 정(情)에 선악이 있다면 성(性)에도 선악이 있다"는 입장이라는 두 가지 입장으로 분류하고 있다. 전자의 입장은 관습에 입각하여 치우치거나 막힌 것을 제거하려는 것이니 배우는 사람의 공부하는 자세를 보여주고 있으며, 후자의 입장은 근본과 말단을 드러내고 안과 밖을 통하게 하려는 것이니 지혜로운 것과 어리석은 것은 본래 서로 다른 것이므로 서로 변할 수 없음을 보여준다고 설명하였다.[47]

---

47) 『明叢』, Ⅰ-139, 「推測錄」, 性情善惡, "或謂性無善惡 而情有善惡者, 爲其就所習而去偏滯, 是乃學者之功夫也, 又或謂性是源也, 情是流也,

최한기는 선·악의 문제를 성정으로 해명하는 데에 머물러 있지 않고 선·악은 기에 순·역하는 것이라는 정의에 따라 인간의 추측과 신기의 운화를 통하여 밝히는 데 관심을 기울이고 있다. 그는 "사람이 운화기에서 부여 받은 것을 명 내지 생으로 삼고 있으며, 이 운화에 승순하면 선이요 현이 되지만, 이 운화에 위역(違逆)하면 악이요 우(愚)가 된다"[48]고 하여 인간이 우주의 운화에 소통하고 또 운화에 승순하여야 하는 규범을 선으로 제시하였다. 따라서 선은 인간의 의식이나 심정의 내면적 상태로만 확인될 수 있는 주관적 현상이 아니라 사물이 신기의 형질에 조화되는 객관적 현상으로 확인될 수 있는 것이다.

> 선과 악은 사물에 결부되어야 선악의 형상을 찾을 수 있고, 사물은 신기의 형질에 조화되어야 선악의 형질을 볼 수 있다. 만약 사물과 신기로 추구하여 분별하지 않으면, 신기의 운화에 부합하여야 선이 되고 위역하면 악이 되는 것도 알 수 없다.[49]

이처럼 신기의 운화에 순응하는 행위로서의 선은 인간의 본성이 그 자체로 지닌 속성은 아니지만 인간의 판단을 통한 선택의 결단에서 일어나는 것이다. 곧 지각이나 추측의 활동이 하늘에서 부여된 것이 아니라 인간에 의해 이루어진 것처럼 선·악도 인간 자신의 판단과 선택에 달려 있는 것이다.[50] 따라서 선·악의 여부는 인간의

既以爲性無善惡, 情亦無善惡, 且既爲情有善惡, 性亦有善惡者, 爲其擧源委而通內外, 是乃知愚不移之謂也."

48) 『明叢』, Ⅲ-101, 「人政」, 辨善惡有準, "盖人有所禀於運化氣, 以爲命以爲生, 則承順運化是善是賢, 違逆運化爲惡爲愚."

49) 『明叢』, Ⅳ-311, 「明南樓隨錄」, "善惡偶於事物, 然後可尋善惡之形, 事物和於神氣形質, 然後善惡形質乃可見矣, 若不以事物神氣推尋分開, 何以見符合氣化爲善, 違逆氣化僞惡."

지각이 올바르게 이루어지는지 여부에 직접적으로 관련되고 있으며, 이때에 우선 인간의 감각기관이 그 기능을 적절하게 발휘하고 있느냐에 따라 행위의 선과 악이 갈라질 수 있는 발단을 찾아볼 수 있게 된다.[51] 여기서 선·악이 추측의 활동과 직결되는 것이라는 주장은 추측의 적합성 여부를 가리는 결과적인 평가에 따르는 것일 뿐만 아니라, 추측의 동기가 공공성을 지녔는가, 탐욕적 이기심에 의한 것인가에 따라서도 분별될 수 있다.

> 선과 불선은 모두 추측에서 나오는 것이요, 까닭 없이 저절로 발현하는 것은 아니다. 그 미루는[推] 바의 다름이 있는 사실을 추구해 보면, 하나는 도의에서 말미암고 하나는 기사(己私)에서 말미암는다. 도의라는 것은 천하의 공공이요, 기사는 일신의 치욕(熾欲)이다.[52]

선이 공공성에 근거하는 추측활동에서 이루어지는 것이라면, 그만큼 선은 추상적 보편성을 벗어나 현실적이고 사회적인 공통의 규범으로 성립할 수 있게 된다. 나아가 "선·악은 공의에 따른 이·해요, 이·해는 사세에 있어서 선·악이라"(「神氣通」, 善惡利害, Ⅰ-73) 하여, 선과 이를 공공성을 통해 결합시키고 있는 것은 선을 실용성에로 연결시키는 실학정신의 표현이라고 볼 수 있다.

---

50) 『明叢』, Ⅰ-10, 「神氣通」, 知覺推測皆自得, "所得之知覺, 所用之推測, 皆自我得之, 非天之授我也, 善與不善, 任其人之擇取."
51) 『明叢』, Ⅰ-9, 「神氣通」, 諸竅通氣, "百行之善不善, 先由於諸竅之功庸, 得宜與不得宜."
52) 『明叢』, Ⅰ-152, 「推測錄」, 克己, "善與不善, 皆出於推測, 不是無緣而自發也, 究其所推之有異, 一由於道義, 一由於己私, 道義者天下之共公, 己私者一身之熾慾."

(2) 행위와 도덕

우주의 신기가 운화를 통하여 스스로 드러나고 인간의 신기도 추측을 통하여 자신을 실현하는 만큼, 신기는 활동하는 주체요, 결코 고정된 대상이 아니다. 여기서 인식작용으로서의 추측도 단순히 의식 속에서 일어나는 추리작용이 아니라 대상과 교섭하는 경험을 통해 인간이 대상세계에로 소통을 확대시켜가는 작용이라면, 그만큼 활동 속에서의 추측인 것이다. 신기 곧 기는 활·동·운·화(活·動·運·化)하는 작용을 본성으로 하고, 인간의 삶이나 사물의 존재도 이를 준행(遵行)하여 활·동·운·화하는 것을 본성으로 하는 사실에서 일관되는 것으로 파악하였다. 최한기는 <기학>(氣學)에서 대기의 활·동·운·화를 천지지성(天地之性)이라 하고, 인간과 사물의 활·동·운·화는 기질지성(氣質之性)으로 지적하고 있다.53) 또한 그는 기의 본성을 활·동·운·화로 규정하고 활·동·운·화를 기학의 종지라 강조함으로써 운화의 활동성을 더욱 명백하게 제시하고 있으며,54) 그만큼 모든 존재양상의 실제에 있어서 활동의 중요성과 인간존재에 있어서 행위의 근원성을 강조하고 있는 것이라 볼 수 있다.

도덕은 인간의 가치규범을 이루고 있으면서 동시에 행동규범으로 나타나는 것이다. 최한기는 "천리에 어긋나는 것이 인욕이 되고, 천리를 해치는 것이 사욕이 되며, 천리를 따라서 이루는 것이 도덕이

---

53) 「氣學」 2~4b, "大氣有活動運化之性, 卽天地之性, 人物氣各有活動運化之性, 즉卽氣質之性."
54) 「氣學」 1~1a, "夫氣之性, 元是活動運化之物, 充滿宇內, 無絲毫之空隙." 「氣學」 2~6b, "活動運化, 氣學之宗旨, 充塞宇宙之氣, 天下人謂非活動運化之物, 則氣學爲妄言, 人物之氣, 天下人謂非活動運化之物, 則氣學爲虛言, 一身之心, 天下人謂非活動運化之物, 則氣學爲無用矣."

된다."(「推測錄」, 人天物天, Ⅰ-129) 하여 천리를 도덕의 기준으로
제시하였다. 그것은 천리의 초월성이나 상징적 성격을 도덕의 기준
으로 밝히려는 것이 아니라 도덕은 상대적·경험적인 것을 넘어서서
객관적이고 절대적인 준거를 갖는 것임을 확인하는 것이다. 그리고
이 도덕의 기준으로서 천리는 그에 있어서 유행지천리(流行之天理)
로 나타나며, 그것은 활동운화하는 기를 의미하는 것이라 할 수 있
다. 그는 또한 "도덕은 원래 형체가 없으나 기화지도를 만나서 형체
를 이룬다"(「人政」, 測人門·道德大小, Ⅱ-86) 하고, "지식의 심천
(深淺)이나 국량(局量)의 대소나 견문의 광협(廣狹)이 모두 기화도덕
(氣化道德)을 따르는 속의 조별(條別)이다"(同上)라 하여, 도덕은 기
화지도를 통하여 구체화되고 또한 도덕 그 자체를 기화도덕이라고까
지 언표하였다. 기화는 기의 운화요 활동운화하는 기가 인간의 도덕
적 가치규범의 객관적이고 절대적인 준거임을 밝히는 것이다. "덕은
변함없는 스승이 없고 운화(運化)를 스승으로 삼으며, 선은 변함없는
주장이 없고 운화(運化)를 주장으로 삼는다"[55]라는 언급도 선과 도
덕의 기준이 기의 운화임을 지적하는 것이요, 따라서 운화의 활동은
우주의 실상이면서 동시에 인간의 가치규범 내지 행동규범의 기준이
되는 것이라 할 수 있다. 그것은 도덕이 결코 관념 체계나 형식으로
머무르지 않고, 활동하는 기의 본질에 따라 행위를 통하여 실현될
수 있는 것임을 말해 주는 것이기도 하다.

도덕이 하나의 규범 체계이기 이전에 활동을 기준으로 하고 행위
를 통하여 실현된다는 것은 최한기의 철학이 지닌 이른바 실학적 특
성을 보여주는 것이며, 동시의 운화를 신기의 본질로 파악하는 그의

---

55) 「氣學」 2~24a, "德無常師, 運化爲師, 善無常主, 運化爲主, 取於人以爲
善, 實取於運化也."

철학적 핵심개념에서 자연스럽게 도출될 수 있는 것이다. 그에 의하면 우주의 기와 더불어 인간도 운화의 존재이며, "인간은 활동운화(活動運化)의 본성으로써 활동운화(活動運化)의 사물과 접촉하여 활동운화(活動運化)의 일을 실행하는 것이다"(「氣學」, 2-29a)라는 언급은 인간의 본성과 삶이 활동 속에 있고 행위를 근원적 양상으로 드러내고 있음을 보여준다. "운화를 들어서 아는 것은 운화를 보고서 깨닫는 것보다 못하고, 운화를 말하며 밝히는 것은 운화를 실행하여 증험하는 것보다 못하다"(「氣學」, 2-23a)고 지적하는 것도 행위의 실천이 관념적 인식보다 진실한 것임을 밝히는 것이다. 앎과 행위의 선후에 관한 논의는 유가철학의 기본문제의 하나였다. 송학에서는 주자학의 입장이 지행병진(知行並進)을 제시하지만 기본적으로 선지후행설(先知後行說)의 주지적 성격을 보여주는 데 비하여, 양명학의 입장은 지행합일설을 통하여 앎과 행위를 표리관계의 일치로 파악하고 있다. 최한기는 앎과 행위가 발생적으로 보면 항으로 말미암아 지가 있게 되고 지가 있은 다음에는 지로 말미암아 항이 있기도 한다 하여 일차적으로 항이 지의 근원임을 밝혔다. 곧 그는 전체적으로 선행후지(先行後知)를 언명하고, 항에 따른 지에서의 지가 확실한 것이고 지에 따른 항에서의 지는 흡사하게 짐작하는 것일 뿐이라 하였다.[56] 실제의 행위는 지성에 선행하여 인간의 삶의 기준이 되고, 또한 도덕의 원천인 천리의 실상을 이루는 것이라 할 수 있다. 그는 "천은 대덕(大德)이 있으나 말이 없어 행과 사로 경을 삼으며, 사람은 성덕(聖德)이 있어서 말씀을 하여 윤상(倫常)으로 경

---

56) 『明叢』, Ⅰ-150, 「推測錄」, 知行先後, "知行先後, 自有進就之序, 語其初, 則由行而有知, 旣有知, 則或有知而有行, ……統而言之, 乃先行後知, 故行而後知之知, 的實詳明, 知而後行之知, 擬形甚酌而已."

을 삼는다"[57]라 하여 행위와 사무의 실천 속에 천덕이 드러나고 인간의 도덕적 규범으로서 윤상도 천의 실천적 행위를 기준으로 구체화되는 것임을 밝혀 주고 있다. 따라서 도덕은 행위에 근원하는 것이고, 행위를 통하여 실현되는 것이며, 관념적 규범 체계 속에 형식화하고 고정화하는 것을 벗어나고 있음을 다시 한번 확인할 수 있게 된다.

(3) 윤강(倫綱)의 규범 체계

인간의 도덕성은 인간을 이루고 있는 신기의 본성인 추측에서 생성하고 배양되는 것이라는 최한기의 입장은 도덕성이 인간의 본성과 결합되고 있음을 보여준다. 그는 인간의 본래적인 도덕성으로서의 명덕을 곧 '추측의 거울'이라 규정하여 명덕과 추측을 상호조명하는 것으로 일관시켜 파악하였다. 또한 "명덕(明德)에는 밝히는 공능(功能)이 있으니, 추측(推測)의 정숙(精熟)으로써 빛을 연마하는 방법을 삼고, 추측(推測)의 확충(擴充)으로써 빛을 투사(投射)하는 범위를 삼는다" 하여 본체로서의 명덕이 추측을 통하여 작용으로서 드러나는 명덕의 체와 용을 해명하고 있다.[58] 도덕성의 선천적 본체를 인정하면서 인간의 노력에 의한 후천적 연마와 확충을 제시한다는 사실은 단순히 경험론적 상대주의의 입장에서 도덕을 해명하려는 것이

---

57) 『明叢』, Ⅰ-183, 「推測錄」, 聖經本於天經, "天有大德而無言, 以行與事爲經, 人有聖德而立言, 以倫常爲經."

58) 『明叢』, Ⅰ-101, 「推測錄」, 明德漸達, "明德者, 推測之鑑也, ……始也推與測之優劣, 隨明德之不同也, 明德有明之之功, 以推測之精熟爲磨光之方, 以推測之擴充爲射影之界, ……始言明德者體也, 非人力之所增益, 終言明德者用也, 可以人功修明矣."

아니라 선험적인 근원성을 인정함으로써 도덕규범의 객관적 기준을 확보할 수 있게 한다. 따라서 그는 유가전통의 도덕규범체계를 자연스럽게 받아들일 수 있는 길을 열어놓고 있는 것이다.

최한기는 "마음이 미룸[推]으로 이치를 드러내고, 행동은 헤아림[測]으로 법도를 이룬다" 하여 추측을 덕에로 들어가는 문을 삼으면서, "인(仁)·의(義)·예(禮)·지(智)의 단초(端初)를 미루어, 인(仁)·의(義)·예(禮)·지(智)의 근본을 헤아리고, 인(仁)·의(義)·예(禮)·지(智)의 덕을 양성한다"고 하여 추측의 작용과 연결된 도덕성의 근본 형식을 인·의·예·지의 사덕(四德)으로 제시하였다.59) 맹자가 측은·수오·사양·시비의 사단(四端)을 언급한 것은 이 사단지심을 미루어 인·의·예·지의 사덕을 파악하는 것이요, 또한 사단의 정을 통하여 사덕을 확충시킬 수 있는 방법을 밝히는 것이라 할 수 있다. 여기서 사단을 정이라 하고 사덕을 성이라 분석해 왔던 성리학의 이론을 받아들인다면, 성은 정의 본체요 정은 성의 발용이라 할 수 있으며, 최한기도 이를 받아들인다. 그러나 그는 성(性)과 정(情)의 관계를 추측론으로 해명하여 "정(情)을 미루어 성을 헤아린다"(「推測錄」, 四端, Ⅰ-139) 하고, "정(情)은 추측(推測)에서 생기며, 추측(推測)은 성(性)에서 생긴다"(「推測錄」, 推測生於性, Ⅰ-138) 하여, 정의 추측을 통하여 성을 인지하는 과정과 성에 근거한 추측의 결과로서 정이 구현되는 과정을 보여준다. 그는 또한 사단의 정이 성의 사덕을 인식하는 과정에서 제기한 것으로 보았던 것에 비하여, 희노애락애오욕(喜怒哀樂愛惡欲)의 칠정을 호·악의 두 가지

---

59) 『明叢』, 1-110, 「推測錄」, 入德門, "心由推而理著, 行由測而成法, ……推仁義禮智之端, 測仁義禮智之本, 養成仁義禮智之德, 至於微少恩德, 皆由推測而成, ……是以人生大德, 以推測入德之門也."

기본 감정으로 환원시켜서 칠정이 호·악의 이정에 천심의 차이가 있는 데서 발생하는 것임을 지적하고, 다양한 감정의 정당성 여부는 추측의 득실에 따라 갈라지는 것으로 밝히고 있다.[60] 여기서 인간의 도덕성의 근거는 추측의 본래적 능력과 사덕의 본성을 일관시키는 데서 확보되는 것임을 알 수 있는 것이다. 따라서 인·의·예·지도 추측하는 가운데 저절로 있는 것이라 하여 추측과 사덕의 근원적 일치를 지적하게 된다.[61]

인·의·예·지는 추측과 일치함으로써 본성에 근거하는 도덕규범이 될 뿐만 아니라, 일신이나 사회 및 나아가 천지의 운화에 실현되어 인간을 통솔하는 강기로서 인도를 이루는 것으로 밝혀지고 있다.[62] 이처럼 도덕규범이 인간의 근본기능인 추측과 결합될 뿐만 아니라, 우주의 근본 양상이 운화와 결합되는 것으로 해명되는 것은 모든 존재가 신기의 운화에 근원하고 이 운화의 인간적 특성이 추측이라는 최한기의 철학적 기본명제에 비추어 보면 지극히 당연한 귀결이다. 또한 도덕규범은 인간의 본성에 근거를 두고 있다 할지라도 신기의 운화에로까지 그 근원성을 확인함으로써 더욱 확고한 규범체계의 기반을 확립할 수 있는 것이다. 도덕규범의 체계로서 윤강(倫綱)은 인간에 응취(凝聚)된 기의 기능으로서 기가 새의 날개에 응취되면 날게 되고 짐승의 발에 응취되면 달리게 되는 것에 상응하

---

60) 『明叢』, Ⅰ-139, 「推測錄」, 七情出於好惡, "七情者, ……苟求其實, 蓋有好惡而其所好惡, 各有淺深之不同, 至有多般名目, ……然得於推測者, 好其所好, 惡其所惡, 未得於推測者, 或好其所惡, 又或惡其所好."

61) 『明叢』, Ⅰ-140, 「推測錄」, 仁義禮知, "推測之中, 自有生成之仁, 適宜之義, 循序之禮, 勸懲之知, 然操則存, 捨則亡."

62) 『明叢』, Ⅱ-189, 「人政」, 仁義禮知, "仁義禮智, 行於統民運化, 擴而充之, 卽天地運化之仁義禮智, 存而養之, 卽一身運化之仁義禮智, 凡仁道義理禮節知識, 與人相傳相受, 以爲統率綱紀, 卽億兆運化之人道也."

는 것으로 파악되며, 기의 작용에 원인이 있다는 사실에 따라 교화가 밝혀지는 원인은 곧 윤강이라 지적된다.[63] 곧 윤강은 기의 운화가 인간에서 나타나는 특징적인 기능이요, 인간의 도덕적 생활양상의 근본원인을 이루는 것임을 말해준다. 이에 따라 「기학」(氣學)에서도 윤강의 형식으로서 "효제충신(孝悌忠信)은 인기(人氣)의 운화(運化)에 사무치는 것이고, 인의예지(仁義禮智)는 심기(心氣)의 대동(大同)에 소통하는 것이라"(孝悌忠信: 達人氣之運化, 仁義禮智, 通心氣之大同<「氣學」, 1-33) 언명하여 윤강이 인간의 운화에 일치함을 확인하고 있다. 또한 최한기는 윤강의 기본형식으로서 전통적인 유가 도덕규범으로서의 오륜을 중요시하였다. 그는 오륜이란 옛 성인이 주창하여 만세에 전하는 것으로 교접운화의 모든 생활현실에서 권징하는 방법이 된다 하고, 원래 인생도리에 오륜이 있다 하며 오륜의 도리를 행하느냐 아니냐에 따라 사람이 되느냐 안 되느냐가 판가름되는 것이라 말하고 있다(「人政」, 五倫相法, Ⅱ-76~77, 五倫行否, Ⅱ-24). 또한 이러한 오륜의 규범체계를 실행하는 데에는 근본이 자신에게 있지만 밖의 대상에서 실현되는 것이므로, 도덕규범이 내면적 관념으로 한정되지 않고 인간관계 속에서 구현되는 것임을 확인시켜주고 있다.[64] 도덕규범으로서의 윤강이 고금을 통하는 보편적 원리이지만 시간성을 넘어선 보편적 형식으로 고정되어 있는 것이 아니라 수시 변통할 수도 있고 임기조처(臨機措處)할 수도 있어서 시대

---

63) 『明叢』, Ⅱ-89, 「人政」, 倫綱由氣化, "神之凝也, 必有其能, 凝於鳥羽爲飛揚, 凝於獸足爲行走, ……凝於人民爲倫綱, 氣之用也, 必有其因, 因輕而揚之, 因行而走之, ……因倫綱而明敎之."
64) 『明叢』, Ⅱ-77, 「人政」, 五倫完備之人, "五倫之行, 根於身而成於外, ……是以五倫之行成於外, 然後可謂完備之人, 盖人與人和而人道成, 所和在人, 知之在身, 應之在人, 使之應之在我, 語其源, 則由我而及人, 語其成, 則在人者半, 在我者半, 語其遺敎傳後, 則我注於人."

적 현실과 결합되는 현실성 속에서 파악하였던 것이다.[65]

5. 통민운화(統民運化)와 사회질서의 이상

(1) 통치의 원리 – 통민운화

우주의 궁극존재인 기 내지 신기는 운화함으로써 스스로 드러나는
것이라면, 기의 발현은 그 범위에 따라 천지지기·형체지기로 구별
되거나 (「神氣通」, 天人之氣, Ⅰ-9), 통천하인물지신기·통일국인물
지신기·통일향인물지신기·통일가인지신기·통일신지신기로 구별되
고 (「神氣通」, 通有大小遠近, Ⅰ-15), 또한 우주운화지기·인민운화
지기·기용운화지기(「氣學」, 1-50a) 혹은 천지운화·통민운화·일신
운화(「人政」, 貌同貴異三等運化, Ⅱ-98)로 구별되기도 한다. 여기서
인간의 개인적인 일신지기는 다른 인간이나 사물과 운화를 통하여
교섭하는 교접운화로 나타나며, 특히 나와 남, 곧 사람과 사람의 교
접은 인간의 사회관계를 가능하게 하는 근거가 되는 것이다.

사람을 헤아리는 방법은 대소를 참작하여 천지운화로 근본을 삼고,
통민운화로 처지를 삼고, 일신운화로 기용을 삼아야 한다. 소운화(小
運化)의 전이는 중운화(中運化)의 윤주(輪周)에 견제되고, 중운화의
윤주는 대운화(大運化)의 알선(斡旋)에 재어(裁御)된다. 이 세 가지 중

---

65) 「氣學」, 2~25a, "衆庶之習染在古, 運化之措處在今, 古今無違者, 經常
倫綱也, 從古亦可, 從今亦可, 然隨時變通, 可於從今, 不可於從古, 臨
機措處也, 若古今有異, 當捨古而從今耳."

에 하나만 잃더라도 법이 되지 못한다. (「人政」, 貌同貴異三等運化, Ⅱ-98)

이것은 곧 우주와 사회와 개인이 맞물려 돌고 있는 톱니바퀴처럼 연관되어 있음을 말해 주며, 또한 인간은 우주를 근본으로 하고 개체를 도구로 하여 사회라는 상황 속에 놓여 있는 존재임을 보여주고 있다. 인간이 개인으로서 운화하는 집단적 생활 속에서는 끊임없이 서로 침해하고 다투는 갈등의 혼란이 있기 마련이다. 이러한 분열과 대립을 해소시켜 주고 질서 속에서 모든 개인이 온전하게 자기의 운화를 실현할 수 있게 하는 원리가 곧 통민운화라 할 수 있다. 최한기는 유술이 곧 통민운화의 도임을 밝히면서 그 내용으로서 "인도를 밝혀 인의를 강하며, 기강을 세워 충절을 높이며, 염치와 사양을 귀하게 여겨 쟁탈을 피하며, 탐욕과 비루함을 천하게 여겨 치욕을 멀리하며, 정교(政教)의 도화(導化)를 열고 생령의 포폄(褒貶)을 중히 한다"고 언급하였다.[66] 그는 유학을 그 기본 성격과 기능을 통민운화의 도로 규정할 뿐만 아니라, 통민운화를 그의 철학적 기반인 기학의 추유(樞紐)로 파악하고 있다.

통민운화(統民運化)는 기학의 추유(樞紐)가 된다. 일신운화(一身運化)는 통민운화에 준거할 때에 진퇴하는 바가 있고, 대기운화(大氣運化)는 통민운화에 통달할 때에 위월하는 바가 없다. 만약 일신운화가 통민운화에 준거하지 않는다면 인도를 세우고 정교를 시행할 수 없으며, 대기운화가 통민운화에 통달하지 못하면 표준을 세우고 범위를 정할 수 없을 것이다.[67]

---

66) 『明叢』, Ⅱ-220, 「人政」, 儒術, "儒術乃統民運化之道也, 明人道而講人義, 立紀綱而尙忠節, 貴廉讓以避爭奪, 賤貪鄙以遠恥辱, 開政教之導化, 重生靈之褒貶."

곧 개인의 삶과 행동이 사회적 질서에 준거를 두며 우주의 운행
원리도 사회적 질서 속에 실현되어야 하는 것으로 인식하고 있는 것
이다. 이러한 통민운화는 정치요 교화로서 나타나는 것이요, 통민의
원리는 바로 사회질서를 구현하는의 원리라 할 수 있다. 그는 통민
운화가 통치의 본체에 대두뇌[核心]가 되고 사람을 쓰는 방법의 대준
적[基準]이 된다고 강조하고 있으며,68) 이처럼 통민운화는 인간사회
의 통치원리로써 제시되고 있는 것이다. 수신에서 제가·치국·평천하
로 확충해 가는 원리도 운화의 실제를 파악함으로써 일관성과 조화
를 획득할 수 있는 것이요, 각 단계의 범위에 고정된 규범을 실현하
고자 하면 단절과 형식성에 빠지고 말게 된다. 통민운화의 원리는
운화기의 통일성을 가장 복잡한 인간관계와 사회적 집단에 실현하여
질서와 조화의 통일성을 확립하는 원리라 할 수 있다. 부단히 변화
하고 항상 뒤얽히고 있는 사회 속에서 변화하는 리듬을 따라 변화시
키고 얽히는 힘에 맞추어 얽어가는 원리를 곧 통민운화의 원리로 이
해한다면, 통민운화는 역사변천의 원리이면서 역사를 형성해 가는
힘이고, 사회질서의 규범이면서 사회질서를 구성해 가는 주체라고
할 수 있을 것이다. 최한기는 역사의 정치적 변동과정인 창업(創業)·
수성(守成)·경장(更張)도 그것이 운화현상이지만 운화를 따라야 정
당성이 있는 것이라 지적한다.69) 또한 그는 "고성왕의 도인 오륜의

---

67) 「氣學」, 2~39b, "統民運化爲氣學之樞紐, 一身運化準於統民運化, 有所
進退, 大氣運化達於統民運化, 無所違越, 若一身運化不準乎統民運化,
則無以立人道行政敎, 大氣運化不達乎統民運化, 則無以建標準定範圍."

68) 「氣學」, 2~13a, "統民運化, 乃治體之大頭腦, 用人之大準的, ……苟得
氣學大明, 君臣上下, 以統民運化爲第一功夫, 格君之非, 因運化之道無
觸犯之患, 化民之惡, 用運化之術有周旋之方, 處斷妨礙, 因運化而變通,
牽合乖離, 將運化雨和融, 統民制治, 豈有過於運化哉."

69) 『明叢』, 2~24b, 「氣學」, "政治之創業守成更張三者, 隨運化而有宜, 待
其人而修擧."

교, 육관의 직, 인의의 성, 예률(禮律)의 학이 오직 대중을 통솔하여 천성을 안정시키기 위한 것으로 곧 인기운화의 강기(綱紀)가 되고 정치재어(政治栽御)의 경상(經常)이라"[70] 하여 전통의 규범과 제도를 강상(綱常)의 원리로 받아들이면서, 동시에 "옛 도(道)에 빠지지도 말고 현실에 구애되지도 말며, 자신에게 치우치지도 말고 남에게 무리 짓지도 말아 오직 천인(天人)의 정도(正道)로써 때에 따르고 마땅함에 맞추어야 정교(政敎)의 변통(變通)하는 준적(準的)이 된다"[71] 하여 변통하고 운화하는 속에서 통치원리를 발견하였던 것이며, 이것이 곧 통민운화의 원리인 것이라 할 수 있다.

(2) 사회질서의 이념 – 인도

"이미 사람이 되었으면 마땅히 행할 것은 오직 인도(人道)일 뿐이다"[旣爲人, 則人之所當行者, 惟人道而已(「人政」, 推擴測人, Ⅱ-17)]라는 말은 사람의 삶이 내포하는 당위성의 전체를 인도(人道)로 규정하는 것이다. 인도는 이처럼 인간존재의 가치와 정당성을 전체적으로 포괄하는 이념이기에 어떤 특수한 영역의 규범 체계를 넘어선다. 최한기의 철학적 관심은 우주의 궁극 존재인 신기의 운화를 해명하면서 동시에 운화의 다양한 양상들이 서로 어떻게 소통할 수 있는가를 밝히는 데 있고, 여기에 우주와 인간, 인간과 사물, 인간과 인간의 관계를 소통시켜 일관시킬 수 있는 이념을 제시하고 있으니, 이것이 곧 인도(人道)의 이념이라 할 수 있다. 따라서 인도는 최한기의 철

---

70) 『明叢』, 1～25b, 「氣學」, "古聖王, 五倫之敎, 六官之職, 仁義之性, 禮律
  之學, 惟爲導率衆庶以安天良, 則乃是人氣運化之綱紀, 政治栽御之綱常."
71) 『明叢』, Ⅰ-71, 「神氣通」, 政敎沿革, "勿泥於古, 勿拘於今, 母偏於己,
  母黨於人, 惟以天人之正道, 隨時之適宜, 爲政敎變通之準的."

학 체계가 구현하려는 목표요, 열매라 이해될 수 있을 것이다. 그리고 그는 인도를 정의하여 "통민운화(統民運化)하여 각자의 분수에 편안하게 하는 도(道)이다"[72]라 하고, 또한 "인의(仁義)로써 대중을 화협(和協)하게 하고 함께 구제하여 살리는 도(道)이다"[73]라 하였다. 그것은 곧 인도를 사회적 조화와 질서의 실현 속에서 파악하고 있는 입장을 보여주는 것이라 하겠다. 물론 인도는 신기의 운화에 근거를 두고 있으면서 운화의 표준으로서 규범이 되는 것이다.

> 천하만사는 모두 근기를 정하고 표준을 세우는 데 근본한다. 기의 운화를 모르면 장차 어떻게 근기를 정할 수 있으며, 인도을 버리고서 어떻게 표준을 세울 수 있겠는가. 우주의 사물을 경험하여 기의 운화을 알게 되면 곧 치우침이 없는 기화가 될 것이요, 천하의 생령을 추측하여 인도를 수립하면 곧 일신의 사사로운 인도가 아닐 것이다.[74]

이처럼 운화와 인도를 모든 현상의 근기와 표준으로 파악할 때에 최한기의 철학에 있어서, 운화와 인도라는 두 근본개념의 비중을 파악할 수 있으며, 동시에 양자의 필연적 연관구조와 더불어 인간이 지닌 위치를 엿볼 수 있게 한다.

인도는 그 실현의 범위에 따라 한 개인에 있어서는 일신운화지인도(一身運化之人道)로 나타나기도 하고 대중 속에서는 통민운화지인

---

72) 『明叢』, Ⅱ-102, 「人政」, 天下人道, "人道者, 統民運化, 各安其分之道也."

73) 『明叢』, Ⅱ-101, 「人政」, 人道得失, "夫人道者, 以仁義和協人衆, 共濟生道也."

74) 『明叢』, Ⅱ-154, 「人政」, 根基標準, "天下萬事, 皆本於定根基立標準, 不見氣化, 將何以定根基, 捨此人道, 又何以立標準, 經驗宇宙事物而見得氣化, 則非偏隅適然之氣化, 推測天下生靈而樹立人道, 則非一身自私之人道."

도(統民運化之人道)로 나타나기도 한다. 그리고 일가·일국·천하의
어떤 범위에서도 실현될 수 있는 것이고, 또한 자신에게서 실현되어
대중과 천하에로 확충, 실현되어야 하는 것으로 지적된다.[75] 뿐만
아니라 "인도(人道)는 우부우부(愚婦愚夫)가 항상 믿고 행하는 것이
요, 현인달사(賢人達士)가 항상 쓰고 논의하는 것이라"(「人政」, 人道侵
害, Ⅱ-102)할 만큼 모든 인간의 삶과 사유 속에 보편화되고 일상
화되어 있는 기본적 이념이다. 그러나 특사회적 질서를 실현하는 이
념으로 이해되는 것은 인간존재의 삶의 근본양상을 사회성으로 파악
하는 인식을 기초로 하고 있는 것이다.

　　인간은 혼자서 살 수 없으므로, 반드시 여러 사람과 화합한 후에야
　어떤 일을 할 수 있고 또 살아갈 수 있다. 형체로 말하면 오륜의 근
　지(根枝)가 있으며, 거처로 말하면 이웃마을과 나라가 련접해 있으며,
　천하로 말하면 각국이 화호(和好)의 빙문(聘問)을 맺어 서로 침해하지
　않고 각각 분수를 지키는 것이다.[76]

이처럼 최한기에 있어서 사회질서는 인간존재의 근본적 사회성을
근거로 하여 모든 범위에로 열려 있는 것이요, 결코 가족이나 국가
의 어떤 범위에 편중된 제한을 지니지 않고 있다. 인간은 다른 개별
인간에 대해서뿐만 아니라 가정·국가·천하의 모든 영역에서 서로
화합하는 것을 인간적 삶의 정당성으로 제시하며, 그 화합의 질서는

---

75) 『明叢』, Ⅱ-101, 「人政」, 人道得失, "人道行於一家則一家安, 行於一國
　　則一國治, 行於天下則天下平, 行之於身而敎化天下, 聖人之道, 明之於
　　身而達於人民, 賢人之道."
76) 『明叢』, Ⅱ-102, 「人政」, 天下人道, "人不可以獨生, 必與人衆和合, 乃
　　可有爲又可得生, 以形體則有五倫根技, 以居處則有隣里邑國之連接, 以
　　天下則有各國和好之聘問, 無相侵害, 有各守分."

개별 단위의 분수를 지키는 데 입각하는 것으로 밝히고, 이 질서의 이념을 인도로서 해명하였던 것이다. 그는 또한 "仁者人道也"(「人政」, 仁義, Ⅱ-90)라 하여 인의 이념을 인도와 일치시켜 해석함으로써 유교 전통의 근본 덕목을 인도의 이념으로 새롭게 조명해 주기도 한다. 그리고 최한기의 대표적 저술의 하나인 『인정』(人政)은 그 종지를 "운화(運化)를 이어 순응하여 치안을 도모해 이루는 것이라"(承順運化, 圖成治安, (『人政』, 凡例, Ⅱ-4) 하고, 이것이 곧 "하늘과 인간을 접속시키는 혈맥이요, 정치와 교화가 성쇠하는 준적(準的)이라"(天人接續之血脈, 政敎弛張之準的<同上>) 하여 인도의 이념 속에서 우주와 인간을 결합시키고 정치를 통한 사회질서의 구현 방법을 제시하였던 것이다. 그는 여기서 사람을 헤아리고[測人], 가르치고[敎人], 선발하고[選人], 활용하는[用人] 단계적 방법을 구체적으로 검토하였던 것이며, 또한 사람을 섬기고[事人], 사람을 부리고[役人], 사람을 사귀고[交人], 사람을 접촉하는[接人] 것을 인도의 대강이라 지적하였다.[77] 곧 인도는 운화의 통일성에 근거하여 인간관계의 조화를 이루며 인간과 우주를 소통시키고 사회질서를 구현하는 방법을 제공하는 근본원리인 것이다.

(3) 대동의 이상

인도(人道)란 "천하의 인민을 통합하여 도(道)를 이루는 것이요, 일가(一家)나 일국(一國)만을 들어 말하는 것이 아니다"라고 말할 때 이미 가족이나 국가를 넘어서 모든 인간을 통합할 수 있는 보편적

---

77) 『明叢』, Ⅱ-98, 「人政」, 人道貴賤, "事人・役人・交人・接人, 乃人道之大綱, 修己・治人・敎人・擇人, 乃人事之樞紐."

원리가 제기되어 있으며, 이러한 통합의 원리는 곧 인도요 대동의
이상으로 파악될 수 있는 것이다.[78] 최한기의 입장에서는 신기의 운
화가 모든 단계를 걸쳐 일통하는 통일성을 지닌 궁극적인 실재이며,
또한 현상의 온갖 다양성을 소통하게 하는 것이 운화의 본래적인 작
용이고, 인간의 추측이 지닌 진정한 기능이다. 따라서 인간의 사회나
우주의 만물이 그 다양성을 넘어 소통하고 조화할 수 있는 것은 신
기의 본래성을 실현하는 것이요, 동시에 인간의 사회적 삶의 이상을
구현하는 것이 된다. 그는 "우주의 만국에서 소이(小異)는 풍토(風
土)와 물산(物産)이고 대동(大同)은 신기(神氣)의 운화(運化)이다. 흩
어져 살고 있는 인민(人民)은 소이(小異)로 인하여 자잘한 행위와
습속을 이루고 대동(大同)을 계승하여 윤강(倫綱)과 정교(政教)를 이
룬다"[79]고 하여 소이의 차별성과 대동의 통일성을 대조시킴으로써
대동이 내포하는 규범적 근원성과 이상적 통합성을 제시하고 있다.
그러나 그는 심성이 하늘에서 나와 모든 인간이 같다는 주장이나,
심성의 얻은 바 이는 만물이 같이 가졌다는 주장이나, 작용하는 본
능의 욕망이 천하가 같은 것이라는 주장으로는 진정하게 대동의 근
거를 확립할 수 없다고 보며, 오직 천인운화지기를 통하여 인간은
분별 속에서 조화하고 통일될 수 있는 것이라 보았다.[80] 대동의 근

---

78) 『明叢』, Ⅱ-102, 「人政」, 人道褒貶, "人生大道, 統合天下人民而成其
道, 非舉一家一國而名人道也, 一褒而天下皆褒, 乃大同人道之褒, 一貶
而天下同貶, 乃大同人道之貶."

79) 『明叢』, 1-38, 「氣學」, "宇宙萬國, 小異者風土物産, 大同者神氣運化,
散處人民, 因其小異者以爲細行習俗, 承其大同者, 以爲倫綱政教."

80) 『明叢』, 2-54, 「氣學」, "人我雖分, 自有所同, 卽天人運化之氣……若捨
此而別求所同, 或舉心性以爲出於天而人人皆同, 或舉心性所得之理以
爲萬物皆同, 或舉作用之渴飲飢食好生惡死運化者下皆同, 同之一字有
此不可, 優劣淺深姑捨, 烏可得其同也, ……問之於天下之人, 知以爲天
成日同, 不知運化者以爲不知同, 觀其所行無非同也, 是謂大同."

거도 신기의 운화에 있는 것이므로 신기운화의 실현은 곧 대동을 실현하는 방법이 된다. 따라서 신기의 운화가 활발하게 이루어지는 시기는 대동에로 나아가는 시기가 되고, 운화가 위축되어 폐쇄될 때는 사회가 분열되어 대동의 이상에서 멀어지는 것이다.

> 방금은 신기·형질이 현저하게 통달하여, 밖에 있거나 안에 있는 만사와 만물이 관철되지 않는 것이 없고, 천하에 벌려 있는 것이 모두 대동의 즐거움에 들어 왔다. ……만나는 것에 따라 기수(氣數)에 맞는 것을 기뻐하고, 증험을 얻어서 맥락을 찾아야 한다. 그래서 성패(成敗)·이둔(利鈍)은 운화가 내 도량에 들어오기를 기다리고, 부귀·빈천은 분수를 따라 그 즐거움을 누려서, 천하의 사람들은 천품이 차이가 없음을 기뻐하고, 만국의 정교는 치평(治平)이 저절로 동일함을 기뻐하게 되니, 이것이 모두 진실한 즐거움이다.[81]

물론 공통성에 따른 조화를 지향하는 대동(大同)과 차별성에 따른 한계를 지키는 분수(分殊)를 대조시킬 수 있지만 일본(一本)과 만수(萬殊)가 모순이 아니고 박문(博文)과 약례(約禮)가 일체를 이루는 것처럼 대동의 통일성은 결코 개별성을 부정하여 소멸시키는 것은 아니다.[82] 그러나 여기서 최한기는 무엇보다 자신이 살고 있는 시대가 대동에로 전개되는 역사적 상황에 마주하고 있다는 적극적이고 긍정적인 현실만을 보여주고 있다. 그것은 현실의 시대상황을 비판하면서 과거의 이상적 성왕(聖王)을 지향함으로써 현실을 개혁하려

---

81) 『明叢』, IV-312, 「明南樓隨錄」, "方今神氣形質, 著顯通達, 在外在內萬事萬物, 無不貫徹, 宇內羅列盡入大同之樂, ……但當隨所遇而悅其氣數之合, 得其驗而推尋脈絡之存, 成敗利鈍佇俟運化之入量, 富遺貧賤守分而安厥樂, 宇內生靈, 欣悅天稟之無一差異, 萬國政敎, 誠喜治平之不謀而同, 此皆眞實之樂也."

82) 『明叢』, I-195, 「推測錄」, 一本約禮, 參照.

는 유교의 전통적인 일반적 입장을 벗어나, 역사의 진보성을 확신하고 미래의 이상적 대동사회를 지향하는 대동의 이념적 근거를 인식하였던 것이다. 청말 강유위(1858~1927)의 『대동서』(大同書)(1901)는 그의 역사인식과 이상사회론을 제시한 저술로서 그의 사상을 대표하는 것이지만, 최한기는 강유위보다 55년 앞서 태어나 『예기』(禮記) 「예운편」(禮運篇)에서 제기된 유가의 고전적 대동 개념을 그의 철학적 핵심에 도입하여 이상사회론의 중심이론으로 전개하고 있음을 본다. 또한 그는 의(義)와 이(利)를 대립시켜 파악하던 도학파의 인식을 벗어나 의(義)와 이(利)를 조화시키는 실학파의 근대적 사유방법을 대동(大同)의 원리에서 해명한다.

> 대개 해(害)를 피하고 이(利)를 좇는 것은 인정의 대동이다. 그 이를 좇는 마음으로서 대동의 이를 취하는 데로 나아가면, 인의의 이에 나아갈 수 있으므로 사소한 이와 해가 되는 이는 버릴 수 있을 것이다.[83)]

도덕과 욕망이 조화되고 사회의 계층이 각자의 분수 속에 융화되며, 우주와 인간이 통일되는 대동의 이상사회에서는, 가족이나 국가가 그 개체성을 확보하면서도 범인류적인 조화 속에서 화평의 열락을 향유할 수 있으며, 역사가 이 대동의 실현을 지향하여 전개되고 있다는 확신은 보다 적극적으로 우리의 현실 문제를 개선하고 해결하는 힘으로 역할을 할 수 있을 것이다.

---

83) 『明叢』, Ⅰ-165, 「推測錄」, 義利, "蓋避害趨利, 人情之大同也, 因其趨利之心, 進取利之大同, 則可進於亡義之利, 而些少之利, 反害之利, 庶可除矣."

6. 최한기의 철학이 지닌 의의

최한기의 철학은 우주의 궁극 존재로서 기[神氣]를 해명하거나 신기(神氣)의 본질을 활동운화로서 파악하는 존재론적 입장의 제기도 인간존재의 본질을 이해하는 전제로서 그 성격을 명백하게 드러낸다. 곧 인간의 본질적 구조를 우주와 만물과의 관계 속에서 밝히고, 인간존재의 근본작용으로서 추측의 현상도 운화의 인간적 특수한 발현으로 제시하고 있는 사실은 인간이 단순한 우주의 한 부분에 그치는 것이 아니라, 우주의 모든 핵심적 원리를 가장 정수(精粹)하게 실현하고 있는 귀결적인 것으로 뚜렷이 보여주었다. 그러나 인간을 모든 것 위에 군림하는 존재라거나 우주의 원리에 지배되고 갇혀 있는 포로로서 묘사하는 것이 아니라, 우주와 조화하며 참여하고 이를 실현하는 존재로서 가능성과 무한성에로 열려 있는 존재로 이해되었다. 여기에 인간은 어떤 관념의 형식으로 규정되거나 구속되지 않고 변화의 역동성 속에 자유롭고 구체적인 존재이면서, 동시에 그 근거에 대한 성찰이 요구되고 모든 외적 존재와의 관계에서 스스로 제약되어야 하는 도덕적 규범을 제기하게 된다. 인간은 사회라는 인간 공동체를 통하여 보다 풍부하게 인간 본질을 실현할 수 있는 가능성과 조건을 누릴 수 있는 것으로 이해됨으로써 사회적 정치질서와 그 규범적 원리가 추구되고 또한 조화를 통한 이상의 모형도 찾게 되는 것이다.

이러한 모든 인간문제의 다양성을 그의 신기・운화의 존재론적 근거 위에 체계 있게 추구하면서, 추측을 통해 인식기능을 해명하고 변통을 통해 삶의 실현과정을 밝혀주며, 통민의 사회질서와 대동의 이상사회를 제시하고, 나아가 인도의 이념 속에 그의 철학이 지닌 인간학적 관심을 총합하고 있는 것이라 할 수 있다. 이러한 그의 인간이해에 관한 철학적 입장은 유학의 전통 위에서 그 본질에 대한 새로운 발견이요, 전통을 극복하고 새로운 방향을 개척하는 것으로 파악되어야 할 것이다. 그의 입장은 전통유학의 입장을 넘어서 유학의 현대적 제시를 요구하는 문제의식에서는 중요하고 의미 있는 가능성을 시사해 주고 있는 것이다. 또한 인간 본질의 문제와 사회 체계의 조화를 추구하는 데 있어서, 세계와 인간의 조화를 다시금 회복하려는 요구에 있어서 체계적인 근대적 탐색의 업적으로서 한국 철학사 속에 중요한 위치를 지니는 것이라 할 수 있겠다.

최한기 철학의 근대적 성격

1. 문제의 의미

혜강 최한기는 조선후기 실학파의 최종 인물로 논의되어 왔다. 그가 실학파에 속하는 이유는 어떤 실학파의 계보 속에 있기 때문이 아니라 실학파의 학문적 성격을 뚜렷이 지니고 있기 때문이다.[84] 특히 최한기가 차지한 실학사상사 속의 위치를 "전통적인 유학사상을 실증적·과학적인 근대화와 관련시켜 새로운 태도로 발전시킴으로써 그 근본정신을 시대적으로 살리려 하였다"[85]라거나 "다산을 마지막으로 한 선행 실학자들의 사상을 계승하면서 그것을 더욱 전진적으로 전개시켜 다음에 올 개화사상에 연결시키는 교량적 역할을 수행하였다"[86]라고 지적하고 있다. 이러한 지적을 통하여 최한기의 사상은 근대적 성격을 뚜렷한 특징으로 지니고 있음을 엿볼 수 있다.

실학사상이 지닌 사상사적 성격을 재평가하면서 근대지향성(進步

84) 實學派의 일반적 특징으로 現實性·實用性·開放性·實證性을 들 수 있다(拙稿, 實學思想의 發興과 展開, 「韓國學入門」, 學術院, 1983, p.245).
85) 朴鍾鴻, 「崔漢綺의 經驗主義」, 『亞細亞研究』 통권 20호, 1965, p.32.
86) 李佑成, 「明南樓叢書叙傳」, 『明南樓叢書(一)』, 1971.

意識)과 민족지향성(自主意識)이 지적되고 있다.[87] 이러한 사실에서도 근대성은 최한기의 철학을 이해하는 데 중요한 과제가 될 수 있는 것이다. 최한기는 19세기 실학자로서 정약용과 김정희의 경우와 더불어 성리학적 철학 체계를 벗어나 독자적 실학파의 철학기반을 제시한 인물이다. 특히 최한기의 경우는 그 자신이 <기학>(氣學)이라 일컫는 자신의 철학 체계를 정밀하게 구성하는 업적을 남긴 철학자라 할 수 있다.

최한기의 철학체계에 내포된 근대적 성격을 해명하는 과제는 그의 철학이 한국근대사상사 속에 지닌 특징과 위치를 밝히는 것이기도 하고, 또한 오늘날 우리 자신의 현실적 관심으로서 한국철학의 시대사회적 기능과 세계 속에서의 역할을 탐색하는 데에도 의미 있는 시사를 줄 수 있을 것으로 기대한다.

2. 최한기 사상의 형성 배경과 근대적 성격

(1) 세계로의 개방성

최한기와 당시에 교류를 가졌던 인물로서는 김정호(?~1864?)와 이규경(1788~1860?) 두 사람만이 드러나 있을 뿐이고, 그의 생애에 관한 전기적 자료도 아직 거의 알려진 것이 없는 상태이다.[88] 그러나

---

87) 千寬宇, 「韓國實學思想史」, 『韓國文化史大系(Ⅵ)』, 1970, p.967.
88) 李佑成 교수는 崔漢綺의 著述 序文에 보이는 記年과 朔寧崔氏世譜의 記事를 중심으로 극히 간략하나마 崔漢綺의 年表를 작성하였다(「崔漢綺의 家系와 年表」, 柳洪烈博士華甲紀念論叢, 1971).

교우의 한 사람인 김정호는 「청구도」(靑丘圖)・「대동여지도」(大東輿地圖)・「대동지지」(大東地志)를 저작한 지리학의 대가였고, 1834년에는 최한기와 함께 「만국경위지구도」(萬國經緯地球圖)를 판각하기도 하였다. 최한기도 「지구전요」(地球典要)(1857)를 저술하여 세계지리에 관한 자신의 비상한 관심과 해박한 조예를 보여주었던 것은 지리의 지식을 통해 세계를 알고 세계를 알기 위해 지리에 관한 연구를 중요시하는 태도를 엿볼 수 있게 한다. 그는 자신의 철학적 기본 개념을 전개한 대표적 저술의 하나인 『기측체의』(氣測體義)(『神氣通』과 『推測錄』을 合冊한 것)의 마지막 항에서 「지표학」(地表學)을 논의하면서, 지지와 지도를 통하여 천하의 경륜을 수행하는 열려진 세계의식을 보여주고 있다.

> 서방 사람들로 하여금 동방의 지도와 지지(地志)를 읽게 하면 서방의 사업이 더욱 밝게 창달할 것이고, 북방 사람들로 하여금 남방의 지도와 지지를 관찰하게 하면 북방의 경륜이 더욱 상세할 것이니, 인간의 사업은 대동하기 때문에 남에게 취하는 것은 원근의 한계가 없다.[89]

또 한 사람의 교우인 이규경은 「중원신출기서변증설」(中原新出奇書辨證說)에서 당시 중국의 신간기서(新刊奇書)로서 최한기가 소장한 위원의 『해국도지』(海國圖志)(1844)・서계여의 『영환지략』(瀛環志略)(1850)・원원(1764~1849)의 『문선루총서』(文選樓叢書)・전희조의 『수산각총서』(壽山閣叢書)・고수의 『휘각서목』(彙刻書目)(1799)를 열거하여, 최한기를 구하기 어려운 신간서적의 장서가로서 소개하고 있다.[90]

---

[89] 崔漢綺, 『推測錄』, 권 6, 「地志學」, (국역 기측체의(Ⅱ), 민족문화추진회, 1980, p.160).

최한기는 자신이 서적을 탐구하는 성벽이 있다고 스스로 인정하면서 세상의 서적이 서로 유통되어야 함을 강조한다.

> "서방 사람이 지은 서적은 동·남·북방 사람에게 도움이 되고, 동방 사람이 지은 서적은 서·남·북방 사람에게 보탬이 있고, ……"[91]

그는 개신교 선교를 위해 영국인 모리슨(Robert Morrison)이 1818년 말라카에 세운 영화학원(英華學院; Anglo-Chinese College)과 미국인 선교사가 싱가포르에 세운 견하학원(堅夏學院; American-Chinese College)에서 서적을 번역하여 동양과 서양을 소통시키는 활동에 큰 기대와 관심을 보이고 있다.

> 근래에 중국과 서양이 서로 통하여 영화(英華)와 견하(堅夏)의 두 서원은 서적을 번역하고 역산과 기계의 학예를 실용하니, 이에 견문이 천하에 널리 통하고 사업은 인간에 다 같게 되었다.[92]

또한 그는 앞으로 열려진 세계 속에서 통상이 이루어져야 할 것으로 전망하면서, 온 세계의 나라들 사이에 의사소통을 원활하게 하고 세계를 일체화하기 위하여 문자도 동서양이 동일한 문자로 통일할 필요를 역설하였다.[93]

최한기에 있어서 천하는 이미 중국 중심의 화이론적 천하가 아니고, 선행 실학파에서 보여주었던 서양세계의 존재를 확인하는 단계

---

90) 李圭景, 『五洲衍文長箋散考』, 권 19, 「中原新出奇書辨證說」, (明文堂 影印本 (上) p.576).

91) 崔漢綺, 「明南樓隨錄」, (국역 기측체의(Ⅱ), p.187).

92) 崔漢綺, 「推測錄」, 권 5, 見聞多小邪正, (국역 기측체의(Ⅱ), p.79).

93) 崔漢綺, 「神氣通」, 권 1, 四海文字變通, (국역 기측체의(Ⅰ), pp.50~1).

를 넘어서 동양과 서양이 활발한 교류와 상호 협력을 통하여 하나의
지구적 세계로 일체화를 추구하는 것이라 할 수 있다.

(2) 과학사상의 섭취와 발휘

최한기의 저술로서 초기의 것인 『농정회요』(農政會要)(1830)와 『육
해법』(陸海法)(1834)은 농업기술과 농기계에 관한 것이고, 40세 때의 『심
기도설』(心器圖說)(1842)은 기계일반에 관한 것이다. 농업기술과 기
계에 대한 관심은 실학파 가운데 18세기 후반의 북학파에서나 성호
학파를 이은 정약용 등에서 뚜렷이 드러나고 있다. 특히 최한기에
있어서는 서광계(1562~1633)의 『농정전서』(農政全書)와 웅삼발(熊三
拔; Vrsis)의 『태서수법』(泰西水法)(1612)을 통한 농업기술의 체계나
등옥함(鄧玉函; Terrenz)의 『기기도설』(奇器圖說)(1627)과 왕징의 『제
기도설』(諸器圖說)을 통한 기계의 원리를 정리함으로써 17세기 초반
명말의 서양기술을 체계적으로 인식하였다.

최한기는 단순히 기기를 소개하는 것을 넘어서 기계의 제조원리와
방법에 관심을 지녔으므로 『심기도설』(心器圖說)이라 서명을 지었다.

> 기(器)의 쓰임은 사(事)와 물(物)을 이루는 데 있고 기의 근원은 마
> 음의 기(機)에 있다. ……무릇 마음이 기가 됨은 크게는 천지를 받아들
> 이고 작게는 털끝 속에 들어가며, 천고를 풀무질하여 만상을 만들어
> 낸다.[94]

---

94) 崔漢綺, 『明叢』, Ⅴ-213, 「心器圖說」 "器之用, 在乎濟事物, 器之源, 在
乎心之機……夫心之爲器, 大而容天地, 細而入毫絲, 橐籥千古, 陶鑄萬象."

곧 기계의 제작과 실용을 주관하는 인간의 사유기능을 중요시하는 것이며, 그것은 바로 과학적 사유의 존중이라 할 수 있다.

> 무거운 것을 들어 올리고 끌어당기며, 물을 끌어오고 불을 일으키며, 규구(規矩)와 준승(準繩)으로 측량하는 일들은 모두 기수(氣數)에 밝은 자라야 할 수 있다. ……사람의 지교(智巧)가 능히 활동운화하는 기에서 단서를 잡아 수학을 베풀고 기계를 제작하니 무한한 묘용이 공예에 실려 있다.95)

최한기에서 기계에 관한 지식과 기술은 수학과 기학에 근거하는 과학적 사유 체계의 응용으로 파악되고 있는 것이다. 그는 수·상·이·기(數·象·理·氣)의 관계를 해명하면서 "기(氣)는 수(數)의 본체요 수는 기의 응용이라" 규정하고 "수(數)와 기(氣)는 유형한 물체의 본말이 되고, 상(象)과 이(理)는 무형한 물체의 추측 변통이라" 밝히고 있다.96) 따라서 그는 기를 자연현상의 본체로 보고 '상'과 '이'의 인식과정이 최종적으로 '수'에 기초를 두는 것임을 밝혀 기학과 수학을 자연과학의 근본적 대상과 기초적 방법으로 제시하고 있는 것이다. 그가 천문 현상을 수학적으로 해명하는 『의상리수』(儀象理數)(1839)를 짓고, 그 기초로서 수학의 계산법인 『습산진벌』(習算津筏)(1850)을 지은 것은, 수학을 자연과학의 기초로서 인식하고 강조하는 입장을 보여주는 것이라 할 수 있다.

최한기는 서양의 근대과학에 내재된 과학적 사유방법과 체계를 깊

---

95) 崔漢綺, 『明叢』, Ⅱ-201, 「人政」, 권 11, 工匠教, "擧重引重, 挈水生火, 規矩準繩, 皆是明於氣教者所能, ……人之智巧, 能於活動運化之氣, 攄得端緒, 設爲數學, 制作器械, 無限妙用, 載在力藝."

96) 崔漢綺, 『明叢』, Ⅴ-223, 「習算津筏序」, "氣爲數之體, 數爲氣之用……數與氣爲源委有形之物也, 象與理乃推測變通無形之物也."

이 있게 인식하였지만 그 형성 배경은 17세기 천주교 선교사들이 소개한 것이다. 17세기 서양과학은 선행 실학자로서 홍대용과 정약용도 상당한 수준에 이르렀던 것이지만 최한기에 있어서는 실학자로서 가장 체계적이고 종합적인 인식 수준을 보여주고 있다고 하겠다. 그는 여기서 한걸음 나아가 19세기 전반에 개신교 전파과정에서 도입된 근대과학을 폭넓게 수용하고 있는 사실을 보여준다. 그는 영국인 의사 합신(合信; Hobson)이 상해에서 20년간 진료하면서 저술한 『전체신론』(全體新論)·『내과신설』(內科新說)·『서의약론』(西醫略論)·『부영신설』(婦嬰新說) 등의 서양 의학서를 연구하면서, 한의학이 그동안 방술에 빠졌음을 비판하고, 자신의 기학 원리와 연결하여 의학을 체계화시키는 『신기천험』(身機踐驗)(1866)을 저술하였다. 그리고이 『신기천험』(身機踐驗)의 마지막 부분(卷 8)에서는 풍우침(風雨鍼; 습도계) 등 의료기기와 광강수(礦强水)·초강수(硝强水) 등 화학물질과 기구·증기의 원리와 현미경 촬경경(撮景鏡)[사진기]·영화경(映畫鏡; 映寫機) 등 광학기계와 전기의 원리 등 다양한 근대과학기술의 발명품에 관하여 그 원리와 제조 방법 등을 기학의 응용으로 자세하게 설명하고 있다.

여기서 그의 철학적 기본 체계인 기학이 근대과학사상과 깊이 연관되고 있는 사실에서 그의 철학적 형성과정에 서양 근대과학이 미치고 있는 영향을 주의할 필요가 있다. 그는 서양과학을 수용하는 과정에서 기학의 개념을 형성하고 그 기학을 통해 새로운 근대과학기술을 적극적으로 받아들이며 추구할 수 있는 과학적 사유 체계를 제시하였던 것으로 보인다.

(3) 탈경학(脫經學)의 철학정신

실학파 가운데서 최한기는 많은 저술을 남긴 인물의 한 사람이다.[97] 그러나 다른 실학자들이 경학에 강한 관심을 지니거나 경학을 그 철학적 기반으로 내포하고 있는 데 비하여, 최한기는 경학을 벗어나고 있는 탈경학적 현상이 그의 뚜렷한 철학적 특징이라 지적할 수 있다. 이러한 특징은 도학으로부터 실학의 독립된 철학적 근거를 확립한 정약용이나 김정희의 경우와 비교해 보아도 확연하게 구별되는 점이라 하겠다.

최한기는 "유술(儒術)이 곧 통민운화(統民運化)의 도(道)이다. ……군생(群生)을 이끌어 일통(一統)으로 돌아가게 하는 것은 이 유술이 아니면 어찌 이룰 수 있겠는가"[98]라 하여 유학을 존중하여 언급하기도 하였다.[99] 그가 유학을 근본적으로 부정하는 반유학의 입장을 취하지 않은 것은 확실하다. 그는 주공과 공자가 백세에 스승이 된 까닭을 "고금(古今)을 참작하고 문질(文質)을 손익(損益)하여 그 도(道)를 밝히고 그 의(誼)를 바로 하여, 후세(後世) 사람들에게 하늘과 사람이 떳떳이 행하는 올바른 도리를 준수할 것을 가르친 데 있다" 하고, 주공과 공자의 학문을 "실리(實理)를 좇아 지식을 확충하고 이로써 나라를 다스리고 천하를 평화롭게 하는 데 나아가기를 바라는 것이라" 규정하고 있다.[100] 여기서 최한기는 주공과 공자를 존중하는

---

97) 崔漢綺의 全集으로 明南樓集이 千 卷이나 된다는 朔寧崔氏世譜의 기록이 전하지만 현재까지 알려진 것만도 20種 120卷 안팎에 이르고 있다.
98) 「국역 인정(Ⅱ)」, 권 11, 儒術, (민족문화추진회, p.162).
99) 尹絲淳 교수는 이 언급을 인용하면서 "(崔漢綺의) 학문이 사상적으로 儒學의 토대 위에 자리하는 것임은 분명한 사실이다"라고 지적하였다. (「국역 기측체의(Ⅰ)」, 解題, p.7)
100) (「국역 기측체의(Ⅰ)」, 氣測體義序 pp.35~6.

이유가 학문의 보편적 진실성에 있는 것임을 강조하고 권위적이나 교조적 존숭을 요구하는 것이 아니라는 사실에 주목할 필요가 있다.

최한기의 저술로서 지금까지 알려진 것으로 본다면 경전에 관한 주석을 시도한 것이 없고 단편적으로나마 경전의 권위에 의해 자신의 철학적 주제를 해명하려는 태도도 거의 찾아볼 수 없다. 다만 극히 단편적으로 자신의 철학적 주제를 경전의 구절과 연결시켜 해명하는 데 그치고 있다. 그가 인륜의 강상을 중요시하고 유학의 근본 정신을 존중한다고 하더라도 유학을 발휘하는 데 자신의 학문적 목표를 설정하지 않았고 경전을 해석하는 데에서 자신의 철학적 출발점을 찾고 있지 않은 것도 엄연한 사실이다. 오히려 그는 자신의 철학 속에 그 철학적 기준을 통하여 유학을 포함한 모든 학문적 유산을 흡수하려는 입장을 보여주고 있다.

> 모든 교 중에서 하늘과 사람의 도리에 절실한 것을 가리어 취하고, 허무하고 난잡하고 괴상하고 망령되고 허탄한 것은 제거하여 천하만세에 통행할 수 있는 교(天下萬世通行之敎)를 삼는 것이다. ……유도 중에서는 윤리와 강상과 인의를 취하고 귀신과 재앙이나 상서에 대한 것은 분변하여 버리며, 서양의 법 중에서 역산과 기설을 취하고 괴이하고 속이는 것과 화복에 관한 것은 제거하며, 불교 중에서 허무를 실유(實有)로 바꾸어서, 삼교를 화합하여 하나로 돌아가게 하되 옛것을 기본으로 삼아, 새로운 것으로 개혁하면, 진실로 온 천하를 통하여 행할 수 있는 교(通天下可行之敎)가 될 것이다.[101]

최한기는 유·불·서의 삼교를 조화시켜 귀일되는 것을 이상으로 삼고 교가 융통하는(通敎) 이러한 이상을 천하개동지교(天下皆同之

---

101) 「국역 기측체의(Ⅰ)」, 신기통, 권 1, pp.58~9.

教)·천인지교(天人之敎)로 표현하기도 하였다.[102] 따라서 그는 자신의 기학이 지닌 철학적 보편성의 신념에서 유학을 평가하여 받아들이는 입장에 있으므로 경학의 진실성과 권위를 자신의 학문적 기준으로 취하지 않는 탈경학적 성격을 확인할 수 있다. 이러한 의미에서 풍우난의 『중국철학사』(中國哲學史)[103]에서 분류한 '자학(子學)시대'와 '경학(經學)시대' 이후를 철학시대라 일컬을 수 있다면 최한기는 중국문화권에서는 철학시대의 선구적 인물이라 규정해볼 수 있을 것으로 생각된다.

3. 최한기 철학의 중심문제가 지닌 근대적 성격

(1) 신기(神氣)의 활동운화(活動運化)

최한기는 우주에 충만하고 만물을 형성하는 궁극적 존재를 '기'라 규정하며, 이 기가 무한히 활동하고 운화하는 능력의 주체임을 가리켜 '신기'라 일컫고 있다.

> 천지를 꽉 채우고 물체에 푹 젖어 있어 모이고 흩어지거나 모이지도 않고 흩어지지도 않는 것이 어느 것이나 기(氣) 아닌 것이 없다.[104]

---

102) 『明蘗』, Ⅰ-22, 「神氣通」, 권 1, 通敎, "天下皆同之敎, 卽天人之敎也."
103) 馮友蘭은 孔子에서 前漢의 准南王(?-122B. C.)까지를 子學時代(The period of the Philosophers)라 하고 前漢의 董仲舒(179?-104?B. C.)에서 淸 末의 康有爲(1858-1927)까지를 經學시대(The period of classical learning)으로 분류한 中國哲學史 분류 체계를 세웠다.
104) 『국역 기측체의(Ⅰ)』 신기통, 권 1, p.42.

이 기(氣)는 한 덩어리의 활물(活物)이므로 본래부터 순수하고 담박하고 맑은 바탕을 가지고 있다. 비록 소리와 빛과 냄새와 맛에 따라 변하더라도 그 본성(本性)만은 변하지 아니한다. 이에 그 전체의 무한한 공용(功用)의 덕(德)을 총괄하여 신(神)이라 한다.[105]

기를 우주의 근원적인 존재로 파악하는 입장은 성리학의 이기론에서 일반화되어 있고 특히 주기론자 내지 유기론자의 경우에서는 뚜렷이 나타나고 있다. 그러나 최한기는 이기론에서의 주기론이 기를 음양·오행의 구조로 인식하고 있는 사실에서 훨씬 벗어나 있으므로 서경덕(1489~1546)이나 임성주(1711~1788)의 입장과 뚜렷이 구별될 수 있다. 또한 선행실학자에서 홍대용(1731~1783)이나 정약용(1762~1836)의 경우처럼 17세기 서학에서 소개된 서양의 사원설(기·화·수·토)에 따른 기 개념에도 구속되지 않고 한걸음 나아간 사실을 엿볼 수 있다. 그는 기를 활물이라 규정하여 천체를 운행하고 만물을 생성조하는 주체가 되는 능동적 활동력을 중시하였고, 19세기에 전래된 서양의 근대 과학적 지식을 주의 깊게 받아들이면서 기의 성질을 기본적으로 활·동·운·화라 파악하고 있다.

기를 말하면 한 덩어리의 전체이므로 쪼개어 형언하거나 손대어 나눌 수 없다. 그러므로 활·동·운·화의 성질로 사단에 나누면 비로소 형언할 수 있고 착수할 수 있게 된다. 더욱 풀어보면, 활은 생기(生氣)요, 동은 진작(振作)이요, 운은 주선(周旋)이요, 화는 변통(變通)이다.[106]

---

105) 같은 책, p.43.
106) 崔漢綺, 『氣學』 권 2, 32장.

그는 활·동·운·화를 공부에서 분별할 때 활을 존양추측(存養推測)으로, 동을 건순일신(健順日新)으로, 운을 도량주선(度量周旋)으로, 화를 변통화융(變通和融)으로 설명하기도 한다.107) 그러나 그는 기를 설명의 필요에 따라 성질을 분석하면서 기 자체는 어떤 구조로도 분해되기를 거부한다. 곧 그는 활·동·운·화도 생기가 상동(常動)하며 주운(周運)하여 대화(大化)한다는 기의 전체에 내포된 성질을 의미하는 것으로 해명할 뿐이다. 따라서 생·장·수·장이나 춘·하·추·동이나 인·의·예·지나 원·형·이·정의 어떤 사분어에 적용시켜도 근사하지만 활·동·운·화가 지닌 일관성어(一貫成語)의 뜻이 없다고 단호하게 구별 짓는다.108)

활동운화하는 근원적 존재로서의 기를 신기 또는 운화기라 일컫고 있는 점은 최한기의 기 개념을 뚜렷하게 특징적으로 드러내는 것이라 할 수 있다. 그는 이 신기의 운화현상을 우주적 차원에서 천지지신기(天地之神氣)라 하고 인간 개체의 차원에서 형체지신기(形體之神氣)라 한다.109) 또한 신기의 운화가 나타나는 범위에 따라 통천하인물지신기(通天下人物之神氣)·통일국인물지신기(通一國人物之神氣)·통일향인물지신기(通一鄉人物之神氣)·통일가인지신기(通一家人之神氣)·통일지신기(通一之神氣)로 구분하기도 하였다.110)

이러한 신기의 운화는 현상적 세계의 경험적 사실에 근거하고 확인되는 것이다. 따라서 최한기는 경험적인 것을 초월하는 관념적 이

---

107) 같은 책, 23장.
108) 같은 책, 4~5장, "活動運化, 統而觀之, 生氣常動而周運大化也, 斯義完全無缺, 若分而附會, 生長收藏, 春夏秋冬, 仁義禮智, 元亨利貞, 無不近似, 然皆四分語也, 非活動運化一貫成語之義也."
109) 『明叢』, 1-11, 「神氣通」 권 1, 體通·通有得失.
110) 『明叢』, 1-15, 같은 책, 體通·通有大小遠近.

나 신비적 신을 거부한다. 종래의 철학에서 이러한 신이나 이에 입
각하여 유형한 사실의 세계를 비유하거나 견강부회하여 해석하는 입
장도 배척하고, 신이나 신에 치우쳐서 황탄한 데 빠지는 입장도 배
척하며, 유형한 데 매몰되어 미세한 일에 다투는 태도를 거부한
다.111) 그것은 성리학적 관념론이나 신앙적 신비주의를 거부하는 것
인 동시에 지역적 관습적 상대주의도 극복하는 입장이다. 그는 철저
히 경험론적 과학정신과 보편적 합리성에 근거하여 우주와 인간현상
을 통합적 체계 속에 인식하려는 철학적 요구에서 기학(氣學)을 구
성하였던 것이다.

최한기는 인간과 우주에 소통되는 신기의 운화 체계를 자신의 철
학적 근거로 삼고 학문적 체계화를 추구하였다. 그는『신기통』(神氣
通)이 기의 본체를 논의한 것이고『추측록』(推測錄)이 기의 작용을
밝히는 것이라 하여, 이를『기측체의』(氣測體義)(1836) 속에 묶어서
기학의 철학적 방법론을 제시하였다.112) 이와 더불어 그는『우주책』
(宇宙策)113)에서 세계의 통합 원리를 제시하였으며,『지구전요』(地球
典要)(1857)에서는 세계의 다양한 현상적 사실을 정밀하게 밝히려고
하였다. 또한 그의『기학』(氣學)(1857)은 신기의 운화활동하는 성질을

---

111) 「氣學」, 권 1, 氣學序, "中古之學, 多宗無形之理, 無形之神, 以爲上乘
　　高致, 若宗有形之物有證之事, 以謂下乘庸品, 自玆以降, 或將有形之事
　　物而譬諭無形之神理, 又或以無形之神理而牽合有形之事物, 或偏酷於
　　無形而入于荒誕, 或埋沒於有形而爭于微細."
112) 『明叢』, Ⅰ-2, 「氣測體義」序, "論氣之體而著神氣通, 明氣之用而撰推
　　測錄, 二書相爲表裏, ……論氣之書, 於斯略發其端."
113) 『明叢』, Ⅳ-6, 「地球典要凡例」, "余所著宇宙策十二卷, 實與 此書爲
　　內外詮, 或得於內而施於外, 或得乎外而制其內."
　　「宇宙策」은 현존하고 있지 않으나「明南樓隨錄」에서 단편적으로 소
　　개하는 내용으로 미루어 보면 역사·정치·사회의 문제를 통해 세계
　　의 통합 원리를 추구한 것으로 보이며, 地球典要의 地理를 통한 세
　　계 인식과 內外相應을 이룰 수 있을 것으로 짐작된다.

해명하면서 천문・기계・농공상 등의 모든 학문과 기술의 근거에 신기의 운화가 기초되고 있음을 밝히는 것으로서 그 자신의 기학 체계를 제시하는 것이다. 이러한 활동운화하는 신기의 근본개념 위에서 자연현상 일반을 통한 과학적 인식으로서 『운화측험』(運化測驗)(1860)을 저술하고, 천문・현상에서의 운화를 해명하는 『성기운화』(星氣運化)(1867)를 저술하며, 인체의 병리도 신기의 운화로 해명하는 『신기천험』(身機踐驗)(1866)을 저술하고, 인간 사회의 통치원리도 운화의 원리에 따라 제시하는 『인정』(人政)(1860)을 저술하였다. 곧 그의 신기・운화기로서의 기 개념에 관한 철학적 인식은 자연현상 내지 사회현상의 모든 문제를 일관시키는 근대 과학적 이해의 근거로서 역할을 하고 있음을 확인할 수 있다.

(2) 추측과 인도

최한기는 한 인간의 개체적 존재를 이루는 형체지신기(形體之神氣)는 우주를 이루는 천지지신기(天地之神氣)로부터 나와 출생하고 죽음과 더불어 다시 천지지신기로 돌아간다고 하여 인간이 우주적 신기의 운화과정에서 나타나는 특수적 존재라고 보았다.[114] 따라서 사람과 하늘의 신기는 원래 서로 통하고 연속되어 있다는 하늘과 사람의 일관성을 지적하고 있다.

> 대저 하늘과 사람의 신기는 이미 내가 생명을 받은 처음부터 서로 통하고 서로 연접하여 처음부터 끝까지 언제나 떠나지 않는다. 오직 사람의 지각만은 원래 스스로 획득하는 것이라, 보는 관점에 따라 주

---

114) 『국역 기측체의(Ⅰ)』, 「신기통」, 권 1, p.42.

장이 같지 아니하고, 주장에 따라 통하는 것이 또한 다르다.[115]

여기서 인간은 형질이 있는 존재로 다른 사물과도 구별되지만 인간이 가장 특징적 존재가 되는 이유는 지각에 있다고 규정되고 있다. 인간은 지각능력을 지님으로써 다른 사물과 구별되며 또한 지각활동을 통해서 소통되는 범위를 넓힐 수 있다는 것이다. 인간과 하늘의 근원적 일치를 주장하는 것은 유학의 전통적 신념이고 성리학에서도 천인합일론은 기본적인 명제가 되고 있다. 그러나 지각이 인간과 하늘을 소통시킬 수 있는 근본 계기요 신기가 인간과 하늘이 소통되는 근본존재라는 이해는 최한기의 새로운 견해라 할 수 있다.

그는 지각은 인간의 신기에 본래 갖추어 있는 것이 아니요 인간의 신기가 경험을 통하여 얻는 것이라 규정한다. 따라서 천지의 신기와 인간의 신기가 근원적으로는 동일한 신기이지만, 이미 형질의 제약에 따라 인간과 천지가 직접 소통될 수는 없고 지각을 통하여 소통될 수 있다면, 지각은 인간의 독특한 영역이고 인간 이해의 핵심을 이루는 문제가 된다.

> 얻은 지각과 사용하는 추측은 모두 내가 스스로 얻은 것이지 하늘이 나에게 주신 것이 아니다.[116]
> 신기는 지각의 근기요 지각은 신기의 경험이니, 신기를 지각이라고 이를 수 없고 또 지각을 신기라고 이를 수도 없다.[117]

이처럼 경험적 지각이 인간의 신기가 지닌 독특한 활동양상이라

---

115) 같은 책, p.46.
116) 같은 책, p.45.
117) 같은 책, p.89.

한다면 인간의 신기가 하늘의 신기와 그 운화의 양상에서 구별될 수 있다. 곧 하늘의 운화를 유항이라 한다면 인간의 운화를 추측(推測)이라 하여 대조시키게 된다.

> 기질의 이는 유행의 이요, 추측의 이는 스스로 경험하여 얻은 이이다. 경험(習)이 있기 이전 처음에는 이 유행의 이만이 있고 경험이 있은 뒤에야 추측의 이가 있다. 그러므로 만약 추측의 이가 유행의 이에서 나왔다 하면 되지만, 추측의 이가 바로 유행의 이라고 말하면 안 된다. ……유행의 이는 바로 천도요, 추측의 이는 바로 인도이니, 인도는 천도에서 나오고 추측은 유행에서 나온다. 이와 같이 해석한다면 천도와 인도가 분별이 없을 수 없고, 유행과 추측도 자연히 분별이 있다."118)

그는 인간의 감각기관이나 신체가 인간과 천지만물 사이에 신기를 소통시키는 기계라 규정하며,119) 인간의 신기가 미루어[推] 헤아리는[測] 추측을 통하여 경험을 확충해가는 인식 활동을 천도의 유행과 구분되는 인도의 고유한 특성으로 규정하였다. 여기서 그는 선천적 본성을 넘어서 경험적 인지를 인간의 근본기능으로 드러내었으며, 경험적 인식론의 관철은 그의 철학적 기초에 근대과학사상을 본격적으로 수용하고 있음을 말해주는 것이요, 인간과 우주의 관계를 성리학적 전통의 형이상학적 이해로부터 해방시키는 철학적 기초를 확립시키는 것이라 할 수 있다.120)

---

118) 같은 책, 「추측록」, 권 2, pp.258~9.
119) 『明叢』, I-4, 「神氣通序」, "天民形體, 乃備諸用, 通神氣之器械也."
120) 朴鍾鴻 교수는 崔漢綺의 認識論이 지닌 經驗主義的 성격을 분석하면서 "西洋의 과학기술을 도입 섭취할 정신적 姿勢와 기본적인 철학적 이론을 천명하였다"고 지적하였다(朴鍾鴻, 위의 책, p.32).

최한기는 또한 모든 변화현상이 신기의 운화(氣化)를 근기로 한다면 그 표준은 인간의 신기가 추측하는 인도라 규정하였다.[121] 따라서 인간은 자기 자신의 일신운화로부터 다른 사람이나 사물과 교류하는 교접운화를 통해 모든 인간이 통합되는 통민운화에로 사회적 관계를 넓혀가고, 이를 매개로 천지운화에까지 소통되는 인간세계의 확장과 소통을 인도로 파악하게 된다.[122] 여기서 인간의 사회관계는 인도의 필수적인 구성조건으로서 신기의 운화과정에서 한 단계를 이루는 것으로 받아들여지고 있다.

(3) 통민(統民)과 대동(大同)

최한기는 인간의 운화단계를 일신운화(一身運化)와 통민운화(統民運化)와 천지운화(天地運化)라는 개인과 사회와 우주의 차원으로 구분하면서 그 3단계를 마치 맞물고 도는 톱니바퀴처럼 상관관계 속에서 파악하였다.[123] 여기에 사회가 인간의 운화 곧 인도의 실현에서 필수적인 영역으로 확인된다.

> 인도란 백성을 운화에 통괄시켜 각자의 분수에 편안케 하는 도이다. 사람은 혼자서 살 수 없으므로 반드시 여러 사람과 화합한 후에야, 어떤 일을 할 수 있고 또 살아 갈 수 있다. 형체로 말하면 오륜의

---

121) 『明叢』, Ⅲ-154, 「人政」, 卷 8, 根基標準, "不見氣化, 將何以定根基, 捨此人道, 又何以立標準, 經驗宇宙事物而見得氣化, 則非偏隅適然之氣化, 推測天下生靈而樹立人道, 則非一身自私之人道."

122) 『明叢』, Ⅱ-98, 「人政」, 卷 6, 貌同貴異三等運化, "以天地運化爲根基, 以統民運化爲所遇, 以一身運化爲器用."

123) 『明叢』, Ⅱ-98, 같은 책, "小運化之轉移, 牽掣於中運化之輪周, 中運化之輪周, 大運化之幹旋, 三者之中有一失焉, 不可爲法."

근지가 있으며, 거처로 말하면 이웃 마을과 나라가 연접해 있으며, 천하로 말하면 각국이 화호(和好)와 빙문(聘問)을 맺어 서로 침해하지 않고 각각 분수를 지키는 것이다.[124)]

인간은 사회적 관계를 통해 살아가는 존재임을 전제로 하고, 인도는 개인에 있어서 오륜의 도덕규범도 인간관계를 지시하며, 가까이는 마을과 국가에서 멀리는 천하의 모든 나라가 분수에 따라 안정하며 화평을 이루어야 하는 것임을 밝히는 것이다. 치국·평천하의 이상이 유학의 기본과제이지만 화이론에 따라 척사·척양이 사회적 이념으로 주도되던 시대에서, 최한기는 신기의 운화에 따라 천하에로 확장되어야 하며, 인도의 원리가 모든 나라 사이에 화평을 이루어야 한다는 세계에로 열린 사회관을 제시하고 있다. 그는 개인이나 나라가 각각의 분수에 따라 자립하여 안정되는 것을 전제하면서, 결코 개인과 나라 사이에 장벽으로 막혀 있는 것을 받아들이지 않았다. 곧 인간사회가 세계와 인류의 차원으로 소통되고 통합되는 이상을 지향하고 있는 것이다.

최한기는 세계에로 열린 사회의 실현원리를 자신의 기학에서는 통민운화로 표명하면서 이 통민운화가 곧 유학의 근본정신이라 규명하여 유학의 이념을 적극적으로 재평가하고 있다.[125)] 또한 그의 기학 체계 속에서도 통민운화가 추유(樞紐)가 된다고 언명하며, "일신운화가 통민연화에 준거하지 않는다면 인도를 세우고 정교를 시행할 수 없으며, 대기운화가 통민운화에 통달하지 못한다면 표준을 세우고 범위를 정할 수 없다"[126)]라 하여 통민운화(統民運化)의 사회적 질서

---

124) 『국역 인정(Ⅰ)』, 권 6, 「측인문·인도」, p.217.
125) 『明叢』, Ⅱ-220, 「人政」, 권 11, 儒術, "儒術乃統民運化之道也, 明人道而講人義, 立紀綱而尙忠節, 貴廉讓以避爭奪, 賤貪鄙以遠恥辱."

는 개인의 삶에 준거(準據)가 되고 우주적 전개에 표준(標準)의 범위(範圍)가 됨을 지적하였다. 따라서 사회의 문제는 인간의 문제뿐만 아니라 우주의 문제에도 핵심이 되는 것이며, 그의 철학이 지향하는 목표도 근원적으로 사회문제로 정위되어 있는 것이라 할 수 있다.

그는 인도를 "인의로써 대중을 화협(和協)하게 하고 함께 구제하여 살리는 도127)"라고 정의하면서 통민운화의 사회적 이념을 밝혔고, 『인정』(人政)을 통하여 사람을 헤아리고[測人]·가르치고[教人]·선발하고[選人]·활용하는[用人] 4단계의 인도를 실현하는 방법 체계를 구성하고 있다.

> 사람을 섬기고[事人], 사람을 부리고[役人], 사람을 사귀고[交人], 사람을 접촉하는 것[接人]이 인도의 대강이요, 자기를 닦고[修己], 남을 다스리고[治人], 사람을 가르치고[教人], 사람을 가려 쓰는 것[擇人]이 인사의 추유(樞紐)이다.128)

인간의 사회적 질서를 실현하기 위하여서는 구체적으로 인간관계의 문제를 밝히는 것이 방법적 기초가 되는 것이다. 또한 그는 이러한 인간관계의 원리로서 인도가 일가나 일국에 한정되는 것이 아니라 천하의 인민을 통합하는 것을 이상으로 밝히고 있으며 그 이상을 대동으로 규정하고 있다.129)

---

126) 「氣學」, 권 2, 39장.
127) 『明叢』, Ⅱ-101, 「人政」, 권 6, 人道得失, "夫人道者, 以仁義和協人衆, 共濟生道也."
128) 『明叢』, Ⅱ-98.같은 책, 人道貴賤,
129) 『明叢』, Ⅱ-102, 같은 책, 人道褒貶, "人生大道, 統合天下人民而成其道, 非擧一家一國而名人道也, 一褒而天下皆褒, 乃大同人道之褒."

우주의 만국에서 소이(小異)는 풍토와 물산이고, 대동(大同)은 신기
의 운화다. 흩어져 살고 있는 인민으로서 소이에 따르는 자는 자잘한
행위와 습속을 이루지만 대동을 계승하는 자는 윤강(倫綱)과 정교(政
敎)를 이룬다.[130]

그는 모든 지역적 국지성을 소이(小異)로 보고 천하의 세계성에서
윤강(倫綱)과 정교(政敎)의 보편적 정당성을 인정하고 있으며, 이 대
동(大同)을 그의 철학적 근본개념인 신기운화(神氣運化)의 실현으로
제시하였다. 이 대동(大同)의 개념은 『예기』(禮記) 「예운편」(禮運篇)의
기본개념으로서 청 말의 강유위(1858~1927)는 유교개혁론의 핵심개
념으로 끌어들여 이상사회론을 제시하여 『대동서』(大同書) (1901)를
저술하기도 하였다. 물론 최한기는 강유위에게 직접적인 영향을 주
었던 사실을 찾아볼 수 없지만, 유교사회의 근대적 개혁론으로서 대
동의 이념을 중요시하는 점에서는 공통점을 지니고 있으며, 이 점에
서 그는 강유위보다 반세기를 앞서고 있는 것도 사실이다.

(4) 고금(古今)의 변통(變通)

나라의 제도나 풍속은 고금이 각각 다르고, 역산과 물리는 후세에
올수록 더욱 밝아졌으니, 주공과 공자가 통달한 대도를 배우는 자는
주공과 공자가 남겨준 형적이나 고집스레 지키고 변통하지 않아야 하
겠는가? 아니면 장차 주공과 공자가 통달한 대도를 본받아서 지킬 것
은 지키고 변혁할 것은 변혁해야 하겠는가?[131]

---

130) 「氣學」, 권 1, 38장.
131) 『국역 기측체의 (Ⅰ)』, 「氣測體義序」, p.35.

최한기는 고금의 역사적 변천을 중요시하면서 전통의 보수적 유지
를 주장하는 입장에 명백하게 반박하고 있다. 그는 후세로 올수록
지식이 밝아지는 문명의 진보를 확인하고 있으며 시대에 따른 변혁
의 필요성을 인정하였다. 따라서 그의 역사관에서는 진보성에 대한
확신과 개혁론의 시대적 요구를 명확히 보여주고 있는 것이다. 그의
학문적 자세에서도 "옛 서적에서 신기의 운화에 미진한 것을 뒤의
서적이 더욱 밝혀간다"는 학문의 진보에 대한 확신에 따라 "지금의
서적을 갈구하는 뜻이 예전의 서적을 구해보려는 마음보다 훨씬 더
하다"고 언급되고 있다.132)

> 만약 옛것과 지금의 것의 取捨를 논한다면, 내가 힘입어 생육(生育)
> 되는 바와 의뢰하는 바가 지금에 있지 옛것에 있지 않으며, 내가 수용
> (須用)하는 바와 준행(遵行)할 바가 지금에 있지 옛것에 있지 않으니,
> 차라리 옛것을 버릴지언정 지금을 버릴 수는 없다.133)

그는 자신의 시대가 갖는 현실적 조건에 기반을 두고 있으므로
복고주의적 내지 상고주의적 태도를 버리고 현실성을 중시하였다.
그렇다고 그가 전통을 전면적으로 거부하고 배척하는 태도는 아니
다. 현실성에 적응할 수 없는 진리는 보편성도 확보할 수 없다는 인
식에서 현실을 강조한 것이라 할 수 있다.

> 예와 이제를 참작하는 것이 비록 학문을 완전히 갖추는 것이 되지
> 만, 옛 시대에만 통하고 지금은 통하지 못하는 것보다는 차라리 지금
> 에 통하고 옛 시대를 통하지 못하는 것이 낫다. 왜냐하면 고금을 통

---

132) 『국역 기측체의 (II)』, 「명남루수록」, p.186.
133) 『국역 인정 (II)』, p.144.

하여 변하지 않는 경상(經常)은 예나 이제가 다를 것이 없으므로 반드시 옛것을 빌어다가 지금에 쓸 필요는 없기 때문이다.[134]

최한기는 현실성에 기준을 두고 있는 만큼 상고(上古)·중고(中古)·근고(近古)·금세(今世)의 학문을 평가하면서도 맹목적으로 금세의 학문이 우월하다는 입장이 아니라 금세에 통할 수 있는 것이라면 어느 시대의 것이라도 정당성이 있는 것임을 인정한다.[135]

또한 그는 문명의 진보가 결코 순식간에 이루어지는 것이 아니라 이전의 것을 점차로 개선하고 새로이 밝혀 축적해가는 것으로 이해하기 때문에 미래에서 더욱 개발되고 진보할 것을 기대한다. 그것은 현재를 완성된 단계로 보는 것이 아니요 미래에로 열려 있는 진보의 지속적인 과정으로 인식하는 것이다.

다만 그는 자신의 시대를 '새로운 것으로 낡은 것을 바꾸는 시대'[136]로 규정하거나, '학문이 변동되고 물리(物理)의 혼명(昏明)이 바뀌는 기회'[137]라 지적하고 있다. 그는 자신의 시대가 지닌 상황을 진단하여 칠대행(七大幸)과 오불행(五不幸)으로 제시하였다. 칠대행이란 ① 지리와 역상(曆象)의 밝아짐, ② 신기와 형질의 밝아짐(物理學·化學), ③ 일통의 공도를 얻음(氣化人道敎 또는 天人敎?), ④ 기계의 성취, ⑤ 인체를 밝힘(醫學), ⑥ 정교와 학문의 실질성, ⑦ 신서적의 구득을 말하고, 오불행이란 ① 운화학문으로 인재의 등용과 교육을 못 봄, ② 국계와 방금의 제한으로 천하의 학자와 기계를 못 봄, ③ 수구적 풍습으로 변통에 대응하지 못 함, ④ 외도와 잡술에 미혹

---

134) 『국역 기측체의(Ⅰ)』, p.67.
135) 『국역 인정(Ⅲ)』, pp.140~1.
136) 『국역 기측체의(Ⅱ)』, 「명남루수록」, p.168.
137) 같은 책, p.164.

된 자가 많음, ⑤ 외국의 상인이 화포 등으로 백성을 해치는 일을 가리킨다.138) 그러나 그는 이러한 상황을 전통에서 개혁이 온전히 되지 않고 신제도의 실행이 제대로 되지 않은 데서 오는 과도기적 혼란과 갈등이라 보아 시대가 바뀌고 운화의 정교(政敎)가 시행되면 안정을 회복할 것이라는 낙관적 견해를 보여주고 있다.139)

이러한 시대의식과 역사의식 속에서 그는 변통을 통한 개혁론을 지녔던 것이며, 운화를 통한 역사의 진보에 대한 신념을 그의 기학에 근거한 철학적 해명으로 전개하고 있는 것이다.

4. 최한기의 철학적 특성

최한기는 19세기 중엽에 활동하면서 실학파의 문제의식을 계승하면서도 그 당시 도입된 서양과학과 세계정세에 관한 지식의 섭취를 통하여 선행실학자들보다도 훨씬 깊은 차원에서 자신의 철학적 입장을 체계화시켰던 것으로 보인다.

이러한 최한기의 철학 체계에 내포된 특성을 근대성의 시각에서 규정한다면, 첫째, 그의 철학적 근본 체계는 기학으로서(자신이 命名한 것에 따라) 근대과학의 경험적 인식과 합이성을 내포하고 있으며, 천문학·교학·기계·의학 등에 관한 저술에서 근대과학 시식과 기학을 일관시켜 전개하고 있음을 보여준다.

둘째, 그의 인간이해는 인간의 본성에서 존재가치를 추구하는 것이

---

138) 같은 책, pp.164~5.
139) 같은 책, p.165.

아니라 경험적 인식주체로서 확립하는 것이며, 추측의 인식 기능을 통하여 인간이 세계에 능동적으로 작용하는 인간관을 확립시키고 있다.

셋째, 인간의 사회적 조건을 강조하면서 가족이나 국가에 폐쇄된 사회가 아니라 인류와 세계에로 열려 있는 개방된 사회의식을 밝히고 있다. 이러한 개방성은 세계지리에 대한 지식에 구체적으로 기초를 확보하고 있다. 또한 인류의 통합된 평화세계로서 대동의 이상을 제시하고, 이러한 사회적 영역은 그의 통민운화론을 통하여 철학적 기반이 제공되고 있다.

넷째, 그는 자신의 시대적 인식에서 역사와 문명이 운화양상으로서의 변통을 통하여 진보하는 것임을 확인시키고, 현실성을 시대의식의 기준으로 제시하면서 또한 자신의 시대가 지닌 변동기적 성격을 선명하게 인식하여 변통의 개혁론을 제시하였다.

최한기의 사상 체계에는 과학성·진보성·현실성·세계성 등 근대적 성격을 뚜렷하게 찾아볼 수 있더라도 그의 시대적 제약에 따른 한계도 간과되어서는 안 될 것이다. 그리고 그가 기본적으로 유학의 전통적 기반을 강하게 지니고 있으므로 유학의 개혁론적 입장에 서 있는 것으로 규정할 것인가 또는 자신의 독자적 철학 속에 유교전통의 상당한 부분을 재평가하여 흡수한 입장이라 볼 것인가도 깊이 생각해볼 문제로 남는다. 정약용이 천주교와의 깊은 인연에도 불구하고 그의 학풍을 수사학이라 일컫기도 하는 것은 정약용이 경학에로의 강한 복귀성을 보여주기 때문이라면, 최한기는 탈경학적이요, 비신비적이며, 과학적 합리성을 추구하는 입장을 우선 '최한기 철학'이라 분류해 두고자 한다.

『인정』(人政)과 최한기의 인도철학

1. 최한기에 관한 사상사적 이해

　한국 사상사를 구성하고 있는 여러 사상가들 가운데서 혜강 최한기는 오늘로부터 아주 가까운 시대에 생존하였고 상당한 양의 저술을 남겨놓은 인물임에도 불구하고 그에 관한 이해는 아직 시작하는 단계에 머물러 있다고 할 수 있다.

　박종홍의 논문 「최한기의 경험주의」(아세아연구, 통권20호, 1965)는 인식론의 입장에서 최한기의 경험주의적 성격을 분석하여 체계화하였던 중요한 업적이었다. 이 논문의 결론에서 최한기는 '전통적인 유학사상을 실증적·과학적인 근대화와 관련시켜 새로운 태도로 발전시킴으로써 그 근본정신을 시대적으로 살리려 하였다'고 지적되었다. 다시 말하면 최한기는 전통의 유학을 바탕으로 근대적 과학 정신을 성취하여 재창조하는 사상사적 역할을 담당하였던 것으로 평가하는 것이다.

　또한 이우성의 논문 「최한기의 가계와 연표」(1971)는 지금까지 매몰되어 있었던 최한기의 가계를 밝혀주는 것이었고, 이와 더불어 최한기의 남아 있는 서술들을 수집하여 『명남루총서』(明南樓叢書)(대동문화연구원, 1971)를 간행하면서 그 「서전」(叙傳)에서 이우성 선생은 최한기를 실학사상과 개화사상의 '가교자'(架橋者)라고 사상사적 위치를 규정하였다. 이것은 최한기가 시대적으로 실학사상의 말기에서 개화사상이 발생하던 시기에 걸쳐 생존한 사실에서도 쉽게 추정해 볼 수 있는 견해이다. 그러나 그보다 최한기의 사상적 성격이 실학파의 사상에서 '더욱 전진적으로 전개시키는 것'이라는 사실에서 확인될 수 있는 것이다.

이돈녕은 최한기의 철학이 유기론이요 신기로써 천인일체관을 해명하는 철학적 입장에 있음을 밝히고, '실학자들의 경험주의에 편향되어 인식 과정의 논리적 과정을 무시하는 것도 비판·지양하고자 하였음'을 지적하였다.[140] 또한 윤사순 교수는 최한기가 유학의 토대 위에 있으면서 실학적 성격을 지닌 것으로 규정하고 그의 실학적 특징을 진보관과 운화[141]의 개념으로 일관·통일하는 기일원론의 철학적 입장에서 찾고 있다.

지금까지의 연구를 종합하면, 첫째 최한기는 19세기에 활동한 말기 실학파에 속하는 인물이면서도 단순히 실학파의 경향을 지니고 있는 정도에 그치는 인물이 아니라 진보적인 사상으로 다음 시대를 내다보는 정신의 소유자라는 사실과, 둘째 그는 기를 근원적 실재로 보는 독특하고 통일된 철학 체계를 수립하여 그의 시대 문제를 해명하고 있다는 사실이 주목되고 있음을 알 수 있다. 그것은 또한 전통에 대한 단절의식으로 고민하고 이를 극복하기 위해 방황하는 우리 시대에서 최한기의 사상이 얼마나 중요한 가치와 비중을 지닐 수 있

---

140) 이돈녕, 「최한기의 명남루집」, 『실학연구입문』, 1973, p.377.
141) 윤사순, 「기측체의 해제」, 『국역기측체의 (Ⅰ)』, 민족문화추진회, 1979, pp.6~18.

는가를 시사해 주는 것이기도 하다. 따라서 그의 철학에 제시된 기본 개념과 입장을 논쟁적으로 검토하기보다는 사상사적 독창성과 기능적 의의를 이해하는 관점에서 검토해 보고자 한다. 이 글은 최한기의 중요저술의 하나인 『인정』(人政)의 해제로서, 『인정』을 기본자료로 삼는다.

2. 『인정』(人政)의 위치와 체계

(1) 최한기의 저술에 있어서 『인정』의 위치

위에서 본 최한기의 저술 목록에 의하면 그가 자연과학에 얼마나 폭넓은 관심과 정열을 기울였는지 쉽게 알 수 있다.[142] 30대 초년의 초기부터 60대의 만년에 이르기까지 자연과학의 여러 분야를 끊임없이 탐구하고 이를 정리하여 편찬 저술을 그치지 않았다. 그의 저술에 자연과학 및 기술 분야가 종류에서도 가장 많은 것이 사실이다. 그러나 최한기는 자연과학과 기술 분야에서 독창성을 보였다기보다는 서양과학의 지식을 받아들여 소개하는 역할에 더 비중을 지니고 있는 것이라 볼 수 있다. 그렇지만 그의 과학기술에 관한 이해가 단순한 섭취에 그친 것이 아니라, 그의 사상 전반에 자극을 주고 그의 철학적 근본 입장의 자연법칙과 인간질서의 조화를 지향하는 것으로 구성될 수 있게 하는 배경을 이루고 있는 것이라 생각할 수 있다. 그의 자연과학 지식은 그의 철학과 분리될 수 없는 일관성을 지니는

---

142) 본서, 제3부 1. 최한기의 생애와 저술 참조.

것이라 하겠다.

또한 그의 철학적 저술인 『신기통』과 『추측록』이 34세에 이루어
졌다는 사실은 최한기의 철학적 기초와 체계가 이미 30대 초반에
확립되었음을 말해 준다.[143] 곧 그것은 기의 본체로서 신기가 천·인
과 인·물에서 소통하게 하는 원리를 분석하며, 이러한 소통의 방법
으로써 추측이 기(氣)·이(理), 정(情)과 성(性), 동(動)과 정(靜), 나
와 남, 물(物)과 사(事)에서 실현되는 양상을 해명하는 것이다. 『신기
통』과 『추측록』이 『기측체의』로 묶여져 북경에서 활자로 간행되었던
것도 최한기의 철학적 근본 체계가 여기에 제시되었으며 또한 독창
적 안목으로 새로이 세계를 비춰줄 수 있는 것이었기 때문이라 볼
수 있다.

『기측체의』를 통해 제시된 최한기의 철학 체계는 자연과 인간의
소통인 동시에 나와 남이 소통하는 것으로서 자연·인간·사회의 상
통(相通)을 확장하여 조화적 일체를 추구하는 논리를 전제로 한다.
따라서 그의 학문영역은 이러한 철학적 기반 위에 자연과학뿐만 아
니라 사회문제에로 확대되지 않을 수 없다. 사회제도와 관련된 그의
저술로서 『강관론』과 『소차류찬』은 군왕과 신하 사이의 의사소통 문
제에 관련된 것이요, 바로 그의 철학적 핵심원리에서 사회제도의 기
본양상을 검토한 것이라 할 수 있다.

여기에 최한기의 철학적 근본 입장과 사회사상을 밝혀주는 저술로
서 『인정』을 들 수 있다. 『인정』은 25권으로 된 최한기의 남아 있는
저술 가운데 가장 방대한 것이고, 36세 때 지은 『감평』을 그 속에

---

143) 최한기가 『신기통』과 『추측록』을 저술한 해인 1836년은 바로 정약용
이 죽은 해이고 서양인 모방 신부가 입국하는 해로서 변화의 물결이
다가오는 때였다.

포함하여 58세 때 완성한 것으로서 그의 사상적 원숙기에 이룬 대
작이라 할 수 있을 것이다. 『인정』은 사회의 정치적 질서도 인간에
근본하는 것이요 자연과 인간의 조화도 인간을 통하여 추구될 수 있
다는 그의 철학적 입장에서 인도 철학을 사회적으로 해명한 것이라
하겠다. 따라서 『인정』은 최한기가 그의 철학적 근본이념과 사회적
질서 체계를 일관시키는 사상 체계요, 그런 뜻에서 그의 과학기술에
관한 저술이 『기측체의』를 자연적 영역에로 전개시킨 것이라고 한다
면 『인정』은 더욱 절실한 양식으로 『기측체의』를 사회제도에 적용시
킨 것이라 볼 수 있을 것이다. 그리고 이러한 확대영역과 그 중심의
구조가 또한 그의 철학적 체계에 내재된 기본구조라 이해하고 싶다.

(2) 『인정』의 체계와 내용

『인정』 25권을 구상하고 저술하였던 것은 최한기에게서 가장 오
랜 기간과 정열을 요구하였던 것으로 보인다. 『인정』의 제7권인 『감
평』은 최한기의 대표적 철학서인 『기측체의』를 완성한 2년 뒤인 36
세 때 저술한 것이요, 그 속에서 이미 『인정』의 기본과제인 인품을
감별하여 인물을 선택하는 원칙을 면밀히 분석하여 체계적으로 제시
하고 있다. 그리고 경·사·자·집의 문헌을 광범하게 섭렵하면서 『인
정』의 체계에 따라 편장을 분류하여 방대한 자료집인 『인정』 초고본
을 완성한 것이 49세(1851) 때의 일이다.144) 그것은 『감평』의 확대로
서, 『인정』의 저술을 위한 기본자료의 확보를 40대 동안에 계속하였
던 사실을 말해 준다. 또한 이때에 편찬된 『인정』의 초고본에서 기

---

144) 『인정』, 「凡例」, "越在辛亥, 擬撰人政 依四門採摭諸書 分類篇章 以成
浩瀚卷帙."

본 체계는 확립되었던 것을 알 수 있다. 그리고 다시 10년 동안 일종의 유취 자료집인 이 초고본을 개편하여 57세에서 58세(1860) 사이에 현존의 『인정』 25권을 완성한 것이다. 『감평』 이후 『인정』의 완성까지 23년이 경과되면서 다듬어졌다는 사실은 최한기로서 가장 많은 노력과 관심을 『인정』에 기울였던 것을 말해 주며, 또한 『인정』은 『기측체의』와 더불어 그의 대표작이라 할 수 있겠다.

『인정』의 체계는 크게 측인·교인·선인·용인의 4문으로 구성되어 있고, 각 문은 독립된 서문이 있는 만큼 4부작이라 할 수도 있다. 그러나 이 4문은 긴밀한 연관성과 통일된 구조 속에 배열되어 있는 것이다. 최한기는 '다스림이 인간에 있어서 관계됨이 중대하다"고 밝히면서 개인의 범위를 넘어선 가정이나 국가에서는 일통(一統)의 다스림이 있어야 한다고 강조한다. 그리고 일통으로써 사람을 헤아리고[測人], 가르치고[敎人], 선발하고[選人], 써야[用人]만 막히거나 분열되는 근심이 없으며 하늘과 인간의 큰 다스림이 합치된다는 것이다. 또한 일통으로 '용인' 하려면 반드시 먼저 일통으로 '선인'하여야 한다고 '선인'을 '용인'에 선행시키며, 이어서 '교인'을 '선인'에 선행시키고, '측인'을 '교인'에 선행시켜, '측인'에서 '용인'까지를 단계적 실현과정으로 제시하였다.145)

『인정』의 4문은 '측인'에서 '용인'까지의 선후본말론적(先後本末論的) 전개로 파악되지만, 동시에 그 기본형식을 '측인'과 '용인'의 2문으로 보고 '교인'과 '선인'은 그 중간에서 조종하고 변동하는 방법으로서의 기능을 갖는 것으로 분석하기도 한다. 곧 '측인'은 '용인'의 근원이고 '용인'은 '측인'의 효험이며, '교인'과 '선인'은 그 중간의 수항하는 단계로 규정되기도 한다.146) 따라서 『인정』의 4문은 인

---

145) 『인정』, 「序」.

식을 근거로 하며 실용을 목적으로 하는 철학적 기본방법으로 구성되고 있는 것이다.

『인정』의 체계를 4문의 전개순서에 따라 그 내용을 개괄적으로 보겠다.

① 「측인문」: 서 1859년 2월. [총 342조]

測人總論, 134조
容貌, 60조
行事, 44조
五倫, 3조
天人運化, 49조
地位, 15조
人道, 23조
鑑枰, 14조

최한기에 있어서 측인을 제시하는 것은 우선 지인과 구별되고 있는 사실에서 그의 철학적 특성을 엿볼 수 있다.

"안다[知]는 것은 선악이나 우열로 단정하는 것으로서 변통하는 방법이 없으니 죽은 사람에게서는 가능하지만 살아 있는 사람에게는 불가능하다"고 지적하고,

헤아린다[測]는 것은 미루어 헤아리는 방법[忖度方法]으로서 선악이 결정되지 않은 것을 참작하는 법칙에 귀속시키고 최종적으로 경험되지 않은 것을 증험하는 기회에 대기하게 하여 사랑하면서도 그 나쁜 점을 알고 미워하면서도 그 좋은 점을 아는 것이니, 측인의 올바른 원리를 행하면 실로 지인(知人)의 활법이다.

146) 『인정』, 「서 및 범례」.

라 하여, 지인과 측인을 대조시켰다.147) 곧 측인은 형식적 개념으로 고정화시켜 판단하는 것이 아니라 살아 움직이는 변화 속에서 판단하는 것이요, 인간과 사회현상에 대한 인식원리는 바로 개념적 지식을 넘어서 생동적 추측에 입각하여야 함을 강조하는 것이 최한기의 철학적 기본입장인 것이다.

측인은 인간을 헤아리는 것이요 그것은 인도를 근본으로 하고 있음을 전제한다. 이 '인도'는 나에게서 남에게 나아가며 우주의 생영에 묻고 천지의 운화에 증험하는 것으로서 개인적 인간의 내면으로 심화되는 것이라기보다는 인간과 인간이 서로 접촉하고 조화하는 가운데 사무로서 실행되고 확장되는 것이라 보고 있다. 따라서 최한기는 사무와 인도가 체용의 관계를 이루는 것으로 보며,

> 사무가 인도를 좇아 유행하면 기준이 확립된 사무[經常之事務]이고, 인도가 사무로 말미암아 나아가면 실천단계가 정립된 인도[踐階之人道]이다

라 하여, 인도를 관념적으로 파악하는 것이 아니라 사무를 통하여 실현하는 것임을 밝혔다. 따라서 그는 측인의 기준을 항사에 두었다. 행사에 앞서서 용모를 통해 개인의 기품과 자질을 분변하고 다음 단계로 '행사'를 통해 능력과 성과를 관찰하며, '행사' 이후에는 '인도'에 근거하여 인도에 합치하는지 여부에 따라 인물을 평가하는 세 단계로써 측인을 수행하는 것이다.148) 여기서 측인문에는 '행사'와 '인도'의 사이에 '오륜'·'천지운화'·'지위'의 3편이 있다. 그것은 도덕적 규범으로서의 '오륜'과 우주론적 근거로서의 '천지운화'와 사회적

---

147) 『인정』, 「범례」.
148) 『인정』 권 1, 「측인서」.

구조로서의 '지위'를 제시하여 인도의 구체적 기반을 밝히는 동시에 측인의 원리를 더욱 현실적으로 구현하기 위한 의식을 보여주는 것이라 하겠다.

측인문은 첫머리에 2권에 걸친 '측인총론' 편이 있어 측인의 영역과 원리를 상세히 논의하였고, '용모'에서 '인도'까지의 6편으로 측인의 체계를 제시하였으며, 끝에는 『인정』에 22년이나 앞서 저술하였던 『감평』을 측인문의 제8편으로 싣고 있다. 그것은 측인의 실용적 목적이 인품을 감별하여 선택하는 데 있다는 실무적 요구에 때라 인물 평가의 기술적 방법 체계를 수립한 것이다. 최한기는 인물이 갖춘 분수를 기품·심덕·체용·문견·처지(氣稟·心德·體容·聞見·處地)의 5구(具)와 그 분수의 발현으로서 재국·응변·풍도·경륜·조시(才局·應變·風度·經綸·措施)의 5발(發)을 분석하였다. 그리고 5구의 기품을 4분(分), 심덕을 3분, 체용을 2분, 문견을 1분, 처지를 0.5분으로 비중을 분배하여 한 인물의 전체를 10.5분으로 보고, 분수의 소장(消長)과 발현의 우열을 4과로 착종(錯綜)시켜 조합하는 '사과열표(四科列表)'를 만들어 객관적인 인물 평가도표를 제시하였던 것이다. 이러한 『감평』의 체계 형식이 얼마나 타당성을 '갖느냐 하는 것은 별문제로 하더라도 측인의 비중과 또 『감평』에서 보인 그 실제적인 응용의 중요성에 대한 최한기의 깊은 통찰과 체계적 제시는 인사행정론의 혁신적 진보이며 그의 실학적 철학정신의 발휘임을 확인할 수 있다.

② 「교인문」: 서(序) 1859년 5월. [총 388조]

측인을 통해 인물의 자질과 능력을 파악하게 되지만 인간이 이용의 대상에 그치는 것이 아니요 또한 타고나면서 모든 지식과 기능을

갖춘 것이 아니므로 교육의 필요성이 제기된다. 최한기는,

　　가르쳐서 쓴다면 버릴 인물이 드물고, 가르치지 않고 쓴다면 흠이
　　없는 사람을 얻기 어렵다

고 언급하여 '용인'의 목적에 비추어서 교육이 필수적임을 지적하고
있다.149) 그리고 교육의 방법으로써 먼저 그 인물의 품질(稟質)을 살
펴서 진퇴를 결정해야 하고, 다음으로 그 인물의 조예(造詣)를 재어서
선후를 결정해야 하므로 '교인'은 '측인'에서 말미암는 것이라 하였
다. 그것은 무차별 평등교육이 아니라 자질과 능력을 평가해서 그 정
도에 알맞게 교육하는 것이 효율적임을 주장하는 것이라 하겠다.

　　그러나 교육은 왜 하며 어떻게 하는가의 문제와 더불어 무엇을 교
육하는가의 문제가 중요하다. 최한기는 교육의 내용을 이루는 학문을
'인도'로서 제시하고, 나아가,

　　옛사람의 인도를 배우는 것은 인도의 소년학문(少年學問)이고, 뒷사
　　람에게 인도를 가르치는 것은 인도의 노경효험(老境效驗)이라

고 언급하여, 배우는 것으로서의 인도와 가르치는 것으로서의 인도가
양상에서 변천이 있음을 지적하고 있다. 곧 한 사람은 앞선 사람이
이미 연구한 것을 더욱 연구하여 바로잡는 것이 있고 앞선 사람이
밝힌 것을 새롭게 밝혀 보완하는 것이 있게 된다는 것이다. 과거의
4~5천년은 인도의 어린 시기나 젊은 시기라면 뒷날의 억만년이 인
도의 늙은 시기라 볼 수 있게 된다. 더구나 한 사람의 50~60년 일

───────────────

149) 『인정』, 「범례」.

생에서 어린 때의 10년과 노쇠한 때의 10년을 빼고 30~40년 동안 인도의 학문에 종사하는 것이니 옛사람과 뒷사람에 연결되지 않으면 우주의 인도학문에 통할 수 없고 접촉하는 사람과 사물도 면전의 교접에 지나지 않는다는 한계를 지적한다. 또한 학문의 한계는 지역적 편협성에서도 찾아볼 수 있다. 천하가 소통이 되지 않을 때에는 학문도 한 모퉁이의 전승[一隅一方之傳習]에 지나지 않게 된다.

최한기는 인도로서의 학문에 제기되는 한계를 극복하는 길을 학문의 차별성을 통합시키는 데서 찾고 있다. 그는 인도학문의 통합방법을 기화의 준적(準的)과 의거(依據)로서 제시한다.150) 곧 인도는 '기화'에 표준을 두고 근거하는 것으로 파악하는 것이다. '기화'는 '대기운화(大氣運化)'요 '신기운화(神氣運化)'이며, 그것은 '천인운화교(天人運化敎)' 또는 '기화인도교' 내지 '천인교(天人敎)'로서의 학문을 이룬다.151) 여기서 인도학문이 '기화'에 근거하고 표준을 둔다면 '기화'의 시대에 따라 변천은 학문의 양상이나 내용이 시대에 따라 진보한다는 것을 밝히는 동시에 학문의 근본이 운화하는 기에 있음을 확인시키고 있는 것이 된다. 그는,

교(敎)가 기(氣)에 합하고, 기가 교에 합한다

하여 그의 철학이 기를 근본으로 하고 있음을 명백히 하며, 이러한 운화하는 기의 변통하는 학문을 통해 만물이 일체가 되고 만세가 일생이 되는 포괄적이고 보편적인 학문을 정립하고 있는 것이다.

---

150) 『인정』, 권 8, 「교인서」.
151) 『인정』, 권 8, 「운화교·기화인도교」.

③「선인문」: 서 1859년 8월. [총 308조]

인재를 선발하는 것은 직임(職任)에 맞는 것이라야 하므로 인물의 기국(氣局)을 헤아리고 지식을 재어서 결정하는 것이지만 교육을 시킨 다음에 할 수 있는 것이다. 한 국가의 정치적 성쇠는 현명한 인물을 쓰느냐 용렬한 인물을 쓰느냐에 달렸다고 볼 때 인재의 선발이 얼마나 중요한지 자명해진다. 최한기는 정치의 성쇠를 결과적으로 보고 나서 그 인물이 현명한지 간교한지 판단할 것이 아니라, 관직에 임명하는 날에 이미 성쇠의 기미가 싹트는 것임을 지적하여, 인재의 선발에 정밀한 관찰과 신중한 결정을 강조하고 있다.

인물에는 용모·심성·행사·소업(所業)·학문의 다양한 차별이 있음을 지적하며, 각 직분에 따른 사무의 처리방법의 다양성을 고려하여 적절한 선발의 필요성을 인식하고 있다. 여기서 선발의 방법에 대하여도 과거를 비롯하여 징빙·벽소(徵聘·辟召) 등 천거(薦擧)와 고험(考驗)의 형식을 검토하면서 인재를 선발하는 본래의 목적에 비추어 비판과 대안을 제시하였다. 그는 과거란 시험으로 뽑는 것이기 때문에 문예는 시험할 수 있지만 덕행은 시험으로 판단할 수 없다는 사실을 상기시키며 과거와 천거의 방법 사이에 균형을 이룰 것을 지향하였던 것이다.152)

최한기는 인재를 선발하는 원칙으로써,

> 사무를 위해 인물을 선택하지 인물을 위해 사무를 선택하는 것이 아니라

하여, 인재 선발의 실제적이고 객관적인 기준을 지적하였다.153) 또한

152)『인정』, 권 15,「과거·징빙·벽소·천거원위」.

'선인'의 불변적 기준은 백성을 가르치고 배양하는 것에 있음을 확
인하였으며, 도 · 덕 · 의(道 · 德 · 義)라는 가치 규범이 경술(經術)로
서 있더라도 백성을 다스리고 안정시키는 것으로서 있지 않다면 선
발될 수 없다고 밝혀 '선인'의 목적과 근본을 백성에 두고 있음을
보여주고 있다.154)

④ 「용인문」: 서 1860년 11월. [총 388조]
'용인'은 『인정』의 최종 단계로서 측인 · 교인 · 선인은 모두 '용인'
을 기준과 목적으로 삼아 그 효과와 우열이 결정되는 것이라 한다.
실용적 입장에 섰을 때 측인 · 교인 · 선인이 아무리 잘 이루어졌다
하더라도 그 인재를 잘 쓰지 못한다면 이익이 없음은 물론 도리어
해로울 수 있다는 사실을 중요시하지 않을 수 없다.

여기서 '용인'의 근본원리는 인간사회가 개인의 행동으로 이루어질
수 없고 인간집단의 협력과 조화 위에서라야 이루어지는 것이라는
현실에 근거한다. 따라서 최한기는 인도를 사람과 사람이 서로 잘 쓸
때에 이루어지고 잘 쓰지 못할 때에 무너지는 것이라 전제하고,

> 내가 남을 위해 쓰인 다음에 남을 쓰는 것이요, 남을 위해 쓰이지
> 않으면 남을 쓸 수도 없다

고 언급하여 '용인'은 상호적인 것임을 밝히고 있다.155) 부자 · 군신 · 부
부 · 장유 · 붕우의 관계에서 종족 · 향당(宗族 · 鄕黨)의 관계에 이르
기까지 인간의 모든 사회적 관계는 '서로 쓰는 원리[相爲用之道]'로

---

153) 『인정』, 권 14, 「以事爲準」.
154) 『인정』, 권 16, 「爲民準的不遷移 · 道德以民爲準」.
155) 『인정』, 권 20, 「용인서」.

서 밝혀질 수 있는 것이다. 그것은 곧 아비는 자식의 도리로서 아비 노릇하고 자식은 아비의 도리로서 자식 노릇하여 상호 침투적 방법 으로써 인간관계가 결합되는 데에서 '용인'의 원리가 실현되는 것이 며, 또한 인간사회의 바람직한 성취를 가능하게 할 수 있게 된다.

'용인'의 실제에서도 쓰는 사람의 신기운화(神氣運化)와 쓰이는 사람의 신기운화와 일의 계기에 나타나는 교접운화(交接運化)가 경 우와 때에 따라 다르기 때문에 '용인'의 잘되고 못되는 온갖 차별이 일어나게 되는 것임을 분석한다. 또한 이렇게 '쓰는 사람[用人者]', '쓰이는 사람[所用者]', '일의 계기[事機]'의 상호 관계를 중요시하면 서도 그 중심은 '쓰는 사람'에 있는 것임을 지적하는 데서 '용인'의 원리가 지닌 주체적 성격을 엿볼 수 있다.156) 그리고 아들 최병대의 발문에서,

> 오륜은 '용인'에서 밝혀지고 '용인'은 오륜에 기준을 두고 있으니, 사람과 사람 사이의 교접운화도 이를 이어 순응하는 것이요 어긋나게 넘어설 수 없다

고 밝히고 있는 것처럼 '용인'의 도덕적 규범은 오륜에 근거를 둔 것이며 인간관계의 윤리가 '용인'과 일관되고 있음을 확인해 주는 것이다.

위에서 본 『인정』 4문 1천 4백 36조의 내용에 따라 『인정』의 체 계를 돌이켜 본다면 최병대의 발문에서 간명하게 요약되고 있음을 발견하게 된다.157)

---

156) 『인정』, 권 20, 「用人之導」.
157) 崔柄大, 「人政跋」.

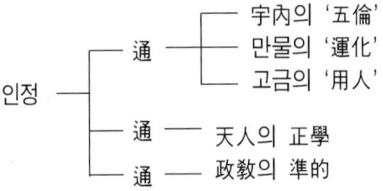

최한기 자신도 『인정』의 종지를 '운화를 이어 순응하며 치안을 도모하여 이루는 것[承順運化 圖成治安]'이라 밝히고, 그것은 곧 하늘과 인간이 접속하는 혈맥이요 정치와 교화가 성쇠하는 준적이라[天人接續血脈 政敎弛張之準的] 언급하였다. 여기서 『인정』은 사회·우주·역사를 포괄하고 하늘과 인간을 일괄시키면서 인간의 정치적 질서와 도덕적 완성을 성취할 수 있는 원리를 모색하고 정립시키는 전체적 통일의 체계로서 제시하고 있음을 알 수 있다. 이것은 최한기의 철학을 구현하는 체계이며, 이 체계를 꿰뚫고 있는 이념은 한마디로 '인도'(人道)라고 지적할 수 있을 것이다.

3. 최한기의 인도철학

(1) '인도'(人道)의 근거 – 운화기(運化氣)

최한기의 철학은 『신기통』과 『추측록』을 통하여 인식론적 체계를 재구성하는 데서 출발하고 있지만, 또한 그 인식의 기본구조에서 제시된 신기는 인식의 주체와 객체에 일관하는 존재론적 영역으로서 기의 실재를 정립시켜 주고 있는 것이다. 곧 인식 작용으로서의 추측도 인식 주체인 '신기'의 작용이며, 인식 대상의 총체인 天地도 인간의 신기와 동일한 신기로서 일체를 이루는 것으로 파악된다.[158] 이와 더불어 최한기에 있어서 모든 철학적 사유의 근거에는 '氣'가 존재론적 기초개념으로 제시되고 있음을 볼 수 있다. 그의 철학을 성리학의 이기론에 비추어 본다면 주기론의 입장이라 할 만큼 '기'의 개념을 중요시하였지만, '기'를 통해 세계를 구성하는 것에 그치지 않고 나아가 '기'를 기초로 하여 세계와 그 이상을 해명하는 데 더욱 큰 관심이 있는 것이라 보아, 단순히 유기론(唯氣論)으로 그의 철학적 입장을 특징짓고 말 수는 없을 것으로 생각된다.

최한기의 철학적 궁극관심은 인간에 있고 동시에 인간과 사물, 인간과 인간, 인간과 우주의 관계에 있는 것이라 보인다. 이러한 철학적 관심에서 「기측체의」를 바탕으로 「인정」의 저술에까지 확대하였고, 그의 철학을 관념론적 사유 체계에서 벗어나는 실학(實學)적 철학정신을 발휘하는 데로 나아가게 하였던 것이라 할 수 있다. 그의 인식론적 내지 존재론적 기본개념이 '기'에 근거를 두고 있는 것은 사실이지만, 이 '기'의 실제적 존재양상은 천지만물과 인간이요, 그 주체로서의 인간은 기계론적인 '기'의 작용에 지배되는 것이 아니라 당위적인 가치 이념을 지향하고 있는 존재이다. 따라서 "이미 사람이 되었으면 곧 사람의 마땅히 행할 바는 오직 '인도'일 뿐이다"라고 강조하게 되는 것이다.[159]

'인도'가 최한기에 있어서 철학적 이념으로 제시되고 있는 것이라 할 수 있지만 '인도'를 밝히고 실현하는 과정은 보다 치밀하게 분석

---

158) 『神氣通』, 권 1, 通天下爲一體, "盖天之神氣, 本來以天下爲一體, …… 如得其通而推擴, 則以天下爲一體, 在身之神氣, 通達于在天之神氣, 不覺其有餘不足也.."

159) 『인정』, 권 1, 「推擴測人」.

되지 않을 수 없다. 그는 『인정』의 저술에 담긴 자신의 기본 입장을 밝혀 '천인정도(天人正道)로써 방금운화(方今運化)에 표준을 세우고 만성치안(萬姓治安)에 증험을 드러내는 것'이라 지적하였다.[160] 여기서 '천인정도'는 곧 '인도'요, 이 '인도'는 현재의 세계를 이루는 기의 모든 작용에 표준이 되는 것이며 사회의 질서 속에 실현되어 나타나는 것임을 밝혀주고 있다. 이러한 '인도'도 '기'의 현상이나 형식이 아니라, '기'의 궁극적 이념이요 표준으로 제시되고 있는 데에 최한기의 철학적 궁극 관심의 성격을 이해할 수 있는 것이다. 그는 또한

> 천하만사는 모두 근기를 정하고 표준을 세우는 데 근본한다. '기화'(氣化)를 못 보면 어떻게 근기를 정할 수 있을 것이며 '인도'를 버리고는 어떻게 표준을 세울 것인가

라 하여, 천하만사의 근기를 '기화'라 지적하고 표준을 '인도'라 밝히고 있다.[161] 따라서 '인도'도 그 근거를 '기화'에 두고 있는 것이며, '기화'는 그 표준을 '인도'에 두는 것이다. 이러한 '인도'와 '기화'의 연관성은 최한기의 철학 체계에 있어서 기본 구조를 보여주는 것이라고도 이해할 수 있다. 또한 그는 '기화'를 우주의 공간적 구조에서 파악하고 '인도'를 시간적 구조에서 파악하여,

> 일기(一氣)를 통어하여 범위를 관찰하면 천지와 인(人)·물(物)이 일체가 되고 만고(萬古)를 꿰뚫어 인도를 논의하면 옛과 지금과 후세의 인간이 한 생명이다

---

160) 『인정』, 「범례」.
161) 『인정』, 권 8, 「根基標準」.

라 언급하였던 것이다.162)

'기화'가 '인도'의 근거라면 이 '기화'는 곧 '기'의 운화요 '운화'는 '기'의 근본적 존재양상으로 규정되고 있음을 볼 수 있다. '기'를 음양이나 오행의 형식으로 분석하는 것을 벗어나 통일적 존재로서 '운화'의 현상으로 파악하고, 또한 '천지지기(天地之氣)'·'통민지기(統民之氣)'·'일신지기(一身之氣)' 등 '기'의 '운화'가 나타나는 영역에서 '기'를 파악하는 입장이 최한기의 철학적 태도라 할 수 있다. '운화'는 '정(靜)'적인 형식이 아니라 '동(動)'적인 활동이요 변화이며, 개념이 아니라 현상이요, 현실이다. 따라서 최한기의 철학은 경험과 현실을 중요시하는 실학적 기본입장에 서 있는 것이요, 그의 '인도'도 결코 추상적 관념의 형식이나 규범으로서 파악하는 것이 아니라 현실적 변화 속에서 추구되는 것임을 알 수 있는 것이다.

(2) '인도'의 구조 – 천지·인물의 교접

'인도'가 '기화' 곧 '기'의 운화를 근거로 실현되는 것이라면 '운화' 하는 '기' 곧 '운화기'(運化氣)의 현상을 통해 '인도'의 구조를 밝혀볼 수 있을 것이다. 최한기에 있어서 우주는 천지와 만물과 인간이 하나의 '기'로서 상통한다는 유교철학의 전통적 입장을 계승하는 데서 해명되고 있다. 도와 이도 '기'에 근거하고 '기'를 통하여 파악될 때 형질이 나타나 추상적 관념을 벗어나 구체성을 지닐 수 있게 되는 것이라 지적한다. 따라서 그는 '기'의 운화가 곧 도(道)라 하고 '기'의 조리를 곧 이라고 규정하며, 기를 떠나서 '도'와 '이'를

---

162) 『인정』, 권 8, 「교인서」.

구하면 모착(模着)·방향이 없어 허무나 비소(卑瑣)에 빠지게 된다는 것이다.163)

한 사람을 형성하는 '기'는, '일신운화(一身運化)'로서 나타난다면, 모든 인간에 적용되는 '기'는 '통민운화(統民運化)'로 나타나고 우주의 전체를 이루는 '기'는 '천지운화(天地運化)'로서 나타나는 것이라 할 때 이 3등급의 '운화'는 전체의 '운화' 체계 속에서 맞물고 도는 크고 작은 톱니바퀴처럼 서로 연관되어 있다. 『인정』의 「측인문」에서는 측인의 방법으로써 '천지운화'를 근기(根氣)로 삼고 '통민운화'를 소우(所遇)로 삼고 '일신운화'를 기용(器用)으로 삼아 작은 운화 곧 '일신운화'의 전이는 중간운화 곧 '통민운화'의 윤주에 견제되고, 중간운화의 윤주는 큰 운화 곧 '천지운화'의 알선에 제어된다고 해명하여 천지와 통민과 개인 사이에 운화의 연속적 상관관계를 제시하고 있다.164) 이러한 운화는 물리적 변화작용에만 그치지 않고 모든 변화현상의 원리이기에 천이나 명이라 하여 인간적 의식에 이해되는 것을 넘어서는 변화현상까지도 '운화'로 규정된다.165)

'기'의 크고 작은 현상적 영역 사이에서 일어나는 '운화'는 근원적으로 하나의 '기'로서 상통할 뿐 아니라 각 영역의 '기'가 서로 만남으로서 '운화'를 일으키는 '교접운화'(交接運化)로서 나타난다. 나의 신기가 운화[一身之神氣運化] 하는 것은 반드시 남의 신기가 운화[人之神氣運化] 하는 것과 교접함으로써 운화의 작용이 새로운 관계 영역으로 전개되는 것이다. 곧 나의 운화는 남의 운화와 만남으로서 맺어져[便成婚媾] 새로운 하나의 운화를 생성하는 것이니, 나의 운

---

163) 『인정』 권 9, 「道理卽氣」.
164) 『인정』, 권 6, 「貌同貴異三等運化」.
165) 『인정』, 권 5, 「天命卽運化」.

화도 아니고 남의 운화도 아닌 '교접운화' 내지 '접인운화(接人運化)'가 형성된다.166) 이러한 교접운화의 전개영역에 대한 관심은 최한기의 철학이 현실의 역동성을 중요시하는 입장을 지니고 있음을 말해 주는 것이요, '운화'를 또 하나의 관념으로 파악하려는 것이 아님을 확인해 주고 있다. 교접은 '교인접물(交人接物)'에서 제시하는 것처럼 인간 주체가 다른 인간이나 사물과 만나는 것이요, 교접의 가능 근거는 '기'에서 상통하는 데 있다. 그리고 교접은 '기'의 운화에서 하나의 우연적 현상에 그치는 것이 아니라 인간과 모든 개체의 존재에 있어서 본래적인 존재의 요구인 것이며, 따라서 교접이 일어나지 않는다면 '기'의 일체성이 부정될 뿐 아니라 모든 현상세계가 붕괴되고 말 것으로 인식된다.167)

따라서 '기'의 운화에 근거한 '인도'는 천지와 인간과 사물의 관계구조를 통하여 '인도'의 구조가 드러날 수 있게 된다. '측인'의 방법으로 제시된 '사율측인(四率測人)'은 '천지운화기(天地運化氣)'를 1율(率)로 하고 '인신운화기(人身運化氣)'를 2율로 하며 '사물교접운화기(事物交接運化氣)'를 3율로 하여 이 세 가지 조건에서 마치 수학의 사율비례법(四率比例法)에서 해답을 찾아내듯 종말성패선악(終末成敗善惡)의 추측이 가능한 것으로 본다. 인간의 관심은 과거의 사실에 대한 지식보다 미래의 삶의 조건에 대한 예측이 더욱 절실한 만큼, 최한기의 철학적 관심도 '인도'의 미래적 실현을 지향하게 되는 것이다. '인도'의 구조 속에 '천'과 '인'의 상관성 '인'과 '인' 또는 '인'과 '물'의 교접을 밝히는 것은 그것이 형식적 구조가 아니라 변화하고 교통하는 삶의 현상을 해명하기 위한 구조임을 이해할 수 있다.

---

166) 『인정』, 권 5, 「接人運化」.
167) 『인정』, 권 6, 「交人接物」.

(3) 인도의 실현 - 통달(通達)과 일통(一統)

최한기는, "유술(儒術)은 곧 '통민운화'의 도(道)이다. '인도'를 밝히고 人義를 풀이하며, 기강(紀綱)을 세우고 충절(忠節)을 숭상한다"고 하여 유교를 통민의 인간사회적 영역에서 조명해 주었다.168) 물론 그의 과제는 유교적 이념을 그의 시대 속에서 새로운 의미로 해명하는 것이지만 특히 한마디로 '인도'를 밝히는 것임을 지적하였던 것이다. 그에 의하면

　　인(仁)은 '인도'요, 의(義)는 '인도'의 마땅함이라

언명하고,

　　진실로 '인도'를 다할 수 있으면 인의(仁義)는 그 가운데 있고 심성과 사물도 따라서 바르게 될 수 있는 것이라

하였다.169) 그렇다면 '인도'의 실현은 곧 유교이념의 실현이요 진리를 밝히는 것이라 할 수 있다. 그는 '인도'의 대강으로서 사인·역인·교인·접인(事人·役人·交人·接人)의 인간관계로서 밝혔고, 또한 '인사(人事)'의 추유(樞紐)를 수기·치인·교인·택인(修己·治人·教人·擇人)의 인간관계에서 파악하였다. 그렇다면 그의 철학이 인간의 문제에 관심을 집중하고 있는 사실과 더불어 유교를 인간관계의 '인도'에서 추구하고 있음을 다시 한번 확인할 수 있게 된다. 이러한 인간

---

168) 『인정』, 권 11, 「儒術」.
169) 『인정』, 권 5, 「仁義」.

관계는 물론 개인의 영역에서 지역적 영역과 세계적 영역과 우주적 영역까지 확장되고 통달되는 것으로 이해되며 동시에 나와 남, 나와 사물, 나와 가족, 가정과 국가, 국가와 세계가 비록 다양한 영역으로 나타나지만 하나의 원리 속에 교통하는, 일통의 질서 속에 파악되는 것이다.

'인도'는 '천'과 '인'이 상통하고 '인'과 '인' 또는 '인'과 '물'이 교접하는 교접운화에서 실현될 수 있다는 사실에서, '인도'의 근본성격은 '통'하는 것이며 막히는 것[塞]은 곧 '인도'의 단절이 되는 것이라 이해할 수 있다. 따라서 '인도'는 그저 인간의 '도'가 아니라 '천인운화(天人運化)'의 '도'이며, 이 '천인운화'에 근거하여 개인의 미세한 일에서 국가의 정치에 이르기까지 크고 작은 일들이 전개되는 것이라 한다.170) 여기서 '인도'는 현상세계의 다양한 영역을 획일화하는 것이 아니라 서로 각자의 분수에 안정하는 것이요 조화를 이루는 것이다.

> 인도란 '통민운화' 하고 각각 분수에 안정하는 '도'이다. 사람은 홀로 살 수 없으니 반드시 다른 사람들과 화합함으로써 무엇을 할 수도 있고 살아갈 수도 있는 것이다

라는 언급은 바로 '인도'가 다양성의 현실적인 조화를 지향하는 가운데서 실현되는 것임을 밝혀준다.171) 이러한 '통' 하는 것은 '인도'의 본질적 성격인 동시에 '인도'의 실현원리라 할 수 있다. 그 시대의 구체적 현실은 동양과 서양이 교통을 시작하는 시기이었고, 그 당시의 의식은 서양문물을 배척하여 막는 척사위정론(斥邪衛正論)이 주

---

170) 『인정』, 권 5, 「通才達學」.
171) 『인정』, 권 6, 「천하인도」.

도하고 있었다. 이러한 폐쇄성 속에서도 그는 한 국가의 습속과 강토의 한계에 구속되어 교통하지 못하는 것은 한 나라의 '인도'가 천하의 '인도'와 소통하지 못하는 것이라 반성할 수 있었던 지성을 보여준다. 여기에서 그의 철학이 갖는 개방성이 드러나고 있다. 『인정』의 발문에서도

　　인·물에 통하면 조화가 생성되고, 인·물에 불통하면 만사가 정체한다

고 하여 '통'함이 '인도'의 실현임을 밝혀주고 있지만 개개의 인간이 서로 소통되는 사회나, 인간과 사물이 소통되는 자연이나, 나라와 나라가 소통되는 세계나, 인간과 천지가 소통되는 우주라는 것은 '인도'의 실현과정에서 부단히 확장되어 가야 하는 것이지만, 그것은 또한 '인도'의 이상이라 할 수 있고, 최한기의 철학적 이념의 모습이라고도 할 수 있을 것이다.

　모든 개별적 존재영역들이 소통하여 통달함으로써 '인도'가 실현되는 것이라 하지만 이 소통의 '통'하는 근거와 '통'하였을 때의 지배원리를 밝히는 것이 또한 최한기의 관심이기도 하다. 물론 다양한 현상은 '기'를 근거로 하나에 통할 수 있기에 '기'는 모든 현상을 통하게 할 뿐 아니라 공통근거로서 작용하므로 '일통지기(一統之氣)'라 할 수 있다. 이 일통의 '기'는 곧 운화의 '기'이고 천인(天人)의 '기'이기도 하다. 그는 또한 '인도'의 대체를 오륜을 펴서 실행하는 것이라 지적함으로써, '인도'의 실현이 구체적 형태로서 '오륜'으로 제시되고 있음을 보여준다.[172] '인도'가 정치와 교화를 통해서 나타날 때

---

172) 『인정』, 권 8, 「人道」.

'오륜'의 규범이 가정과 마을과 정부에 이르기까지 일통정교(一統政敎)의 강기요 대체인도(大體人道)의 범위라는 것이다. 여기서 최한기의 인도철학이 보편성과 구체성을 철저히 추구하면서 동시에 전통의 계승을 진지하게 모색하고 있음을 엿볼 수 있다.

4. 최한기 철학의 특성

최한기의 철학적 정신이 갖는 사상사적 의의를 위하여 『인정』을 통하여 다양하면서도 일관되게 발휘되고 있는 사실을 다시금 음미해 볼 필요가 있겠다. 바꾸어 말하면 그의 사상 체계를 이해한다는 것은 유교 이념의 새로운 정립이요 실학정신의 올바른 구현이며, 동시에 무엇보다도 한국사상사의 새로운 가능성을 추구할 수 있다는 사실을 발견하게 되는 것이다.

그의 철학은 유교이념의 수기·치인의 원리에 따라 치인의 문제를 인정에서 독특한 체계로 재구성하고 있다. 측인·교인·선인·용인의 체계는 인간의 문제를 사회와 우주의 영역과 연관성 속에서 해명하는 철학과 제도의 융합으로서 이론과 실천의 조화를 생생하게 구현하고 있는 것이다.

그의 철학에서 '운화기'(運化氣)의 문제는 현실의 역동적인 해석이다. 그러므로 단순히 이기론으로 해소시켜 그의 철학적 근본입장을 주기론이나 유기론이라 규정하는 데 그칠 수는 없다. 물론 그에 있어서 '기'는 존재개념이면서 동시에—'기'를 미루어 '이'를 헤아리는 과정을 보면 '기'가 '이'에 대하여서는—인식 근거라고 할 수 있다.

'이'를 '기'의 조리라 한다 하여 '이'를 추상적 형식으로만 보는 것은 아니다. 오히려 '이'와 '기'가 서로 떠날 수 없음[不可離]을 확신하는 것이요, '기'를 통하지 않고 '이'나 '도'를 올바르게 인식할 수 없음을 강조한다. 따라서 인식론적으로 '기'가 '이'에 선행한다고 하겠지만, 존재론적으로 '기'가 '이'를 포함할 수는 있지만 '이'보다 우위적이란 전제를 갖는 것은 아니다. 그의 철학적 관심이 '기'에 있다고 하지만 '기'의 해명에 있어서 운화의 역동적 현상을 파악하는 태도는 형식적 관념론을 극복한 것으로 성리학과 같은 용어를 쓴다고 하여도 성리학으로부터 훨씬 벗어난 새로운 철학적 탐색이라 할 수 있다.

그의 철학을 '인도'의 개념에 집중시켜 해석한 것은 그가 철학적 기본 문제를 첫째 인간에 두고 있으며, 둘째 행동과 변화의 현실에 두고 있으며, 셋째 삶의 미래적 관심에 두고 있음을 의식한 데서 시도해본 것이다. 그는 실학사상의 후기에 살면서 기존의 실학파와도 달리 소박하게 현실의 모순을 해결하는 대책을 탐구하는 데 머무르지 않고 오히려 독자적인 이론적 체계를 구성하여 세계의 새로운 조명을 모색하였던 것이라 하겠다. 그의 철학적 배경이나 그 논리의 기본구조나 또는 그 이념의 적용 영역은 앞으로 계속 밝혀가야 할 것이지만, 무엇보다 『인정』을 통해 '인도'의 이념이 의미 깊게 제시되고 있는 것은 오늘의 우리에게도 많은 문제를 시사해 주고 있는 것이라 할 수 있다.

찾아보기

· 저자 ·

금장태 ·약 력·
서울대 종교학과 졸업
성균관대 대학원 동양철학과 박사과정 수료, 철학박사
현재, 서울대 인문대학 종교학과 교수

·주요논저·

『유학사상의 이해』
『유교사상과 한국사회』
『퇴계의 삶과 철학』
『다산실학탐구』
『조선유학의 주역사상』.

외 다수

한국 실학사상 연구

· 초판 인쇄	2008년 6월 25일
· 초판 발행	2008년 6월 25일
· 지 은 이	금장태
· 펴 낸 이	채종준
· 펴 낸 곳	한국학술정보㈜
	경기도 파주시 교하읍 문발리 513-5
	파주출판문화정보산업단지
	전화 031) 908-3181(대표)·팩스 031) 908-3189
	홈페이지 http://www.kstudy.com
	e-mail(출판사업부) publish@kstudy.com
· 등 록	제일산-115호.(2000. 6. 19)
· 가 격	38,000원

ISBN 978-89-534-9591-3 93150 (Paper Book)
       978-89-534-9592-0 98150 (e-Book)